ひびきあう日本文化と福音

三者三様のおもい

阿部仲麻呂
諏訪勝郎／髙橋勝幸

教友社

本書を　恩人・松浦信行師
恩師・末木文美士先生
に捧げます

目次

論考篇……167

カバー装画　坂東ルツ子

「三者三様のおもい」から十人十色へ——推薦のことば

カトリック大阪大司教区補佐司教　パウロ 酒井俊弘

小学校の先生と大学教授との違いは何か。小学校の先生はむずかしいことをやさしく教え、大学教授はやさしいことをむずかしく教えることである……。そういう説明を聞いたことがあります。中らずと雖も遠からず。本書を執筆された三者は研究者ですから、ここで言う大学教授に当てはまりますが、さてこの本において三様のおもいを披露されている三者はどうでしょうか。それについては、読者の皆さん自身で見極めていただきたいと思います。

阿部仲麻呂神父様とは、以前からその著作や記事を拝見していましたが、近年はカトリック教会の同じ聖職者としてお会いする僥倖を何度か得ました。一方、諏訪勝郎氏と高橋勝幸氏とは残念ながらこれまでお会いしたことがありません。ですから、推薦のことばは阿部神父様の玉稿についておもに述べ、論考篇については簡単に触れるに留めることをご了解ください。

「ながれるおもい——キリスト教感性史の試み」は、題名の通り試みであるとはいえ、感性の観点から壮大なキリスト教の歴史をたどりながら、キリストから始まり聴覚・視覚・嗅覚・味覚・触覚とながれていくおもいについて、筆者の持論が展開されています。人の心の三つの作用（感性・理性・霊性）のうち、理性や霊性に関する研究は数多くありますが、私はこれまで感性に着目したものはあまり読んだことがなく、たくさんの新しい発見がありました。

豊富な知識に裏付けられた研究成果とはいえ、決して浮世離れしたものではなく、カトリック信者の日常生活にとって直接ヒントとなる切口が随所に見られるのも大きな魅力です。たとえば、ミサ。「『イエスのおもい』は『ともに食事すること』に集約されて」（二六頁）いるのであり、「パンとぶどう酒を捧げる『ミサ』を祝いながら、今日も『イエスのおもい』を忠実に受け継いでゆこう」（同）としているキリスト者にとってのミサは、「『最後の晩餐』の状況を意図的に作り出すことによって、イエス＝キリストの究極の捧げにおいて表現された切実ないつくしみの想いの『質感』を今日化すること」（九九頁）とだと述べられています。あるいは、巡礼。「『巡礼の道行き』は仏教の修行観の奥底に潜む『信仰生活実践』とも共通する構造を備えます。――①『巡礼地に向かって旅をすること』は、仏教的に表現するならば『往相』と言えます。②一方、『巡礼地から我が家に戻ってくること』は『還相』と言えます。……惰性に流されて妥協のうちに生きている自堕落な自分の日常生活から離脱して『真実』を求める旅に出ることが巡礼であり、巡礼の目的地で得た感動体験によって、神の支えにほだされて心の在り方を変えていただいた人が家路をたどり、再び自分の生活の場での日常生活に戻って周囲を照らす希望の光として生き直すことで巡礼の旅がほんものになります」（一〇三―一〇四頁）。

感性史という副題がついてはいるものの、全編にわたって阿部神父様ご自身の「ながれるおもい」が顕在しています。それは、キリストから「ながれるおもい」を日本で生きる私たちがどのように受容していくのかという問いかけです。詳細はお読みいただくしかありませんが、最初と最後に書かれている文章をここにご紹介しておきます。

「ヨーロッパの方がたの努力を受け継ぎながらも、日本人は自分たちの長所である『日常生活に根差した感受性豊かな美しいふるまい』に磨きをかけてゆくことが望ましいのでしょう。……イエス御自身が『神のいつくしみ』という至上の美しさの具体化……なのですから、日本人の感受性とも充分に重なり合う接点があると言えるでしょう」（三二一―三二二頁）。

「ヨーロッパでは、おもっていることを口に出して相手に伝えることが重視されています。『議論する文化』ということができるでしょう。……アジア圏では、言いたいことも抑えて心の奥にしまっておき、相手を眺めて察することが重要視されています。『内省する文化』と呼べる状況が多いのです。黙っていても、相手のことを深くおもって行動する独特な『深み』がアジア圏の人びとの特徴です」（一五一頁）。

日本を訪れたフランス人の神父に、京都、広島、長崎を案内して回ったことがあります。彼は感想として「日本には川が流れている町が多いことが、素晴らしい。なぜなら、川がある町には歴史があるから」と私に語りました。川は人や物を運んできて、人や物を運んで去ってゆきます。そのながれは留まることがありません。また、人が船で川を上り下りする時、川辺の草花や人々、遠くに見える山々の色どりを味わうことができます。NHKが一九九七年に一七〇〇万人を対象に行った「二〇世紀の日本人を感動させた歌」の人気投票の第一位は、美空ひばりの『川の流れのように』でした。日本人の心の中には滔々とながれる川、「ながれるおもい」があるのです。

論考篇の中、阿部仲麻呂神父様による「ローマ・カトリック教会における霊的修養および徳を高める書物群について――十一世紀から十六世紀まで」は、霊的修養という霊性史をたどる際に手引きとなる文献を抜き出した、大変有用な一文となっています。

諏訪勝郎氏の「アンテーロ・デ・ケンタルの風景――その生涯と思想に関する哲学的考察」は、ポルトガル留学経験を持つ方ならではは小論文です。私が神学生時代、ポルトガル人神学生から「サウダーデ」についての長い説明を聞いたことがありますが、同じロマンス諸語のスペイン人やイタリア人やフランス人たちの同級生にさえ理解できない奥深い言葉であることに驚いたのを覚えています。アンテーロ・デ・ケンタルについてのこの論考に、氏の言われる「ポルトガルの海は、いまだ尽きない」（二七〇頁）ことが実感できます。「ＮＩＰＰＯＮ――日本人とキリスト教に関する神学的カルチュラル・スタディーズ（神学的文化防衛論　その序説）」は、私には正直理解できないことが多いので、的を得た紹介をすることはできませんが、「序説」とは思えないほど綿密かつ広範にキリスト教と日本人について論じられています。ぜひ読者の皆様には、「この稿をポリフォニーのように耳を傾けるなら、もしくはコラージュのように眺めるなら、その錯雑やとりとめのなさに首尾一貫した通奏低音もしくはモチーフを、聞くなり見るなりするはずだ」（三〇四頁）と書かれているそれを、見つけ出していただければと思います。

高橋勝幸氏の「ハイデッガーの嘆き――何故、西洋の思想・言語は息苦しいか」は、「おわりに」で「東西思想の対立を超えた『新しい形而上学』の構築を探求しなければならなくなっている現実を踏まえて、『中動態』を足台としてその道筋を示せたなら幸いである」（四六六頁）と述べられている点を、読者の皆様は読み解くことができるでしょう。「キリスト教は日本人に親しまれているか――西田幾多郎の〈日本文化の問題〉から見て」は、氏の前稿にも触れられている「もの」と「こと」の二つの概念から、表題の疑問点について丁寧に解説されています。その主張をどう捉えるかは読者それぞれの見方でしょうが、キリスト教と日本人という論点についての新しい切口として味わうことができるでしょう。聖職者のはしくれとしては、氏がパラグアイでの長い生活の中で出会った、「不定期ながらジープの轟音を轟かせてやってくる老神父の『気迫』」、「もの言えず黙々と働くだけのところに来て、自分達の言葉に表すことのできない悩みを汲み取ってくれる〈キリストの〉姿」（四九〇頁）に見習わなければと考えさせられました。

果たして推薦のことばになったかどうか心許ないところですが、三者の論点については、阿部神父様による巻末の「統括的な見解」をご覧いただくのが一番です。日本人キリスト者にとっての永遠の課題とも言えるキリスト教と日本文化という興味深いテーマについて、この本から得たものを皆様がさらに深めていかれるならば、「三者三様のおもい」が十人十色のおもいへと成長していくことでしょう。

ながれるおもい

――キリスト教感性史の試み（二〇〇六年、三七歳）

阿部 仲麻呂

はじめに――無限循環構造（ウロボロス　Ouroboros）としての感性史

1. ながれるおもい

「ながれるおもい」。神のいつくしみに満たされた至深の愛情のおもいが歴史のながれのなかで、確かに、伝わりつづけます。まさに歴史のながれそのものが、神のいつくしみ深い愛情のおもいの満ちあふれる場なのです。もちろん、神のいつくしみ深い愛情のおもいを邪魔する自分勝手な人間たちのおもいも（筆者も含めて）歴史のながれのなかでは、たくさん登場してきます。しかし、それにもかかわらず、神のいつくしみ深い愛情のおもいのほうが圧倒的な活力をともなって広がりつづけていることもまた事実です。

「ながれるおもい」。現実は最悪でありながらも、最悪な状況のまっただなかで神のいつくしみ深い愛情のおもいがひそやかに育ちはじめます。神のいつくしみに満たされた至深の愛情のおもいは、まるで「種」であると、ギリシア語聖書（新約聖書）にも書かれています。現実は、殺伐としています。まだ、何の実りもないままなのかもしれません。にもかかわらず、いま、神のいつくしみ深い愛情のおもいがゆっくりと芽を出そうとしていることを、決して誰であっても否定することはできないでしょう。

そのような尊い現実に気づくのが、「まことの人」なのかもしれません。ほんとうは、キリスト者が、まっさきに神のいつくしみ深い愛情のおもいに気づかないといけないのですが、たいていの場合、キリスト者以外の人のほうが、いち早く大切なことに気づいている場合のほうが多いのかもしれません。

2. 三位一体論について

筆者は、神学および哲学の研究者として仕事をしています。しかも、神学という広大な学問のなかでも、とくに、「三位一体論」を専門的に考察することから研究を始め、現在は、神のいつくしみにつつみこまれた万人に共通する感受構造を哲学的に解明する（いつ・どこでも・だれにでも共通する真実を明確に表現しつつ論じること）努力をつづけています。そのような試みは「キリスト教感性史」と呼べるものかもしれません。

長年の研究をとおしてわかったことは、「三位一体論」とは「神のいつくしみ深い愛情のおもいが歴史的にながれつづけていることを大切にうけとめること」なのではないか、ということです。そのささやかな洞察を、なるべく平易なかたちで書きとめつづけてゆくうちに本書ができあがりました。「あらゆる人は、常に神のいつくしみ深い愛情のおもいの流れのなかにつつみこまれて活かされている」という実感（＝母胎的な神のいつくしみを痛感すること）が「ながれるおもい」という書名に集約されています。

この本は、全身感覚で書きつづった文章をつなげたものです。つまり、生活のなかで、おのずと身についていった信仰感覚にもとづいて、そのときどきの感興に裏打ちされた研究のプロセスを自然体で書きとめたメモが一冊にまとまっています。気楽な気持ちで、パーソナルコンピュータに向かっておもいつきを打ち込んでゆきました。

普段、何時間も研究作業に没頭して、数多くの文献を精読したり、講壇に立って講義するなかで発見したことなど、さまざまな学びの蓄積が、心のなかにうずまいています。同時に、さまざまな人の悩みを聞きながら、答えの出ないその問いに向き合うなかで、苦しみをともにするうちに、自分の非力さに打ちひしがれながらも次第に色濃くなってゆく「いわく言いがたい哀しみ」をありのままに受けとめて生きつづけています。そのような理論と実践の蓄積のなかから、自由なかたちで噴き出してきた言葉が結晶化したものが本書です。

3．無限循環構造（ウロボロス）

ところで、「ウロボロス」（Ouroboros）という言葉があります。尾をかんで環となった龍あるいは蛇の姿を指す言葉です。ギリシアでは蛇が自分の尾をかんでいる図像で表現されます。中国では、龍あるいは亀が自分の尾をかんでいます。物事の「始まり」と「終わり」とがつながっている様子が表現されています。「ウロボロス」は、「無限循環構造」と訳すことができるでしょう。

神のいつくしみ深い愛情のおもいがながれつづけているのが歴史（救済史）であるならば、歴史の始まり（創造）と終わり（終末）とはひとつながりに結びつくと言えるでしょう。つまり、常に、神のいつくしみ深い愛情のおもいが充満していることに気づいて生きることが、神に信頼する者の世界観なのかもしれません。

本書では、「キリスト教信仰の歴史的発達のながれ」を人間の感受性を手がかりにしてたどります。なお、本書の随所で、重要な信仰用語の説明をしていますので、ある意味で「定義集」としても活用することもできます。二〇一二年はローマ・カトリック教会において「信仰年」が祝われています（第二バチカン公会議開幕五〇周年、そして『カトリック教会のカテキズム』発布二〇周年の記念日である二〇一二年十月十一日から、二〇一三年十一月二四日まで開催された教会行事）。キリスト者ひとりひとりが、神との関わりを再確認して信頼に満ちたコミュニケーションを取り戻すための機会がベネディクト一六世教皇の呼びかけで設定されました。教皇はキリスト者ひとりひとりに対して「信仰のあかしびと」となるように願っており、先達の真摯な信仰生活から学ぶように勧めています（自発教令『信仰の門』［原文二〇一一年十月十一日］一三項――「『信仰年』において決定的に重要なことは、信仰の歴史をたどり直すことです」)。それゆえ、本書が、読者にとって、「信仰の歴史」をふりかえる際のひとつの手がかりになればよいとおもいます。

4. 普遍的な信仰――イエス＝キリストに倣う

ここで、「普遍的な信仰」について確認しておきましょう。イスラエル民族の信仰姿勢、ギリシア地域で発展したキリスト者の信仰姿勢、ローマ帝国の組織的法体系のもとで一定のかたちを備えることとなったローマ・カトリック教会の神学姿勢そしてヨーロッパ的なキリスト教信仰の表現・大航海時代以降の新たな思考の枠組みをとおして試行錯誤されているキリスト教信仰の表現の多様性。――この二千年間のキリスト者の歩みを大ざっぱに並べてみました。歴史的な社会背景の変化とも連動しながら、信仰の表現が深まっていますが、「イエス＝キリストを中心にして生きる」という点は常に変わらない真実として大切にされています。ここに普遍性があります。「イエス＝キリストの生き方」がキリスト者の歩みの土台となっています。

十七世紀以来、世界全体においては、ヨーロッパ地域の文化(近代科学技術社会・資本主義経済・人間中心主義思潮など)が主流になっているので、「キリスト教信仰」と言えば「ヨーロッパ的な表現」として理解されがちです。ところが、実は、ヨーロッパ的な文化の在り方自体が、ある特定の時代の「特殊なもの」でしかないのです(現在では、近代以降の欧米的な生活方法が破綻しつつあります。環境破壊・経済格差・倫理観不在の無軌道状態などの問題が続出しています)。そして、同様に、日本的な文化の在り方もまた、「特殊なもの」でしかないのです(世界全体の動きに日本人の価値観を押し付けることで統一化することなど不可能なのです)。ですから、「ヨーロッパ的な発想」のみを、すべての基準に据えて考えてゆこうとすることだけでは、不充分です。かといって、日本人が「ヨーロッパ的な発想」をすべて棄て去って「日本的な表現」だけを選ぶこともまた間違っています。

こうして、「ヨーロッパ的な発想」をも「日本的な生活感覚」をも、両方の視点を含みつつつつみこむような「根源的な土台」（＝普遍的な信仰＝いつ・どこでも・だれにでも共通する「神への信頼感」）が必要になってきます。その「根底的な土台」こそが「イエス＝キリストの生き方」なのです。

第１講　五官から深める信頼感（総論、知情意と霊性）

5．イエスのおもい

これから、ごいっしょに、キリスト教信仰の二千年にわたる歴史のながれを「感受性の深まり」という視点で眺めながらふりかえってまいりましょう。

まず、今から二千年前に、イスラエルの民が暮らすパレスチナ地域でイエスが生まれ、弟子たちを招き出し、ともに生活し、あらゆる村や町を巡って神のいつくしみを告げ知らせながらいやしのわざを行い、十字架上でいのちを捧げ尽くしました。このイエスの公の活動（公生活）は、たった三年間ほどのささやかなものでした。しかし、あらゆる人びとに強烈なインパクトを与えるに充分なものだったのです。

「神のいつくしみ深い愛情のおもい」を、イエスが日常生活のなかで具体的に目に見えるかたちで、示してくれました。しかも、最終的に十字架の上で自らのいのちそのものを捧げ尽くすことによって、あらゆる人びとの心の糧（食物）と化し、至上の愛情の姿を残したのでした。

十二人の直弟子をはじめとする数多くの弟子たちは、「イエスのおもい」を受け継ぎました。最初、とくにイエスの側近中の側近だった十二人の弟子たちは頼りなく、しかも「イエスのおもい」を誤解していたり、裏切りをはたらいたりしましたが、後に、回心して「イエスのおもい」を忠実に生きぬくようになり、使徒として全世界に向かって「ゆるされたよろこび」を伝える者となりました。

ともかく「イエスのおもい」は「ともに食事すること」に集約されています。三年間の公生活において、イエスがとくに心がけていたことは、仲間はずれにされた人びとと連帯することでした。彼らを招いて、いっしょに食事することによって、ひとつの家族になったのです。あらゆる人が、決して除外されることなく、神の子どもとして、同じ食卓につきました。まさに、「イエスのおもい」とは、神のいつくしみを、ともに食事することをとおして相手に実感させることだったのです。その共食の志は今もなお「感謝の祭儀」（＝ミサ）として生きられています。

それにしても、イエスの示した「ともに食事する姿勢」は、彼の旅のなかで常に心がけられていたものでした。そして、イエスが語った「たとえ話」も「神とともに食事すること」（＝永遠に神とともにすごしながら家族として喜びのうちに生きること）がテーマとなっており、世の終わりのときに神との宴が実現するという確信の表明だったのです。さらに、イエスは、死の直前に、ぐうたらな弟子たちとともに「最後の晩餐」を催すことによって、自分のおもいをパンとぶどう酒によって形見として託したのです。

イエスの時代から現代にいたるまで、あらゆる場所で紛争が絶えません。そして、あいかわらず、虐げられている人びとも数多くおります。しかし、キリスト者たちは、パンとぶどう酒を捧げる「ミサ」を祝いながら、今日も、「イエスのおもい」を忠実に受け継いでゆこうと努めています。

「ミサ」（＝派遣されること）は、「感謝の祭儀」（＝エウカリスティア）と呼ばれていたのであり、神のいつくしみにつつまれるのを実感して、ゆるされたよろこびのうちに食事をともにする祈りのひとときでした。キリスト者たちは、ともに食卓につくよろこびを味わって、神のいつくしみを実現してくださったイエスを救い主（＝キリスト）として信頼することで力づけられて、ふたたび家庭や社会に遣わされてゆくのです。

6．五官の感覚から理性を通して霊性の深みへ

ところで人間は、五つの感覚器官（＝五官）によって、自分のまわりの状況を感じ取って生きています。五官とは、耳・目・鼻・舌・肌（＝皮膚）のことです。つまり私たちは五つの感覚器官をとおして外界の音を聴き（聴覚）・外界を眺め（視覚）・外界の空気を嗅ぎ（嗅覚）・食物を味わい（味覚）・外界の雰囲気を感じ取る（触覚）のです。

このようにして、五官で外界の様子を実感するときに、五つの感覚が研ぎ澄まされてゆきます。つまり、五官によって五感が呼び覚まされてゆくのです。

キリスト教信仰はイスラエル地域に端を発してから、ギリシア地域を経て、ローマ帝国の中心地にまで伝えられて、やがてヨーロッパ社会の精神的基盤となり、さらにはアジア地域にも広がってゆきました。

その宣教の道のりは、さまざまな地域の生活習慣や考え方との出合いによって、豊かに深く成長する日々の連続そのものでした。キリスト教信仰そのものが絶えず成長して豊かになっていったのです。この事態は、まさに「キリスト教信仰の発展的な深化」と呼ぶことができるものです。

まず、イスラエル地域で生きていた人びとのかけがえのない特徴は、「耳」の能力（聴覚能力）が格段にすぐれていたことです。相手の語りかけを全身全霊で受けとめて、心の中でおもいめぐらす姿勢が大事にされました。

次に、ギリシア地域で生きていた人びとの比類のない特徴は、「目」の能力（視覚能力）が抜きん出ていたことです。あらゆる物事を対象物として客観的に観察して構造や運動の仕組みをつかむことが知的な探究作業として尊重されました。

それから、イスラエル民族やギリシア民族がラテン民族（ローマ帝国）の主導のもとで統治され、その後、次第にゲルマン民族をはじめとする諸族が複雑に結びついて新たな組織体として構成されていったときに出現したヨー

ロッパ地域の人びとの特徴は、「鼻」や「舌」の感覚が洗練されたものだったことです。

さらに、アジア地域で生きていた人びとの貴重な特徴は「肌」で感じる感覚が繊細なまでに深められていたことです。——それぞれの地域の人びとは、それぞれの鋭敏な感覚的能力を活かして生きることを豊かに高めつづけてきたのです。このように考えてみると、現在の私たちは、キリスト者の二千年間にわたる感受性の深まりを総合的にまんべんなく引き継いでいるという点で恵まれた立場に立っていると言えるでしょう。

それから、忘れてはならないこととして、「理性」の働きにも重要な意味があります。五官によって外界の情報が人間の心のなかに取り入れられたとき、多様な情報を統合して調和させる能力が「理性」の働きだからです。バラバラで統一性のない雑多な情報が、「理性」の能力によって関連づけられ、一定の秩序を保てるようになります。バランスのとれた秩序づけを行う適切な判断力と統合力は、神が人間に授けてくださった貴重な能力です。

しかしながら、理性による五感の統合だけでは充分ではありません。最終的には、「霊性」において、つつまれることが最も大事です。——五官を通して感覚が研ぎ澄まされ、外界とのコミュニケーションが成立し、そのような感覚的な実感は「理性」の能力によって統一されるわけですが、そこにとどまらず、さらに「霊性」の深みによって神とのつながりにまで成長しつつ深まってゆくのです。人間の心の奥底は「霊性」と呼ばれていますが、そこにおいて「神の愛のはたらき」（＝聖霊）が力強く活きています。神と人とがつながる現場が「霊性」です。

それでは、ここで、キリスト教思想の研究者である金子晴勇氏の『ヨーロッパの思想文化』（教文館、一九九九年）のなかから関連箇所を、以下に、いくつか引用しておくことにしましょう。

①「霊性は元来神の働きに対する受容作用」（金子、前掲書、二一四頁）である。

②「霊性は感性や理性を超えた能力であり、人間の心の深みに宿っている宗教心である。それは現世の在り

方に対する反省から始まり、この世界を超えて永遠なるものを捉えたいという願いとなって現われている。この願望の実現は自己の力によっては不可能と知るや、神の恩寵や絶対の大悲に頼ろうとする信仰を生み出すといえよう」（同、二三二―三頁）。

③「今日のように世俗文化が支配的である状況においては、宗教と文化との関係は存在しておらず、人はもはや神への信仰も帰依ももってはいない。しかし、それにもかかわらず、人間の内奥には『霊性』と呼ばれてきた神と関わる働きがあり、この内心の場所が空のままであることは心理的にいって不可能である。それが神によって充たされることを拒否するのならば、神以外のなんらかの相対的なもの、つまり偶像によって埋められなければならない。この偶像は、それとして明らかに表明されなくとも、隠された形でその場所に侵入し、現代人の宗教として心を占領している。たとえば科学主義・共産主義・ナチズム・民族主義・物的繁栄などが代用宗教や擬似宗教として侵入し、表口から宗教が絞め出されていても、生活と文化の裏口からそれが忍び込んでいる」（同、二一三頁）。

今まで右に引用してきたことを、ここで、まとめておきましょう。心の三つの作用（「感性」・「理性」・「霊性」）は、たがいにつながりあって人間を成長させます。五官を通して感じ取ったことが「感性」として集約されつつ「理性」によって絶妙なまでに見事に統一されて、さらに「霊性」のはたらきにつつまれて豊かに深められます。

まず、「感性」とは、「感覚的対象の感受作用と印象の形成」（金子、前掲書、二二六頁）をもたらす作用のことです。つまり外界の物事をありのままに受けいれて感じ取る働きです。次に、「理性」とは「感覚的データを判断し知識を造る作用つまり判断力と推理力」（同、二二六頁）のことです。さらに、「霊性」とは「感覚的世界を超越し、法則的思想世界をも超えて永遠者を捉える作用」（同、二二六頁）のことです。人間の心は、三つの作用のつながりによって比類のない成熟を遂げることができるのです。

7. 普遍的な信仰——再び

それにしてもキリスト教信仰がイスラエル地域から始まって、ギリシア地域を通りながら深まり、ヨーロッパ社会を支える精神的基盤となり、さらにはアジア地域の人びとの感性とも出会うことによって、「普遍的な信仰」にまで成長してきたことは、特筆にあたいします。二千年の時間をかけて、多様な立場の調和が実現したからです。各地域の特殊な状況に閉じこもることなく、常に開かれつつも、異なる要素を結びつけながら着実に成長し、全体が豊かに実ってゆくという壮大な歩みが、キリスト教信仰の発達に他ならないのです。まるで、小さなパン種が大きくふくらむように。そして、まるで、ゴマ粒よりも微細な芥子種が、鳥たちの休息所になるほどの巨木にまで育つように、キリスト者の信仰共同体も全世界に広がりつつ大きな影響力をおよぼすようになったのです。

普遍的な信仰。——「普遍的」という言葉には、「いつ・どこでも・誰にでも通用する」、あるいは「あらゆる時代やあらゆる地域のあらゆる人の生き方や状況に共通する」という意味があります。キリスト者の信じている「イエス＝キリストのいつくしみ深いおもい」は、いつ・どこでも・誰にでも通用する真実の価値観であり、あらゆる時代やあらゆる地域で生きる人間すべてを豊かに活かす尊いいのちの源と言えるのでしょう。

そして、「信仰」とは、すごくわかりやすく噛み砕いて言ってしまえば「信頼感」のことです。神のいつくしみがイエスをとおして歴史のなかで明らかになったということを受けいれて、信頼して生きるということなのです。言わば、「神との深いつながりのうちで生きてゆく姿勢」が「信仰」なのです。「信仰」とは、何か抽象的なことなどではなく、むしろ、「大切な相手といっしょに生きてゆくときの連帯感」なのです。

しかも、人間は誰でも神との関わりを取り戻して、愛情深い信頼に満ちた美しい状態にまで成熟するように招かれています。そのような根本的な視点を自覚して、自らの生き方として意志的に選び取るのがキリスト者なのです。

8．感受性の豊かさを見直す

それにしても、人間は、外界の物事を受けいれることによって、心のなかで統一しながら、さらに心の奥底に宿る神の愛情に支えられてこそ、豊かに生きることができます。

季節の移り変わりによる、おりおりの景色の美しさをすなおに受けいれて味わうこと。そして相手の心のおもいを敏感に察知して、行き届いた配慮をもって関わりを深めること。――こうした感受性の美しい洗練のさせかたは、日本人の得意とするところでした。

現代の日本で生きるキリスト者の使命は、「感受性の豊かさを見直すこと」に尽きるでしょう。二千年かけて、あらゆる文化形態の長所を吸収しながら成長してきたキリスト教信仰の今後の可能性を開花させるには私たちの努力が欠かせないのです。

「感受性の豊かさを見直すこと」は、全身感覚を大切にして味わい深く生きることである、とも言い換えることができます。つまり、あらゆる物事を、身体や心を含めて総合的な「私」という存在そのもので実感することが大切なのです。

たとえば、心地よいメロディーを耳にしたときや、行き届いた丁寧な料理を口にしたときなど、私たちは、思わずリラックスしてしまったり、舌づつみを打ってしまったり、からだ全体で即座に反応しています（行為的な直観がはたらいているのです）。策略を巡らせて計算したうえで心地よさを狙ったわけではなく、頭で細かく考えて無理やりに「おいしい」とおもいこんだわけではないのです。つまり、決して打算的によろこぶわけではないのです。むしろ、純粋に、ひたすら美しいものへの感受能力が全身で発動されているのです。

キリスト教信仰の歴史的なながれにおいて大切に受け継がれてきている「神への信頼感」や「連帯感」も、感受性の豊かさによって「私」という全存在そのものによって実感されてゆくものである、と言えるでしょう。

9. 美しいものを具体化する藝術

ところで、ヨーロッパの十八世紀から発達してきた「美学」は、美しさそのものの本質あるいは意味を考える学問です。とりわけ、一七五〇年から一七五八年にかけて、バウムガルテン（一七一四―六二年）の著書『美学』が刊行されてから、ドイツでは「美学」の研究が積み重ねられてゆくことになりました。

「美学」は、英語では、「エステティックス」と呼ばれています。現在の日本では、「エステティックス」は「エステ」と省略されて用いられており、「美容」や「自分の顔や姿をおしゃれに見栄えよくすること」として理解されていますが、ほんとうは、「エステティックス」は「美学」あるいは「感性学」（感性的な認識の学）のことです。それから、美の理念を探究してゆくなかで、派生してきた学問が「藝術学」です。「藝術学」とは、美しさを表現するに際しての具体的な技法を編み出したり、藝術創作の技法の歴史的な変遷をたどる学問です。

美しいものの意味を考えたり、具体的な表現方法を追究することを大切に深めてきたヨーロッパの方がたの努力を受け継ぎながらも、日本人は自分たちの長所である「日常生活に根差した感受性豊かな美しいふるまい」に磨きをかけてゆくことが望ましいのでしょう。

美しいものを具体化するのが藝術であるとするならば、「神のいつくしみ」という至上の美しさを日常生活のなかで祈りを通して具体化しようと心がける日本人キリスト者が果たす役割が今後のキリスト教信仰そのものをいっそう豊かに成長させてゆくきっかけとなると、筆者は確信しています。

それに、イエス御自身が「神のいつくしみ」という至上の美しさの具体化（＝御託身＝受肉＝人間となった神のいつくしみの姿）なのですから、日本人の感受性とも充分に重なり合う接点があると言えるでしょう。

ともかく、日本人のキリスト者たちは、無理に背伸びをして他の民族や地域の発想をまねしようとばかりせずに、むしろ「自然体で感受性豊かに生きれば」、それでよいのではないでしょうか。「感受性の豊かさを大切にすること」が日本人ならではの「美しい生き方の技法」なのかもしれません。

これから、本書では、皆さんとごいっしょに「普遍的な信仰」について考えてゆきたいと思います。どうぞよろしくおねがいします。もう一度、確認しておきます。「普遍的な信仰」とは、「いつ・どこでも・誰にでも共通する、神への信頼感」のことです。

なお本文中で「藝術」という難解な字体を、あえて用いましたが、実は、それなりの深い理由があります。「藝」という漢字に注目してください。草冠の下には幾つかの意味深い文字が組み合わされていることが容易に観取されます。つまり中国や日本では古来、神前の踊りなどの「藝術表現」は参加する人々にとって地に足のついた（陸）長寿と幸福（幸）をもたらし、大自然と人間との円満な調和循環（丸）を実現するものだったからです。本来は、「藝」という文字こそが正式な字体です。「芸」という文字は別の意味をもつ当て字ですので使用するのを控えました。

第2講　神に聴く「人の子」と地中海的な終末論（古代、聴覚）

10. イスラエル民族の聴覚的な信仰理解

キリスト者が信じている救い主であるイエスは、イスラエル民族の一員であり、イスラエル地域（パレスチナ）で活動していました。ですから、キリスト教信仰の出発点を考えるときに、イスラエル文化の思考方式や感受性を決してなおざりにすることはできないでしょう。だからこそイスラエル文化の基本的な特徴を理解しておくことが必要になります。

まず、第一に、イスラエル民族は「聴覚」を大事にしています。つまり、イスラエル文化においては、神のことばを聴くことが、人間の果たすべき最重要事だと考えられています。

そして第二に、神と人間との関わりを子孫に語り伝えてゆくことが民族の使命であるとも考えられています。そのような伝統は、イスラエル民族の家庭や聖書塾において今日も脈々と受け継がれています。

イスラエル人の会堂では、「神と人間との関わりの物語」が朗詠されます。いわゆる聖書の朗読です。朗読者は祈りの念をこめながら聖書の言葉をリズミカルに身体をゆすって読み上げます。朗読者も聴衆も一致して身体をゆすってリズムをとることによって催眠状態のようなトランス状況におちいると、通常よりも聴覚が鋭敏に働くようになり、朗読者の声を通して会堂内に響き渡る神のことばの音声がいっそう深く各自の心のなかに浸透するのです。朗読者は、本来は人間には聴こえない神のことばを預かって音声化する仲介者としての役目を果たします（神のことばを預かって伝える者＝預言者）。

会衆は神のいつくしみの出来事を耳を澄ませて聴き取りながら心の奥に納めます。余談ですが、福音書のなかには、神からのメッセージを心の奥に納めて、じっくりと思い巡らすマリアの姿勢が何回か描かれています。まさに、マリアはイスラエル民族のひとりとして、「聴く姿勢」を大切にしていたことがわかるでしょう。

聖書朗読は、たとえて言えば音楽の演奏と似ています。演奏の際に、楽譜と演奏者と聴衆がいますが、主役は音楽そのものです。会堂での礼拝の主役も神のことばそのものです。朗読用の聖書の巻き物は楽譜にたとえられるでしょう。朗読者は神のことばを引き立たせるためだけに聴衆の前に立ちますので、演奏者と似た役割を果たします。楽譜は、演奏上のポイントをメモした手がかりにしかすぎません。朗読用の巻き物も神のことばの流れを的確に紡ぎ出してゆくための、とっかかりでしかありません。

聴衆も自分の心を無にして、ひたすら音楽そのものを味わいます。神のことばを聴く人々も心のなかの自分の想いを鎮めて、ひたすら神のことばだけを受けいれます。音楽会で演奏される活きた音楽こそが、その場の中心になるのと同様、会堂での礼拝の中心は神のことばそのものなのです。

人間の耳は神のことばを最初にキャッチする感覚器官なのです。――ちょうど、「聴け、イスラエルよ」（申命記6・4、民数記15・37―41）という聖書の言葉は、まさに神の呼びかけと聴覚の密接なつながりを明示しているのです。「聴覚」は神との接点です。神への信頼を高め、神との連帯を深める第一歩が「聴覚」という感受器官なのです。

ところで、イスラエル民族の信仰の歴史において、神のことばを最初に自覚しながら丁重に聴き入れ、信頼して従ったのがアブラハムでした。

それから、モーセは、神のことばを成文化された掟（＝十戒［十のことば］）として人々に示し、ダビデは自らの罪を嘆き、叫びながらも神を讃美しつつ感謝する心からの祈りの歌（詩篇）を数多く創りました。

このようなイスラエル民族による神への信頼の歴史を自らの生き方として最も充実したかたちで生き抜いたマリアも神のことばを誠実に受けとめてから心の底に確実に納めました。そのおもいが次第に深められてゆくなかで、マリアはイエスをつつみこんで育む母親としての生き方に召され、最も親しくイエスとともに歩む者となりました。

これは余談ですが、興味深いことに、西欧の近現代から現在にいたるまで、イスラエル民族出身のあまりにもたくさんの音楽家たち（指揮者、演奏者、作曲家など）が、世界中のあらゆる場所で活躍しています。しかし、イスラエル民族出身の画家や視覚映像関係者は、ほとんどいないようです（もちろんスティーブン・スピルバークなどの天才的な映像作家もいるのですが……）。きっと、聴覚的な宗教的文化の伝統が根強いためなのでしょう。

11．神に聴く「人の子」

あらゆる人の人生そのものを、苦しみも悩みも悲しみも、もちろん喜びも祈りも感謝も含めてすべてを引き受けて背負うことで、ともに歩むイエス。まことの人間として生き抜くイエスは人びとの面前で自らのことを「人の子」と呼ぶことによって「あなたがたと、とことん、ともに生きてゆく」という熱烈な愛情のおもいを力説しました。つまり、そばに確かに寄り添う「ひとりの人間となること」（自分から積極的に相手の隣人になる）がイエスの姿勢でした。「ともに道を歩む」（シュン＋ホドス、シノドス）のがイエスです。

イエスと出会うことによって、あらゆる人はともに生きてくれる友との親しい関わりを築きあげてゆきます。その真心こめたコミュニケーションによって人は次第に成熟し、「救い」を実感してゆくのです。

「救い」とは、「神のいつくしみにつつみこまれて安堵するような究極の健やかさ」のことです。つまり、私が私としてありのままに大切にされることです。「もはや、すべてが満たされている状態」（＝ヘブライ語の「シャローム」、ギリシア語の「エイレネー」、日本語の「平和」）のことです。つまり、「欠けたところがみじんもない円満な状態」です。悪や罪や病気や死によってさえはばまれることがない、究極的な幸いの姿です。祝福された状態です。

ところで、「人の子」には、先ほど説明したように「ひとりの人間となる」という意味がありますが、「数あるうちの一人にすぎない人間」あるいは「一介の人間」というニュアンスも含まれており、「謙虚な人間」のことも表わします。つまりイエスは自らを相手に捧げ尽くして「へりくだる救い主」です（フィリピ２・７、同２・８）。

それればかりでなく、「人の子」には終末のときに「神の恵みの訪れを明らかに示す神秘的な人物（救い主）」という意味もあります。争いや憎しみの渦巻く闇の世が、神のあたたかい光に照らされ、調和と愛情で満たされるように計らうのが救い主です。

さらに「人の子」という表現には、神に聴き従うまっとうな人間の模範的な姿が暗示されます。言わば「神に忠実に従うしもべ」というイメージが含まれているのです。ですからイエスが自らのことを「人の子である」と言うときに、「神に忠実に聴き従い、そのおもいを誠実に実現する者」としての使命感に駆り立てられており、自分の人生の意味を確実に自覚していました。「神のいつくしみ」そのものと化すイエスの意気込みがうかがえます。

イスラエル民族は、神との愛のきずなを大事にする生き方を貫こうとしていましたが、とりわけイエスこそが最も徹底的に民族の理想を現実化したわけです。それゆえに、イエスは「イスラエル民族の代表者」としての位置づけと同時に、「神を慕うすべての人の模範」としても重要な役割を果たしました。イエスの生き方に見ならって人生を歩もうとするときに、その道すじを通って私たちも神との愛情のつながりを強めてゆくことができます。まさに、イエスは「道」です。この「道」としてのイエスと出会わなければ、誰も神のいつくしみを実感することができないのです。私たちはイエスとともに生きることで真実の道をたどります（シュン＋ホドス、シノドス）。

12．終末論的な視点

ところで、「ともに歩んでくださる友」という視点は、時間が経つにつれて終末論的な色合いを強く帯びてゆくようになります。キリスト者たちの心のなかには、救い主イエスがあらゆる人を究極的な救いの状態へと導いてくださるという確信が次第にわき起こります。こうして、イエスが再び目の前に現われて、いっしょに最上の平安の状態へと邁進してくださること（＝臨在＝再臨）を期待するようになるのです。

イスラエル民族にとって、「終末」とは「神による救いが完成する希望の出来事」に他なりません。彼らにとって、歴史の動きは創造から終末に向かっているのです。その一連の流れは「救いの歴史」として理解されています。何よりも大事なポイントは、イスラエル民族にとって、「人格的な関わりの深まりの出来事を描くこと」が「歴史」であったことです。言わば、イスラエル民族は、「神と人間との関わり」をテーマにして、その積み重なりを心のなかで大切に熟成させ、深い信頼のおもいを蓄えながら子孫に語り伝えてゆくわけです。

ですから、親が寝る前の子どもの耳元で先祖から伝えられた「神と人間とのつながりの出来事」（＝救いの物語＝歴史）を語り聞かせることが歴史教育なのです。当人にとってどのような意味があるのかを深く問うような、実存的なまなざしで描かれた出来事の理解が「歴史」と呼ばれていたのです。

普通、私たちは、歴史と聞くと、何年何月何日に何が起こったという数字的なデータを連想します。しかし、このような「クロノロジカルな歴史観」（出来事を年代順に並べて描き出した歴史記述の仕方）というものは、実は十七世紀頃の近代ヨーロッパで始まったものであり、割合と新しい物の見方にしかすぎないのです。

ですから、聖書の記述の仕方を近現代の西欧で始まった歴史学の立場で読もうとすると、とたんにつまづくことになりかねないのです。聖書が描こうとしている内容は「神と人間との深い愛のきずなの積み重ね」（＝人格的な交わり）に他ならないからです。

13．地中海的な終末論

キリスト者は、イスラエル地域からシリアや小アジアやギリシア地域を経てエジプトやローマ帝国の首都にまで移動しました。その動きのなかでキリスト教信仰という共同体組織のかたちが次第に整ってゆきました。

結局は、ローマ帝国の版図全域にキリスト者が旅して、メッセージを告げることによって地中海世界全体にキリスト者の共同体が広がり、定着し、四世紀には帝国の宗教として公認され、国教化されるほどにまで発展しました。しかし、キリスト教信仰が公認されるまでには血のにじむような苦しみと犠牲の日々が積み重ねられていたという現実を、私たちは決して忘れてはならないでしょう。

地中海世界において終末論が独特な意味を備えてゆきました。当初、キリスト教信仰は迫害を受けており、キリスト者たちは「一刻も早く神が直接的に歴史に介入して救いを実現してくれないか」と切実に願っていました。それで、世の終わりの到来を真剣に待ちつづけたのです。

迫害の苦しみに耐えかねて、早く神が迫害者を撃退して安楽な世界を実現してくださることを夢見ていた人も、きっと、いたことでしょう。あるいは、てっとりばやく結論を求めたがる人間の習性も影響をおよぼしていたのかもしれません。ともかく、迫害のなかで、地中海的な終末論が形成されてゆきました。

14．聴くことの意味

ここで、人間の聴覚と神とのつながりについて改めてまとめておきましょう。――聴くこと。聴覚の働きには、神との関わりの実感が秘められています。

樹木の枝に生え出た木の葉をゆらす風の音を通して、見えない神さまの声の響きを感じとるイスラエル人。自然界の動きの奥に潜む神のメッセージに敏感に気づく感性。聴いて信じること。「信仰の人」として生きること。信頼して賭け、前向きに旅をする生き方。

イスラエル民族にとって、神は「親」として理解されています。同時に、神は「唯一絶対の神」として、あるいは「王である神（＝真の支配者）」としても理解されていました。

まず、「親としての神」に関して述べておきましょう。――神は母親のように、あらゆる人をつつみこんで育み、いつくしみ、見守り続けます。そして、父親のように、力強く導き、正しい価値観を教え諭してくれるのです。

次に、「唯一絶対の神」に関して説明を加えておきます。――「私こそが、あなたがたを深くいつくしんで守り抜く」という神の徹底的な責任感の表明が「唯一絶対」の意味に他なりません。神が、一度関わりをもった相手に対して愛想を尽かすことなどは、決してありえないのです。最後まで決して相手を見放さないのです。愛情のきずなの強さを言い表したのが「唯一絶対」という表現です。

さらに、「王である神」に関しても言及しておきましょう。――この表現には、「あらゆるものを支えながら配慮しつづける主人」という意味があります。世話好きで寛大な家長のイメージです。頼もしいリーダーのもとで働くことができるとき、部下たちは最も活き活きと本領を発揮することができます。同じように、神があらゆることをうまく取りはからってくださるおかげで、人間ものびのびと自分の生活を充実させることができるのです。

15. 深い愛情のきずな

深い愛情のきずな。――神と人間とは、あまりにも深い愛情で結ばれているので、おたがいにつながっていないと生きることができません。両者は、決して離れることができないのです。

たとえ、人間のほうから神との縁を切ろうとしても、神は人間を見放すことができずに、追い求めつづけます。裏切られても誠実に、つながりを解消することがない神の激しい愛情。その絶対に裏切らない深い愛のつながりが「契約」と呼ばれています。そのことは、神とイスラエル民族とが、まるで「婚姻関係の状態にある」というイメージで語られてきました。

そのイスラエル民族の根本的な視点があらゆる人にもおよぶことをイエスが示してくれました。イエスは十字架の死にいたるまで、どんなにむごい仕打ちを受けても、相手を恨むことなく、ゆるしながらいのちを捧げたのであり、その姿を通して「神が人間を決して見棄てない」ことを、具体的に、はっきりと見せてくれました。

神と人間とのあいだで結ばれた愛のきずなが風化しないように「十戒」（十のことば）という成文化された掟があります。しかし、それは単なる冷たい規則ではなく、むしろ「信頼の気持ちを表明するための愛の呼びかけ」です。「あなたが神である私を愛しているならば、決して他の神々を拝むこと（＝浮気）はできないはずだろう」という論法で十の基本的な生き方のポイントが描かれます。深い愛情のきずながあればこそ、決して裏切ることができないほどにおたがいに一致して生きることができるのです。その深い連帯あるいは愛のきずなということを「十戒」（十のことば）が想い起こさせてくれるのです。

キリスト者の信仰の出発点には、今から四千年以上も前に活躍したアブラハム以来のイスラエル民族の「聴覚的な信仰感覚」があまりにも深い影響をおよぼしていたことを、日本に住むキリスト者たちも、しっかりと確認しておきたいものです。

第3講

神の「受肉」とヘブライ・ギリシア的な感性（古代、聴覚→視覚）

16．イスラエル民族とギリシア民族

イスラエル民族は、「いま生きている」という生身の現実を何よりも大事にします。たとえば、聖書には「アブラハムの神、イサクの神、ヤコブの神」という表現がありますが（出エジプト3・6、同3・15―16、ルカ20・37―38）、それは、神と私とは無縁ではない、ということを示します。つまり、神とはイスラエル民族にとって決して他人事として捉えられるものではありません。「アブラハムの神、イサクの神、ヤコブの神」という表現には「各自が責任をもっていのちがけで神と差しで向かい合う」という意味が込められています。

具体的な表現方法を重んじるイスラエル民族の姿勢は、イエスが好んで「たとえ話」をたくさん用いていたことからも理解することができます。一方、ギリシア民族は、「美しい理念」を形にしようと努力しました。

キリスト者は、「イスラエル民族の具体的表現方法」と「ギリシア民族の美の形化への情熱」を結びつけながら調和させせました。歴史学の分野では、ヘブライズムとヘレニズムの融合が地中海周辺地域を「ヨーロッパ」として、ひとつの世界にまで洗練させることにつながったという説明の仕方をしています。

「ヘブライズム」とは、「神との関わりを人生観の根底に据えるイスラエル民族の生き方」のことです。一方、

「ヘレニズム」とは、「ギリシア民族による美しい生き方」のことです。ギリシア民族は自分たちのことを「ヘレネー」（＝美しき民族）と見なして誇りをいだき、他民族のことを馬鹿にしつつ軽蔑して「バルバロイ」（＝野蛮な民族）と呼び捨てました。

貿易活動をなりわいとするイスラエル民族出身のキリスト者がギリシア地域に商用で出向いたり、あるいは移住したりするうちに、ギリシア文化の影響を受けることがありました。そして、彼らがギリシアの地に定住するにともない、新天地で生まれた子どもたちは、イスラエル民族の血を引き継ぎながらも生活形態や使用言語などはギリシア民族とほとんど変わらないものになりました。

それに、ヘブライ民族とギリシア民族との混血児も増えていったことでしょう。そして、きっすいのギリシア人のなかにはヘブライ人キリスト者とともに仕事をしてゆくうちにイエス＝キリストの福音に関心をいだいて洗礼を受けた者もいたことでしょう。

あるいは、キリスト者たちはイスラエル地域でファリサイ派や律法学者たちによる迫害を受け、絶えず監視や拘束の危険にさらされて、公然と宣教活動を行うことができなくなるに至って、もはや故郷には残ることもかなわず、陸路や海路を通ってギリシア地域に逃れてゆくしかなかったという事情もありました。

今述べたような事情により、当初、ヘブライ語を話すキリスト者とギリシア語を話すキリスト者とのあいだで共同体を運営する上での主導権をめぐる確執が生じたり、倫理規定（律法や割礼にこだわるかどうか）や、そこから派生する食生活（不衛生な豚を避けるかいなか）の違いが問題になったこともありました。

しかし、使徒聖パウロの調停の努力によって十二人の使徒たちが慎重な討議を重ねた（エルサレム使徒会議）ことをはじめとして、さまざまな要因が重なり合って、イスラエル人キリスト者とギリシア人キリスト者とが協力してともに生きてゆくという状態が当たり前になってゆきました。

こうして、民族の違いにこだわることなく「キリストにおいて一つの家族として生きる」という超民族・超地域・超文化的な価値観（神の国の文化）が生まれていったのだと言えるでしょう。このような価値観は、当初、地中海周辺を舞台として展開されていったのです。

なお、補足ですが、「イスラエル」と「ヘブライ」と「ユダヤ」は同じ文化圏の事柄を示しています。現在では、「イスラエル」は政治経済的な場面で用いられ、「ヘブライ」は言語的な区分を表現し、「ユダヤ」は民族的な呼称として定着しています。つまり、イスラエル国家、ヘブライ語、ユダヤ民族、という用語法が通用しています。言わば、ユダヤ民族がヘブライ語を用い、イスラエル国家の繁栄を目指して活躍しているわけです。

まず、「イスラエル」とは、もともとアブラハムの孫ヤコブの尊称であり、「神とともに闘う者」という意味をもち、「神から選ばれて特別な使命を生きる民」という誇りを民族全体にみなぎらせる呼び方です。

次に、「ユダヤ」とは、「讃美・感謝」を意味する「イェフダ」という語に基づいており、しかも、ヤコブの四男ユダの名前でもあり、その血筋をひくのがダビデ王であり、その系図の到達点がイエスの誕生です。

さらに、「ヘブライ」とは、「よそ者」という意味で、アブラハムがカナン地方に移住した際に、先住民族のカナン人がアブラハム一族に投げかけた蔑称です。

それにしても、古代イスラエル民族は現世的な解放者としての「メシア」（＝救い主）を待ち望んでいました。イスラエル地域は、常に、周辺の強大な異民族から侵略を受け、植民地化され、抑圧されていたからです。

一方、ギリシア民族には「ロゴス」（＝万物の秩序）をあらゆる物事の根本理念として筋道の通った人生観を築きあげようという真理探究への飽くなき信念がありました。

今述べたような「メシア」という発想と「ロゴス」という発想とがキリスト者による信仰表現によって緊密に結びついたときに「受肉」という視点が熟成してゆきました。

17．神の「受肉」の秘義

しかし、「受肉」と言われても、日本人には、あまり馴染みがないかもしれません。――「神が肉になる」、つまり「神が人間そのものに成りきった」ということです。神のあまりにも深い愛情が感極まって、私たち人間の生きているこの世界において、ともに生きざるをえないほどの迫力をもって結実したという神妙なる奥義が「受肉」という用語によって示されています。

ひと昔前までは、「御託身」（あるいは「御托身」）という用語がゆきわたっていました。この「御託身」という言葉は、神が人間たちを大切にして親身になって世話しようとしたために御自分のすべてをあますところなく人間としての身に託して生き抜いた（イエスとして生きた）というニュアンスを適切に物語っています。

まさに、「受肉」とは、神による「究極的なへりくだり」の出来事なのです。それは、ちょうど、大人が幼児に何かを伝えようとするときに、まず、しゃがんで幼児と同じ目線になってから穏やかに語り始めるのと似ています。神は、私たちと同じ目線にまで降りてくださったのです。

それから、「肉」とは、ヘブライ語では「バーサール」という単語で表記されますが、「生身の人間」あるいは「限界を抱えた人間性」のことです。「なまなましいこの私という生きもの」というニュアンスがあります。同時に、「肉」には「頭も身体も心も含めた一人の人間そのもの」という総合的な意味があります。人間は総体的なものであるわけで、心だけでも人間たり得ませんし、肉体だけでも人間らしく生きることができません。

「神のあまりにも深い愛情のおもいが肉になった」（イエスとして生きた）ということは、まさに、神が私たち人間と同じ人生の歩みをたどって仲間になってくださった、親しい友として常に寄り添いつつ助けてくださった、家族としてともに生きてくださった、というあまりにもありがたい現実を物語っているわけです。まさに、神が私たちの人間性をすべてありのままに肯定して、手放しですべて受けいれてくださったという「秘義」が「受肉」という事態なのです。相手のもとへと身を低くして、へりくだり、ともに生きるのがイエス＝キリストです。

そのヘブライ的な「肉」がギリシア語のサルクスという単語に翻訳されて使徒聖パウロや使徒聖ヨハネの書簡の用語法のなかでは「人間の生き方の二者択一」の枠組みで理解されるようになりました。つまり、人間が生きるときに、①「神に忠実に生きる（霊）」か、②「神に逆らって生きるか（肉）」のどちらか一つを選ぶべく毎瞬毎瞬決断を迫られているという倫理的な識別の視点が確立しました。

その発想において「肉」には「神から離れて生きる傲慢な人間の生き方」という意味があります。一方、「霊」には「神とともに生きる謙虚な人間の生き方」という意味があります。「霊」という言葉は、神の前でへりくだる生き方を示しています。神を選んで、そのおもいに従って生きる人が「霊の人」なのです。

人間が死ねば朽ち果てます。肉としての人間は、自力では永遠に永らえることができません。限界のなかで生きるしかないのです。しかし、神との関わりのなかで信頼して生きることに目覚めた人間は「神の愛情のはたらき（＝聖霊）」につつまれて新たに活かされるのです。

「神の愛情が肉となった」（受肉＝イエスとして生きた）ということは、神が私たち人間の生身の限界をありのままに受けいれてともに歩んでくださる（ヘブライ的な肉の現実）と同時に、その限界を克服する道をも開き出すこと（肉から霊へと転換する方法を示す）をも意味します。ともに（シュン）真実の道（ホドス）を歩む神が生きています。

18．「聴覚的な感性」から「視覚的な感性」へ

イスラエル民族は「聴覚」を重んじる文化を発達させ、ギリシア民族は「視覚」を基準とした物の見方を洗練させました。もちろん、ギリシアにおいても「聴覚」を重視した文化的な営みは深められました。発音上の音のつら

なりやリズムの妙を愉しむ詩の朗読、ギリシア悲劇における群謡（コーロス）の響きなどを想い起こせばわかることです。しかし、ギリシアではさまざまな建築や彫刻作品が多数制作されており、いわゆる「視覚」を重視した藝術活動もまた多角的に展開され、しかも数学的な調和の比率（黄金比）にもとづく思想形成や認識論も深められたので、やはり「視覚」の重要性を開花させた文化としての特色が存することも疑い得ません。

キリスト教信仰がイスラエル地域からギリシア地域を経由してローマ帝国の中心部に浸透するにしたがい、次第に「聴覚的な感性」から「視覚的な感性」へと、物事の感じ方を理解する際の方式がパラダイム・シフトしました。

パラダイム・シフトとは「物事の眺め方の根本的な変化」あるいは「考え方の枠組みの決定的な移り変わり」のことです。たとえば、天文学に当てはめると、地動説が発表されたとたん、それ以前の天動説がくつがえされて価値を失ったことなどが挙げられます。「おもいもよらない発想の転換が実現してしまう」ことです。「パラダイム・シフト」の発想は、もともとは科学哲学の分野でトマス・クーンが提唱した仮説であり、『科学革命の構造』（中山茂訳、みすず書房、一九七一年／原著 Thomas S. Kuhn, *The Structure of Scientific Revolutions*, University Chicago, 1996.）という本にまとめられています。

当初、イエス＝キリストの図像を一切創ろうとはしなかった聴覚重視のイスラエル人キリスト者たちの価値観はギリシア人キリスト者たちの視覚重視の発想によって百八十度の転換（パラダイム・シフト）を余儀なくされました。キリスト教が、イスラエル文化圏から離れてギリシア地域やローマの都にまで広がるにつれて、視覚重視型のギリシア文化の影響を受けて、地中海周辺地域では次第にイエス＝キリストの彫刻や壁画などが増えたからです。

イスラエル地域では教師や預言者や祭司はひげをたくわえており、威厳に満ちた風貌を備えていましたので、その価値観を受け継いで宣教活動を展開していたキリスト者たちがイエス＝キリストの肖像画を描くときにも、ひげをたくわえた男性の姿を好んで採用しました。ところが、ローマ郊外のサン・カリストのカタコンベなどの壁面や大理石の石棺に残されたイエス＝キリストの彫刻などは、ギリシアやローマの貴族の青年のように若々しく気品に満ちた姿となっています。それらの図像は、羊を肩に背負っていることから「よき牧者キリスト」のイメージとなっています。興味深いことに、それぞれの地域の文化的な発想によってイエス＝キリストに対するイメージも多様で豊かな解釈が花開くことになったのです。

こうして、視覚的なイメージが膨らみ、後のヨーロッパ中世期から近世のルネサンスにかけてさまざまなキリスト教美術作品（宗教画や彫刻や教会建築および装飾など）が生み出されてゆき、視覚を通して信仰を表現し、説明することが当たり前になりました。ステンドグラスによる主イエス＝キリストの生涯の描写や聖人たちの活躍譚などが中世ヨーロッパにおいて多数制作されるようになったことも納得がゆきます。

19．人間の「神化」へのプロセス（ギリシア教父の信仰理解）

ところで、「肉」的な生き方から「霊」的な生き方へと転換してゆくことが「回心」であり、「神化」です。つまり、「神から離れて自分勝手に滅びてゆく生き方」から「神とともによろこびのうちに安らう生き方」へと「成長してゆくこと」がキリスト者の目指す生き方とされていました。この視点は、とくに四世紀以降にギリシア地域のキリスト者たちの祈りのなかで、ことさらに深く自覚されていったのです。

ちょうど、幼児が、さまざまな失敗を繰り返しながらも、それでも確実に豊かな人間性を備えた成熟した大人へと成長してゆくように、キリスト者たちやあらゆる人びともまた、さらには人間の歴史そのものも着実に最上の方向性へと向かうのです。この「積極的で発展的な深化論」がギリシア教父たちの思索の奥底には息づいています。

ギリシア地域のキリスト者を導いた教会共同体のリーダーたちやギリシア語を用いて神学的な著述活動を展開した神学者たちが「ギリシア教父」と呼ばれます。彼らは、常に、前向きにキリスト教信仰を理解しました。

神のいつくしみに徹底的に信頼を寄せながら楽観的に生きてゆこうという希望に満ちた姿勢がギリシア教父に共通する特徴でした。教父にとって、人間とは、神に向かって回心してゆく可能性に満ちた者として、すばらしい素質を備えているものであると理解されました。それればかりではありません、人間たちが創り上げる社会や国家、ひいては歴史のながれそのものも、終末の完成に向けて成熟するものとして、前向きで建設的な視点で理解されました。

いみじくも、著名な教父学者である土井健司先生の著書『古代キリスト教探訪――キリスト教の春を生きた人びとの思索』（新教出版社、二〇〇三年）が力説するように、ギリシア教父は、まさに、「キリスト教の春」を生きた人びとなのです。若々しく、希望に満ちて、神に深い信頼を寄せて森羅万象の豊かな成長を確信しながら生き抜いたからです。

この視点は、新鮮です。キリスト教信仰は、ガチガチの組織制度として始まったというよりも、むしろ、いのちの豊かさを楽観的に言祝ぐ解放の讃歌の祝祭を味わうことから花咲いたものだったのです。

以上の次第で、筆者自身も哲学科を卒業して高校教員を勤めて後に大学で神学の専門的な研究を始めたころから今日にいたるまで（一九九四年―）、ずっとギリシア教父の神学に共感しつつ、常に原典研究を心がけています。

ともかく、ギリシア教父たちの信仰理解の最たるものは、「神化」の理論です。――聖エイレナイオス、アレクサンドレイアの聖クレメンス、ローマの聖ヒッポリュトス、オリゲネス、聖アタナシオス、カッパドキア三教父、アレクサンドレイアの聖キュリロス、証聖者マクシモス、擬デュオニュシオス・アレオパギテースなどの教父たちが共通して強調している視点が「神化」の神学です。「神化」とは、「神の恵みによって人間が神の本性にあずかる者となること」です。つまり、人間は神になることはできませんが、神からのはたらきによって「神のようにいつくしみ深い愛情に満ちた者」に成熟することができるのです。それは、つまり、「神の似姿」（神のすがた）としての人間らしさを取り戻すことです。その事態は、ギリシア語聖書では「神のように完全になる」と言われています（マタイ5・48にもとづきます）。

ローマの都を中心とした西方地域でキリスト教信仰を深めたラテン教父が、「神に向かって生き方を高めてゆく人間の自由意志にもとづく道徳的な努力や自発的な修行」（下から上へ向かって、登山者が努力して険しい山道を登るようなイメージ）を大事にしたのに対して、ギリシア教父は「神からのはたらきかけに支えられて愛情深く変容させられること」（上から下へ向かって、神がおさなごである人間の目線にまで降りてきてくださって、おだやかに抱き上げて上に引き上げるというイメージ）を強調しました。

とりわけ、四世紀のギリシア教父の聖アタナシオスは名著『受肉論』のなかで「神の子が人間となったのは、人間が神となるためです」と力説しています。もっと正確に説明するならば、「御父なる神が御子イエス＝キリストとして人間性をあますところなく受けいれて、へりくだってくださった（受肉）のは、何としても人間ひとりひとりを神の愛情のうちにまったく一致するほどに親しくつつみこむことで変容させるためであった」と言えるでしょう。ともかく、「人間が神となる」という言葉は「人間が神のように愛情深い者となる」という意味合いです。しかも、単なる比喩表現などではなく、むしろ「人間が神そのものとまったく同じものとなるほどに成熟してゆく」という、かぎりない一致の状態を言おうとしているのです。ちょうど、無分別な子どもが親から注がれる愛情に満たされて次第に理知的で愛情深い成人にまでダイナミックに成長し、やがて親心を体得するようになるプロセスをイメージすれば、「神化」という考え方の意味が理解できるはずです。

20．ダーバールとロゴスそしてキリスト

「神のことば」とは、いったいどのような事態なのでしょうか。――「神のことば」を説明するためのアプロー

チには多様な道筋があります。たとえば、イスラエル文化における「ダーバール」、ギリシア文化における「ロゴス」、キリスト教における「キリスト（＝メシア）」などが挙げられるでしょう。

イスラエル文化のなかで出発したイエスと十二弟子たちの共同体は「神のことば」が実現するように日夜働きました。イスラエルでは「神のことば」は「ダーバール」と呼ばれており、神のあまりにも深い愛情のおもいが感極まって現実社会を変革するほどに具体化する、というニュアンスで理解されています。

実効力のある救いが現実のなかでかたちを現わしてゆくわけです。神の愛情のおもいは、必ず現実となり、あらゆるものを活かす、という視点です。

つまり、言葉と行いとが連動していて、決して切り離すことができないほどの実力行使の気概に満ちているのです。「神がことばを発するとすべてが成った」という創世記の表現も同様の事態を語っています。あるいは、「ダーバール」は「愛の出来事」と言い換えることもできます。神の愛が感極まってあふれでてしまうわけです。そうした愛のあふれが活きた「ことば」としてあらゆるものに影響をおよぼします。

一方、ギリシアでは、「ロゴス」という発想があります。「ロゴス」とは「宇宙の理法」のことです。物事を秩づけて成立させる均整のとれた理念あるいは設計図のようなイメージです。あるいは、ギリシアの都市社会において、民主政治の公約（マニュフェスト）も「ロゴス」と呼ばれていました。政治家が市民たちに一度約束したことは必ず実現させる真実となるのです。

「ロゴス」という発想は、もともとは紀元前のギリシア哲学者たちによって発見された真理に端を発していますので、キリスト教信仰との接点はなかったのです。イエスの十字架上の死と復活の後に、キリスト者たちがギリシア地域にも宣教活動を広げたときから四世紀にいたるまでの時期に、ようやく「神のことば」と「ロゴス」が結びつけられてキリスト教的な価値観を通して説明されるようになったのです。

「ダーバール」には神の発した言葉はそのまま実現するというイスラエル民族による確信が秘められていましたが、ギリシア民族による「ロゴス」にも一度口にした言葉は効力をもち物事を実現してゆくという視点がありますので、共通するニュアンスがあるのです。

イスラエルのダーバール思想は、キリスト者にとって、「神の愛情が現実化する」という視点で眺められてゆき、神の永遠不変の愛情のおもいがイエスとして現実世界を確かに救う、という信仰の念へと次第に深められました。信仰者の視点に立って述べれば、神の愛の身体化した状態が「イエス」として、私たちとともに歩む姿として現在化するのです。だからイエスは「神のことば」つまり神の愛のあふれが体現されている姿に他なりません。

その後、イスラエル地域を追放されたキリスト者たちは、ギリシア地域を経由してローマ帝国の中心部にまで宣教活動を展開させます。その際に、ギリシア文化の「ロゴス」思想と出合うことによって、イスラエルの「ダーバール」の発想とギリシアの「ロゴス」の理念とが「キリスト者独自の救済観」（「神のことばである救い主イエス」という信念）を媒介として絶妙なまでに調和することになりました。

21．日本とのつながり、言霊の力

ところで、日本には「言霊」という発想があります。「言霊」とは言葉の活力と言ってもよいものです。言葉の活力をいかに用いるかで物事の結末が変化します。たとえば、「祝辞」は幸いをもたらし、「呪いの言葉」は不幸を招くのです。言葉そのものが生きており、自律的に活動を起こします。言葉が活きたいのちの力である、という視点をもっているという意味では、「神のことば」と「言霊」は似ています。

しかし、「神のことば」の場合は、幸いをもたらす圧倒的な創造力に満ちていますが、呪いの働きをすることが一切ありえない点が、日本の「言霊」との大きな違いです。

たしかに、「神のことば」と「言霊」とは、質的に異なってはいますが、なんらかの近似性があることも確かです。「真言」（＝まことのことば）という発想です。――ちょうど、プロテスタント神学者の宮平望氏やカトリック倫理神学者の竹内修一師は「真言」（＝まこと）という発想の奥底に「まことの神のことばとしてのイエス＝キリスト」という信念と言霊の感覚とに同質の発想が潜んでいることに着目しながら研究を進めているからです（宮平望『神の和の神学へ向けて――三位一体から三間一和の神論へ』すぐ書房、一九九七年。Osamu Takeuchi, S.J., *Conscience and Personality, A New Understanding of Conscience and Its Inculturation in Japanese Moral Theology*, Kyoyusha, Chiba, Japan, 2003.）。

第4講　神を観るための「あかし」の努力とギリシア的な感性（古代、視覚）

22．あかし

キリスト者たちは、「イエスがキリスト（＝救い主）であること」をいのちをかけて全力であかししました。つまり、為政者たちから、たとえ、どんなに苛酷な迫害にさらされようとも、ひるむことなく、「イエスがキリストである」ことを公言してはばからなかったのです。たしかに、「あかし」という用語には「殉教する」（＝神に対する信頼の気持ちをいのちがけで示す）というニュアンスも含まれています。

ともかく、「あかし」とは、物事の真実性を確認し、確信をもって断言することです。つまり「これこそが、ほんものだ」と心の底から言うのが「あかしする」ことです。

では、なぜ、キリスト者たちが、どんな状況下にあってもイエスをキリストとしてあかししつづけてゆけたのでしょうか。それは、おそらく、イエスというおかたの言葉やふるまいを通して神のいつくしみ深いおもいを実感したからではないでしょうか。つまり、イエスの生き方のうちに神を観たのです。――「私（イエス）を見た者は御父を観たのです」（ヨハネ14・9）。

23．神を観る

「神を観る」（中世西欧のラテン語では、「ヴィジオ・デイ（Visio Dei）」と言います）。――この視点は初代教会のキリスト者にとって最も重要なものでした。その後、四世紀にキリスト教信仰がローマ帝国の国教として定着するにおよんで、人間にとって一番の至福は「神を観ること」であるという発想が広く人びとに行き渡り、果ては近代にいたるまでのあらゆる人の目標として掲げられていったのです。

すでに、新約聖書のなかにも、イエスに対して「私に御父なる神を見せてください」（ヨハネ14・8）と叫び求めるフィリポの切実な問いかけが描かれています。古代のキリスト者たちにとっての切なる願いが、フィリポの問いかけのなかに集約されて書き残されているのです。

十二弟子のひとりであったフィリポは、まことの人であるイエスならば、イスラエル民族が求めてやまなかった御父なる神を見せてくれると期待したことでしょう。イスラエル民族の人生目標は神とともに生きることでしたから。それゆえフィリポは確実に神を実感して安心したいと考えたのです。

イスラエル民族の起点となったアブラハムも幕屋をつくって神を迎えましたし、民の解放者であったモーセも神と顔と顔とをつき合わせて対面することを望んでいました。自分の耳で神の声を聴き、自分の目で神の臨在を実感してみたいというイスラエル民族の願いを代表してフィリポはイエスの前に進み出て懇願したわけです。

24．ギリシア民族の視覚的な観想の技法

しかしながら、「神を観る」という視点は、単に、イスラエル民族出身のキリスト者だけに特有な望みだったわけではなく、むしろ普通のギリシア人の心のなかにも潜んでいた願望だったのです。

たとえば、すでに、キリスト教信仰がかたちをなすよりも前に活躍していた古代ギリシアの哲学者アリストテレ

スが「神を観想する」という視点を打ち出していました。人間の最高の行為は「森羅万象の根源としての神を観想すること」であるという発想がアリストテレスの哲学の中心テーマになっているからです。「観想」（＝テオーリア）とは、心を落ち着けて真実を見極めるという行為なのであり、高度な知性を備えた者のみが為し得る奥深い瞑想の境地であるとされていました。この世の自然を眺めつつ、その根底に万物を活かす根源を見透かしてゆくのです。

ともかく、「視覚」を通じて最高存在としての神につながるという道がギリシア哲学の方法論でした。神にいたる道（＝智慧）を誠実に探究することが「哲学」（＝まことの智慧を愛し求める営み）と呼ばれ、人間の生き方の最高の使命として大切にされました。つまり、最高知性としての神を静かに想い巡らす技法を磨くことが哲学でした。

ただし、ギリシア人にとっての「神」は「物事の原理」、あるいは「森羅万象の出発点」（万物の根源）という意味合いで論じられており、いわゆる「理念としての神」あるいは「静かなる神」でした。つまり、確固として存在しつつ、自らは動かずに、あらゆるものを活かすような「不動の動者」でした。ですから、キリスト者たちが信じている「三位一体の神」（「創造主なる神（御父）＝受肉した神（御子）＝愛のはたらきとしての神（聖霊）」）とは異なります。歴史のなかで、私たちと関わってくださる三位一体の生ける神は、自ら積極的に世界に対してはたらきかけてダイナミックな救いのわざを実現するからです。

ところで、古代教会の指導者であった教父は、神に信頼することを何よりも重視しました。私たちも経験することですが、信頼する者同士の目と目が合うだけで、親密なきずながいっそう深まります。神を観ようとすることは、神に信頼を寄せることと同義です。愛情のこもったまなざしは、信頼関係に満たされているものだからです。

とりわけ、四世紀に活躍した教父であるニュッサの聖グレゴリオスは「鶴首《かくしゅ》待望」（エペクタシス）という発想をいだいていました。「エペクタシス」というギリシア語には、伸びる、延長する、という意味があります。ちょうど、鶴が首を伸ばしてエサをついばむ姿をイメージするとわかりやすいでしょう。神と直接顔を合わせる日を心待ちにしながら首を長くして期待しつつ、あまりにも積極的になって前のめりにつんのめっている状態のことです。それは、神との出会いを目指して、よりいっそう前進してゆこうとする信仰姿勢です。感覚的な欲望を鎮めて知性の働きを活性化させて目覚めて祈るギリシア哲学のなかで培われた観想の姿勢がギリシア地域のキリスト者（とりわけギリシア教父）によって深められてゆきました。

さらに、教父の伝統を引き継いだ中世ヨーロッパの修道院での生活は、「神を観る」ことに重点を置いて展開されました。瞑想しながら神と出会う感覚を鍛えてゆくことが修道者にとっての日々の主要な日課だったのです。瞑想の静けさのなかで五官の感覚が統合されながら、次第に超越的な味わいの深まりの実感につながり、独特な神経験へといたったのです。

25．均衡美とイデア論、対話、パイデイア

ギリシア民族の特徴は「均衡美」と「イデア論」です。それらの発想は、ともに「視覚の世界」を最大限に大切にすることによって深められてゆきました。

「視覚の世界」は「美しさ」を追求するなかで洗練されます。人が目で物を眺めるときに「美しい」と感じる場合、その物には或る特定の比率が潜んでいます。

たとえば、ピュタゴラスによる数学は「視覚的に美しい比率」（黄金比）を求める努力のなかから派生したものでした。ギリシア彫刻の人間像に八頭身タイプのものが多いのも、やはり視覚的に美しい理想のプロポーションを表現しようとしたからです。

それでは、「均衡美」を人間の生き方に当てはめて考えてみましょう。身体と精神と社会性（＝公共性）をバランスよく調和させながら生きるときに「全人的な完成状態」が実現し、美しい理想の在り方に到達します。あらゆ

る面でバランスのとれている人間が「人格者」（＝人間としてふさわしい者）として理解されていました。

一方、「イデア論」とは、理想的な姿（＝イデア）に向かって自分を高める努力の積み重ねを理論化したものです。自己鍛錬・自己陶冶・自己形成によって全人的な完成を目指すことがギリシア人の生きがいでした。

しかし、現実は、美しく感じるような比率とは別の醜い形（比率の不均衡な状態）の物で満ちあふれています。このように不完全な物がひしめく現実をどうするのかを考えたときに、ギリシア人は「イデア界」を設定することで解決を図ろうとしました。実は、すべてが美しい比率で構成された理想の世界（イデア界）が、天上にあるはずだ、そしてその世界こそが現実である、と主張しました。

そうなると、今の現世の状態は「にせもの」あるいは「影の世界」であるという結論にいたるわけです。言わば、私たちは「虚偽の世界」で、もがき苦しんでいることになります。

しかし、苦悩から解放される方法もあります。つまり、「虚偽の世界」のなかで真実を発見するための最良の手段が「対話すること」です。――二人の人が言葉をキャッチボールのようにおたがいに投げかけ合って、次第に一つの真実に迫ってゆくこと。各人が抱いている持論が議論を通して修正されながらも一つの焦点を結ぶときに、虚偽の持論が真実の共通理解へと収束してゆきます。理想の美しき真実にいたることができるのです。

虚偽界としての現実の苦悩から解脱するためのギリシアの「対話」の発想は、キリスト者によって「教理問答」や「大学などでの公開討論」として洗練させられて今日にいたっています。

他にも、ギリシアには「パイデイア」の伝統もあります。「パイデイア」とは、邦訳しにくい言葉ですが、教育、若い頃から培うべき教養、文化、古典的な洗練、成長、真善美の調和を意味しています。教育とは、知性と行為と存在の調和によって人格が深まることに尽きるのです（頭で考えて発見した理念を生活実践において活かし、自らの存在感そのもので体現することです）。そこから、論理学・倫理学・美学などの諸学問も発達してゆきました。

キリスト者も、ギリシアの「パイデイア」の伝統を採り入れつつ「神による人間の教育」という視点を生み出しました。この視点は、後に、人間らしく生きるうえでの教養としての学問を重んじる西欧文化にも引き継がれました。教育には、相手をいつくしみつつ支える神の働きが備わっているのです。

ところで、十五世紀から十七世紀の西欧で、文藝復興（＝ルネサンス）運動が盛んになります。ルネサンスとは「古代ギリシアの視覚的文化」の復興を目指す試みです。人間の知性と身体の美との調和、さらには本来在るべき理想の姿を探し求める創作活動です。ギリシア彫刻や陶芸や建築や文学や演劇（ギリシア悲劇やギリシア喜劇）がヨーロッパの諸藝術に多大の影響をおよぼし、再び開花しました。この運動においても、ギリシア文化とキリスト教信仰とが「真実を眺めつつ形化する」という共通地盤において連動していることが浮き彫りになります。

そして、真善美の調和に基づく人間の尊厳を確認する「ヒューマニズム」運動はギリシア古典文藝作品を再読する「人文主義」から派生してゆきました。現実の不充分な状態を真実の世界へと視覚的に整えてゆくことがギリシア文化の基本理念でしたが、キリスト教もギリシア的理念を真似して「神とともに在る状態」を真実として設定することによって現実の不充分さを向上させながら成熟してゆく道を形成したのです。

26．二元論の危機とグノーシス主義

それにしても、ギリシア思想の危険性は「二元論」という発想にありました。二元論とは、霊魂と肉体とを分けて考える発想です。あるいは精神と物質を対立させて、霊魂や精神的なものだけが価値あるもので、肉体や物質は醜いものとして軽蔑しつつ切り捨てる視点です。アリストテレスの先輩のプラトンが唱えていた思想です。先ほど見てきたイデア論も二元論的な色合いが強いです。

この二分割の発想ですと、人間が分裂してしまいます。なにしろ、人間とは、神のはたらきに支えられながら霊

肉一体化して生きている存在（イスラエル的な人間観）だからです。

無理に二分割することなど、もってのほかです。私は、この「生身のからだとしての私」でしかないのです。「ひとつのもの」を無理やり区分けして、それが真実であるかのように錯覚してしまうことは、危険なことです。極端な分析的区分けの発想は、物事の仕組みを正確に理解する際には役に立つのですが、「活きているいのち」そのものを引き裂いて息の根をとめることになりかねないからです。

今述べたように、人間を二つに引き裂く発想は、中世西欧のキリスト教信仰にいたるまでの長い年月、暗澹たる影響をおよぼしてしまいました。この世の現実から逃避して、早く天国に行きたいという願望が修道者の理想になったり、社会を運営してゆくために労働しているキリスト者たちは「世俗的」と揶揄され、物質界のために囚人として働かされている者とみなされました。

近現代においても、職人や重労働者はブルーカラーとみなされ、逆に身体をあまり動かさずに仕事する知的管理職がホワイトカラーとして給金も優遇されるという冷酷な区別が一時期見られましたが、そのような事態も残念ながらギリシア以来の二元論の欠点が尾を引いてしまったからです。しかし、キリスト教信仰は、本来、ギリシアの「二元論」とは別物なのです。

それから、キリスト者の信仰がギリシア地域に根づくに際して、一番の問題点となったのが、グノーシス主義との関わりでした。なぜなら、グノーシス主義の発想は、キリスト教の「受肉」の発想とは、まったく逆の考え方を主張していたからです。

もしも、グノーシス主義を認めてしまえば、神の受肉としてのイエス＝キリストは無意味で価値のない戯言になってしまうからです。キリスト教信仰の指導者たち（教父）は徹底的にグノーシス主義の抽象的な神話論と闘いつづけました。神が私たちとともに生きてくださった（救い主イエスとして私たち人間と同じいのちの在り方を生き抜いて、ともに歩んでくれた）という真実を守り抜くことが教父の最重要課題だったからです。

教父はローマ帝国の政治家からの弾圧のみならず、教会共同体の中にひそかに忍び寄る間違った思想理念とも対決せざるをえないような状況に追い込まれていたのです。こういう歴史背景があったので、公会議の開催や教え（＝教義）の確定、細かい定義づけや規律の明確化が積み重ねられていったのです。

今の私たちから見れば「キリスト教信仰は理屈っぽくて、洗礼を受ける前に一年間も理論的な勉強をさせられるので、面倒だ」とか「イエスのあたたかさだけを信じれば充分ではないか、難しい理念や規則は必要ないのではないか」と文句や批判が飛びかいがちですが、実は、教義や規律が細かく定められたことには深い意味があったのです。はびこる異端説から教会共同体を護るための規準としてさまざまな教えや規律が確定されたからです。

先ほども説明しましたが、グノーシス主義は、人間を霊魂と肉体とに二分割して理解していました。しかも、死後、肉体は腐ってゆくので、下劣な物質として軽蔑されていました。霊魂だけが尊い可能性を秘めたものであり、死後、肉体という牢獄から解放されて天上界で安らぎを得るとされていました。ギリシア語で「グノーシス」とは「認識」あるいは「知識」のことです。「ほんとうの自己の姿である霊魂を認識することで救いにいたる」のがグノーシス主義の基本理念です。つまり、グノーシス主義者にとって、霊魂だけが真実の姿なのであり、現実の生身の人間の生涯は虚しい囚人状態にしかすぎなかったのです。

グノーシス主義は、ギリシアの哲学者プラトンの二元論をもとにしつつ、ギリシア神話やオリエントの密儀宗教や神秘思想、さらにはユダヤ教の黙示思想などが混交しながら、一世紀の後半に理論化されて独自のグループ活動を展開し、さらにはイランのゾロアスター教や中東のマニ教とも結びついたものです。

しかも、キリスト教の考え方を取り込みながら、さらに複雑化したグループもありました。いわゆる、「キリスト教的グノーシス主義」あるいは「グノーシス的キリスト教」という動きです。彼らは、「イエスが肉体を備えてはいなかった」と主張しました。神が汚れた人間の肉体を身にまとうことなどありえない、という論法です。彼らは、霊魂の状態のイエスが地上で活躍しており、それを見た人びとの目には肉体があるように映っていたにすぎない（仮現説）、ということを強調したのです。しかし、そのような発想ですと、イエスの御受難や十字架上の死は、仮の出来事になってしまい、「イエスが人間のあらゆる苦悩と痛みを真正面から引き受けてともに苦しみながらあがなった」という尊い事実が嘘になってしまいます。

しかし、キリスト者は「受肉」の教えを強調することによって、神が私たちとともに生きてくださることのよろこびと人間性の価値と尊厳を堅持しました。「神がともに生きてくださる」（＝インマヌエル）というイスラエル民族の確信は、イエスと出会って招かれた十二使徒によって歴史的に頂点に達しましたが、その深い信頼感を受け継ぐのがキリスト者です。

そのような次第で、キリスト者にとっては、「使徒伝承」が信仰を説明するに際して最も大切な規準となるのです。つまり、イエス＝キリストによって明らかにされた「神の深い愛情のおもい」を受け継いで多くの人びとの前で公にあかししながら伝えてゆくことが使徒たちの使命だったのであり、そのかけがえのない「使徒伝承」を受けとめて後代にバトンタッチするのがキリスト者たちの役割だからです。

27．シンボル化の能力の発達、美術と秘跡

ともかく、ギリシア民族の感性とキリスト教信仰とが出合ったときに「しるし」の深みが生じてゆきました。見えないものを見えるかたちとして実感させるのが「しるし」です。神の慈愛は目には見えませんが、「受肉したイエス＝キリストというしるし」（＝根源秘跡）によって確実に実感できる形となりました。

ギリシア文化とキリスト教信仰が結びついたときに、形の奥にメッセージを見いだすという発想が生じてゆきま

した。いわゆる、イエスを通して神を発見することがキリスト者の確信的な道筋として定着するようになりました。同時に、たとえば、キリスト者が「水」という物質を眺めるときに、「罪の洗い清め」や「ノアの洪水からの救い」や「いのちの源」などの意味を一挙に看取することができるようになっていったのです。ギリシア文化のなかでキリスト教信仰が広まってゆくにしたがって、キリスト者のシンボル化の能力は格段の発達を遂げたのです。

ギリシア文化の教養を身につけ、ローマ帝国内の政治や法律の専門家としてミラノの市政を支えた聖アンブロジウスがキリスト者たちの人気を勝ち得て司教に就任し、愛情をこめた説教活動を展開し、「秘跡論」を大成しました。ローマ帝国内におけるキリスト教国教化の影の立役者としても、聖アウグスティヌスの導き手としても高名な聖アンブロジウスの思想においてギリシアの均衡美の藝術性とキリスト教信仰とが最も豊かに調和していたのかもしれません。つまり、「美しさを探究する技法（＝美術）」と「神の恵みを実感する方法（＝秘跡論）」とがおたがいに連携してキリスト者の信仰を豊かなものとして開花させてゆくことにつながったのです。

それから、ギリシア地域のキリスト教信仰のながれのなかで発展していった「イコン」についても説明しておきましょう。「イコン」とは、「聖画像」と訳されることもありますが、実は、絵画ではありません。聖なる秘義（＝神の子イエス＝キリストの生と死と復活、聖母子の関わりにおいて実現する愛情の深み、神のいつくしみを生き抜いた諸聖人たちの尊い努力）を想い出させるための「目印」なのです。

ですから、イコンを丁重に安置して、その前で祈りを捧げるということは、決して偶像崇拝ではないのです。むしろ、キリスト者はイコンという「目印」をとおして、その奥にある神の世界に参入してゆくことになります。もっと正確に言うならば、イコンの奥から神のまなざしが見る者のほうへと向かって開き出されてくるのであり、キリスト者はイコンの前にたたずむことによって神のまなざしを実感して、えもいえぬ恵みに満たされるのです。

28. キリスト教信仰にもとづく社会を求めて――あかしの徹底的な現実化

また話題をもとに戻しますが、ここで、「司教としての聖アンブロジウス」（司教在位、三七四―九七年）の存在意義を確認しておきましょう。二三年間にわたる司教職の在位期間のなかで、聖アンブロジウスはローマ帝国内におけるキリスト教信仰の立場を不動のものとすることに成功しました。

まさに、聖アンブロジウスこそがキリスト教信仰にもとづく社会を最初に実らせた陰の立役者だったと言ってもよいかもしれません。塩野七生氏の新著『キリストの勝利　ローマ人の物語XIV』（新潮社、二〇〇五年）による新解釈では、もともと政治的巧者であった聖アンブロジウスが司教就任後も自らの能力を活かして帝国全体を指導する機会を得ることによってキリスト教信仰の立場を揺るぎないものとすると同時に不変の組織としてシステム化することに成功したとされているのです。

病気にかかり死の恐怖に怯えていたテオドシウス帝に死後の地獄の責め苦を考えさせることで洗礼に踏み切らせ、皇帝を信徒としての立場に組み込むことで、司教聖アンブロジウスは政治的にも皇帝を指導する手がかりを得ました。こうして聖アンブロジウスの指導によってテオドシウス帝はキリスト教信仰を国教化し、見返りに大帝の称号を得ることになりました。

ともかく、教父聖アンブロジウスは秘跡論の成立に貢献し、緻密で信心深い聖書講読と愛に満ちた説教による具体的生活実践へのたぐいまれな適応の努力を重ね、聖アウグスティヌスをはじめとする多くの人びとに感銘を与え、回心へと導いた「聖なる人物」として認知されました。つまり、聖アンブロジウスのイメージは、「執政官としての政治的活躍を捨てて、教会への奉仕に徹した『信仰の人』だった」というものが一般的なのです。

しかし塩野氏は、まったく型破りな聖アンブロジウス像を提示しました。それゆえ、筆者は、塩野氏の著書を読了するにおよんで眩暈に近い衝撃を受けました。人間は変わらないのでしょうか。神に仕える道に入る者は、以前の自分の行動や在り方を全部清算してから新たな歩みを始めるものですが、聖アンブロジウスの生き方の真相は、いかなるものだったのでしょうか。塩野氏の描き出した聖アンブロジウス像は、あまりに野心的であり人間の権力欲による自己実現というニュアンスが濃いものであるから、筆者が当惑したのもやむをえないことです。

ところが、聖アンブロジウスは自ら表立ってローマ帝国の政治に介入したわけではなかったのです。むしろ、常に目立たないかたちで、裏からさまざまな人びとを結びつけながら抜かりのない手腕を発揮して教会共同体の安定化というプロジェクトを推進したのでした。このように考えてみると、キリスト教信仰が磐石の安定的態勢をとることができた背景には聖アンブロジウスの血の滲むような努力があったことは否定できないでしょう。

現在では、聖アンブロジウスの目ざましい活躍は隠されていますが、まさに「目立たない」ということこそが彼の一流の実力を証ししているのではないでしょうか。塩野氏のように注意深く眺めないかぎり、聖アンブロジウスの素性は見破ることができず、聖徳の誉れの高い人物としてしか人びとの目には映らないからです。裏方に徹しながらキリスト教信仰の安寧のためにあらゆる策を実行に移すことをいとわなかった聖アンブロジウスの熱意と努力は、教会の牧者としての責任感に端を発していたと解釈することも可能ではないのでしょうか。つまり、キリスト者たちが安心して自分たちの信仰生活を保ってゆけるように、そして、多くの人びとに向かって「イエス＝キリストによる救いのよろこび」を何らの妨げにも邪魔されずに公然とあかししてゆけるように、現実的に賢明な処置を施したのが聖アンブロジウスでした。「あかし」の徹底的現実化を社会のなかで組織的に実現するための基盤づくりをした点において、聖アンブロジウスの活躍には重大な意義があるのです。

第5講　歌と光と香による天上世界の先取り、ヨーロッパの黎明（中世、視覚→嗅覚）

29．愛情を伝える説教者聖アンブロジウスと聖アウグスティヌス

先ほど紹介したミラノの司教聖アンブロジウス（三三九頃―九七年）は信徒たちひとりひとりのことを大切にいつくしみながら愛情をこめて説教していました。その説教を聴いて感銘を受け、聖書を手に取り、神さまのみことばを深く思い巡らすようになって回心していった聖アウグスティヌス（三五四―四三〇年）も、やはり愛情をこめて言葉を語ることを大切にしてゆきました。

後に、聖アウグスティヌスは『キリスト教の教え』という著作を書き上げたのですが、その著作の第四部は「説教論」となっています（『アウグスティヌス著作集6　キリスト教の教え』加藤武訳、教文館、一九八八年）。彼の「説教論」は、徹頭徹尾、「愛」を中心にして展開されています。

説教者はミサのなかで、愛情をこめて語ることによって聴衆に御父のいつくしみと御子イエス＝キリストの恵みおよび聖霊のよろこびを実感させるのです。もしも、愛情を伝えられなければ、いくら文学的に見事な技巧をこらした語り口であったとしても、そのような説教は、むなしいものでしかなく、まったく意味がないとされました。

説教とは、まず説教者自身があらかじめ聖書を読んで深く黙想し、こうして把握したことがらを生活のなかで実

践しつつ、後に聴き手に伝達することによって神の愛情を実感させることです。何よりも、言行一致が大切にされ、相手の内面へと愛情をこめて親身になって語りかけることがポイントになっています。聴き手と説教者とが、ともに、神のみことばをおたがいの心のかよわせ合いのうちにおいて育むのです。

ともかく、神のいつくしみ深い愛情がイエス＝キリストをとおして私たちの生活のまっただなかに実現してゆくよろこびが、まさに福音（＝よきたより）です。イエスは救い主（＝メシア＝キリスト）であり、イエスの生き方をとおして神のいつくしみ深い愛情が目に見える形として実感できるわけです。ですから、イエス＝キリストは「神の愛情の目に見える恵みのしるし」（＝秘跡）なのです。

先ほども少し触れましたが、聖アンブロジウスは名著『秘跡論』を遺しました（『秘跡』熊谷賢二訳、創文社、一九七八年）。そして弟子の聖アウグスティヌスも『キリスト教の教え』の第一部と第二部と第三部の中で「神の恵みのしるし」としてのイエス＝キリストについて解説しています。

聖アンブロジウスと聖アウグスティヌスの強調していた「愛情を伝える説教」や「神の恵みのしるしとしてのイエス＝キリスト」という要点は今日にいたるまでカトリック教会の牧者の心構えとして大切に受け継がれています。つまり、牧者は、イエス＝キリストのように神の恵みを目に見えるかたちで愛情をこめて伝える使命を担っています。牧者としての生き方とは、教皇・司教・司祭のみならず、各家庭の父親や組織の責任者においても大切な心構えなのであり、いつくしみ深い導きの態度によって人びとをつつみこむものです。

30．ローマ帝国末期の混乱状態から聖ベネディクトゥスによる文化復興へ

聖アウグスティヌスが活躍した時代は、ローマ帝国末期の混乱期でした。ローマ帝国の辺境の地で暮らしていたゲルマン民族をはじめとする諸民族がローマの中心部にまで攻め込んできたのです。長年にわたる侵攻活動が拡大

してゆき、聖アウグスティヌスの晩年に、ローマ帝国は崩壊しました（四一〇年）。

さまざまな価値観をいだく人びとが長期的に衝突し、葛藤しつつも共存することになりました。もともと、ローマ帝国と辺境の諸民族とのあいだには根深い問題が横たわっていました。ローマ帝国は軍事力によって地中海周辺の諸民族や北方のゲルマン諸族を平定し、広大な領土を得ました。多くの人びとが自分たちの土地を奪われました。

時が経ち、ローマ帝国末期の時代には、逆のことが起こりました。ゲルマン諸族によるローマ帝国侵攻です。侵略活動が悲惨な結果を生むことを私たちは熟知しており、軍事的支配の愚かさに反発したくなります。しかし、周辺民族の人びとも、もともとはローマ帝国の軍事力によって侵攻を受けて、親族を殺戮され、幸せな日常生活を壊され、植民地化されていたわけで、抑圧されたことへの深い恨みの情念が渦巻く現実を目の当たりにすると人間の哀しさに胸を痛めざるをえません。

こうして、愛憎の入り混じった数多くの人びとの苦悩の果てに、ギリシア・ローマの古典的文化とキリスト教信仰とゲルマン民族の生活習慣とが混ざり合って「ヨーロッパ文化」が生じました。その際に、キリスト教信仰の果たした役割は、あまりにも大きなものでした。いかんともしがたい民族同士の確執を乗り越えるためには「神の前での平等」あるいは「イエス＝キリストによる万人の救い」という発想が不可欠だったからです。

後に、紀元八〇〇年に、カール大帝がヨーロッパ全域をキリスト教国家として統治するようになりましたが、その際に、聖アウグスティヌスによる「神の国」の理念が大きな影響力を発揮したのです。いつくしみ深い神のもとに、諸民族が呼び集められて共生することによって万人は神の国の構成員（神の民）となることができるからです。

ローマ帝国の崩壊後は、しばらくの間は混乱期であり、図書館などの多くの文化施設が破壊され、田畑の食糧も消費し尽くされましたが、荒廃状態から人びとの生活を回復させる努力を重ねた牧者が聖ベネディクトゥスでした。

聖ベネディクトゥス（四八〇頃―五四七年頃）はギリシア教父の修道生活に憧れ、ローマを中心とする西方地域に修道生活を伝えました。彼が創始した修道院は、当時の西方地域では「文化センター」の役割を果たしました。

修道士たちは、聖書の写本を製作し、あらゆる知識を整理して保存する図書館を管理すると同時に、近隣地域の庶民たちの識字教育や農業技術指導にも挺身し、パンとぶどう酒の製法を伝授しました。

他にも巡礼者に宿泊用の部屋を貸し、病人を手厚く介護しました。修道院における諸学問および諸技藝の発達は、まさに戦乱のなかで生きるすべを失って苦しんでいた人びとにとって福音となりました。修道院で育てられた人材の活躍によって、ヨーロッパ全体の生活レベルが向上したからです。

土豪や貴族たちも修道士を家庭教師として雇い、学問や祈りの仕方を身につけることを人間としてのたしなみと考えており、自分の子どもを一定期間修道院にあずけて、教養人になるための教育を受けさせ、政治家となるにふさわしい帝王学を叩き込ませました。

ともかく、聖ベネディクトゥスが「祈れ、かつ働け」という標語を残したことからもわかるように、神に向かう祈りの歩みのなかで、同時に現実の日常生活を大切にしていました。つまり、具体的にも身体的にも神の恵みを実感し、大地に足を踏ん張って「確かに生きること」を重んじたのです。聖ベネディクトゥスは、決して日常生活を疎かにせずに、誠実に生きることをとおしてこの世界を神の恵みに満ちた住まいとして聖化することを願ったのです。

31. ヨーロッパの黎明と中世キリスト教社会

聖ベネディクトゥスの努力が人々に影響をおよぼすにつれて、次第にローマを中心とする西方地域が荒廃状態から立ち直りました。こうして、「キリスト教的な中世ヨーロッパ社会」が成立しました。

中世社会では、キリスト教と人びとの生活とが調和していました。政治家も「神の代理人」を自負し、「徳のある牧者としての役割を果たすこと」を理想として掲げました。社会全体の成熟と安定と調和が追求された稀有な時代が中世期だったと言えるかもしれません。

これまで、歴史学者たちのあいだでは、西欧中世期が「暗黒時代」あるいは「過渡的な中間期」としてしか理解されてきませんでした。しかし、実はそうではなく、むしろ、「調和と安定に満ちたおだやかで充実した発展期」として眺めたほうが辻褄が合うという見方が中世哲学の分野で提起されるようになり、歴史学の分野でも見直しが始まっています。

ところで、教皇ベネディクト十六世（在位二〇〇五―一三年）が、もともと聖アウグスティヌスの「神の民」に関する研究に取り組み、ヨーロッパ文化の立役者としての聖ベネディクトゥスに対して敬意をいだき、さらには、戦乱期を生きた教皇ベネディクト十五世（在位一九一四―二二年）の平和活動に共鳴していたことを私たちは知っていますが、これは感慨深いことです。あらゆる面で荒廃している現代世界を神のいつくしみの満ちる世界へと転換させてゆきたいという悲願が教皇の名前にはこめられているからです。

32．神の栄光を具体化する教会建築

キリスト教信仰が西方地域の社会のなかに浸透してゆくにともない、キリスト者たちの祈りの場が整備されました。いわゆる「教会建築」が数多く建立されました。政治家は教会に土地や資金を寄進し、民衆も自分の生活の糧の一部や労働力を提供することで教会堂の建設の一翼を担いました。共同で祈りの家を建てることによって神を讃美することが人びとの望みでした。それぞれの街は、教会堂を中心にして発展しました。街や村の土地全体のちょうどまんなかに教会堂と司祭館が配置され、教会堂の鐘の音が人びとの生活リズムを律しました。

「神をほめたたえること」が人間の使命として理解されており、その讃美の祈りの念を表現するために教会堂は天に向かって高くそびえたつ形を備えました。人びとの祈りが空高く昇華され、神へと届くように、そして神の至

高の栄光が実感できるように、教会堂は荘厳さを増してゆきました。

その発想の根底に息づいた価値観が、ギリシア教父たちによる「ドクソロジー」(doxology)の伝統です。ローマ・カトリック教会では「栄唱」と訳しますが、プロテスタント諸教会では「頌栄」と訳します。

とりわけ、四世紀のギリシア教父たちにとって、人間がなすべきこととは「三位一体の神の恵みを実感して讃美を捧げつつ感謝して祈ること」だったからです。もともと、神の栄光を高らかにほめ歌いながら祈ることが「神学」だったのであり、祈りにおいて神への信頼感を高めることが「人間らしさ」(＝ヒューマニズム)だったのです。神の恵みによってつつまれて、ゆるされた人間の感謝の念が「栄唱」として大切に表現されていたのです。

現在では、「父と子と聖霊の御名《みな》によって、アーメン」という祈りの言葉や「栄光は父と子と聖霊に、はじめのように、いまもいつも世々にいたるまで、アーメン」などの唱句が、「栄唱」と呼ばれています。

33．歌と光と香による天上世界の実現(聴覚と視覚と嗅覚の総合化)

まさに、教会建築そのものが、総合藝術としての価値を有しています。教会堂は、単なる建造物にとどまりません。むしろ、教会堂を建てるプロセス自体が人びとの一致協調の歩みの軌跡となっています。いっしょに建築計画を話し合い、役割分担をなし、協力して作業を進めていったからです。

しかも、教会堂の完成後も、聖歌隊が組織され、藝術家たちが腕によりをかけて名画を描いたりステンドグラスを埋め込んだり、香の調合者が儀式用の香を工夫し、あらゆる面での協力体制が整えられてゆきました。

聖歌隊の歌やステンドグラスから差し込む光や立ち込める香が天上世界の美しさを目に見えるかたちで表現しています。歌は聴覚を神聖な世界へと招き、ステンドグラスを通して経験される光のきらめきは視覚的に聖なる感覚を呼び覚まし、香の煙は気分を高めます。

教会堂のなかでミサにあずかった人びとは、聖歌隊による荘厳な歌声を聴きながら天使たちの讃美の合唱をイメージし、ステンドグラスから差し込む光を浴びて神聖な雰囲気にひたり、香の煙の立ち込める中に身を置くことで恍惚としたふくよかな感動を呼び覚まさせられたのかもしれません。中世のキリスト者たちは、あらゆる感覚を総動員して神さまの栄光を感じ取りながら祈ったのだと言えるでしょう。

教会堂は森を彷彿とさせます。真っ暗な森。そこにステンドグラス越しに朝日が差し込むとき、堂内は一面光の海と化します。堂内が暗ければ暗いほど、ステンドグラスから入り込む光の美しさは際立ちます。

もともと、ガラス加工の技術はペルシャ地域から伝わったものです。ペルシャ地域では「光」の思想が発達していました。シルクロードを経由した広大な貿易活動が展開されていた背景もあって、ペルシャ地域においては、地元のゾロアスター教の光の神の思想を始めとして、仏教の華厳思想やイスラム教の輝ける神の栄光の表れとしての光の照明思想が渾然一体となって深められました。

このペルシャのガラス技術や光の思想をヨーロッパ人たちが工夫しながら洗練させることでステンドグラス製法が完成しました。ヨーロッパの人びとにとって、「光」は神の栄光の現われでした。さらに、ヨハネ福音書にもとづいて、神こそが世の中の闇をあまねく照らす真理の光として理解されていました。

そのうえ、明るくまばゆい光の輝きは、人間が体験することのできる最も尊い「美しさ」でもありました。聖ボナヴェントゥラ（一二一七年あるいは一二一八―七四年）やロバート・グロステスト（一一六六頃―一二九二年）やロジャー・ベーコン（一二二〇頃―九二年頃）も光を主題とした神学を展開しました。ステンドグラスが流行した背景には、神の栄光を讃美し、神の美しさを味わいたいというキリスト者たちの願いが息づいていたのです。

それから、教会堂は「母親の胎内」と似た役目を果たします。暗い堂内にこもって祈りに専念しているとき、人は神のいつくしみにつつみこまれて、守られている状態を体感します。そして、祈りを終えて出口の扉を開いて教会堂を後にするときに、太陽の光の満ち渡る外界に向かって生まれなおすのです。新しい人として。

教会堂の母胎空間において、聖歌隊のうるわしい歌声は、まるで天使たちの合唱のように神々しく響き渡りました。教会堂のなかで奏でられる音楽が、神と天使たちが天上世界で安らっているさまをキリスト者たちの心のなかにイメージさせてくれたのです。

34．イスラミズムとカトリシズム

ところで、イスラム教信仰は七世紀に生じました。イスラム教信仰にもとづいた世界観は「イスラミズム」と呼ぶことができます。いまの私たちから見ると、イスラム教信仰というと、何か非合理で、神の命令に絶対服従で、人間が自己主張する余地などまったくない厳しいイメージが思い浮かぶのかもしれません。

しかし、実は、逆で、ほんとうのイスラム圏の思考法は、かなり合理的で、体系立っています。アラベスク（＝唐草模様）の整然とした模様などからもうかがえるように、無駄のない規則的な美しさがイスラム文化の根底には息づいています。

もちろん、いつくしみ深い愛情に満ちた神の意志が絶対的な基準になっていますが、それを受けいれて社会生活を円滑に運ぶ人間には、かなり自由で自発的な裁量権が託されています。イスラム文化圏における法律などにも伸びやかな応用性があり、なおかつ、神の愛情の秩序を保つためにシステマティックに動いてゆくのです。

イスラム文化は、七世紀以降、数百年にわたって、かなりの発展を遂げました。イスラム圏の人々は、ギリシア地域の学者たちを保護し、彼らの哲学や数学や医術などを積極的に採り入れながら、洗練された論理的思考を積み重ねることで独自のイスラム文化をつくりあげました。そのことは、アリストテレスの経験論的な観察・分析・実験・体系化の精神が大切に受け継がれていったことからもわかるでしょう。まさに、六百年以上にわたる長い期間、イスラム圏の学問はヨーロッパ地域の学問状況よりも格段に優れた境地に達していたのです。

とりわけ、十二世紀から十三世紀にかけて、イスラム圏の哲学や医学や数学などがヨーロッパ文化に絶大な影響をおよぼしたことを忘れてはならないでしょう。中世西欧の哲学・神学の中心的な大成者である聖トマス・アクィナスもイスラム圏の諸学問から影響を受けると同時に、対決ないし対話せざるをえない状況に導かれました。聖トマスが『対異教徒大全』や『神学大全』を執筆しようと決意した背景にはイスラム圏の圧倒的で旺盛な学問的営為が存在していたのです。イスラム文化の発展にともなって生み出されたアラビア数字などは現在にいたるまで残っており、地球上のどの地域でも当たり前のように用いられており、表記上の世界基準になっているほどです。

それればかりではなく、イスラム圏においては、合理的思考法とは真逆な非合理な修養方法も大切にされつづけました。つまり、神秘主義的な思想も隆盛を迎えたのです。言わば、合理的な思考法によっては計れない世界を理解するまなざしが深められました。理屈にしばられずに、確固とした信念を貫き通す徹底性がイスラム圏の信仰主義をゆるぎないものとしました。しかも、イスラムの神秘主義は、きわめて「動的な身体性」に支配されたものでした。「スーフィー」などの活動が著名です。「スーフィー」とは、もともとはラクダの毛衣を身にまとった厳格主義的な修行者たちのことを指しましたが、のちに、「旋回しながら瞑想の境地に没入する宗教家たちの祈りの方法」を意味する言葉となりました。

ところで、聖トマス・アクィナス（一二二五頃―七四年）は合理的な思考法を大切にする視点と同時に、非合理な世界にも踏み込んでゆく勇気をも備えていました。晩年にいたって、彼は『神学大全』を執筆することを突然やめてしまいます。聖トマスは、次のような言葉を弟子たちに残しています。――「祈りのなかで経験することのできる神のいつくしみ深い愛情の実感に比べれば、自分が数十年もかけてたゆむことなく積み上げてきた学問的著作類は、まるで意味のないわらくずに過ぎない」。つまり、自発的に自らのすべてを神にゆだねきることによって、人間の理性の枠内に閉じこもってしまう合理的な思考法を乗り越えてゆこうとしたのです。神に信頼して、すべてをゆだねきる潔さ、祈りの深みに全身全霊を賭ける誠実さが、聖トマスの学問を「まことの神学」にまで深めているのです。こうして、神に信頼してゆだねること（信仰の姿勢）を土台として展開される理性の行使こそが聖トマス以降の神学の基本姿勢となるのであり、カトリック教会の神学の正統な基準となったのです。

さて、のちに、ライムンドゥス・ルルス（一二三二頃―一三一六年）が活躍することによってイスラム圏にキリスト教信仰を伝える努力が積み重ねられました。とくに、ルルスは万人に共通する認識の方法を編み出す研究に身を捧げ、同時にイスラム圏に出向くことによって「人間として神の前で生きることの共通性」を実践しました。ルルスも、聖トマス・アクィナスと同様、「理性的に物事の法則性を明らかにしようと努力する姿勢」と「神に信頼して、あらゆる人を大切にして生きる態度」をバランスよく保ちました。

35．視覚から嗅覚へ

ともかく、キリスト者は、イスラエル民族の聴覚的発想を受け継ぎ、さらにはギリシア文化の価値観を経由するなかで視覚を重視する発想を発達させました。しかも、ゲルマン諸族との協力によって嗅覚的な感受性をも深めることになったのです。ローマ帝国を制圧したゲルマン民族は嗅覚を活用する技術に長けていました。その感性は、後に、フランスにおける香水技術の発達やドイツにおけるオーデコロン（＝ケルンの水）の洗練などへと結実しました。

ゲルマン人たちは、ローマ帝国を崩壊させたものの、結局はローマ帝国の統治機構を真似しながら政権の安定を図りました。しかも、ローマ帝国の文化人にも影響をおよぼしたキリスト教の発想をも採り入れて市民たちの安寧を実現させました。こうして、「中世ヨーロッパ世界」（＝ヨーロッパ・キリスト教社会）が発展することになりました。

「中世」という概念自体は、十四世紀のイタリアの人文主義者、とりわけペトラルカによって最初に提示された発想でしたが、学問的には歴史家であり古典文献学者でもあったクリストフ・ケラリウス（一六三八―一七〇九年）によって唱えられたものでした。ケラリウスは、「古代・中世・近代」という三つの時代区分を公に提示しました。ケラリウスによれば、コンスタンティヌス大帝の死（三三七年）が中世の始まりであり、コンスタンティノポリス陥落によるビザンティン帝国（東ローマ帝国）の崩壊（一四五三年）が中世の終焉とされました。

中世の思考法の特徴は、「聖にして善美なるもの」と「俗悪なるもの」との区分けを徹底させることにありました。嗅覚においても「聖なる香り」と「悪臭」とが極端なまでに対立させられ、「神とともに生きる者の境地」と「神に背いて滅びる者の境地」とを画然と区分する風潮が広がりました。つまり、神に仕える聖職者と悪魔に仕える魔術師や魔女とを対立させる視点が生み出されたほどです。前者には白い衣や焚き込めた香のかぐわしい香りがふさわしいとされ、後者には黒いいでたちや爬虫類や毒草を煮込んだときの嘔吐をもよおすような悪臭が似合うという風説が生じました。

ともかく、聖俗や善悪が混在しているのが人の世の現実です。「対立」はシンメトリー（＝左右対称）の美を生じさせますが、神による救いは究極的な調和を実現するのでしょう。

36. 教会建築の変遷

これは余談ですが、ここで、教会建築の変遷に関して簡単に述べておきます。キリスト者にとって「祈りの場」の移り変わりには、深い意味が備わっているからです。つまり、教会堂の大きさや光の差し込む度合いや音響効果の効率化などがキリスト者の信仰心を育むうえで無視することのできない影響力をおよぼしたことは否定できないのです。教会建築の在り方が、キリスト教信仰の雰囲気を醸成したと言っても決して過言ではありません。言わば、「祈りの場」の工夫が、キリスト者ひとりひとりの五官を刺激して、神への信頼の念を深めるきっかけとなっています。

①都市の家庭集会［イエスと十二使徒の共同体、パウロによる「キリストのからだ」の視点］

使徒聖パウロの手紙からも明らかなように、初代教会の祈りの集会（とくに、パンをさく集い＝ミサ＝聖餐）は基本的には大都市の中流階級以上の裕福な信徒の私邸の広間を借りて執り行われました。何よりも「キリスト者たちが集まること」そのものが大切だったのであり、特定の礼拝用の建物（教会建築）は設定されていませんでした。「教会」（＝エクレシア）とは、神によって呼び集められた人びとの集いであり、建物ではなく、むしろ共同体のことを指しているのです。

②カタコンベでの礼拝集会［殉教者の教会、箱舟教会］

しかし、ローマ帝国内で、為政者たちによるキリスト者への迫害が次第に激化しましたので、彼らは、なるべく目立たないように祈りの集会を行わざるを得なくなりました。

二千年前、ローマ帝国では、皇帝が神として崇められましたので、皇帝を礼拝しなかったキリスト者たちはローマ帝国に対する反抗分子として処罰されたのでした。この時代に、たくさんの殉教者たちが信仰を守り抜きました。ある意味で、教会共同体は、殉教者たちの血のながれによって結束を強めたのです。それゆえに、教会共同体とは、殉教者の死によって支えられている実りであると考えられていました。

ローマ皇帝による迫害を恐れて信仰を棄てたキリスト者たちもおりましたが、教会共同体の長老たちは棄教者たちに対して「箱舟に戻れ」と呼びかけたのでした。熱心なキリスト者にとっては、ローマ帝国による迫害の嵐が「荒波」にたとえられており、荒波のなかで生き残るには教会共同体という箱舟のなかにとどまって航海をつづけるしか方法はないと考えられたのです。ちょうど、ノアの箱舟のエピソードと迫害期の教会の状況とが重ねあわされて理解されていたのです。

その状況のなかで、キリスト者たちは、ローマの都から離れて南下した郊外の地下の墓所を改造したり、いくつもの部屋を掘り、迫害を受けて亡くなった仲間たちの遺骸を丁重に埋葬すると同時に、ミサを捧げるようになりました。いわゆる「カタコンベ」（＝地下墓所）での礼拝が定着していったのが、一世紀から四世紀にかけてでした。サン・カリストのカタコンベなどが有名です。

③バシリカ様式の教会堂［聖俗の葛藤、二つの剣、神の国と地上の国］

四世紀の初頭に、コンスタンティヌス大帝のはからいによってミラノ勅令が発布され、キリスト教信仰に対する迫害が終わりました。大帝は、自らが所有していた公的建造物（＝多目的公共建築）をキリスト者たちに寄贈し、改築を施してミサを捧げるためのホールが完成しました。いわゆる、「バシリカ様式」の聖堂です。

「バシリカ」とは、「王の支配のおよぶ範囲」あるいは「王の集会室」という意味です。長方形の巨大な建物であり、大理石の柱と壁を備え、天井は木組みの平屋根でできておりました。この様式の教会建築は四世紀から八世紀にかけて隆盛をきわめました。バシリカ様式の教会堂は、上空から眺めると、十字架型をしており、イエスの愛のわざとしての十字架上の死にあずかって復活するための場としての意味づけを表現していることが明らかです。

その後、コンスタンティヌス大帝の真似をしてキリスト教信仰を保護し、ミサを捧げるための教会堂として使用できるように、政治的建造物を寄贈する政治家たちも増えました。公的な演説の場や裁判の広間として用いられていた建造物が次々に改装されて、祈りのための大型集会場として認知されました。サン・ジョヴァンニ・イン・ラテラーノ大聖堂やサン・パウロ・フォーリ・レ・ムーラ教会やサンタ・マリア・マッジョーレ教会が著名です。

④ビザンチン様式の教会堂

ローマの都を中心とするイタリア半島地域をはじめとして、ラテン語を用いていた地域ではバシリカ様式の教会建築が増えていったのですが、ギリシアやトルコ周辺などの東方地域では五世紀から十三世紀にかけて「ビザンチン様式」の教会堂が建設されるようになりました。ビザンチン様式とは、丸屋根の巨大ドームが際立った特徴となっている教会堂建築のことです。

ハギア・ソフィア大聖堂（聖なる叡智大聖堂）が、ビザンチン様式の代表的な建造物です。ハギア・ソフィア大聖堂は、「円形のドーム空間」と「長方形のバシリカ式空間」を調和させた建築様式によって構成されています。円形ドームは、円満さ、あるいは完全さを表現しており、神の臨在を象徴しています。一方、長方形のバシリカ式空間は、ミサを挙行する際の実用性を優先した形態であり、大人数のキリスト者を収容することができます。

三九五年に、ローマ帝国は東西に分裂しました。そして、西ローマ帝国の主要都市はゲルマン民族によって陥落させられ、西ローマ帝国自体も四七六年に滅亡しました。一方、東ローマ帝国は、一四五三年に、オスマン・トルコ帝国によって侵攻されるまで存続しつづけたのでした。

⑤ロマネスク様式の教会堂

再びローマ帝国西方のラテン地域に話題を戻します。四世紀から八世紀までは「バシリカ様式」が普及しました。そして、七世紀から九世紀にかけて、ロマニズム（＝ローマ的な文化）とゲルマニズム（＝ゲルマン的な文化）とが混ざり合ってゆきましたが、九世紀から十三世紀にかけて（八五〇―一二五〇年）、「ロマネスク様式」が登場します。ロマネスク様式とは、「ローマの半円形型アーチを模した建築様式」という意味です。バシリカ様式の建築の場合、屋根は木造でしたが、ロマネスク様式の場合は屋根も大理石で造るようになったわけで、大理石の過大な重量の屋根にも耐えられるように柱や壁を厚く設定し、大理石を屋根として組んでゆくときにアーチ型の積み上げの工夫をこらし、しかも窓を小さくすることで堅牢さを増す工夫をしてあります。

しかし、外からの光が入らない閉鎖空間が内部に広がる結果となり、暗い雰囲気の教会堂しか造れないのが欠点でした。内省的に落ち着いて祈るためには適していましたが、神の栄光を表現する光に満ちた演出とは無縁な建物となりました。サンタ・マリア・イン・コスメディン教会が代表的な教会堂です。それから、ロマネスク様式の教会堂の時代には、修道院文化が隆盛をきわめていたこともあって、学問的な技巧に満ちた象徴的表現が多く用いられました。均整のとれた美しい比率の数字を聖堂の縦や横の長さと高さに当てはめて教会堂そのものを神の美しさを想い出させる空間として演出することで、神の国を実感させようと試みたのです。

聖書を深く読み、学識に秀でたキリスト者であるならば、教会堂のなかに入ったとたんに、あらゆる意味を理解することができるような仕組みが隠されていたのです。このような教会堂建築は、学識豊かな修道士たちが、各分野の専門家たちと協力して設計にあたったことによって可能となりました。とくに、クリュニー修道院が著名です。

⑥ゴシック様式の教会堂

十三世紀から十六世紀（一二五〇―一五〇〇年）にかけて登場したのが「ゴシック様式」でした。「ゴシック」とは、「ゴート人の」という意味で、ローマ市民がヨーロッパ北方のゲルマン系民族のことを軽蔑して見下すときの呼称でした。尖頭型のアーチ式屋根を備えた教会建築や高い尖塔が付属しているのが、この建築様式の特徴です。フランスのサン・ドニ修道院長のシュジェールが修道院の付属聖堂を改造してから一一四四年に新たに献堂式を執り行ったのが、ゴシック様式の教会堂の始まりと言われていますが、十三世紀前半よりヨーロッパ中に広まりました。主な聖堂としては、ミラノ大聖堂、ケルン大聖堂、ノートルダム大聖堂、シャルトル大聖堂などがあります。とくに、シャルトル大聖堂の薔薇窓をはじめとする一七五枚のステンドグラスは有名です。

まさに、ゴシック様式は、ロマネスク様式の限界を乗り越えた新しいタイプの教会建築だったのです。なぜなら、天空に向かって高くそびえたつ尖塔や本堂屋根などが観る者に対してシャープな印象を与え、神に向かって上昇してゆこうとするキリスト者の崇高な志を目に見える形として見事なまでに表現しているからです。

ゴシック様式の教会建築に特有な天空に向かって軽やかに伸びゆく尖塔のみならず、「重苦しい閉塞感によって暗く閉ざされたロマネスク様式の教会建築の内部空間」とはまったく逆の「光の海に満たされたステンドグラスの内部空間」は、キリスト者に神の栄光の輝きを五官をとおして確かに実感させたのです。ゴシック様式の教会建築は、「光の藝術」を比類のない特長として一二五〇年間にわたる影響力を発揮したのです。

⑦ルネサンス様式の教会堂［プロテスタントおよびカトリックによる信仰刷新］

一五〇〇年から一六五〇年にかけて、ルネサンス様式の教会堂が登場してきました。

「ルネサンス」とは、フランス語で「再生」という意味を備えています。人文主義の影響を受けて、古典的古代の文物を研究することが目的とされました。つまり、理性的な調和と均衡とを理想として、人間の可能性や社会の発展を目指そうとする精神的な復興運動が西欧では幾度も繰り返されたのですが、常に古代ギリシアの藝術性に立ち返ることが大切にされました。

しかも、数学的な美の比率を藝術表現に活かしました。その手法は、古代ギリシアのピュタゴラス、プラトン、ユークリッドらによって深められました。言わば、シンメトリー（＝左右対称構造）を心がける藝術性です。

なお、ルネサンス様式が、いつごろから始まったかには諸説がありますが、ひとつの解釈の仕方として、古代の建築を研究したブルネッレスキがフィレンツェのサンタ・マリア・デル・フィオーレ大聖堂のドームを起工した一四二〇年がイタリア・ルネサンスの始まりとされています。その後、イタリア・ルネサンスの動きが北方の諸地域にも波及しました。バチカンのサン・ピエトロ大聖堂は、ルネサンス様式の建築技術の集大成として、記念すべき名作となっています。

⑧バロック様式の教会堂［トリエント公会議による「完全な社会」としての教会観］

「バロック」とは、ポルトガル語で「ゆがんだ真珠」あるいは「不規則な形態の真珠」という意味です。このような用語法は、一五六三年から用いられました。十八世紀のフランスでは、「風変わり、不規則、不均衡」という意味が付け加えられました。

バロック様式の教会建築の特徴は、左右非対称、過剰で派手な装飾、曲線美の多用、ダイナミックな形の採用、壮麗さ、などです。バロック様式の教会堂では、祝祭的な雰囲気が醸し出されました。まるで、舞台効果のような動的で感覚的な藝術性が重んじられたのです。ローマのイル・ジェズ教会やフランスのブルボン王朝のルイ十四世によるベルサイユ宮殿などもバロック様式の建造物です。この様式は、一六五〇年から一七五〇年にかけて流行しました。

⑨ロココ様式の教会堂

一七五〇年から一七八〇年にかけて、「ロココ様式」が流行しました。フランス語で小石や砂利を意味する「ロカイユ」という用語に由来する名前をいただく建築の仕方が「ロココ様式」です。外面的にはゴシック様式なのですが、内装に工夫をこらしているのが特徴です。内部装飾の繊細さやゆるやかな表現も印象的です。

⑩フランスの新古典主義様式、ドイツおよびイギリスのリヴァイヴァル様式

一七八〇年から一八五〇年にかけて、フランスでは「新古典主義様式」が形成されました。ちょうど、その時期は、第一バチカン公会議による「制度的教会観」の隆盛期でもありました。

新古典主義様式の特徴は、二つあります。「理性主義」と「考古学的な正確さ」です。バロック様式やロココ様式があまりにも装飾過剰な建築を生み出したことを反省する建築家たちによって理性的に技術を磨き、古典建築の美しさを合理的に再構築する動きが始まりました。その際に、「民主的な公共制度」と「合理的な造形理念」を確立した古代ギリシアの美意識を規範として建築を考え直すことが課題となりました。それゆえに、古代の遺跡などを発掘して、考古学的に研究する動きが生じました。「高貴なる単純さと静かなる偉大さ」を目指す建築理念が大切にされたのです（ヨハン・ヨアヒム・ヴィンケルマン『ギリシア藝術模倣論』一七五五年）。

一八五〇年から一九〇〇年にかけて、ドイツおよびイギリスでは「リヴァイヴァル様式」が隆盛期を迎えました。つまり、ドイツの「グリーク・リヴァイヴァル」やイギリスの「ゴシック・リヴァイヴァル」が教会建築にも影響をおよぼしたのです。

ところで、ジョン・ラスキン（一八一九―一九〇〇年）は、著書『建築の七灯』（一八四九年）を公刊しましたが、その本のなかでデザイナーの資質を七つ挙げています。「1．犠牲、2．真実、3．力、4．美、5．生命、6．記憶、7．従順」。この時期、ラスキンの掲げた七つのポイントは、教会建築に携わる設計者にも適応されました。

⑪アール・ヌーヴォーおよび現代の教会堂――ガウディのサグラダ・ファミリア大聖堂

一八八〇年以降、フランスで「新しい藝術」を意味するアール・ヌーヴォーの藝術的潮流が大きな影響力をおよぼしました。自然界の植物の形を取り入れたかのような柔らかな曲線や有機的な表現が特徴です。しかし、アール・ヌーヴォーの藝術運動は、一八六〇年ごろから始まっていたのであり、一八八〇年に隆盛を迎え、一九一〇年まで続きました。

その後は、「アール・デコ様式」が一九二〇年から一九三〇年まで盛んになりました。アール・デコとは、装飾的な藝術を意味する言葉です。アール・デコの場合は、人工的な幾何学図形（直線や円や直角の組み合わせ）によって構成された藝術性を特徴としています。つまり、自然界にはあり得ない不自然な形を意図的に創り出そうとしました。曲線的で有機的な形を好んだアール・ヌーヴォーとは、ひと味ちがった藝術的特徴を備えていました。

一八六七年、パリで万国博覧会が開催され、日本の伝統工藝品なども多数陳列されました。それらの作品を目にした欧州の人びとは、江戸時代の日本の美術表現に関心をいだき、「ジャポニズム」という日本びいきの美術運動を興しました。山水画や浮世絵など、自然界の美しさを採り入れた藝術表現が日本にはありましたが、その表現に対して西欧の人びとは非常に大きな関心を示したのでした。

しかも、日本の藝術表現は、平面的な（＝二次元的な）画面構成と塗り絵のような平坦で均等な色彩配合を特徴としており、西欧の遠近法や塗り重ねの色彩表現とは異なった世界を描き出していたのです。今日でも、日本のアニメーションが浮世絵の技法（平面および均等な塗り絵的な絵画表現）を引き継いでおり、そのような表現に対してフランスの人びとが関心を示しています。フランスにおける「ジャポニズム」が、日本のアニメーションを輸入することで再燃していると言ってもよいでしょう。

ところで、スペインの建築家アントニオ・ガウディ（一八五二—一九二六年）は、現代最高の教会建築家として今日にいたるまで、多大なる影響力をおよぼし続けています。サグラダ・ファミリア大聖堂が代表作ですが、いまだに完成していません。それほどまでに壮大で、多くの藝術家や職人たちを巻き込みつつ新たな創作意欲をかきたてて絶えず成長し続ける生きものとしての教会堂なのです。

「生きものとしての建築」という発想を打ち出したガウディの努力は、当初なかなか理解されませんでした。しかし、現在は世界中の人びとがガウディの建築に惜しみない応援を送っています。

ガウディの建築は、アール・ヌーヴォーの影響も受けていると言われてはいますが、しかし、実際はアール・ヌーヴォーの発想よりも、はるかに先鋭的な建築思想にもとづいています。サグラダ・ファミリア大聖堂は、ガウディがあらかじめ作成した模型（三次元の模型、鎖におもりをつけて逆さにすることで、重力の働く様子を理解し、その鎖の形を逆転させて空高くそびえる教会堂の構造に活かしたのです）にもとづいて建設され始めましたが、その建築への情熱は同志の建築家や職人たちによって今日も受け継がれています。建築家や職人たちそれぞれの創意工夫が積み重なって、ゆったりとした建築作業が今日も続いています。

今日では、第二バチカン公会議による「世界に開かれた救いの秘跡としての教会」観が大切にされており、教会建築も第二バチカン公会議公文書にもとづいて推進されるようになっています。とくに、『典礼憲章』第七章の第一二二項が注目に値します。――「母なる教会は、常に藝術の友であり、特に礼拝に用いられるものが、真にふさわしく、品位をもち、美しく、天上のもののしるしと象徴であるように、藝術の高貴な奉仕を求め、藝術家を指導してきました」。

それから、一二四項では「高貴な美」についての説明があり、「聖なる建物の建設にあたっては、それが典礼行為を行い、信者の行動的参加を容易にするために適したものであるように、細心の注意が払われなければなりません」と述べられています。

さらに、一二七項では以下のように言われています。――「自分の才能に導かれて、聖なる教会において神の栄光に奉仕することを志す藝術家はすべて、自分の仕事が創造主としての神の一種の聖なる模倣であること、また、カトリックの礼拝、信者の教化、さらに、かれらの信仰心と宗教的教育を目的とすることを、常に心に銘記しなければなりません」。

第6講　聖なる感覚と悪魔的な感覚、ヨーロッパの闇（中世、嗅覚）

37．嗅覚

「嗅覚」というものは、案外、忘れられやすく、普段はあまり注目されることがない感覚です。しかし、「嗅覚」には、大切な役割が備わっているのです。ですから、ここでは、「嗅覚」の意味について確認しておきましょう。「嗅覚」とは、においを感じ取る鼻の働き、あるいは鼻の能力のことです。そして、においには、三つの特徴があると言ってもよいかもしれません。

まず、第一の特徴に関して。においは、想い出をよびさますきっかけとなります。興味深いことに、脳の中では、記憶と情動を司る部位が嗅覚中枢ともつながっています。それゆえに、過去に強い印象をいだいたことのある特定のにおいを嗅ぐことによって、再び過去の想い出を現在に呼び起こすことになるのです。

次に、第二の特徴に関して。におい、とりわけ心地よい香りは私たちをリラックスさせます。たとえば、現代ではアロマテラピーが流行しています。植物性の精油を鼻から吸い込むと、その成分が鼻の粘膜から吸収されて脳に情報が届き、気分の高揚をもたらしたり、身心を安心させる効果が発揮されるのです。現代ばかりではなく、古代から近代にいたるまでの世界のあらゆる民族も香料や香水を工夫しつつ、精神衛生上の安定を導き出しました。

さらに、第三の特徴に関して。においは、危険を察知させます。たとえば、車を運転しているときに、焼け焦げるような異臭が漂ってくるならば、エンジンが故障している証拠になります。そして、台所のガスが漏れていることも、強烈なにおいでわかります。人間は嗅覚を働かせてにおいを嗅ぎ取ることによって、あらかじめ危険を回避することができるのです。

ともかく、日本でも、五百年以上前から、貴族や武士たちによって「香道」が愛好されており、在りし日の想い出を愉しむきっかけをつかんだり、身心の癒しを実感するひとときが演出されていたのでした。ヨーロッパにおいても、ミサや典礼儀式の際に香をたいて参列者の気持ちを高揚させ、高貴な気持ちに導くことによって、祈りの雰囲気を整える工夫がこらされてきました。

実に、洋の東西を問わず、人間というものは「嗅覚」を活かして豊かな味わいのある生活を営んでいたのです。しかしながら、嗅覚の感受性は言葉に置き換えて説明するのは困難であったために、言語を用いた物事の概念化を重んじた西欧中世期から近代期においては忘却のかなたに追いやられていました。

38. 聖なるものと悪

ところで、聖なるものと俗なるものとが、いっしょくたに存在しているのが人の世の常です。善いものと悪いものとが混在しているのが私たちの生活圏のまぎれもない現実です。

たとえば、新約聖書のなかでイエスが「毒麦のたとえ話」を物語っています。神は、善良な麦の種しかまかなかったのに、敵対者がひそかに毒麦の種をまき散らかしたので、ひとつの畑には善良な麦と毒麦が同時に成長することとなった、という話です。

聖アウグスティヌスも教会共同体のことを定義して、「聖なる共同体であると同時に罪びとの集団である」という説明の仕方をしました。私たちひとりひとりは、たしかに聖性を備えるように神から招かれてはいますが、決して完全な集団なのではなく、むしろ、絶えずつまずきながらも回心を積み重ねて向上する共同体なのです。

聖なるものと悪なるものという二元的な対立。たいていの場合、性質の異なった二つのものの「対置」はシンメトリー（＝左右対称）の美を生じさせるものですが、キリスト教は「神の一人勝ち状態」を根本理念としています。つまり、善悪二元論は、キリスト教においては在り得ない空虚なまがいものです。とにかく、神の善さは圧倒的なもので、悪を存在させないほどまでに、すべてを慈しみによってつつみこんでしまうものなのです。

中世期のヨーロッパでは、悪は「善の欠如」として理解されていました。もともと、「善の欠如」という発想は、聖アウグスティヌスによるものでした。神のみが「善そのもの」であり、「この世の中のあらゆる善さは神に由来するものである」という考え方がヨーロッパの哲学や神学のなかで大切にされていました。いわゆる「善そのものとしての根源者（＝神）」と「被造物における根源者の善の分有」という思考法です。つまり、あらゆるものの奥底には神の善さが内蔵されている、あるいは隠されたかたちで宿っているので、各被造物は神の善さを分かち持っているのです。

しかしながら、オリエント地域の神話やゾロアスター教の世界観では、善と悪という二つの原理が等価の力を張り合うかたちで対立しています。まるで、作用・反作用の法則のように、善悪二元論は中近東の人びとの生活のなかで基本的なものの見方として定着していました。その発想は交易活動を通してヨーロッパ諸地域にも入り込みました。

ところが、ヨーロッパ地域では、キリスト教の価値観が生活のなかに浸透していたので、オリエント的な善悪二元論は認めがたいものでした。なぜなら、キリスト教の価値観では、神の慈しみがこの世界を生み出して活かすという創造論が根本にすえられていたために、どうしても神と対等に存在する悪の力を認めることができなかったからです。

悪は決して神に対抗する対等な存在ではないのです。キリスト者にとって、悪は存在しては困るものでした。もし、悪という確固とした勢力が宇宙の始まりのころから厳然として存在してしまうと、神の働きに対抗する同等の力としての強大な悪を神と並べなければならなくなります。ですから、悪とは、「欠如」として理解されたのです。

ところで、においにも「清く気高い香り」と「罪の汚濁にまみれた悪臭」という二つの区分が可能でした。しかし、キリスト教の価値観によれば、二つのパターンのにおいが同時に存在しているわけではありません。清く気高い香りが欠如状態に陥ると、「罪の汚濁にまみれた悪臭」に転落するという一連のプロセスを二つに区切って説明しているにすぎないわけです。

先ほども見てきましたように、「善の欠如」という事態が悪であるとされていた中世期において、悪臭も聖なる香りの度合いが低いときに欠如の事態として生ずるとされていました。

悪臭のなかでも、ペストによるものが一番侮蔑され、恐れられていました。あらゆる悪の元凶であり極致であるのがペストであると理解されました。たしかに、ラテン語の「ペスティス」という用語は、「大惨事」を意味しており、本来はあるべきはずではない最悪の状況を言い当てた言葉だったのです。

一三四八年、「黒死病」（ペストの別名）がフランス全土を席巻し、ヨーロッパの全人口のおよそ四分の一がいのちを落としたそうです。古代から一九世紀に至るまでの西欧の価値観では、ペストは「無秩序な状態」として理解されていました。人間の身体の内部の衰え、空気の汚染と自然環境のバランスの崩壊、神さまと人間との隔絶など、あらゆる意味での不調和を招く病として恐れられていたのです。

そして、何よりも、西欧の人びとは、ペストを通して「人間の罪深さ」を目の当たりにしたのです。つまり、「人間の生き方が歪んでいる（＝神から離れている）からこそ、あらゆる意味での崩壊が起こり、悲惨な状況が現出するのだ」という結論にいたったわけです。

39. 聖人たちの饗宴

ところで、中世期のヨーロッパでは聖人伝が数多く編纂されました。聖なる人びとが脱魂状態に陥って神とともに存在することへのゆるぎない喜悦につつまれる状態が神秘体験として称賛されたのです。

とりわけ、香をたきながら長時間におよぶ典礼儀式を行ったあとの聖堂などの祈りの場において、個人的にたたずんで深い瞑想のひとときを過ごしていると、香の香りによって、おのずと何らかの奥深い精神状態に引き込まれるような実感をいだくことになるでしょう。

香がかもしだすふくよかで心地よい香りによってリラックスしたときに、心の状態も高揚してゆき、幻視的想像力（visionary imagination）も働きやすくなるのかもしれません。香りや音などによって、瞑想中の人間は心の奥で独特な視覚的感覚が働くことに気づくはずです。

中世期の宗教絵画を眺めてみると、最後の晩餐の場面や天国での聖人たちの饗宴の光景が好んで描かれていたことがわかります。教会堂や小聖堂で執り行われる典礼儀式の際の香の香りや聖歌のメロディーなどから触発されて、想像力を働かせたときに、キリスト者の心の眼には聖なる世界が映し出されるのかもしれません。

40. ヨーロッパの悪の闇

においは、人の気分を変えてしまうきっかけになりやすいものです。馥郁《ふくいく》たる香りは人の気持ちを和らげますし、逆に悪臭は人の気持ちを不安におとしいれます。どんな身分の人であれ、どんな国籍の人であれ、においを受け取る感覚は共通しています。

においに左右されて、気分が移り変わるという事態は、温和で平静な心の状態を目指すキリスト者にとって重大な壁となります。においに引きずられて一喜一憂していては、神に心を向ける邪魔になってしまうからです。このような次第で、ヨーロッパの社会のなかでは、においを感じ取る「嗅覚」は軽蔑視されやすくなってゆきました。

すでに、先ほど述べたことと重なるのですが、悪臭が人の気持ちを不安におとしいれ、心を神から引き離すという事実は、ヨーロッパの中世期のキリスト者たちの脅威となりました。

こうして、悪臭は悪の闇をほうふつとさせる兆候として理解されるようになり、悪臭が生じている場所に悪魔がひそんでいるという俗信も広まっていったのです。それゆえに、悪臭を伴うペストは悪魔の活動が活気づいた結果であると考えられるようになりました。

41. 知性の強調と西欧らしさ

「嗅覚」がにおいを受け取るときに、人間の心が変化してしまうという事実を前にした西欧のキリスト者たちは、体感的な感覚よりも知性的な解釈力を磨くことで対抗しようと考えました。つまり、いかなるにおいが生じても心を乱さないだけの冷静なコントロール能力を自覚しようとしました。頭で、「これは臭くはない、悪魔のまやかしだ」と考えて、強い意志で事態を乗り越えれば、悪臭によって気分を左右されることもないからです。

こうして、冷静で堅実な生き方を実現してくれる知性の強調を推し進める発想がヨーロッパの生活のなかに定着しました。誰もが感じ取ることのできる感覚的なこと（嗅覚で感じ取れるにおいなど）よりも、むしろ頭の力で考え抜いて冷静に対処する知性的能力に重きを置くことが「西欧らしさ」となりました。

42．嗅覚から味覚へ

物事を頭脳で複雑に考え抜いて解釈を加える手法が広がるにしたがい、直接的で感覚的な物事の感じ方は抑圧されるようになってゆきます。

しかし、現代の世界では、「嗅覚」は決して低級な能力ではないことが明白になっています。感覚的な能力を軽蔑視しないで、すなおに活かして物事を受け容れて味わうことが、ヨーロッパ社会全体においても、アジア圏のキリスト者によっても復権されつつあります。

ところで、「嗅覚」と似た経緯を経て抑圧されていた感覚として「味覚」も挙げることもできます。それについては、次の章で考えてまいりましょう。

先に予告をしておきます。ともに食べることの大切さと味覚の可能性を描きます。「イエスと弟子たちとの共同生活」がキーワードになります。つまり、「同じ釜の飯を食べる」という尊いわざの繰り返しが福音そのものであり、そのよろこびが広がってゆくことが宣教活動であり、その貴重な出来事と「味覚」とは切っても切り離すことができないのです。

第7講　味覚・趣味・味わい・質感（中世、嗅覚→味覚）

43. 味覚

キリスト教信仰がギリシア地域を経由してヨーロッパ全土に普及するにつれて、イスラエルの聴覚的な感性よりもギリシアの視覚的な発想が重要視されるようになり、次第に知性にもとづく厳密な思考法が確立されました。こうして、ヨーロッパ地域では、「嗅覚」と「味覚」と「触角」が下級な感覚であるかのような誤解を受けることにつながりました。「嗅覚」や「味覚」や「触覚」の経験は、言葉を用いて概念化することができないので、あいまいな感覚経験であると断じられ、おざなりにされつづけてゆくことになります。

この章では、「味覚」に焦点をあてて、キリスト教信仰とのつながりを、いろいろと考えてまいりましょう。まず、最初に、「味覚」の意味を確認しておきます。「味覚」とは、舌や口内で感じ取ることができる味の感覚です。「味覚」とは、きわめて直感的なものです。理屈で割り切れず、理論的に説明することができないものです。たとえば、鯛の刺身を口に入れたときに、魚好きな人ならば、すぐに「おいしい」と感じます。即座に反応が起こるわけで、「なぜ、鯛の刺身はうまみを感じさせるのか」を、ことさらに考察したりはしません。

しかし、面白いことに、「味覚」は人によって異なっているので、同じ刺身を口に入れても「好き」と感じる人と「嫌い」と感じる人がでてきます。つまり、「味覚」は直感的な感覚であると同時に、個人の感情とも結びついた感覚なのです。

ともかく、「味覚」に関しては、言葉で説明し尽くせず、味わった本人にしか正確な味わいは理解することができないのです。ヨーロッパには、次のような格言があるほどです。「味覚と色彩とは、分析的に説明することができない。それゆえに、味覚や色彩を議論することには意味がない。議論してもはじまらない」。

「味覚」とは、論理的に説明できず、言葉を用いて概念化して記述することもできないものであり、いわゆる「質感」の問題なのです。つまり、「味覚」とは、体感的に味わうことしかできないものなのです。

44.「神の国」と食事、いのちの豊かさ

ところで、キリスト教信仰の立場では、「ともに食べることの大切さ」が強調されます。イエスは、神のいつくしみの実現している状態を示すときに「神の国」という言葉を多用しましたが、「神の国」のイメージを説明する際に「宴会のたとえ」を好んで用いました。「宴会」、つまり「食事の場」において、「味覚」の可能性が開けてくるのかもしれません。

まさに、「イエスと弟子たちとの共同生活」そのものがキーワードになります。つまり、「同じ釜の飯を食べる」という尊いわざの繰り返しが福音そのものであり、そのよろこびが広がってゆくことが宣教活動であり、そのような貴重な出来事と「味覚」は切っても切り離すことができないものなのです。

食べ物とは、「いのちの糧」です。生きるための大切なエネルギー源となるものです。イエスの言葉やふるまいは、常に相手を支え、活かすいのちの力に満ちていました。

しかも、最終的に、イエスは自らそのものを「いのちの糧」（食物）として捧げ尽くしました。十字架上のイエ

スの姿こそは、「いのちの糧」としての究極の在りかたを最も充分に示しています。

だからこそ、感謝の祭儀（＝ミサ）において、イエス＝キリストの十字架上でのかけがえのない、ただ一度かぎりの「いのちの捧げ」が想い出されつつ記念されてゆきます。

「なんとしてでも相手を活かしたい」というイエスの切実な想いが、感謝の祭儀をとおして今日も実現してゆきます。食事は、いつくしみ深い想いによるコミュニケーションであり（共同体の家族的な関わり）、ネットワーク（＝世界規模での愛情の想いの広がりと深まり）であるとも言えるとおもいます。

45. 趣味と教養

ところで、十七世紀までのヨーロッパでは「趣味」は、もっぱら、舌や口内の感覚としてのみ理解されていました。つまり、甘さ、辛さ、酸っぱさ、苦さなどの味にまつわる感覚のことを「趣味」と呼んでいたのです。

しかし、十八世紀以降は、「趣味」に、精神的な価値観や倫理的な判断をも含めて理解することが大勢を占めるようになりました。

とりわけ、イギリスの郷紳たちの生き方のうちに、おだやかで品のよい優美さが体現されました。郷紳（Gentry）とは、閑静な田舎に優雅な邸宅を建てて、人間としての教養と思慮深さを深めるべく洗練された生き方を目指した紳士たちのことです。

ここで、「紳士」に関して、身近な例で説明しておきましょう。――英国留学して紳士としての生き方を身につけた白洲次郎は帰国後、実業家および外交顧問として活躍しましたが、敗戦後の日本が米国から軽くあしらわれる風潮のなかで、毅然として米国要人たちと対等に渡り合い、サンフランシスコ講和条約調印式（一九五一年）の際も吉田茂首相に邦語での受諾演説を敢行させたのでした。

白洲は、大切な場面で吉田首相に邦語を用いさせることで日本人のプライドを守りぬいたのです。米国も、もともとは英国から飛び出した人びとが建国した新興国家だったわけで、米国人から眺めても、英国帰りの白洲が話すブリティッシュ・イングリッシュや紳士としての格調高いふるまいには威厳を感ぜざるを得なかったのでしょう。こうして、日本でも、誇り高い意志を秘めつつも、礼儀正しく親切な男性のことを「ジェントルマン」と呼ぶようになりました。

ドイツでも、哲学者のカントなどによる研究の積み重ねによって、「趣味」（Geschmack）は美学の概念として重要な位置を占めるようになりました。好き・嫌いとか快・不快で物事を判断するときの人間の感情の動きには、その人なりの「趣味のよさ」がにじみでてしまうのです。

イギリス紳士の洗練された上品さやドイツにおける美学概念としての「趣味」は「何ともいいがたい独特な味わい深さ」と説明し直したほうが日本人には意味がわかりやすいかもしれません。各自には、どれだけ味わい深く生きることができるかどうかが常に問われているのです。

ヨーロッパでは、「味わい深く」生きることができる人、つまり「よき趣味感覚」で生きている人が「教養人」と呼ばれて尊敬されました。教養とは、単なる学問的知識にとどまらず、人間としての味わい深さ、あるいは品のよさ、つまりは「人間としての生き方全体の美しさ」を指し示すものなのです。

ともかく、ヨーロッパにおいて、「趣味」は、美しいものと醜いものとを判断する能力として尊重されてゆくことになります。「美しさを判断するということは、まるで味覚のようなものである」という理解のしかたが広まってゆくことになったのです。

日本でも、「趣味が悪い（あるいは悪趣味）」とか「趣味がよい」という表現もありますが、「美醜の判断」という発想は世界共通なのでしょう。最近では、「テイスト」（taste）という用語が当たり前のように用いられています。

「テイスト」は、「味覚」あるいは「味」さらには「好み」と同じ意味です。

46. 独特な味わい、あるいは質感

それでは、味わい深さとしての「趣味」を、現代人は、いったいどのように見つめているのでしょうか。近年、脳科学者の茂木健一郎氏などの活躍によって「クオリア」（qualia）という発想が注目されるようになりましたが、実は、ヨーロッパでは十七世紀ごろから、哲学の討論会などにおいて、似たような発想が論じられていたのです。「クオリア」とは、つまり、「感覚的な質感」（＝感覚質）のことです。あるいは、「独特で鮮明な感触」のことです。たとえば、小学生のときの夏に食べたスイカの味や舌の上での感触や水分や甘さの感じなどの総合的な体感というか実感などです。

さらに言い換えると、「クオリア」とは、「数量化することはできないが、確かに経験したことのある感触」のことです。日本人に「クオリア」を語るときには、「独特な味わい」と言ったほうがわかりやすいかもしれません。しかも、この「独特な味わい（＝質感）」は、ある一定の条件を揃えれば、再び実感することができるものです。暑い日にスイカを食べるときに、あの幼い頃の感触がまざまざとよみがえってくる、あの質感を追体験することができるというように……。

どうやら、「独特な味わい（＝質感）」が記憶を呼び起こすみたいです。実際に体験したときの身体感覚そのものが記憶されているので、それと同じ状況を作り出せれば記憶がよみがえるのでしょう。つまり、からだ全体で覚えてしまっている感触が「独特な味わい（＝質感）」なのです。ですから、言葉で説明することができないし、数量化して物理的に解明することもできない現実なのです。

たとえば、すし職人さんが、うまいすしを握るときのコツは、マニュアルにまとめることができません。文字で

説明することができないので、すし職人さんの弟子は、からだの感触でおぼえて身につけるしかないのです。見よう見まねで体得することしかできないわけです。他の分野の職人わざも同様です。

まさに、ある特定のわざを伝える（秘義の伝授）ということは、決して数量化できるような知識などではなくて、むしろ「独特な質感」なのです。つまり、計算ではじきだせない感触である、としか言えません。いくらすぐれたコンピュータでも職人のわざや、その作品の味わいをかもしだすことはできないわけです。人間というものは、ほんとうに奥が深いのです。

「感謝の祭儀」も「最後の晩餐」の状況を意図的に作り出すことによって、イエス＝キリストの究極の捧げにおいて表現された切実ないつくしみの想いの「質感」を今日化することになります。それゆえに、「感謝の祭儀」は「最後の晩餐」の質感を伝えてゆくための貴重な場です。

47. 神経験と脳

人間の脳は「独特な質感」を記憶しています。言葉で説明し尽くせず、概念化できない情報を確かに受け継ぐ能力が脳には備わっているのです。その点が、人間の脳の偉大さです。

たしかに、コンピュータは、数量的な情報を高速で処理する能力ではすぐれていますが（計算処理速度と処理量では人間の脳をはるかにしのいでいます）、あいまいな質感を、ぼわっとした漠然とした状態のままで記憶することはできません。コンピュータは人間の創造的思考能力には、遠くおよびもつかないのです。

人間の創造性は無意識のうちに瞬発的に生じてくるものなのであり、その仕組みは謎です。コンピュータによっては認知不可能な「数量化することのできない微妙な質感」を解明しつつ再現することが現在の脳科学の課題となっています。

人間は、誰であっても相手から愛情を受けたいという感情をいだきます。そして、相手に愛情を注ぎたいという気持ちも秘めています。

つまり、愛情によるコミュニケーションを深めたいという想いをいだいているのが人間の「味わい深さ」なのかもしれません。それが、「人間らしさ」なのでしょう。

最近の脳科学の研究によって、人間の脳には「超越（キリスト教的に言えば、神）との関わりの構造」が備わっていることが明らかになりつつあります。つまり、「人間の心は、神との関わりに向かうべく初期設定されている」という見方が提示されています。

脳の働きによって心が生じ、そこにおいてあらゆる物事が理解されるのです。今や、「神と人間との真摯な関わりにおける生き方」があらゆる各個人において成立し得る基盤が確固として備わっているという事実を証明することが脳科学の役割です。

48. 料理に秘められたおもい

自らをいのちの糧として捧げ尽くしたイエスのおもい。――いのちがけで相手を活かす姿勢は、きっと、ヨーロッパ人の生き方の根底（脳の中）にも確かな刻印を残しているのでしょう。捨て身の生き方で相手を活かすほどの深い愛情は、聖フランシスコ・ザビエルをはじめとするヨーロッパから来日した宣教師たちの生き方にも体現されていました。

そのおもいに気づくときに、人びとはおのずと仲間になってゆきました。宣教師の心の底にある「イエスのおもい」――を味わい深く感じ取った日本の人びとが洗礼を受けたのでしょう。

ところで、現代のフランスなどでは、料理を「愛のおもいの深まり」として見直し、心のこもった味づくりの伝統を守り、人をまことに活かすことを大切にしようという運動が盛り上がっています。

つまり、「味覚教育」という発想が登場しています。シェフたちがボランティアで小学校や中学校を訪問して児童たちに食材の特徴や本物の料理味わいを説明するのです。

フランスのシェフたちは、民族の教養と伝統を確実に受け継いでゆくためには、「味覚教育」が欠かせないという考え方にたどり着いたのです。食べ物の味と伝統は緊密に結びついているからです。

しかも、人間として相手を大事にして活かすという誠実さが料理の根底に潜んでいます。相手を活かすイエスの愛情深さを受け継ごうとしてきた西欧のキリスト者たちの生き方が日常生活のなかにも確かに残っていると言えるでしょう。

結局、「味覚」の可能性とは、いかなるものなのでしょうか。――自然環境（＝食材の生育環境）と人間社会（料理人と食客など）とが、深い味わいによって結びつけられ、その流れのなかで、相手を気遣ういつくしみ深いおもいが着実に積み重ねられてゆき、伝統が深められてゆくことになるのでしょう。

第8講　「神の国」の宴に向かう巡礼（近世、身体感覚）

49．旅する神の民

今から五七年ほど前に終了した第二バチカン公会議（一九六二―五年）のなかで再確認されてから今日に至るまで用いられている重要なキーワードがあります。――「旅する神の民」という言葉です。その言葉は、まさに、教会共同体の性質を物語っています。たしかに、この言葉を耳にするたびに、神に深い信頼を寄せながら、あらゆる試練を乗り越えて前進しつづける大家族としての信仰共同体の姿が連想されます。

しかし、「旅する神の民」という発想自体は、かなり古くからありました。たとえば、アブラハムとその家族たちの旅やモーセに率いられたイスラエル民族のエジプト脱出の旅、イエスとともにイスラエルの各地を歩きながらよろこびのたよりを告げ知らせつづけた数多くの追随者たちの旅などです。「ともに道を歩む」（シュン＋ホドス、シノドス）ことが信仰者の生き方なのです。

他にも、古代から中世を経て今日に至るまで連綿とつづくさまざまな形態の巡礼の旅も含めることができます。また、無数の宣教者たちによる福音宣教の旅も「神に信頼して前進しつづける信仰共同体による救いの道行き」です。しかも、苦難の旅は、神の愛情しか存在し得ないほどの圧倒的ないつくしみの充満としての終末へと向かいます。

もちろん、現在の私たちキリスト者ひとりひとりの人生の歩みもまた、死へと向かいつつも神の国の完成を信じて復活のいのちに過ぎ越してゆく（passio = passion）壮大な救いの旅です。まさにキリスト者の歩みは、イエスの生涯全体の極致としての十字架上の死から復活へと通過してゆく新しさとも呼応しています。

闇の状態から光の満ちる神のいつくしみの広がりのまっただなかへと旅することは、まさに「過越秘義」と言い換えられます。それは、罪による囚われの身から、伸びやかに安らぎのうちに生きるいのちの在り方へとダイナミックに転換してゆくことなのです。

50. エルサレム、ローマ、サンティアゴ・デ・コンポステーラ

ところで、代表的な巡礼地として、エルサレム、ローマ、サンティアゴ・デ・コンポステーラを挙げることができるでしょう。もちろん、ルルドやファチマなど、聖母マリアにまつわる巡礼地も大切ですが……。

ともかく、巡礼地に向かって旅をしてゆくことで、人は変わります。意識変革を成し遂げて回心した人が、巡礼地から我が家に戻り、新しい人としての歩みをつづけてゆくことには感動せざるをえません。

巡礼と言うと、筆者は、アレキシス・カレルの名著『ルルドへの旅』を連想します。神を信じなかった医者がルルドの奇跡を科学的に分析するために現地調査に乗り出し、深い感動のうちに信仰経験の世界にひきこまれて回心の道をたどります。

さて、キリスト教信仰を大切にしたヨーロッパ地域のキリスト者の姿勢が「巡礼」への熱意の高まりにつながるのですが、この「巡礼の道行き」は仏教の修行観の奥底に潜む「信仰生活実践」とも共通する構造を備えます。――①「巡礼地に向かって旅をすること」は、仏教的に表現するならば「往相」と言えます。②一方、「巡礼地から我が家に戻ってくること」は「還相」と言えます。行ってから、また再び帰ってくること、つまり往還すること

が大切です。惰性に流されて妥協のうちに生きている自堕落な自分の日常生活から離脱して「真実」を求める旅に出ることが巡礼であり、巡礼の目的地で得た感動経験によって、神の支えにほだされて心の在り方を変えていただいた人が家路をたどり、再び自分の生活の場での日常生活に戻って周囲を照らす希望の光として生き直すことで巡礼の旅がほんものになります。

旅することは日常生活から離脱してゆくことであり、巡礼地に到達して聖なる空間で祈ることは悟りの経験なのであり、そのあとで家路をたどって再び日常生活に戻るときに新たな充実した歩みが開始されるのです。

51．さまざまな修道会に根ざす「巡礼の霊性」

キリスト者が神に対する信頼を深めて歩むなかで、常に「巡礼の霊性」が大切にされてきたことは、決して見落とせません。とくに、カルメル修道会の修道者たちは、旧約時代の預言者エリアが神に信頼して祈りを捧げたカルメル山に登攀して再び神の恵みを受けとめるために「巡礼」を心がけました。

カルメル修道会の修道者のみならず、ドミニコ会の修道者にしてもフランシスコ会の修道者にしても、日常生活のまっただなかで「巡礼」を意識しつつ托鉢や説教活動を繰り広げました。彼らにとって、旅することは、出会う人びとに対してイエス＝キリストの福音をあかししながら「神の国」の広がりを実現するためのかけがえのない信仰表現でした。

さらに、聖イグナチオ・デ・ロヨラも巡礼者として聖地エルサレムに詣でることを目指しましたが、政治情勢の悪化などにより、巡礼の実現は困難を窮めました。しかし、困難に負けずに初志を貫徹する姿勢を大切にした聖イグナチオたちの熱意は、同時に、神に向かう心の旅を生き抜くことや世界全体に福音を告げ知らせる海外宣教活動に乗り出すことに向かいました。まさに、イエズス会の霊性の根幹においても「巡礼」という要素が重視されています。

これらの例からもわかりますように、ヨーロッパの修道者たちは、「旅する神の民」としての人生の歩みを深めつづけたのです。

しかも、修道者ばかりではなく、信徒たちもまた巡礼を大切にして生き抜く伝統を形づくりました。巡礼を志す動機にはさまざまなものがあります。たいていの場合は病気や人生の悩みや罪の償いがきっかけとなっています。つまり、生きてゆく上で突き当たらざるをえない困難や限界のなかで、神による救いを切望する気持ちが芽生え、祈りのうちに苦難の道を歩き通すことで、イエス＝キリストの過越の秘義（＝御受難・十字架死から復活へ）に参入させていただき、新しいいのちの在り方に至るのです。

52．ホスピタリティ（もてなしの姿勢）

キリスト者たちが巡礼の旅に出発するなかで、彼らの世話をするうえで大きな貢献をしたのがフランシスコ会でした。フランシスコ会の修道者たちは、もともと自分たちが托鉢と説教活動をとおして方々を動きまわるなかで、行く先々の人びとからのもてなしや世話を受けていたわけで、相手から助けていただくことのありがたさを痛感していたのでしょう。心ある人びとから自分たちが受けてきたもてなしを、次第に修道会の基本方針として大切にするようになったはずです。こうして、「ホスピタリティ」（もてなしの姿勢）の発想が心をこめて実践されるようになったのです。

「ホスピタリティ」は、もともとは五世紀頃から大切にされていた実践で、各地の司教の指導のもとで、病者や貧窮者や孤児や老齢者を世話する施設であった「ホスピティウム」に起因します。

巡礼者にとって、初めて足を踏み入れる地域で大切にもてなされることは大きな慰めとなりました。そればかりか、もてなす側の人びとも巡礼者たちを迎え入れることによって善行を施すチャンスを得ることになり、神のいつくしみ深さに倣って生きるきっかけをつかめました。

ヨーロッパ各地の王侯貴族たちも、宿泊施設や病院などを建設して巡礼者たちの便宜を図ることで、社会福祉の向上に寄与すると同時に天に宝を積んで、自分たちの魂を神さまのいつくしみにゆだねようとしたのです。

53. 大自然のなかで生きる

ともかく、巡礼によって数多くのキリスト者たちがヨーロッパ各地を行き来するようになりました。陸路や海路など、あらゆる道をたどって巡礼地に向かう人や我が家に戻ってゆく人が交錯してゆきました。

もちろん、巡礼は個人にとっての回心の旅ではありましたが、同時に、あらゆる人びとが関わり合ってともに助け合うという共同体的な家族化の機会でもあったのです。まったく見ず知らずの者同士が巡礼という名目をとおして互いに助け合ううちに、旧知の友のように親しく関わりました。

まさに、巨大なネットワークとしての大家族の出現が起こったのです。こうして、地中海を舞台としてさまざまな民族や文化的発想が融合してゆきました。さまざまな要素が重なり合い、複雑に絡まり、相互に影響をおよぼし合って皆で信頼し合って神に向かって旅する態勢が整っていったのです。

巡礼は、五官をフルに活動させて行われます。両足で歩きつづけ、両手で施しを受けとり、あらゆる感覚を総動員しながら未知の地域に踏み込んでゆくからです。しかも、巡礼者は大自然のまっただなかで大気の温度を感じ、ひざしを浴び、動植物の存在によって慰められ、風の後押しを受けて歩みつづけるのです。歩きつづけるからこそ、経験できることがあるわけです。

まさに、あらゆるものがつながりあって活かし合っているというかけがえのない実感を味わうのが巡礼なのです。野原のおだやかな道や山岳地帯の険しい道や海沿いのすずやかな道など、あらゆる場所を通って進むにつれて、巡礼者は自分が大自然のなかで活かされている小さな存在であることに気がつくことになるのでしょう。こうして、あらゆる恵みを意識して、謙虚な姿勢で歩みつづけることの尊さに目覚めるのです。

それればかりではなく、巡礼者たちは否定的な体験もせざるをえません。たとえば、身体の疲労や倦怠、予測できない危険や怪我、自然災害や人災などがふりかかってくるからです。

しかし、そのようなたびかさなる苦労でさえも、巡礼者にとっては自分の罪の償いのための苦難として甘受できるようになってゆくのです。幸運も不幸も、すべてを信仰のまなざしで眺めるとき、何らかの意味が見いだせるようになります。「信仰のまなざし」とは、神に信頼してあらゆる物事を真摯に眺める姿勢です。

54.「キリストの再臨」への期待

ところで、巡礼は、単に病気の回復を願って祈ったり、罪を償うためだけのものではありません。言わば、巡礼は、現世利益を求めるような地上の行事として終わるものではありません。

むしろ、巡礼とは、「神の国」の宴へ向かうための出発点となる出来事です。つまり、巡礼は、常に神とともに過ごす至福のときを先取りする端緒となります。神のいつくしみにつつまれて生きていることを体感したいという切実な望みが巡礼者を聖なる旅へと駆り立てます。

困難な時代ほど、巡礼に旅立つキリスト者が増えました。現世の苦しみを乗り越えて、神のいつくしみにつつまれて安らげる日を待ち望むだけでは足りず、自ら出かけてゆくことによって積極的に神を求めようとする歩みが開始されるからでしょう。

そして、巡礼への熱意と同時に人びとが抱いていた感慨は、「キリストの再臨への望み」とも言うことができます。キリストが再びおいでになるのを期待して準備する姿勢は、巡礼における往還のプロセスとも重なり合います。

御父のもとから遣わされてこの世に生まれ、私たちとともに過ごし、十字架の死を経て復活し、再び御父のもとへと還っていったイエス＝キリストが再び私たちのもとへと戻ってくることを待ちわびることが再臨への期待です。しかし、「再臨」は、もともと「パルーシア」というギリシア語であり、邦訳するとすれば「臨在」という表現のほうが適しています。つまり、「ともに生きてくださる神」（＝インマヌエル）という意味なのです。

神は、一度はじめた救いのわざを最後まで見守りつつ、責任をもって完成してくださるのですから、当然、再び戻ってきて最善の処置をされます。キリスト者の信仰の立場では、「キリストの再臨」は歴史の終末のときに実現します。

たしかに、現代人の目でながめれば、「キリストの再臨」という発想は奇異なものと映るのかもしれません。しかし、巡礼者たちが神のいつくしみの充満を切望しつつ、イエス＝キリストが再びともにいてくださること（＝臨在）に期待していたことに注目しておく必要があるでしょう。

つまり、民衆たちの心のありさまを大切に受けいれて、その心情の奥にかくされていたおもいを追体験しつつ、彼らのおもいがどのような意味を備えていたのかを解明してゆくことが肝要なのです。

人のおもい、または社会全体の雰囲気を解明する学問分野としては「心性史」という研究方法があります。「心性」とは、メンタリティーのことです。つまり、ある時代のある社会に固有なものの見方（＝認識）や考え方（＝精神性）や感じ方（質感）を意味しています。そして、人間の精神（＝心のありよう）が社会や経済の構造を変革させてゆく活力を備えているという信念のもとで研究を展開するのが「心性史」の立場です。「社会の枠組みや経済構造には、人間を型にはめて特定の立場を取らざるをえないほどの深い影響力がある」とする従来の歴史学の視点とはまったく逆の発想です。

「心性史」という研究方法を編み出したのは二〇世紀以降隆盛をきわめてきたフランスの歴史研究の一派である「アナール学派」です。著名な研究者として、一九二九年に『経済社会史年報（アナール）』を創刊してアナール学派を創始したリュシアン・フェーヴル（一八七八―一九五六年）とマルク・ブロック（一八八六―一九四四年）、そして彼らの流れをくむジョルジュ・デュビィ（一九一九―九六年）やフェルナン・ブローデル（一九〇二―八五年）やジャック・ル＝ゴフ（一九二四―二〇一四年）を挙げることができるでしょう。

ブローデルは、地中海世界全体の交流史を民衆の心情の視点から読み解きました（『地中海』普及版全五巻、浜名優美訳、藤原書店、二〇〇四年）。さらに、歴史というものを、まるで壮大な時の流れのなかで持続する生命体であるかのように理解しつつ、そのなかで環境全体と人間とがどのように影響をおよぼし合っているのかを解明しようとしたのでした。

そして、ル＝ゴフは、迷信や習俗を研究することによって中世ヨーロッパ世界全体の民衆の感情を浮き彫りにしてくれました（『中世とは何か』池田健二・菅沼潤訳、藤原書店、二〇〇五年）。

二人に共通しているのは、従来は注目されなかったヨーロッパの民衆の心もちを活き活きと再現したことです。ともすれば、政治的事件や経済的な出来事の羅列で終始しがちな近代以降の歴史学の記述方法を百八十度転換するほどの異なった視点で歴史を描き直すことに成功しました。

現代的な感覚では理解できないからといって「キリストの再臨」という発想を即座に切り捨てることはできません。むしろ、「キリストの再臨」というカトリック教会の大切な教えをヨーロッパの民衆がどのような心もちで受けいれて、熱烈に支持していたのかを分析してみることが大切です。「キリストの再臨」を切望していた巡礼者たちの心もちを解明することで、民衆の生き方の意義が見えてくるからです。

第9講　神の出張所としての「理性」（近世・近代、理性）

いました。

55．「理性」への信頼

ところで、ヨーロッパでは、民衆の巡礼熱が上昇していたばかりではなく、冷徹な思索の努力も積み重ねられていました。

とくに、十七世紀以降、「理性」に信頼する姿勢が顕著になってゆきました。デカルトにはじまってカントを経て今日に至るまで「理性」はあらゆる学問の土台となる重要テーマとされてきました。

著名な哲学者の木田元や英語学者の渡部昇一が対談しながら発見しているように、理性とは「神の出張所」と定義づけることができるでしょう（木田元・渡部昇一『人生力が運を呼ぶ』致知出版社、二〇〇四年、二〇五―七頁）。つまり、理性は人間が自分勝手に用いる能力なのではなく、むしろ神が人間に贈与したかけがえのない恵みの能力なのです。ですから、人間は、神への信頼に満たされつつ理性の能力を有効に活用することで「人間らしさ」を発達させることができるのです（教皇ヨハネ・パウロ二世回勅『信仰と理性』でも「信仰を土台にした理性の活用」という視点が強調されています）。

たとえ、人間が相手に対して殺意を抱いたとしても、理性の力で「相手を傷つけた場合に、どのような状況が出てくるのか」をあらかじめ予想することで、踏みとどまることができるわけで、神のいつくしみ深い配慮のまなざしが理性の能力の根底に組み込まれているからこそ人間は暴走せずにすむのです。

しかし、日本人は「理性」と聞くと、人間が自力で物事を判断しつつ考え抜くことだとおもいがちです。言わば、「神が与えてくださった能力としての理性」という視点を見落としているのです。

日本人が「理性」を理解するときに神を排除してしまう背景には、おそらく、ヨーロッパの啓蒙主義的な理性の活用の仕方があるのでしょう。「啓蒙主義」とは、「人間が自力で知性を磨き、技術を開発して現世の生活を豊かに生き抜くことを目指す理念」だからです。言わば、神の助けを必要としない立場なのです。

一八六八年の明治維新以降、日本には欧米の科学技術が流入してきましたが、啓蒙主義的な無神論の風潮も入ってきたのです。人間の現実の目先の生活の豊かさだけを追い求める啓蒙主義者たちの生き方が、日本人にも影響をおよぼすこととなりました。

十六世紀以降の欧州で頻発していた宗教戦争による凄惨な殺し合いは、あまりにもむごい経験だったことでしょう。そして、「領主の宗教は民衆の宗教」という標語によく表されているように信教の自由がない状況のもとで、西欧の人びとは特定の宗教グループに関わることを恐れ、次第に個人主義的な祈りの世界に逃避するしかなかったのです。あるいは、教会共同体組織ばかりか神をも忘れて無神論に走るかだったのです。

56.「無神論」のほんとうの意味

ヨーロッパやイギリスなど、無神論が広がっていった地域を調べてみれば、宗教戦争の激しさによって民衆が甚大なる被害をこうむっていたことがわかります。つまり、生活が破壊され、安心して家族団らんを保つことができない苦しみを負った数多くの人びとの経験やその姿を眺めた知識人が中立的な立場を自ら選択することで、「人間らしく」生きてゆこうとする切実な決意に至ったときに、「無神論」が生じてきたといってもよいのです。

無神論とは、「神を信じない」という虚無的な態度などではなく、むしろ「特定の宗教グループには所属せずに、自らの求める真摯な人生を選ぶ」という切迫した態度でした。ですから、カトリックの組織にも属さないし、プロテスタントの諸派にも属さないで、自ら真剣に神と向き合って生きる場合もあったのであり、ある意味では無心論者のなかには、特定のグループに属しているキリスト者よりも熱心に神を求めていた人びともいたのです。

なぜ、無神論者たちが特定のグループに属さなかったかというと、カトリックに属しても、プロテスタントに属しても、戦争に勝ったグループが主導権を握るならば、常に政治家の顔色をうかがって宗旨替えをしなければならないわけで、無益な闘争に巻き込まれないように身を処すのが一番賢いという考えにいたるからでしょう。

57. ルターによる宗教改革をどのように理解するのか

ところで、今日、キリスト者は、十六世紀のルターによる宗教改革をどのように理解したらよいのでしょうか。最近、ルター研究所編『ルター著作選集』（教文館、二〇〇五年）が刊行されました。マルティン・ルター（一四八三―一五四六年）の著作から「宗教改革」の意図を知るうえで重要な文書を抜粋して一冊にまとめたものです。

この『選集』は、あまりにも膨大で、はかりしれないルターの著作の全容を的確に垣間見せてくれます。しかし、彼の真摯で生真面目すぎる心の叫びを追体験するには、やはり、その浩瀚な著作群を全部読まずにはいられないはずです。なぜ、ルターは十六世紀に激越なまでに決然たる信仰の歩みを身をもって示さざるをえなかったのかを問うことが大切です。

ところが、彼の著作のすべてを読みこなすことは、決して生易しいことではありません。まさに、ルターの作品群を読むということは、果てしのない格闘の日々を覚悟せねばならないほどの力技を要求されるものなのですから。

しかし、このたび、『選集』というまことに有り難い企画が実現したおかげで大いに助かりました。一五一七年から一五四五年にいたる約三〇年間のルターの代表作品の精髄が手際よく一冊にまとめられています。快挙だともいいます。編訳者たちの、忍耐強い作業に心より敬意を表したいです。ルターの痛烈な皮肉の息づかいが生々しく伝わるほどの快訳に脱帽ものです。

この選集を読み進むにつれて、筆者は、まるでルターその人と直接に腹を割って対話しているかのような錯覚に陥りました。融通がきかない、愚直なルターの人柄が、いつのまにか浮かび上がってきて、きっと読者にも肉迫するはずでしょう。

ともかく、ルターを排除して潰そうとする動きがあったからこそ、短気なルターが熱を帯びた発言をせざるをえなかったという事実を考慮に入れておくことが最も重要です。同時に、十六世紀当時の政治情勢や教会指導者たちの気質をも踏まえて、立体的に背景を想像しておくことも欠かせないでしょう。

ルターの文体だけに集中して、全体の背景を見失うならば、読むに耐えない不平の書に堕す危険性があります。論争形式の著述は、真実を明らかにするための一つの技法であり、日本の読者は、本書を通して西欧的な思考法を学ぶことになることでしょう。

興味深いことに、筆者は、当初、ルターがローマ・カトリック教会から飛び出すことは、考えもしなかったのではないか、という確信を抱くに至りました。なぜならば、一五一七年に『九十五箇条の提題』を公示することによって教会の刷新を呼びかけてから一五二一年に破門されるまでの五年間は著述の際にアウグスティノ会士という所属名や司祭という肩書きを明記しているからです。

つまり、ルターは聖書学者として真摯な学問的討議を通して教会が内的に刷新することを促したにすぎなかったのであり、直接的な変革行動にはそれほど興味がなかったのかもしれません。その意味では恩師のデジデリウス・

エラスムス（一四六六年頃―一五三六年）の立場と五十歩百歩だったのです。

聖書原典の言語研究（ヘブライ語とギリシア語）と読み易い翻訳の工夫（ラテン語）に精魂を傾けたエラスムスの姿勢がルターの聖書研究とドイツ民衆語への翻訳にも影響を与えました。しかし、エラスムスが一五二四年に『評論・自由意志について』を公表するにおよんで、ちょうど同時期に修道会を退会したルターは翌年に『奴隷意志論』を書き上げて恩師と訣別しました。

ルターは恩師を手厳しく罵倒しています。――「一心不乱に十二分に気をくばって、至るところできわどく曖昧な口のきき方をして、何事も主張しようとはしないでいて、主張者だとは思われたい」（『選集』五二三頁）。

しかし、後のルター自身も反教皇主義の政治家や農民革命家たちに涙ながらにおもねったり、逆に脅迫まがいの厳しさで彼らをたしなめたり、まるで目まぐるしく表裏をひらひら見せながら落下する落葉のように右往左往するはめに陥ったのです。もしかすると、あらゆる人に対して気を配りすぎて誤解を招くという点において、エラスムスもルターも「同じ穴の狢」だったのかもしれません。

彼らは、相当に苦悩したのではないでしょうか。痛ましいほどに。まさに、十字架の神学を自らのいのちを削ってまでも辿らざるをえなかったのです。そこにこそ着目すべきです。教皇制度を執拗なまでに軽蔑して、あれでもかこれでもかと繰り出される毒舌にばかり目を奪われているだけでは、ルターの真意を見誤ってしまうからです。

エラスムスには諧謔の妙術が備わっていましたが、ルターはジョークを飛ばすこともできず、要領も悪かったのです。今日でも、プロテスタントのキリスト者たちが生真面目であることが多いのはルターの精神を受け継いだからなのかもしれません。

ともかく、ルターが試行錯誤の末に辿り着いた境地とは、「あらゆる方法を尽くして主の憐れみを懇願すべきである」（『選集』五四六頁）という一文に集約されています。数奇な運命を生き抜いたルターの本音が垣間見えます。

それは、まさに五世紀の激動の時代に論争に明け暮れた聖アウグスティヌスの生き方とも重なってきます。ルターは、一五一六年から八年間にわたってアウグスティヌス隠修修道会に属し、最後まで聖アウグスティヌスの考え方を基準としていたのです。――「聖アウグスティヌスの模範が踏襲されていたなら、教皇は反キリストにならなかったであろうし、虫けらの群のような無数の書物は、教会のなかへ入りこむことがなく、聖書は説教壇の上にそのまま存在しつづけたであろう」（『選集』六三一頁）。

そればかりではありません。ラテン語による学術的な神学著作を残すと同時にドイツ語による民衆向けの霊的指導の言葉をつらねた十四世紀のマイスター・エックハルトの二刀流の生き方とルターの表現が重なって見えてきます。ルターも神学の専門家としてはラテン語で著述をしており、同時に大衆が理解しやすいドイツ語で信仰の導きに挺身したからです。どうやら、ドイツ人神学者は硬軟両刀遣いの変幻自在性を備えているみたいです。

そして、エックハルトの弟子であったタウラーの説教録などの聖霊論的視点がルターの思索にも影響をおよぼしています。聖霊のたまもの（＝神の愛による導き）によってこそ人はキリスト者として生きることができるという謙虚な受動性がルターの信仰姿勢の根幹であるからです。強制されずに、何よりも聖霊（＝神の愛情のはたらき）に満たされて、信頼して生きることが強調されています。

それから、人間の生は神を讃美することに尽きることが強調されています。――「信仰は私たちのうちにおける神の働きである。……信仰とは真に、生きた、勤勉な、活動的な、強力なものであって、絶え間なしによいことをすることができるものである。信仰は、よい行いが行われるべきかどうかを問わず、むしろ、問うよりもまえに、すでに行っており、またいつでも行い続けるものである。……信仰とは神の恵みに対する生きた、大胆な信頼であり、そのためには千度死んでもよいというほどの確信である。……強制なしに、自ら進んで、喜んで、だれにでもよいことをし、だれにでも仕え、あらゆることを忍び、彼にこのような恵みを示した神に愛と讃美を献げる」（『選集』三六六―七頁）。

同時代に教会刷新を目指してイエズス会を立ち上げた聖イグナチオ・デ・ロヨラも人間の使命が神への讃美であることを見抜いていましたが、ルターと同じく古代教父の聖書解釈を深く研究した到達点の洞察は宗派を超えて共通しているのでしょう。

ちなみに、ルターの誠意はドイツの政治家のイデオロギーに転化され欧州の宗教内紛の悲劇を招きましたが、その動きに抗してイエス＝キリストの愛を世界に広めようとした聖イグナチオの悲願に共鳴した同志聖フランシスコ・ザビエルが日本にキリスト教を伝えたのでした。ルターの登場とキリスト教の日本宣教は無縁ではないのです。ですから、私たちが、今日、『ルター著作選集』を読む意味があります。

相手の挑発に乗って激昂しやすかったルターは、情に厚い人でもありました。なぜなら、柔和なイエス＝キリストを模範として生きる努力を重ねていたからです。――「彼（イエス）はだれも駆り立てたり、強制したりなさらない。いや、優しく教えて、命じるというより励まして、こう言って、お始めになる。『貧しい人々は幸いである』、『柔和な人々は幸いである』などと」（『選集』三五五頁）。

ここで、印象深いルターの言葉を引用しておきましょう。瞬時にして、『ルター著作選集』が刊行される意味などまったく無くなってしまうかもしれませんが、まあ、いいでしょう。――「どうか、神のみこころによって、キリスト者の間では純粋の福音だけが知られ、私のこのような働きなどはできるだけ速やかに無用、不必要となるように。そのときには、聖書もまた、本来それに適う尊厳を受けるようになるという希望もまた確かとなろう」（『選集』三五八頁）。要するに、ルターの著作は通過点にしか過ぎないのです。

58．十八世紀のフランスとドイツ、啓蒙主義の時代

「啓蒙」とは、「啓」と「蒙」という二つの漢字によって成り立っています。「啓」には、「開く」あるいは「照らす」という意味があります。一方、「蒙」には、「暗い状態」あるいは「野蛮な状態」または「未開状態」そして「未成熟状態」という意味があります。

ですから、「啓蒙」とは、「暗い状態を照らす」あるいは「野蛮な状態を洗練された状態にまで耕してゆく」という意味を備えています。つまり、「限界を抱えた闇の状態を、あらゆる可能性に向かって開かれた状態にまで導く」というメッセージが「啓蒙」という用語にはこめられているのです。あるいは、子どもが自立して生きてゆけるように親がうながす、という意味も潜んでいます。

十八世紀のフランスやドイツは、「啓蒙主義」の時代を迎えていました。従来の社会秩序や人間の価値観を打破して、自らの可能性を開いてゆくこと、あるいは真理の光に照らされて賢く生きる道を選び取ることがヨーロッパ地域の人びとの目標となったのです。このような価値観を選ぶことは、人間が自らの人生を主体的に生きることでもあり、四世紀以降つづいてきた従来のキリスト教的社会の立場を棄て去ることでもあったのです。

啓蒙主義社会をつくろうとするヨーロッパの知識人たちにとって、それまで伝統的に受け継がれてきた生き方を、そのまま鵜呑みにして、繰り返しつづけることは、無知蒙昧なこととして軽蔑されてゆきました。ドイツの代表的な哲学者であるカントは『啓蒙とは何か』という解説書を書き残しています。カントの哲学全体が「啓蒙」をテーマとして考え尽くされたものであるとも言えるでしょう。――「啓蒙の目的は、技術の力によって自然を支配し、さまざまな機械を発明して人間の労働力を軽減し、余暇を利用して豊かな消費生活を送り、それによって幸福を味わうことにあるのだろうか。そうではなく、啓蒙とはむしろ人間の人間らしさを尊重し、個人が人間らしい人間へと成長し、それによってまた人間らしい人間からなる人類社会が実現することを目的としているのではなかろうか。

そうだとすれば、人類はまだ啓蒙された時代に生きているのではなく、自らを啓蒙すべき時代に生きていて、将来の人類の啓蒙の完成にむけて努力を重ねるべきではなかろうか。これが実は啓蒙時代に生きたカントの『啓蒙』についての理解である」（宇都宮芳明『カントの啓蒙精神　人類の啓蒙と永遠平和にむけて』岩波書店、二〇〇六年、六頁）。フランスでもヴォルテールをはじめとする博物学者たちが、キリスト教的社会の生活理念を徹底的に批判し、むしろ、理性を尊重して生きる人間の姿を強調するような啓蒙主義を唱えたのです。

ドイツではプロテスタントとカトリックの政治家たちが闘争することによって、長いあいだ、宗教戦争がつづいていました。一方、フランスでは、政教分離が進んでおり、政治家たちが宗教的価値観から自由になって現世的な利益のみを求める動きを活発化させていました。ドイツにしても、フランスにしても、共通して宗教戦争の無益さを自覚している知識人たちが育った地域だったのです。

59．啓蒙主義の特徴、自力で生きることのプラスとマイナス

さて、ここでは、十九世紀、イタリアの国民的作曲家だったヴェルディの歌劇『運命の力』を参照しながら、「啓蒙主義」の特徴を浮き彫りにしてゆきましょう。この『運命の力』という作品は十八世紀中葉のスペインやイタリアを舞台として展開されています。ちょうど十八世紀は、「啓蒙主義」が全盛を極めたひとときでした。

さきほども、すでに少し解説しましたが、そもそも、「啓蒙主義」の特徴は、「無知で真っ暗な状態（＝蒙）を、明るい未来に向かって解き放つ（＝啓）」ことにあります。つまり、自力で情報を蓄えて物事の仕組みを知り尽くし、その知識を用いて資本金を手に入れ、快適で贅沢な人生を切り拓いてゆくのです。人間の最高の能力である「理性」を最大限に活かして、あらゆる情報を結びつけて教養を深め、さらには実生活を有益に改善する技術を開発し、社会を楽園化することが理想とされるなかで、目には見えないことがらである来世や神は忘却されました。人間が

神に取って代わったのです。

もはや、神頼みをすることなく、のびのびと人生を主体的に選び取ろうとする風潮が広がると、とたんに神は忘れ去られました。神の存在そのものが最初からなかったことにされてしまい、もはや神の出る幕はないのです。人間が神の摂理に感謝することもなくなるのです。そして、古代から中世にかけてあらゆる物事の基礎に据えられてきた予定調和の雰囲気は、もろくも崩壊しました。

こうして、思わぬ落とし穴が人間の運命を狂わせることになりました。たとえ困った状態におちいったとしても、もはや誰も助けてはくれないのです。もはや神はいないことになっていますから、人間は苦境のなかでも自力で生きるしかないのです。

要するに、啓蒙主義がプラスに働くときには、人は明るい人生を歩めますが、逆に啓蒙主義がマイナスに働くと、救いようがないほどの絶望しか残らないのです。人生を自力で切り拓かなければならない哀しみと自己責任の二律背反状態が出現してしまったのです。

60. スペイン社会の構造、奴隷制度の根深さ

しかも、この時代のスペインは、奴隷制度や身分差別が日常茶飯事の闇の世界であり、報復や仇討ちも頻繁に発生していました。実は、十八世紀のみならず、その前後の時期においても奴隷制度や身分差別が蔓延していたことを、決して忘れてはならないでしょう。結局、悲しむべきことには、十六世紀から十九世紀までの四百年余にわたって、西欧人たちは「野蛮な道」（「啓蒙」とは、まったく逆の道が「野蛮な道」です）を突き進んでいたのです。

スペインは、インカ帝国を滅ぼし、数多くの捕虜を本国に連行しました。そして、インカ帝国の領土と鉱山資源を独占し、強制労働の結果死に絶えた労働者の欠員を補うために、今度はアフリカ大陸から数え切れないほどの黒

人たちを南米へと移送したのです。

歌劇『運命の力』の根底にはスペイン帝国とインカ帝国との因縁の対決が隠されています。インカ族の末裔とされるアルヴァーロはスペイン人ではないがゆえに、スペインの侯爵の娘レオノーラとの結婚が許されません。身分差別の厳しい現実です。だから、駆け落ちを計画しました。しかし、レオノーラの父や兄から阻止されました。

スペイン人カルロはアルヴァーロから助けてもらいますが、その後ふとしたことから復讐に燃えました。アルヴァーロは暴力の連鎖から抜け出すために修道院に入りますが、カルロが追撃してくるなかで、一度は決闘を拒否しつつも、出自を侮辱されるにおよび、インカ帝国の名誉をかけて闘い、辛くも勝利し、レオノーラと再会します。しかし、束の間の幸福も一瞬にして崩れ去りました。瀕死のカルロが妹のレオノーラを刺して、みずからも息絶えたからです。奴隷制度を容認したスペイン社会の無慈悲な現実が、まざまざと投影されているのも、この作品ならではの特徴です。

三人の主要人物のダイナミズム。——この三つ巴の織り成すドラマは、まさに典型的な宿命に彩られています。カルロは、啓蒙主義的な時代の生粋のスペイン人。アルヴァーロは、虐げられていたインカ帝国の末裔。レオノーラは、神への祈りと感謝を忘れない信仰深き女性。三人が複雑に絡み合って展開する愛憎劇こそは、実に、十八世紀中葉のスペイン社会の縮図なのです。

きわめつけは最後の三重奏の歌詞です。「呪ってはいけない」。——神への感謝と祈りに満たされたレオノーラ最後の叫び。たったのひとこと。しかし、その遺言が啓蒙主義のマイナスをくつがえすのです。アルヴァーロによる奴隷制度への根深き恨み、カルロによる肉親を横取りされたことへの憤怒と家名を守ろうとする名誉ある忠誠心、レオノーラによる実らぬ恋路の哀しみ——いかんともしがたい「運命の力」を肯定的に受けとめて再びまっとうに生きるには、最後の歌詞にこそ救いの鍵が隠されていたのです。

なぜなら、幕開けの冒頭部でレオノーラの父親である侯爵は駆け落ちを決行するまぎわの二人に対して呪いの言葉を投げかけて死に絶えていたからです。「呪い」は、あらゆる不幸の連鎖を、つまり人間がどうあがいても逃れられない「運命の力」を生じさせるのですから、どうしても呪いを解く必要があるのです。神への深い感謝と痛切な祈りの叫びを捧げることだけが残された唯一の手段となります。少なくとも、この解決策がキリスト教国に浸透している価値観なのです。

61. 女性の立場、哀しみを超えて

それから、歌劇『運命の力』を鑑賞する際に、決して忘れてはならないことがあります。女性の立場です。板ばさみの女性の心情、苦悩、祈り。レオノーラは、常に受け身のまま歴史の荒波に翻弄されつづけました。しかし、彼女は実に忍耐強く、ひたむきで、まっすぐに健気に生きました。伝統的なキリスト教の祈りを忠実に受け継ぎながらも、過酷な現実と向き合って闘いぬく、レオノーラのしなやかな強さは、まことに印象深いものです。

無責任な男性たちの愚かさ、誤解、呪い、憎悪、決闘が「運命の力」を助長して、まるで火に油を注ぐかのようにすべてを焼き尽くします。しかし、そのような制御不能な「運命の力」にあらがって、自分の信じる道を一番けなげしく、ひたすら突っ走ったのは、実はレオノーラではなかったのでしょうか。

哀しみのなかで希望をもたらすのは、女性なのかもしれません。だから、レオノーラは「運命の力」に打ち克って、今日も、私たちの心のなかで新たに生き始めているのかもしれません。

近代人が「運命の力」から自由になろうとすればするほど、そのあがきは虚しく空回りせざるをえず、逆に、神への祈りを貫いた女性が「運命の力」に打ち克つというメッセージは、現代の私たちにも新鮮に映ります。

62. 十八世紀のキリスト教信仰、伝統と進歩の共存

そもそも十八世紀とは、中世期のキリスト教の信仰感覚が残っていると同時に近代科学技術の価値観が広がり始めた過渡的な時代です。言わば、伝統的な信仰心と進歩的な科学技術とがせめぎ合っている奇妙な時代でした。もともと、キリスト教信仰とは、あらゆる物事の根底に神のいつくしみがはたらいていることを確信する人びとの共同体によって、古代以来深められてきたものです。

しかしながら、時が経つにつれて、ローマ法および政治・経済システムそして生活習慣などさまざまな要素が、まるで雪だるま式に複雑に付け合わさって膨れあがっていったことは否めません。とくに、十六世紀ごろまでに、キリスト教は初代教会のころの素朴な信仰心が目立たなくなるほどに複雑化してしまったのでした。

しかし、今、述べたようなキリスト教の進展の流れのなかで、スペイン地域のカトリック信徒や修道者たちが立ち上がり、シンプルな信仰の伝統に立ち帰る運動を興すことになりました。アヴィラの聖テレサや十字架の聖ヨハネのカルメル会刷新、聖イグナチオ・デ・ロヨラと同志たちによるイエズス会創設などが代表的な動きでした。しかも、同時代に、ドイツではマルティン・ルターが、スイスではジャン・カルヴァンが、教会共同体の刷新を目指す歩みを開始しました。

ところが、万事がうまく運んだわけではありません。キリスト教を基盤に据えた全ヨーロッパ統一化を目指す教皇や皇帝の思惑と地域分立の自由政権を目指す王侯貴族たちがおたがいの主義主張を押し通そうとして、無益な宗教論争や戦争が多発するようになるのも十六世紀のことだったのです。

この緊迫した状況のなかで一般庶民たちは、三十年戦争（一六一八―四八年）やピューリタン革命（一六四九年）などの「打ち続く戦乱」に巻き込まれながら、次第に宗教上の対立の虚しさに気づいたのでした。

同時に、知識人たちも特定の立場に組することなく、宗教を抜きにして物事を考えるような自律した人間として

の歩みを目指そうと立ちあがり始め、伝統に囚われずに、「理性」を拠り所として、ひたすら前進したのです。

63．神の慈愛につつまれた人間の尊厳性――運命の力に打ち克つ道としての修道院生活――

しかし、やはり、四世紀以降から西欧全土の生活形態を根拠づけてきたキリスト教信仰の価値観は、十八世紀にいたってもなお、人びとの心の見えざる拠り所として影響力を発揮していたと言えます。なぜなら、レオノーラもアルヴァーロも過酷な「運命の力」に翻弄されるなかで、その苦しみと真正面から向き合うために修道院に入る道を選んだからです。

神の慈愛を撥ね退けて自力で勝手に生きることを善しとする市民社会に蔓延する「運命の力」（＝人間同士の差別構造）に抗って、真の自由を勝ち得るには、「神の慈愛につつまれた最も自分らしい自己の在り方」（＝「神の像」としての人間の尊厳性）を取り戻す必要があったのかもしれません。

女性であるレオノーラも、被征服民であるアルヴァーロも、強者が弱者を利用し尽くす市民社会においては共通して「虐げられた者」として生きるしか可能性がなかったのです。そのような境遇を打ち破るには、市民社会とは異なる聖域（＝アジール）としての修道院において「神の慈愛の磁場につつまれた、まことの人間」となるしか救いの道はなかったのです。

キリスト教信仰は、ギリシア時代以降の運命観の束縛をも覆す真の自由への道をシステム化していたのです。神の慈愛につつまれて生きることによって、あらゆる困難から解放されるという価値観があるからです。

たしかに、人が修道院に入った時点で、過去の身分差は無力化され、兄弟姉妹として対等の立場を得ることになりました。そして、市民社会において虐げられていた者であっても、修道院の成員をまとめる修道院長の職に就くことで指導者の役割を担うこともできたのです。

64. 十八世紀中葉の運命観——混沌とした葛藤状態——

十八世紀中葉から十九世紀にかけて、西欧の世相は産業革命を経て近代市民社会へと突入しました。この時期、必然性と偶然性とが絡み合って混沌とした葛藤状態をかもしだしていました。啓蒙主義思潮が人間を自由へと駆り立ててはいましたが、依然として完全な自由が実現するには、ほど遠かったのです。世の中は必然的な「運命の力」によって予定調和的に動くようにも見え、人間が自らの力で自由に左右しきれるものではなかったのです。

そもそも、人間は自ら生きたいと望んで生まれてきたわけではありませんし、死にゆくときも自分では決定することができません。常に、自力ではどうにもできない状態に投げ込まれているのが人間のいのちの在り方です。

それにしても、完全な自由と自律が実現することがないとわかっているにもかかわらず、人間は飽くなき闘いをつづけるような本能を備えています。この歌劇『運命の力』では、「運命の力」にあらがう人間の葛藤が、恋愛・奴隷制度に基づく身分差別・決闘によって象徴されています。——恋愛は家制度や政略結婚からの自由です。また、南米先住民の血統を受け継ぐ者が侵略者のスペイン人貴族と決闘することは、消費行動による欲望の飽くなき拡大によって生じた奴隷制度から解放されることです。

登場人物は、それぞれ、自分を抑圧してやまない「運命の力」とまっこうから向き合って壮絶なまでに闘いつづけ、その果てに力尽きて斃れます。この悲劇的な姿こそは、まさに十八世紀中葉の人間たちの生き方を体現しているのです。各人をがんじがらめに縛りつけてやまない「運命の力」に打ち克つことが、この時代の唯一のテーマのようにさえ見えてくるのは気のせいではないでしょう。

しかも、この尋常ならざる重要テーマは、どうやら現在の私たちひとりひとりの問題としても尾を引いているみたいでもあります。だからこそ、今日でも、この作品に共感を寄せる観衆も数多いのでしょう。ともかく、「運命の力」が、あまりにも強いことだけは確かです。

65. 十九世紀のイギリスから二〇世紀の日本へ

ところで、十九世紀のイギリスで活躍した聖ジョン・ヘンリー・ニューマン枢機卿（一八〇一―一九〇年）の現代性とは、「寛容さ」と「共通感覚」です。つまり、神のいつくしみの感覚があらゆるものを真実に活かすことを実感しつつも多様なものの調和を目指す彼独特の姿勢が今日の私たちの生活を豊かに成熟させる際の鍵となるのです。驚くべきことに、聖ニューマンによるエキュメニズム思想（諸教会一致推進運動）の提唱は、第二バチカン公会議の対話精神に先んずること百年でした。十九世紀の人びとが予想だにしないほどの先見性です。あまりにも開かれた受容精神は、まるで、神のいつくしみ深さを体現しているみたいです。

「心が心に語る」。――これは、聖ニューマンが枢機卿に叙せられた際のモットーです。神の想いを真摯に受けとめ、あらゆる人びとにもその想いを伝えつづけた聖ニューマンの生き方は、あらゆる立場の相手の良心の可能性に信頼する大らかなものでした。しかし、聖ニューマンの真意は、英国国教会からもローマ・カトリック教会からも充分には理解されず、幾多の争議を招いたのです。周囲から理解されない経験は、主イエス＝キリストの受難と十字架の死とも重なるものだと言えるでしょう。

一八一六年に、聖ニューマンは十五歳で回心して英国国教会の中で福音主義（個人の信仰心と回心経験を重視する立場）の道を歩み始めましたが、同時に独身生活を選ぶことによって自分を神に捧げ尽くそうとする密かな決意をもいだいていたのでした。それゆえ、ローマ・カトリック教会の信仰感覚の萌芽が最初からあったのです。

そして、「先天的な理性の働き」と「想像力」とが「承認の原理」を可能にするという聖ニューマンの所説は、人間がキリスト教信仰を納得して受諾する際の意志の構造を明確にしたのです。つまり、歴史的なイエスの言葉と活動を理性的に吟味し、心の中でイメージすることによって神のいつくしみが可視的に理解できるという視点は受肉の原理や秘跡の意味を説明する際の適切な手がかりとなるのです。忘却された聖ニューマンの思想の長所を再評価すべきではないでしょうか。

一八四五年に、聖ニューマンが『キリスト教教義発展論』のなかで展開した教義の発展史的な理解は、ギリシア教父による人間成長論の視座に基づいていました。おりしも、この年に四四歳のニューマンは「使徒継承性」を拠り所とするローマ・カトリック教会に転会しています。プロテスタンティズムの中で生きていると究極的には主観的で心理的な虚無主義に陥る危険があると察知したからであり、イエスとの歴史的なつながりを確保するために「使徒の伝統」に組することとしたのです。

その後も聖ニューマンは精神の発達を学問機関の中心理念とすると同時に科学哲学の重要性を力説しました。その視点は後に米国のホワイトヘッド哲学やプロセス神学にも影響を与えました。また、聖ニューマンの発達史観は、教会共同体組織が絶対的で静的な固定概念なのではなく、時間をかけて絶えず成熟してゆく発達途上の有機体であるという現代の教会観の起点にもなったのでした。

今では当たり前になっている神学的視点は、実に聖ニューマンの血の滲むような努力のおかげで実現しているのです。本書も、聖ニューマンの思想から大いに影響を受けています。

聖ニューマンによる信仰の闘いの軌跡を順に追うと以下ようになるでしょう。――①制度に対する懐疑→②神との直接的な関わりの見直し→③宗教のもつ弊害を冷静に理解しながらも心の底では神に対する信頼を保ち続ける精神→④使徒継承性の強調→⑤カトリック教会を時代に適したものとする努力。

これまで、十九世紀から二〇世紀にかけてのイギリスのキリスト教信仰の状況を聖ニューマンの思想を紹介することによって説明してきました。同時期の日本は、ちょうど明治維新から大正時代を経て昭和時代へと向かう激動の時期に差しかかっていました。

聖ニューマンの思想と日本との関わりを考える際に、見落としてはならないことがあります。聖ニューマンの思想を書物を通して学んだ逢坂元吉郎《おうさか》（一八八〇―一九四五年）は、自分の恩師である西田幾多郎（一八七〇―一九四五年）に手紙を出すことによってキリスト教信仰の価値を訴えかけていました。逢坂のキリスト教信仰の根底には、古代教会のギリシア教父たちの信仰観が息づいていましたが、聖ニューマンもギリシア教父の信仰観から影響を受けてさまざまな著作を世に送りだしたわけで、聖ニューマンと逢坂はギリシア教父に対する関心を深めた点において、思想的に深いつながりがあると言えるのです。

逢坂は十五歳のときに、二五歳の若い英語教師西田と出会いました。その後、逢坂は西田から誘われて禅寺に通い、禅の悟りの境地を体験しました。その後も、西田幾多郎とその弟子の逢坂元吉郎との交流は、五十五年にわたって深められてゆきました。

もちろん、西田はキリスト教信仰の立場に身を置いていたわけではありません。禅宗に傾倒しておりながらも浄土真宗や如来蔵系の仏教思想に関心を寄せていましたが、それでも特定の信仰形態に自分の人生を捧げたわけではありませんでした。ところが、西田は聖書を熟読しており、キリスト教信仰に対する尊敬の念をいだいていました。そして、西田は、徹底的な自己空無化による愛情のきわまりをキリスト教信仰の本質として理解していました。神が、相手にいのちを捧げ尽くす愛そのものであることを西田は逢坂との交流を通してつかみとっていったのでしょう。このように考えてくると、聖ニューマンが重要視していた古代ギリシアの教父たちの思想は逢坂をとおして西田にまで届いていたことが浮き彫りになってきます。

第10講　新たなる宣教とボディランゲージ（近代、味覚→触覚）

これから、キリスト教信仰の広がりの歴史背景を三期に区切って概観します。興味深いことに、キリスト教の教会共同体は、海を基準として段階的な発展を遂げました。海洋文明論の視点からキリスト教の教会共同体の歴史を描く試みは、いまだにじゅうぶんにはなされていませんが、ひとまず、ここでは問題提起だけを掲げます。――第一期は「地中海世界の時代」、第二期は「大西洋航路の時代」、第三期は「環太平洋新勢力の時代」です。これらの三区分は、宣教方法のパラダイム・シフト（宣教の仕方を理解する際の枠組みの移行）と呼べるでしょう。

66．四世紀、地中海世界の時代――インカルチュレーションの時期

まず、キリスト教の教会共同体は一世紀から始まったわけですが、ローマ帝国時代の地中海世界において広がりました。キリスト教信仰がローマ帝国領土内の諸宗教と向き合いながらも、独特な信仰形態をつくりあげる最初の段階として、古代から中世にかけての「地中海世界」での宣教活動が重要な意味をもっています。宣教の際に一番活躍した使徒パウロもまた船を活用して、エルサレムからアンティオケイアやギリシアの諸島を経てローマにまで到達しました。

一世紀の使徒パウロ以降も四世紀にいたるまで、キリスト者たちは海路と陸路を活用してキリストの福音を地中海世界の幅広い地域に届けました。その後、とくに、迫害を経たキリスト教信仰が、四世紀後半に「ローマ帝国的な制度組織化」と「教義の確立」によって西欧文化の基盤となり、安定した中世ヨーロッパ・キリスト教社会を実現するにいたる時代は「インカルチュレーション（=文化受肉）」の最初のひとときでした。「古代イスラエル文化（=ヘブライズム）」と「古代ギリシア文化（=ヘレニズム）」とが合流しながら「ローマ帝国のラテン文化的法律制度」とも結びついて、さらに「ゲルマン民族的な土地制度の導入」を加味しながら、現在にまでつづく「ヨーロッパ文化」を形成しました。

こうして、キリスト教信仰は、あらゆる文化や民族性を調和させながらも、イエス＝キリストに倣う生き方を本筋としたクリスチャニティ（=キリスト教性）を実現させました。その際、使徒のリーダーであったペトロの後継者である教皇の指導力が大きな役割を果たすことになってゆき、教皇制度が確立しました。しかし、教皇の権威は、殉教をも辞さないほどの勇敢なる愛の実践の熱意やローマ市民をいのちがけで護った責任感に対する人びとからの敬愛によって次第に熟成させられていったものなので、決して政治的な独裁体制に陥るようなものではなかったことを理解する必要があります。

古代および中世期を通じて、キリスト教的なヨーロッパ社会が発展し、ローマ帝国滅亡後も安定した社会構造ができあがり、ヨーロッパ社会にはキリスト教信仰だけが存在することが当たり前でした。そのため、ユダヤ教などの他宗教は排除されました。それから、キリスト教内部でも人間中心主義的な論法であらゆる物事を説明し尽くそうとする、世界内的な発想（神への超越を優先する信仰の立場の敬虔さを忘却することで、人間のみが真理を手に入れることができるという傲慢な態度に陥るような物の見方）は異端説として斥けられ、断罪されました。

67．十六世紀、大西洋航路の時代——世界宣教の時期

四世紀から千年にわたって安定した中世ヨーロッパ社会がキリスト教的な色合いで維持されたあとで、十四世紀に突入するにおよんで、つまり中世の末期に近づくにつれて、統一されたヨーロッパ社会という視点が崩れてゆきました。ヨーロッパ各地域の王侯貴族たちは、民族的独立運動に目覚め、商人や中流階級市民たちも自治都市を運営することを推進し、農民たちも地方の特性を活かした生活様式や言語使用を心がけてゆくようになったからです。多様性が主張されて統一的なヨーロッパ封建社会は崩壊することになりました。

それと同時に、神と個々人とが直接結びついて信仰生活を深めながら刷新してゆくという発想も生じてきました。そのような動きは「内面への旅」と言えるでしょう。とりわけ、スペイン圏では、十六世紀にアヴィラの聖テレサや十字架の聖ヨハネが信仰生活の刷新に尽くし、聖イグナチオ・デ・ロヨラや聖フランシスコ・ザビエルらもイエズス会を創設して「神の栄光と人びとの救い」を目指す霊的刷新運動を展開しました。ちょうど同時代のドイツでも神との密接な関わりを求めて現世の組織体制に反発するプロテスタント運動が形をなしはじめていました。

いま述べたような民族独立や自由な生活や個人主義が、ヨーロッパ社会の在り方を急激に転換させてゆきました。つまり、近世の幕開けです。こうしてさまざまな主義主張をいだく人びとがおたがいに壮絶な闘争をするようになり、それぞれのグループが自分たちの理念を実現するために武力行使も辞さない状態がつづきました。ヨーロッパ社会は混乱と戦争の時代に突入しました。

政治闘争と民族紛争と宗教的理念の衝突が混ざり合うなかで、カトリック教会は、ヨーロッパ社会を何とか再統合させようと努めました。とりわけ、トリエント公会議を経て、教会内部の霊的生活の刷新と、強固な教理の整備・秘跡的生活の遵守が重視されると同時に、地理上の発見も多数つづきました。つまり、インドや北アメリカや南アメリカなど、ヨーロッパ人にとって未知の大陸が発見されました。

同時に、相手の領土や資源を略奪する動きもまた、西欧の人びとによってエスカレートしてゆきました。香辛料の旨味や金銀などの鉱産資源がもたらす利益に目覚めた西欧人は物欲の虜になり下がりました。地理上の発見がもたらした影響力に後押しされてヨーロッパ以外の地域にも船で出かけて行って福音宣教をするキリスト者も登場しました。言わば「外界への旅」が展開されたのです。

このようにして始まった世界宣教の時代の影響のもとで、ヨーロッパのキリスト者たちは、世界中にはキリスト教以外にも宗教が多数存在していることに気づきました。

とりわけ、十六世紀以降、イエズス会員たちの海外宣教活動の模様は書簡によって逐一ローマ本部に伝えられ、海外の膨大なデータが資料館に蓄積されてゆきました。

他にもさまざまな宣教会が組織され、海外各地のフィールドワークを深めつつ、事細かな記録を保管し、やがてそのような努力が民俗学、民族学、言語学、宗教学、宣教学などの新たな学問として実りました。

未知の土地に踏み込むとき、宣教師たちは相手の言葉を理解することができませんでしたが、「ボディランゲージ」（身体言語、身体的な動作によるメッセージの伝達）を通じて、つまり身ぶりや手ぶりで関わりを深めたのであり、触覚的なメッセージの伝達が貴重な役割を果たしました。

また、宣教師たちの熱意や敬虔な祈りの態度を眺めた各地域の先住者たちは、肌でキリスト教信仰の尊さを理解していったのです。たとえ通じる言葉がなくとも、誠実なふるまいは何かを伝えてくれるのです。

しかし、十六世紀から十九世紀のキリスト者にとっては、キリスト教以外の諸宗教は反キリスト教的な邪宗と見なされ、もっぱら「異教徒をキリスト教へ改宗させること」が最重要事項として優先させました。つまり、キリスト教信仰以外の諸宗教を認めようとはしない「排他主義的宣教活動」が定着してゆきました。

ヨーロッパの文化やキリスト教的信仰にもとづく価値観を世界中に植えつけて広めることが宣教であるという雰

囲気が、いつのまにか当たり前になりました。これは「植民型の宣教姿勢」あるいは「プランテーション型宣教」と呼べるものです。

各地域の独立自由主義の動きがわきおこった近世ヨーロッパ社会は、次第に近代社会へと移行しました。十七世紀の近代社会は理性の力を最優先しながら科学技術の発達を手がかりにした自律的な生き方が重んじられ、聖書の代わりに『百科全書』などが脚光をあびました（ディドロ、ダランベール編『百科全書　序論および代表項目』桑原武夫訳、岩波文庫、二〇〇六年）。アルファベット順に知識を列挙し、あらゆる事物を客観的に記述しながら体系的に網羅することによって新しい世界認識の枠組みが出現しました。

それから、諸宗教のなかでも、とりわけ仏教に関する研究が盛んになりました。しかし西欧では仏教を「無神論的な虚無主義」として誤解する風潮がありました。以下の本が参考となります。ロジェ＝ポル・ドロワ（島田裕巳・田桐正彦訳）『虚無の信仰──西欧はなぜ仏教を怖れたか』トランスビュー、二〇〇二年。橋本智津子『ニヒリズムと無──ショーペンハウアー／ニーチェとインド思想の間文化的解明』京都大学学術出版会、二〇〇四年。つまり仏教は西欧の十七世紀のキエティズムと似たような「静寂主義的な瞑想の宗教」として誤解されました。

しかも、西欧の十九世紀には、仏教は「魂を消滅させる危険な宗教」あるいは「虚無の信仰」として怖れられていました。たとえば、フランスの文学者ルナンを始めとして、ドイツのヘーゲル、ショーペンハウアー、ニーチェなどの哲学者たちも仏教のことを「静寂な虚無主義」として誤解していました。

さらに、二〇世紀に入ってからも、ベルグソンが『道徳と宗教の二源泉』のなかで、次のような説明を行っています。──キリスト教こそが「理想的で完全な神秘主義」であり、愛と行動と創造性に満ちているが、仏教は「不完全な神秘主義」にしかすぎず社会倫理にも欠けている、という所説です。

最近では、教皇ヨハネ・パウロ二世が『希望の扉を開く』（三浦朱門・曽野綾子訳・石川康輔監修、新潮文庫、二〇〇〇年）のなかで、仏教について言及したときに、やはり「仏教は消極的で虚無的な瞑想の宗教である」というようなステレオタイプな理解の仕方で説明を行っていました。そのような誤解に満ちた表現のゆえに、スリランカなどの仏僧たちが強く反発し、教皇がスリランカを訪問した際にも歓迎しようとはしなかったのでした。

ともかく、上述のような理性的啓蒙活動が幅をきかせる十八世紀以降の西欧社会のなかにあって、教会は、十九世紀に第一バチカン公会議を開催し、理性主義的歴史批判の学問的風潮（近代主義）に対してはキリスト教の超自然性を擁護し、教会内部の聖書学や神学に関しては歴史批判学的な理性主義的研究方法を奨励し、教会に反する理性主義諸学に対抗する下準備を心がけました。

68. 二〇世紀、環太平洋新勢力の時代――対話の時期

二〇世紀に開催された第二バチカン公会議（一九六二―五年）が果たした役割は、あまりにも大きなものでした。「信仰の刷新」と「現代世界との対話」がカトリック教会の基本姿勢として明確にされました。その結果、対話の精神に端を発し、ヨーロッパのキリスト教の生活様式とは異なる文化圏のなかで神の救いがどのように実現してゆくかが問われました。

南米やアジアの人民を貧困から解放し、地域文化促進の試みは、教会全体に刺激を与え、教会が環太平洋新勢力の時代にさしかかったことを如実に示しました。この状況を「グローカリゼーション」（地域―全体規模化）と呼べるでしょう。つまり、各地域ごとの特色を活かすかたちで現場の必要性に即した活動が展開されることで各地域が活性化し、おたがいにネットワークを結ぶことで結果的に全地域が豊かな状態に高まる可能性が出てきました。

たとえば、南米では、レオナルド・ボフが環境神学に関する論文を多数書いています。北米圏のフェミニズム神学も、女性と男性との対等な尊厳を確認し、両者が相互に補い合って豊かな社会を築いてゆくことを奨励しています。

さらに、オーストラリアにおける神学の試みも決して忘れてはならないでしょう。マザー・テレサの尊いわざを映像を通して世間に認知させた映画監督の千葉茂樹さんや千葉くららさん、そしてその御家族はオーストラリア地域のアボリジニーの先住文化とキリスト教信仰との出合いや現地の子どもたちの創造性を花開かせるためのシネリテラシー（＝映像による教育活動）に挺身しています。オーストラリアや南方諸島におけるキリスト教信仰の豊かな可能性は、この日本では、まだまだ、なかなか紹介されていない現状で、今後少しずつ人びとの関心が高まってゆくことを願ってやみません。

それから、中国の神学（以下の書を参照のこと。ジャック・ベジノ『利瑪竇――主の僕として生きたマテオ・リッチ』サンパウロ、二〇〇四年。山本澄子『中国キリスト教史研究』山川出版社、二〇〇六年）および韓国やベトナムやフィリピンの神学も、日本人によって大切に学ばれることが望ましいです。古代以来、日本は中国や韓国の文化からたくさんの影響を受けました。ですから日本のキリスト者には中国や韓国の人びとに対して感謝の念をこめて、お互いの地域の長所を尊重するような協調体制をつくる使命があります。そして、日本はベトナムやフィリピンの人びとの発想やものの見方などからも学び続けて協力し合うことが大切になってきます。

69. 聖霊論の必要性

筆者は、一九九九年十月にバチカンとアッシジで開催されたローマ教皇庁主催の世界諸宗教対話集会に参列したときから、聖霊（＝神の愛情のはたらき）こそが諸宗教対話にとっての重大な要になると確信しています。二一世紀に向けて人類がともに歩み、現在私たちの生存を脅かしているあらゆる悲惨な状況から救われるためには、あらゆる人が共通して聖霊の導きに身をゆだねて生きる必要があります。人間的な思惑や自己中心的な利益の追求などではなく、むしろ万物の根源にして歴史における同伴者かつ終局目的である根源的存在者としての聖霊の導きによって活かされることが大切だと、日ごろから考えているからです。

いまやキリスト教神学は、聖霊のはたらきについて深く考え、その働きを言語化して説明するためにも新たな論理を創るべき時期にさしかかっています。そのため、キリスト者は諸宗教の豊かな思索から、もっともっと多くの洞察を学ばなければなりません。この世のなかには、人間をまことに活かす根源的な力がたしかに存在しています。その力が、諸宗教においていかにはたらいているのかを解明することが、今日の聖霊論の使命となっています。

現代の世界における聖霊論の必要性については、つとにカトリック神学者カール・ラーナーやプロテスタント神学者カール・バルトおよびユルゲン・モルトマンらが、さらに教皇ヨハネ・パウロ二世が指摘してきました。私たちも、いまこそ、日常生活の具体的な経験を深く省察することによって聖霊のはたらきを自覚する必要があります。以下に、聖霊における諸宗教者の共歩について述べてみます。そのことは、万物の根源に向かう私たちの求道の旅について考えることに他なりません。

キリスト教的な世界観を備えているヨーロッパとは異なるアジアの諸宗教の輪郭をたどってみれば、大半は宇宙信仰あるいはアニミズム的な世界観を備えています。アジアの諸宗教は、日常生活における実践活動に根差しつつ、アジア文化を形成しています。

アジアの人びとは、霊的なもの（＝万物を存在せしめる根源的なもの＝das Heilige［聖なるもの］＝Numinose［ヌミノーゼ＝戦慄を呼び覚まさざるをえない力］）を、感性・理性・意志・霊性の統合体として体感的に実感しています。このような「霊信仰」には、教典・創始者・寺院・組織がありません。アジアにおける諸霊は、あまねく随所に遍在し、善くもあり、悪しくもあります。アジアの人びとは、霊の力が暴れ出すのを恐れつつも、霊を崇めることによって利益を引き出します。また、アジアの人びとは自分の心の奥底に宿る霊を信じています。霊は、人間を取り囲む世界（＝マクロコスモス）にも、人間の心の内（＝ミクロコスモス）にも存在しているものです。霊は決して対象化できず、人間的な理性で把握しきれるものではありません。

このように、アジアには、人間を超え、人間を根源的に活かす内在的な原動力を信じる霊性的な傾向が見られます。超越的で内在的な原動力のはたらきを肌で感じ取るアジア人がキリスト教的な信仰経験の重要性に覚醒するためには、「聖霊のはたらき」が鍵になることでしょう。超越的で内在的な原動力のはたらきを、万人を救おうとする三位一体の神の意志のあらわれとして自覚し、聖霊のはたらきを認識するにいたったとき、アジア人はキリスト教信仰に内から目覚めることになるのでしょう。

今後、聖霊にすべてをゆだねて生きる姿勢がアジアのキリスト者には要請されてゆくことになるでしょう。一方、ヨーロッパや北米のキリスト者も、聖霊のおもいにまかせて進むべきでしょう。いたずらに理論をふりかざすのではなく、教義の整合性を押し通そうとするのでもなく、ゆったりと祈りながら、異なる宗教の人びとともに歩まなくてはならない時期が、いまや到来しています。ちょうど今から二十二年前の一九八六年から毎年、教皇ヨハネ・パウロ二世がアッシジで諸宗教者とともに祈ったように、諸宗教関係者が協力して祈るひとときを絶えず味わうことが現代人には不可欠です。

それにしても、聖霊は、人間的な霊動（善への傾き、あるいは悪への傾き、という二方向の動き）とは別物です。人間的な霊動の根源に潜む神の愛情のはたらきが、古来、聖霊と呼ばれています。アジアにおける霊信仰は、霊の重要性には着目していますが、人間的な霊動の次元と神的な霊動の次元とが曖昧なままです。それゆえ、私たちは、キリスト教的な聖霊論によって霊動の次元を識別する必要があります（その際、初代教会から教父の観想や古代修道生活における心の内面の識別経験にいたるまでを体系化し、独自の霊的指導法を編み出した聖イグナチオ・デ・ロヨラの「霊動辨別」の技法が参考になります）。

70．聖霊のうながしとはたらき

自分自身の意志をはるかに超えたところから湧き起こる「聖霊のうながし」によって、人間の生き方は根底から転換します（回心）。心のなかに根差した霊の動きの識別によって、「聖霊のうながし」に忠実に生きること（＝聖霊にゆだねること）の重要性をキリスト教信仰の伝統は教えています。

聖霊はすべてを創り、導き、完成させます。その聖霊の圧倒的な力には決して誰もあらがうことができません。人は皆、聖霊という根源場のなかで生かされ、同時に心の奥底から響く聖霊の呼びかけによって支えられているからです（超越的内在＝内在的超越）。

第二バチカン公会議以降、諸宗教の霊的な価値の確認がなされ、森羅万象における聖霊の先験的な内在性という視点が打ち出され、さらには聖霊のはたらきがすべての人間にまでおよぶことが明らかにされました。

聖霊は教会（＝信仰共同体）の出発点であり、信仰の根源であり、個々人を教会共同体へと導き活かすと同時に教会共同体全体をも導き活かす信仰の導き手なのです。さらに、超歴史的に人類全体を救うための隠れたはたらきをしている、信仰の終局目的に向かう神の愛のはたらきそのものでもあります。

教会共同体は聖霊によって創られ、導かれ、救い（＝悪や罪から万物を解放すること）を告げ知らせてゆきます。しかし、聖霊は、教会以外のところでも救いのわざをひそかに行うため、聖霊と教会との関係は密接でありながらも、聖霊は人間的意志をはるかに超えて救いの実現を成し遂げます。

71．「神と結びついた人間性」の始まり

第二バチカン公会議後のキリスト教信仰の立場は、諸宗教の多様性の根底に息づくいのちの尊厳を認め、多種多様な宗教の共存する人類全体の豊かさを前提にしたうえで、個人の救いを考えようとしています。

しかしながら、同時に、救いはイエス＝キリストにおいてのみ可能です（包括主義）。なぜならば、人間は「人間であること」によって、すでに、イエス＝キリストと結ばれているからです。つまり、イエスと同じ人間性を私たちも生きているのです。人間として生きていることそのものが、イエス＝キリストの人間性に参与することであり、イエスの兄弟姉妹として御父の慈しみに迎えられること（神の家族となること）なのです。その際、キリストは「長子」であり、私たちはキリストの兄弟姉妹となるわけです。

「イエス＝キリストとつながっている」という信仰生活上の要点はヨハネ福音書では「ぶどうの樹のたとえ」で強調されます（ヨハネ15・1―8）。信仰の立場から言えば、イエスはまことの人間性（人性）を備えた方であると同時に、まことの神性（神聖なる性質）を備えた方ですが、イエスのおかげで、私たちはすでに神に至る道を歩み始めています。この尊い現実は、ヨハネ福音書では「私（イエス）は道であり、真実であり、いのちである」あるいは「誰も私（イエス）をとおらなければ御父のもとに行くことができない」と表現されます（ヨハネ14・6）。

キリスト教以外の諸宗教者たちは、キリスト教とは異なる教義を備えているにせよ、教義的な議論を抜きにして「人間であること」においてすでにイエス＝キリストの生き方に参与しています（『現代世界憲章』22項も参照のこと）。「人間であること」は、イエスによって示された神の愛の射程に入ることです。そのことをキリスト教では、「イエス＝キリスト以外の方法での救いはありえない」と表現しています。

受肉（神が人間になったこと）――これは、神が人間存在を最高度に価値のある尊厳に満ちたものとして再確認したことに他なりません。神が人間になったというこの事実こそが、キリスト教信仰の要なのです。

キリストは、すべての人を救うための「道・真実・いのち」として御自身を示しました。救いの行為の主体は、宣教するキリスト者ではなく、むしろキリスト御自身なのです。それゆえに、人間には実現不可能なことでも可能になります。それぞれの宗教を奉ずる人びとは「人間であること」においてキリストの救いに与っているがゆえに、キリストは万人の救いを完成します。

これまでの歴史上、多くの宗教が万物の根源（＝根源的秘義＝絶対的神秘）について、言語表現をとおして説明しようと試み、さまざまな教義的説明が歴史上編み出されてきました。

しかし、私たちは、教義的な表現にとらわれることなく、むしろ、さらにその奥にひそむ根源的秘義とじかに出会う必要があります。生けるかかわりこそが何よりも肝要であり、それは「祈り＝観想」（＝神との関わりを静かに味わうこと）によってはじめて可能となります。聖霊について論ずるよりも、聖霊のうながしを静かに聴くこと（＝霊動の識別）が大切なのです。

72. 万物の根源に向かって

絶対的で根源的な存在者が最終的に人間ひとりひとりを救うのであり、そのときまで、どの宗教が絶対的に正しいのか、人間的視点からは断言することは決してできません。人間中心的な視点で神を喧伝しながら、その図式になじまぬ相手を裁くのではなく、むしろ、善人と悪人とを問わず同じ雨を降らせる神の慈しみの視点に立って相手とともに歩むことが最も尊い真実の生き方です。

あらゆる万物を存在せしめる根源的なものの前で敬虔に頭を垂れ、祈りながらまわりの人びとを助けてゆくことが、キリスト者にとっての誠実なあかしです。とりわけ、四世紀のギリシア教父たちも、三位一体の神に対する敬虔な祈りを土台としつつ、ギリシア哲学を用いて理性的に信仰を考察しました。イエスの生き方に倣うことが信仰の土台にならなければ、本物の信仰にはなりえない、ということをギリシア教父たちがあかししたのです。堅い信仰を保ちつつ、諸宗教に所属する多くの人びとともに歩む姿勢、つまり万物の根源に向かう対話の旅こそが、大切になってきます。キリスト者にとっては、聖霊の導きにうながされつつ、神の国の文化をあらゆる人とともに創りあげてゆくことこそが肝要なのです。

対話というものは、決して他者との安易な妥協などではありません。むしろ、真の対話とは、自己の信仰を堅く保ちながらも、他の人びとととともに万物の根源に向かって旅することです。人間的な視点だけであらゆる見解を無理に統合し、理論的な合意に至ろうとすることではなく、究極的なコンセンサス（合意）を人為的につくりだすことでもなく、ひたすら話し合いつつ助け合うことが対話なのです。哲学者のリチャード・ローティが言うように、「我々にとって対話の成功とは、単にそれをつづけること以外にありえない」からです。

人間的な思惑を棄て、聖霊のはたらきにすべてをゆだねて生きること、つまり日々沈黙のうちに理性の独走を鎮めて祈り、生きることの奥深さを味わいつつ聖霊のうながしをすなおに聞き分けることが大切です。

73．宣教＝神のいつくしみ深い想いを伝えること

現在、キリスト教信仰の立場は世界中いたるところにひろがっています。過去に私たちは聖フランシスコ・ザビエル生誕五百周年を記念しましたが、十六世紀にキリスト者として初めて来日した聖フランシスコ・ザビエルを皮切りとして、その後の数多くの宣教師たちの活躍によって、日本ではイエス＝キリストの福音が宣べ伝えられて今日に至っています。ローマ・カトリック教会においては、第二バチカン公会議以前は、洗礼を受けて教会共同体に所属するようになった人の数にこだわりつづけていました。相手が納得しなくとも、まず洗礼を授けて、教会共同体に所属させることで天国への道を確実に備えることが何よりも急務とされてきました。たしかに、何よりも優先的に相手の魂の救いを願って、よりよい道を備えるよう促すことは尊い姿勢です。

しかしながら、「宣教」とは、本来、「神のいつくしみ深い想いを伝えること」に尽きるのではないでしょうか。言わば、「神の国の浸透」（＝basileia tou theou ＝神の王的な支配＝神が万物を支えながら配慮しつつ慈しみをおよぼし

てゆくこと＝平和と救いのひろがり）こそが大切なのであって、人間的で性急な姿勢で相手に信仰を強制的に押し付けることではないはずです。

他ならぬイエスが、出会う人を自分のグループに無理に引き込むことよりも、むしろ御父のいつくしみ深いわざに信頼して、ひたすらに「神の国」をあかしし続けて旅したように、キリスト者もまた、ひたすらに「神の国の浸透」のみを求めて生きることが大切なのかもしれません。私たちキリスト者が真摯に日常生活を生きてゆくことで、神の慈しみのはたらきがおのずと周囲に影響をおよぼすことになるのでしょう。その意味で、生きることそのものによる「あかし」が現代の宣教方法として大切になってきているのかもしれません。

こうして、十六世紀以降積み重ねられてきた宣教師たちの熱意ある努力にもとづく、いわゆる「植え付け型の宣教方法」（＝プランテーション型の宣教観）から「人知を超えた神の国のひそやかで着実な浸透に信頼して歩む宣教方法」（＝エヴァンゲリゼーション＝内的刷新と生活のあかしにもとづく宣教観）へと方法論上の転換（＝パラダイム・シフト）がなされてゆく必要があると言えるのかもしれません。つまり、従来の宣教史（＝宣教の歩み）とはひと味ちがった視点が必要になってくるわけです。神のはたらきに信頼してまかせつつも、謙虚に自らの信仰を深めて、生きたあかしをしてゆくことが今後の宣教の方向性なのでしょう。「人間による宣教の積み重ね（＝宣教史）の視点」から「神の国の浸透の視点」へと意識変革を成し遂げつつも成熟してゆくことがキリスト者ひとりひとりにとっては急務であるのかもしれません。

ところで、「ひとつの教えを押し付けるのではなくて、神の慈しみがおのずと広がってゆく宣教の形」に対して批判をする人もおります。言わば、「神の福音が自然に広がってゆくことだけでは足りない」という意見や「私たちも何かしなければならない」という見方が提示されることがあります。たしかに、ある信徒の方から、次のような意見を賜ったことがありました。――「現在、私たちのまわりの日本の人たちを見ますと、どのように生きてゆけばよいのかということについて、皆、自信を失ってしまっています。そのように、どうやって生きればよいのかと求めている人が多いと思います。そういう人たちに対して、やはり『生きる』ということをキリスト教の教えを通して伝えることも必要なのではないでしょうか。ただ教えを説くというのではなくて。福音というものは、やはり言葉の出来事ですから、意味があるもので、自然にただひろがってゆくものではない。人が意味を問うことが必要なのではないでしょうか。そして、その意味に対して応えることがあるのではないでしょうか」。

いま掲げた質問に対して、私は次のように応えました。――「福音をひろげてゆくときに、やはり伝える人が必要ですし、それぞれの人のやり方とか個性があるわけです。ひとりひとりの努力が大きな意味をもつのでしょう。表現の仕方もいろいろあってもよいとおもいます。それが、まさしく『豊かさ』につながるわけです。大切なことは、常に『愛情に満ちた謙虚な気持ち』をもちつづけてゆくことだと思います。当然、必要に応じて言葉で説明してゆかなければならない場面も出てきます。相手が悩んで、人生に答えを求めるときに、力強い言葉で方向性を示すことも必要でしょう。ある意味で強引で確信に満ちた言葉遣いもすることも出てくるかもしれません。つまり、時と場合に応じて、相手に応じて表現することも大切です。本当に、『神の愛情というものを常に心のなかで想いながら、それを謙虚に受けとめて、自分の信じていることを相手に向かって表現してゆけばよい』とおもいます。つまり、『謙虚な姿勢』と『愛情』さえあれば、宣教の表現は割合個人にまかされるのだと言えましょう。

ただし、『謙虚さ』や『愛情』がどこかに行ってしまって、単なる理屈や理論だけが先走って型にはまった教えだけを押し付けることになってしまうと、魂のぬけた虚しい表現だけが空回りしているような事態に陥ってしまうのかもしれません。そのような事態は避けなければいけない。でも、難しいことだと思います。

ともかく、『自分こそが、今、宣教しているのだ』という自己中心的なうぬぼれから常に離脱してゆくことが大事なのではないでしょうか（それが謙虚さでしょう）。極端に言うと、神はその辺の石ころからでも救いをもたらす人を興すことができるわけで、実のところ『私』なんてどうでもよいのです。『私』でなくとも他のところから宣教者が現れてくる場合もあるわけで、『私こそが』と、自分の価値に固執することはおかしいのでしょう。むしろ、私のようなどうしようもない人間を選んで宣教者としてくださった神に感謝して生きることが大切なのです。弱い私をゆるし受けいれて選んでくださった神に感謝して、それをあかしすればよいわけで、『私が真理を知っているから、あなたにも教えてあげよう』あるいは『キリスト教の教えはすばらしいからあなたにも説明してあげる』という姿勢での宣教では決してありえないのです。

言葉で教えを説明するという段階は、キリスト者として歩み始めた人の信仰を深めるために段階的には必要だとおもいますが、見ず知らずの相手に最初に関わるときには、言葉よりも生き方としてのあかしの方が重要だと、筆者は感じています。言葉にこだわりすぎる宣教方法から離脱して、もっと漠然と曖昧に、感性的な面でやってゆくというか、新たな方向性での宣教の発想が必要だと思います。大半のキリスト者たちの生き方そのものが、いつのまにか律法主義的に硬くなってしまっているような気がしてならないのです。どうしても、そこから脱却してゆかないと、真の宣教は無理だと思います」。

第11講　「型」の極意（近代、触覚）

74．味覚から触覚へ、生きる「味わい」

味は、新たな世界からの呼びかけです。さまざまな土地を旅してゆくと、それぞれの場所で新しい食材や料理に出合うことになるからです。今まで味わったことのない食材や料理を口にするときに、その土地で生きてきた人びとの生活の積み重ねを想わずにはいられなくなります。

そして、「舌触り」は、味覚から触覚への絶妙なる移り変わりを秘めています。つまり、「舌触り」が味覚と触覚の出合う場所となっているのです。

とりわけ、アジア圏の人びとは、生きることの「味わい」を日常生活のまっただなかで経験しつづけています。小ざかしい理屈よりも、具体的な手触りを重んじています。一方、ヨーロッパの人たちは、理屈っぽくなっていたのかもしれませんが、十六世紀にアジア圏に進出することで、異質な価値観があることに気づかされたのかもしれません。実に、近代という時代のながれにおいて、ヨーロッパの人びとはアジアの人びとから「触覚のたしかさ」の意味を学んだと言っても過言ではありません。

人間にとって「体感」は重要な要素です。たとえば、赤ちゃんは母親から抱きかかえられることによって「つつまれて受けとめてもらうことのやすらぎ」を実感して、自分が愛されて活かされていることを理解するのです。自分と切り離された抽象的な知識として愛情を学ぶのではなく、むしろ、からだ全体で納得して愛情を味わうのです。

ともかく、生きる「味わい」をからだ全体で体感することそのものが尊い智慧となることをアジア圏の人びとは生活のなかで学びつつ、子孫に伝えつづけています。しかし、アジア圏の人びとのみならず、ヨーロッパ圏の人びともまた大切な相手をしっかりと抱きしめてあたためるような抱擁を実践していますので、心からの愛情を形として示す「ふれあい」の極意は決して忘れ去られているわけではないのでしょう。

75. 見よう見まねで、キリストにならう

それにしても、ただ単に、キリスト教信仰の知識情報を暗記するだけではなく、むしろ、生活のまっただなかで、見よう見まねで、キリストにならうことが、キリスト者には必要なのかもしれません。なぜなら、からだ全体でキリストのいつくしみを実感して生きることが、キリストのいのちと響き合ってつながりながら成長してゆくことになるからです。これは、「いのち全体の豊かさ」だと言えるでしょう。

ヨハネ福音書に出てくる「ゾーエー」という用語は、「いのち全体の豊かさ」を表しています。しかも、イエス＝キリストのいつくしみにつつまれてやすらぎを得ているような、「いのちのつながりの味わい」を読者に伝えようとしています。見よう見まねで、キリストにならうことは、実に、キリストとの「いのちのつながりの味わい」を体感し、キリストによって示された神のいつくしみにつつみこまれながら万物が豊かに活きつづけること（神とともに永遠に生きつづけること＝永遠のいのち）に他ならないのです。まさに、イエス＝キリストによる「ぶどうの樹」のたとえ話がそのことを如実に物語っています。

キリスト者ひとりひとりには、「ゾーエー」の体感をあかししながら伝えつづける使命があります。机上の空論

ではなく、活きたいのちの真相を味わって伝えつづけることが何よりも大切なのです。

もっとも洗練されたギリシア語表現で哲学的に真実を物語るヨハネ福音書が読者に示そうとしていることが「ゾーエー」という「活きた味わい」だったことは、ほんとうに興味深いことです。なぜなら、アジア圏の人びとが大切に育んできた「生きる味わい」がヨハネ福音書の核心として重要な意味を備えているからです。

キリスト教信仰が次第にギリシア的な表現方法とも結びついてゆく歴史的状況のなかでさえも、決して失われることのなかった「体感的な味わい」。初代教会以降のキリスト者たちが迫害のさなかにあってもいのちがけであかししつつ伝えようとしてきたメッセージの重みを、筆者も大切に受けとめたいです。「ゾーエー」の感覚（＝いのちのつながりの味わい）を深めてゆきたいです。

76.「型」の意味（1）――心の内面のあふれ［内面から外面へ］

ところで、心の内側に潜んでいるものが、おのずとあふれだして外面へと流れてゆくときに「型」ができあがります。いにしえの先人たちは、人生の歩みのなかで体感してきた生き方の大切な核心を決して失うまい、と必死に願い、決意し、心がけてきました。そして、そのような稀有な体感を得たときのからだの状況やふるまいの状態を決して忘れまいと意識的に根強い努力を積み重ねたのでしょう。こうして、大切なことをつかんだときの身体の形を記憶し、意図的にたどりなおして同一の状態を保つことで、そのときの感覚を想い起こすことができるようになりました。これが、「極意」ということなのでしょう。つまり、外面的な「型」を通して心の内側の核心に迫ることができるのです。内側からあふれでた心のおもいが型をつくりあげる原動力となり、一度型ができあがると、今度は型をなぞることで心の内面も即応して立ち現われてくることになります。

まず、先に、心の奥底の深い愛情のおもいがあって、そのおもいが感極まって外にあふれだしてゆくときに、何らかの形ができあがってゆきます。つまり、大切な核心が結晶化して、目に見える形として活き活きとした動きに発展してゆくのです。内側から外側へ、そして外側から内側へという絶えざる循環運動が繰り返されることが身体的な独自の技法つまり「極意」として伝承されてゆくことになります。

ギリシア語で書かれた新約聖書のなかに含まれているヨハネ福音書がプロローグ（序文）において厳かに宣言していることも、内から外へとあふれだすという意味で、先ほど述べたことと同様の発想にもとづいています。つまり、神の愛情深いおもいが秘められていて、それが感極まって外に向かってあふれだしてゆくときに、創造のわざがダイナミックに展開してゆくことになるのです。このような愛のあふれのダイナミズムは、創世記の発想を再確認することとなっているとともに、イエス＝キリストの歴史上の活動においても実現し始めています。しかも、二千年にわたるキリスト教信仰の発展のながれにおいても、絶えることなく常に新たに展開されている出来事でもあるのです。時空を超えて、あらゆる時代の出来事がひとつの一貫した意味を伴って現われているのです。私たちは時間と空間の枠内で生きているので、その制約のもとでしか物事を認識できないのですが、ヨハネ福音書は時空を超えた現実を何とか描こうとしている文書なのです。

77.「型」の意味（2）——ふるまいから心の豊かさへ［外面から内面へ］

これまでは、神の内側から外側（神の相手としての人間ひとりひとりの住まう世界）へとあふれでる「ゾーエー」（神のいのち）の動きを眺めてきました。ここでは、神の外側に結晶化した形から神の内側にある愛のおもいに向かって深く沈潜してゆく道筋を描いてみましょう。

私たちは、いにしえの先人たちが長い経験をとおして築きあげてきた真実としての一定のふるまいにはまることで、彼らの心意気にまで到達することができるようになります。言わば、純粋に虚心になって、おのれの狭い了見から解放された状態で、いにしえの先人たちが創出した「型」にはまることは、人類にとって意味のある心の豊かさにいたる道であるのかもしれません。

言わば、「型」にはまることは、いにしえの先人たちが体感していたいのちの感覚を忠実に再体験することなのです。つまり、理屈ではなく、むしろ生きた感覚として、からだ全体で納得することが肝要なのです。たとえば、私たちには相手の心のなかは決して見えませんが、相手の表情やふるまいを真似してみることで、相手の心の奥に抱え込まれている気持ちが少しずつ見えてくる場合があります。つまり、相手の立場に立って物事を眺める努力をすることが私たちの新たな視座を創り出すことに結びつくのです。

まず、ひたすら相手の表情やふるまいをまねすることから、相手と同じ立場に立って生きることが始まります。たとえば、相手が、どうして、あのような表情やふるまいをしているのかをたどってみると、相手の内面にもわけいることが可能になります。たとえば、古来より、日本では師匠が弟子たちに対して徹底的に「型」をからだに叩き込むことが、その道の究め方でした。歴史的に意味のある理屈にもとづいて頭で理解してゆくことよりも、まず、何よりも弟子たちが各人のからだ全体の感覚で真実を実感することが確実な極意のつかみ方だったのです。たとえば、歌道にせよ、茶道にせよ、華道にせよ、坐禅にせよ、料理にせよ、礼儀作法にせよ、あらゆる藝術的な道というものは、弟子たちが師匠の表情やふるまいを忠実に真似することから深まってゆくものだったのです。まさに、道は、決して理屈で知るものではなく、むしろ体得されるべきものなのです。

キリスト者も、福音書を熟読しつつ、まず、イエス＝キリストのふるまいを実感してから、彼の実感を生活のなかで活かしてゆくときに、心の豊かさを味わうことができるようになるでしょう。同時に、ミサにあずかることでイエス＝キリストのおもいを体感することによって活気づけられつつ、周囲にもイエス＝キリストのいつくしみ深いおもいを伝えてゆくことが欠かせないのです。つまり、ミサなどの典礼儀式も貴重なメッセージを体感して伝達するためのすぐれた「型」なのです。いにしえの先人たちのふるまいから心の豊かさへと成熟してゆく道をたどるときに、神への信頼感が増してゆくのかもしれません。

78.「型」の極意［外面と内面の重なり合いによる一体化］

物事には一定の「型」があるからこそ、中身も深まります。そして中身があるからこそ「型」が定まります。つまり「型」と中身とは、おたがいに一身同体の関係性を備えています。つまり、まるで二つの要素が一つのからだであるかのように密接に関わり合って強く結びついています。このような外面と内面との重なり合いによる一体化が実現するときに、内面と外面とは密接につながっているがゆえの協調関係を保つことができます。

物事の本質である尊いことがらは、たいていの場合、目には見えません。だからこそ、物事の本質である尊いことがらを盛る器が必要となるのです。そのような器こそが「型」なのです。「型」という稀有な器があるからこそ、目には見えない尊いことがらが、私たちにもたしかにつかめるようになるのです。こうして考えてみると、感覚的で具体的なことを大切にして日常を生きることは、目に見えないことがらをおろそかにせずに受けとめて感謝することと同じ意味をもつことがわかってくるのです。

そして、「型」の極意とは、まさに、キリスト者にとっての「秘跡」の意味とも重なってくるものなのです。キリスト者は「七つの秘跡」（①洗礼・②堅信・③ゆるし・④聖体・⑤結婚・⑥叙階・⑦病者の塗油）にあずかることによってイエス＝キリストのおもいを体感してゆくことになります。イエスのおもいは、「七つの秘跡」において結晶化して一定の型になっています。キリスト者は、秘跡を通してイエスのおもいを理解する際に、五官の働きを総動員してからだ全体で実感するのです。目に見えない神の恵みは、目に見える秘跡というしるしによって人間に明らかに実感されることになります。

なお、イエス＝キリスト御自身が神のいつくしみを目に見える形で示してくださるので、秘跡の根源なのです。キリスト者にとっては、イエス＝キリストという「型」にはまることが、まさに、神の恵みを実感するためのかけがえのないふるまいとなります。

79．伝承と創造性

それにしても伝承と創造性は決して矛盾するものではありません。むしろ伝承と創造性は、おたがいに補い合って高め合う関係性を保つべきものであり、ひとつにつながっています。キリスト者たちが「ゾーエー」（神のいのち）という発想を自らの生き方の核心として大切に受けとめて、伝えつづけてきたことは、まさに伝統を受け継ぎながらも新たな活力に満ちたいのちの在り方を創造してゆくという絶妙な緊張感をともなった出来事だからです。

このように、伝承してきた大切な伝統を受け継ぎつつも（原点回帰）、常に現実の動きに適応して生き方を豊かに深める姿勢は、まさに第二バチカン公会議の特長でした。過去から受け継いだ伝承の核心をつかむことで、現代の新たな状況を生き抜く際にも役立つ核心として理解し直す「温故知新」の姿勢が重要な方向性です。

第二バチカン公会議は、初代教会から古代の教父たちにいたる教会共同体の「ゾーエー」（神のいのち）の体感の尊い遺産を大切に受け継いでゆこうとして、残されていた諸文献の研究や典礼様式などを真剣に研究しつづけていた神学者たちと司教たちの切実な努力の積み重ねによって実り豊かに実現した創造のひとときでした。しかも、第二バチカン公会議を経た教会共同体は、現代世界の目まぐるしい変化にも適応して、現代人たちの生活の仕方や社会の構造にまで開かれつつ対話の深まりにも寄与しています。

ともかく、受け継がれてきた伝統と現代の状況への臨機応変な適応とがバランスよく保たれることで、さらなる前進が可能となることが第二バチカン公会議からも理解できます。このような貴重な姿勢を今後も尊重してゆくことが、私たちにとっては望ましいことなのでしょう。

80. アジアの深みから

触覚を重んじるアジア地域圏の人びとの行動パターンは、世界を活き活きと生かします。もしかしたら、アジア的なるものの深みから、何かが変わってゆくのかもしれません。少なくとも、西欧人たちは、大航海時代にアジアの諸地域を旅したときに、これまでにないほどの新鮮な発見の連続から衝撃を受けたはずです。ヨーロッパの生活感覚とはまったく異なる雰囲気をアジア圏に見いだしたからです。

アジア圏の人びとは、あらゆる物事を理解する際に、ある一面的な狭い理屈に左右されることなく、むしろ、五官感覚をふるに活かしつつ、からだ全体で味わうことで体感的に納得することが多いのだと思います。からだ全体で納得するという思考様式は、理知的あるいは頭脳的に物事を分析しながら言語概念化して厳密に判断してゆくヨーロッパ的思考様式よりも幅広い包容性と数多い判断材料に支えられています。

ヨーロッパでは、おもっていることを口に出して相手に伝えることが重視されています。「議論する文化」と言うことができるでしょう。心のおもいを口からはきだして、おたがいに議論をたたかわせることで、たがいの意見を次々に積み重ねてゆき、合意点を探ることが繰り返されます。一方、アジア圏では、言いたいことも抑えて心の奥にしまっておき、相手を眺めて察することが重要視されています。「内省する文化」と呼べる状況が多いのです。黙っていても、相手のことを深くおもって行動する独特な「深み」がアジア圏の人びとの特徴です。ヨーロッパの人びととの外的積み上げの言語活用法もアジアの人びとの内的沈潜の念慮も、ともに尊い姿勢です。

81. 室町時代以降の日本における「花」

ここで、室町時代以降の日本における美的表象としての「花」に想いを馳せてみましょう。――「花」という表象そのものこそが、日本の哲学そのものを表明しています。つまり、「花」にまつわるさまざまなイメージを手がかりにした深い思索が日本文化における哲学的な思索を詩作として洗練させています。「花」という記号においてて日本の思想が結晶化してゆくのです。従来、ヨーロッパ文化の立場から見れば、日本には哲学的な思考表現がないと言われてきました。しかし、そうではないとおもいます。日本にも哲学的な思考表現があります。たとえば、「花」というメタファー（たとえ）によって呼び覚まされるイメージの広がりが日本人にとっての思考表現なのです。

とりわけ、世阿弥によって人間の成長の味わいが「花」に見立てられて表現されました。役者が舞台の上に立つとき、「花」と化します。つまり役者は「花」そのものとして観客の心に感慨深い印象を実感させます。舞台の上で、役者は、「花」として人生のおりおりの姿を演じ尽くします。桜の花は「満開に咲き誇るとき」、「はかなくも散るとき」、「散ったのちにじゅうたんのように地面の上に広がるとき」を生きぬきます。同様に、人間も「生命力に満ちあふれて輝く青年期」、「働き盛りの壮年期」、「老いて枯れてゆく老年期」、「死を迎える最期のとき」を生きぬきます。

「花」という記号あるいはメタファー（たとえ）は、人のいのちの移ろいを表現するイメージなのです。「花」が「人間のライフサイクル」を象徴的に表現しています。「花」というたったひとつのイメージだけで「奥深いいのちの味わい」を幾重にも映し出すことが日本の哲学あるいは美意識なのです。

日本人は、触覚的な体感を「花」のイメージでひとくくりにして理解していると言えるでしょう。全身の具体的感覚を高度な「型」のイメージで表現することで、言語の限界を乗り越えて、より幅広い意味の結晶化に成功しているると言えましょう。このような貴重な視点を、ヨーロッパの人びとにも紹介してゆくことで、豊かな感受性が育まれることになるのかもしれません。キリスト者は、洋の東西を問わず、イエス＝キリストという共通の土台を心の奥底に共有していますが、日本人の「花」としての美しきふるまいの視点を加味することで、いっそう味わい深い信仰の「型」に到達することになるのではないでしょうか。読者の皆さんも、どうか、いろいろと考えながら日本人キリスト者としての使命を発見していってくだされば幸いです。他の地域のキリスト者たちを豊かに富ませることが、日本人キリスト者にもできるはずだからです。

第12講　心技体一如の「躍動感」（現代、触覚↓いのちの全体性）

82.「ふれあい」、イエスの技法

ふれあいのとうとさ。それを言葉で説明するのは難しいでしょう。なぜなら、ふれあいのとうとさとは、全身で感じ取るものだからです。活きた経験です。

人間は、もともと皮膚で考えることから、あらゆる物事を学び始めます。つまり、生後まもない赤ちゃんが母親の顔や手にふれながら、愛情のこもったぬくもりを実感して、活かされることのよろこびを理解してゆくことが、学びのはじまりなのです。

まさに、「學」という旧字（現在は「学」という新字が用いられている）からも察することができるように、母親は子どもを宿し、育み、両手でかかえこんでいつくしみながらともに生きるのです。親子のふれあいによる関わりが積み重ねられるにしたがって、周囲の物事を理解するゆとりも生じ、子どもの思考能力も発達してゆくのです。

イエスは相手に、ふれます（ルカ8・54など）。――たとえば、目の見えない人のまぶたを手でふれます。耳の聞こえない人の耳穴に指をそっと添えます。重い皮膚病で苦しんでいる人の肩を丁寧にいだきます。まさに、ふれることは、相手を受けいれる態度の表明となっています。つまり、ふれることは、相手をありのままにつつみこむおだやかでいつくしみ深いふるまいなのです。イエスは「神の御手があなたをつつみ、守ってくださる」というメッセージを自らのふるまいをとおして相手に実感させたのです。ですから、ふれることは、神のいつくしみの具体的な表現となっています。

人びとも、イエスにふれればいやされるという感触をなんとはなしにいだきはじめていたようです。たしかに、イエスにすがりつく人びとがたくさんいたという事実が福音書のいたるところに描き残されています。

とくに、十二年ものあいだ、出血で苦しみつづけていた女性のエピソードは読者の心を打つ感動的な内容です（ルカ8・40―56）。会堂長の十二歳の娘が瀕死の状態と聞き、いやしのわざを行いに急いで出向くイエス。その道すがら、イエスの服に、十二年間出血を患っていた女性が、しっかりとふれました。安堵と救いが訪れます。

十二という数に注目すると興味深いことが明らかになります。つまり、会堂長の娘が十二年の人生の歩みを病気で終えようとするとき、十二年の苦しみに押しつぶされそうになっていた女性が最期の望みの綱をイエスに求めました。まさに、十二という数そのものが、人それぞれ、苦しみの状況は異なってはいても、苦しみの重みは等しく人を押しつぶすほどの強大さを伴っているという現実を、まざまざと表現しています。

十二は、イエスがとくに信頼を寄せて選び出した代表的な弟子たちの人数でもあります。当時、中近東地域では、完全で美しい数として十二という数字が大切にされていました。神から選ばれて大切にされたイスラエル民族も全部で十二部族でした。底辺が地に足がついたように安定していた三角形と四角形の辺の数をかけ合わせたときに算出される究極数が十二だったからです。理想的な数としての十二を、あえて苦しみのつづいた年数として用いることで、その苦しみがいかに破壊的な重みを伴って、その人の人生を豊かにすることの邪魔をしていたか、完全な破滅へと導くものであったのかが物語られているのです。

偉大な救い主の後を追ってつめかけた大勢の群衆によってもみくしゃにされながらもイエスは、重い苦しみを背負った相手の状況を、個別に、真剣に受けとめます。――「だれが私にふれたのか」、「私からいのちの活力が出て行ったのを感じたのだ」という言葉には、相手をかけがえのない者として大切にいつくしむ気持ちがにじみでています。

十二歳の生涯を閉じようとしている会堂長の娘のもとへ出向く途中に、イエスが出会った十二年の患いを抱えた女性は、イエスにすがりつくことで、神のいつくしみをつかみ取りました。しかし、イエスが会堂長の家に到着したときに、十二歳の娘は、すでに冷たくなっていました。しかし、「イエスは娘の手を取り、『娘よ、起きなさい』と呼びかけられた」（ルカ8・54）のです。すでに自力でイエスにふれることもかなわずに亡くなった少女。しかし、イエスは少女の手を取って、いのちを呼び覚まします。ここから、私たちが主イエスと出会っていのちのつながりを実感してゆくときに、二つの可能性があることがわかります。――長患いの女性のように、自力で、イエスを捜し求めて、そのいつくしみをつかみ取る場合。そして、会堂長の娘のように、あらゆる望みが絶たれたのちに、イエスからの配慮によって起き上がらせていただく場合。つまり、主イエスは、私たちひとりひとりの積極的で自発的な姿勢を大切に受けとめてくださると同時に、私たちがたとえどんな最悪な事態に陥ってしまい、救いの手立てが途絶えた場合でさえも、そこから回復させてくださるのです。

心の奥にひそむいつくしみの念が思わず感極まって相手を大切につつみこむふるまいとして表現されてゆくこと。ふれること。そのような愛情のあふれこそ、「イエスの技法」と呼べるものなのでしょう。神のいつくしみは、絶えず成りつつあるものです。どんな人をも巻き込んで、創造のわざは継続されてゆきます。しかし、神のわざのダイナミックな展開としての主イエスのいやしは、具体的な相手とのふれあいによって実現します。

83.「心技体一如」の意味（1）——触覚から霊性へ

手ざわり。それは確認すること。人間は、自分の手で何かに触れることによって確かな感触を身におぼえることになります。ちょうど、トマスが「復活後のイエスの脇腹に手を入れるまでは決して信じない」と叫んだことが思い出されます。人間は、自らの手でふれてたしかめることによって、はじめて心から信じることができるようになります。つまり、触覚から霊性の深まりへと向かうのです。

手ざわりによって物事の意味を体得する人間。——たとえば、赤ちゃんが母親の顔にふれつづけているうちに、母親の肌合いを感触として身に覚え、かけがえのないぬくもりを心の奥に定着させてゆくプロセスは、職人の鍛錬の積み重ねとも同じものです。職人は、師匠の身体の動きを見よう見まねで真似するうちに、一定の「型」を身につけ、その「型」が自らの身体の動きと完全に同調してゆくときに、技が身につき、こうして、その道の独自の心を生きるようになります。そのとき、「心技体一如」のとうとい伝統を引き継ぎます。

ところで、触覚から霊性への深まりを「茶道」をとおして確認しておきましょう。茶碗を両手でつつみこむようにして、ぬくもりを感じ取り、味わう茶道の極意は、私たちの日常生活にも浸透しています。茶碗に取っ手がないのは、お茶のぬくもりを介する茶碗を両手で直に感じるためです。湯のみ茶碗にも取っ手はないので、茶の質感を身近に味わうことができます。

茶道において、両手で茶碗をつつみこみながらお茶をいただくことは、子どものような純粋な心を取り戻すためのふるまいでもあります。子どもたちは皮膚で考えるからです。手ざわりをとおして、ひたすら無心になって、身体全体で味わう。童心に返ることで、いのちのつながりの感触（未分化の全身感覚、大自然の茶や水のいのちと人間のいのちとの饗応感覚）をありのままに生きます。

84.「心技体一如」の意味（2）——霊性から触覚へ

心の奥に秘められたあたたかいおもいは、ふれあいを通して相手に伝わります。ふれることは、心のなかのあたたかい愛情を表現するためのきっかけとなっています。心のおもいが手をとおして表現されます。

猫や犬や小鳥を飼っている人は、よくわかることと思いますが、動物の頭をやさしくなでるときに、人はゆっくりとおだやかに手を動かします。心の奥からにじみでてくる親密な感情がおだやかなふるまいとして表現されてゆきます。

85. 五官と霊性

五官は境界線です。「外部世界」と「私の心」の接するところに五官が位置しています。五官は、決して下等な感覚器官などではなく、むしろ、外界の情報を集める繊細な感受器官であり、かつ、心の内側を外界に表現するための積極的な表現基盤なのです。

ところで、「内臓感覚としてのいつくしみの念」を、今こそ、見直すことが大切でしょう。キリスト教信仰が目指している究極目的は、「内臓感覚としてのいつくしみの念」つまり「神からつつみこまれて、ゆるされて、安心している状態」を実感してゆくこと、そして周囲の人びとにも同じ感触を伝えてゆくことです。

最近の脳科学や神経学の最先端の見解では、「脳のニューロン・ネットワーク（＝神経細胞網）の複雑な進化によって心が生じた」というテーゼが主流となっています。「人間の心は脳において在る」という見解です。つまり、人間の心の座は脳に局在化されます。このような見解は、とりわけバーローや茂木健一郎をはじめとする脳科学者たちによって強調されています。脳内において真実の世界が知覚されるという発想は、カントの認識論的転回の発想とも似通っています。

しかし、逆に「人間の心は、人間の存在そのものという全体において遍在している」という見解も古代から厳然として強調され続けています。口腔外科の専門家である西原克成は、「内臓に心が宿っている」という視点で研究を進めています。いわゆる、東洋的な「内臓感覚」が心の活動の座とされています。

西原の視点は、実は、信仰的な感性を備えた東洋人たちの感覚とも共通します。たとえば、イスラエル民族は神の慈しみを表現するメタファー（たとえ）として「母親の子宮」（レヘムの複数形の名詞化としてのラハミーム）のイメージを大切にしました。キリスト者も、イエスによって示された御父の慈しみが感極まる様子を「相手を深く大切におもうあまり、はらわたが激しく突き動かされる」（スプランクニゾーマイ）という用語を用いて表現します。

ヘブライ語聖書における「子宮によってつつみこんで慈しむ」という表現も、ギリシア語聖書における「はらわたする」という表現も、ともに「内臓の収縮活動」であることを考え合わせれば、イスラエル民族の信仰体験およびキリスト者の信仰体験は共通して「内臓感覚」において「心から相手をいつくしみたいという神のせっぱつまった能動的な駆り立て」を体感することと重なってきます。同様に、東洋圏に属している日本でも、人生を賭けた心からの決断を伴う行動にまつわる用語が多数存在しています。――たとえば、「断腸のおもい」、「はらわたが煮えくり返る」、「腑に落ちる」、「腹を据える」、「腹のうちを見せる」、「責任を取っての腹切り」など、さまざまな表現があります。心を込めて生きる人間の姿が内臓感覚的な用語によって表明されています。まさに、内臓は「心の座」なのです。実は、脳も臓器なのであり、身体の深部に内蔵されている内臓のひとつとして理解することができます。

しかも、脳は、脊髄の神経とつながって全身の神経細胞とも連結しており、それぞれの神経細胞は内臓とも一体化しています。進化の過程で、もともと内臓と脳とはひとつにつながっていたのであり、「脳－内臓感覚」そのものが心のはたらきの生じる場となっています。ですから、イエスが、「内臓のちぎれるほどの痛みを伴う深いいつくしみを感じていた」（スプランクニゾーマイ）という場合、「脳－内臓感覚」が身体の深部からリアルなものとして体感されていたのです。他人事ではなく、いのちがけの実感として。

86．心技体一如の「躍動感」

心のおもいを究めると、よりよく生きるうえでの技が熟成してゆき、身体全体のふるまいとしての表現が洗練されてゆきます。そのように心と技と身体とが連動してゆくときに、味わい深い独特な「躍動感」が開きだされてきます。活き活きとした創造活動が可能になるのです。

日本の諸藝道の世界を見渡してもわかりますように、心と技と身体とが連動するときに、未分化で全体的な原初のエネルギーがマグマのように発散されてゆくのです。つまり、いのちの活力が世界を刷新します。

87．現代という時代から将来へ向けて

いのちの分断。――つまり、「いのちの全体性」が見失われている時代が、まさに「現代」という時代なのでしょう。近代西欧の理性中心主義や合理的思考法が主流になった歴史背景のあおりを受けて、近代以降の日本でも、残念ながら、「いのちの全体性」の感覚が忘れ去られたまま時が経過してしまいました。しかし、嘆いてばかりはいられません。混迷する現代に生きる私たちにとっては、今こそ、「いのちの全体性の感触」を取り戻すことが、何よりも大切な課題となるでしょう。そのためにも、ぜひとも、読者の皆さんの御意見をお聞かせください。

新たなるはじめに——相手を優先して支える生き方へ

これまで、キリスト教信仰の歴史を感性論の視座から眺めなおしてみました。つまり、二千年にもわたって世界規模で拡大してきたキリスト教の動向を、人間の感受性の働きに即して描き直してみました。通常は信心（そぼくな祈り）の観点や理性的な思想史の観点で解説されることの多いキリスト教を別の角度から眺め直すことで、読者にとっても、筆者にとっても、新鮮な発見をすることができたかもしれません。

私たちは、いま、「新たなるはじめ」に向かって生きています。たしかに、世界中にはさまざまな難問が山積しています。しかし、人間を打ちのめすような困難な状況は、それぞれの時代にも数多く存在していました。キリスト教信仰の歴史をたどり直すことは、過去の諸先輩がそれぞれの時代の状況に誠実に立ち向かって真実を求める闘いを繰り広げたことを発見する仕儀に他なりません。先達との心の通い合いをとおして、私たちは現在の困難を乗り越えてゆく勇気を得ることができます。そして、将来に向けて新たなる一歩を踏み出すことにもなります。

最後に、キリスト教信仰を深めるための重要な要点を考察して締めくくりましょう。キリスト者にとって、相手を優先して支える生き方こそが最も重要です。それは「自分を無にして」（フィリピ2・7）という初代教会以来の価値観において如実に表現されています。——イエスの生き方を、使徒パウロは説明します。使徒聖パウロから見たとき、イエスは自分を無にし、自分を空しくして生きたお方で、つまりイエスはあらゆる人に対して自分のいのちそのものを捧げ尽くして生き抜いたお方であり、そういう点で際立っていたことが明らかです。自分を空しくする、自分を空っぽにする、自分をあますところなく与えて捧げ尽くす、ということは、自分の時間や才能や努力のみならず、いのちまでも、とにかくすべてを他の人に全面的に贈る生き方（与え尽くして捧げる生き方）を示します。

読者の皆さんのなかには、すでに子どもを育てた方がいらっしゃると思いますが、親として生きるとき、母親にしても父親にしても共通して子どものことしか考えていません。自分を横に置いて、自分を捨ててまでも子どものことを優先するのが親の姿勢だからです。親にとっては、子どもに対する愛情が第一になります。母親は、子どもが病気になったときに、徹夜で看病します。その際に母親は、たとえ自分が疲れていたとしても、眠くても、子どものことを気づかいます。父親もまた、たとえ自分が疲れていたとしても家族のことを考えて、特に子どもの成長を願って、夜遅くまで会社で仕事をしつづけます。つまり、父親は一家を支えるために自分のすべてを捧げつくして働きつづけます。こうして、母親も父親も共通して、相手のことを第一に考えて自分を捧げる生き方をしています。自分の都合よりもまず大切な子どものことが頭に浮かぶのが親の親らしい姿勢です。

積極的に大切な人を愛する、そのためだけに生きようとする尊い生き方、これは実はイエスの生き方とまったく同じです。読者の皆さんも気がつかないうちにイエスと同じわざを実践している場合があります。人間は親になることをとおして、本当に大切な人を目の前にしたときに自分を無にする、捧げる、相手に向かって愛情をすべて捧げ尽くす生き方を実行しています。ですから、イエスの生き方は、決してはるか遠く二千年前の出来事ではなく、むしろ私たちの生き方そのものとつながっています。特に子どもを育てた母親や父親は、子どもに愛情を注いで一生懸命育てたその尊いわざをとおして、イエス＝キリストの歩みと同じ生き方を家庭のなかで深めておられます。

自分を無にする、空しくする、捧げ尽くす、ということは、決して消極的なことではなく、むしろ相手のことを考えて相手のことしか頭にないぐらいいとおしさを感じて愛する積極的なわざです。キリスト者はミサのなかで、主の受難を記念しますが、その意味は、積極的に相手を愛し、いつも相手のことを考えて生きるイエス＝キリストの尊いわざを想い出すことに核心があるのです。

「受難」というと苦しみを受けるというイメージを想い浮かべるとおもいますが、私たちキリスト者がお祝いする「受難」は、実は積極的に相手に愛情を捧げる生き方を確認することであって、大切な相手のことを考えて自分を捧げる積極的な愛にこそ重点が置かれています。読者の皆さんそれぞれに今日ご家庭の生活の歴史を想い出していただければ、イエスの生き方がわかるとおもいます。親として自分を捧げ尽くして子どものことだけを考えて歩んでこられた読者の皆さんひとりひとりが、実は自分のことよりも相手のことを想って自分を捧げる積極的な愛情をとおして、知らず知らずのうちにイエスの捧げつくす生き方をこの社会のなかで生きているのです。

相手のことだけを考えて愛情をこめて捧げる生き方、それが一番重要です。新約聖書における「受難」の記述のなかで際立っているのはイエスが述べたことばです。「どうか彼らをおゆるしください。今は自分たちが何をしているのか分かっていないからです」(ルカ23・34)。――そういう祈りが出てきます。これは相手のことだけを考えて、相手のことを気づかって心配して愛情をこめて応えようとしているイエスのことばです。イエスは人から侮辱され、ひどい仕打ちを受けても、その加害者とか野次馬や傍観者たちのことを最優先して考えています。まず自分のことよりも相手のことを気づかってゆるしを祈り求めています。イエスは自分にこだわらず自分を見ないで相手のことを第一に心配しています。

それに対して、他の登場人物に注目すると、逆のことをしています。皆、自分の都合で生きています。自分だけを守ろうとして自分を可愛がっています。たとえば弟子たちはみな逃げてしまいます。自分が捕まったら困るので自分の立場を守るためにイエスを裏切ります。

ファリサイ派の人たちや律法学者は、自分たちに民衆の人気をひきつけるためにイエスを殺そうとします。自分の人気、人からの信頼をすべて集めようとして、自分勝手な都合で生きているのです。ヘロデ王もイエスの特別なわざを見たいという自分の好奇心で動いています。

一般の民衆も、皆がイエスを殺せと叫び始めたら、それに同調して同じように叫びました。イエスを守れば自分も捕まってしまうからで、民衆も恐怖を感じてイエスを殺せと叫びます。皆それぞれ自分の都合で生きています。自分を優先して、自分にこだわって、相手をつぶす生き方です。

しかし、ただイエスだけが、加害者とか傍観者のことだけを心配してゆるそうとしています。彼らの行く末を案じます。ひどい仕打ちを受けながらもイエスは相手のことしか頭にないのです。私たちは時として社会の中で悲惨な状況の最中に置かれて苦しむことがあります。誰も助けてくれない、と落ち込むことがあります。しかし、そういう悲惨な状況で新約聖書における「受難」の箇所を想い出すとよいでしょう。イエスだけがどんな悲惨な状況にあっても相手のことを想ってゆるしを与えようとしています。自己中心的に自分を守ろうとする人びとに囲まれながらも、イエスは屈服することなく最後まで相手を想って愛情をこめて生きる生き方を貫き通しました。イエスが確実にいてくださる、落ち込んでいる私たちを支えてくださる、それをおもうと心強くなります。

悪意の渦巻く社会で、どうにもできない悲惨な状況がつづくなかで、イエスだけが相手を想って愛しつづける積極的な態度を貫きました。そこに意味があります。私たちが信じているイエス＝キリストは、人を見捨てることなくいつも私たちひとりひとりのことを考えて助けてくださる、強いお方です。私たちは、子どもとか友だちとかまわりの人を大切に想って積極的に愛そうとするときに、イエスと重なって一緒に生きることができますし、落ち込んでいる時は決して私たちを見捨てないイエスと一緒に歩むことができますし、いつでもイエスと重なって人生を進んでゆくことができます。そういう大切な要点を今日も想い起こしたいものです。

〈了〉

初出一覧

第1講＝阿部仲麻呂（以下、同）「連載　感受性の豊かさと普遍的信仰①　五官から深める信頼感」（『福音宣教』一月号、オリエンス宗教研究所、二〇〇六年、五五―六〇頁）。冒頭部などを書き改めてある。

第2講＝「連載　感受性の豊かさと普遍的信仰②　神に聴く『人の子』と地中海的終末論」（『福音宣教』二月号、オリエンス宗教研究所、二〇〇六年、五四―九頁）。

第3講＝「連載　感受性の豊かさと普遍的信仰③　神の『受肉』とヘブライ・ギリシア的感性」（『福音宣教』三月号、オリエンス宗教研究所、二〇〇六年、五八―六三頁）。「4．人間の『神化』へのプロセス」は加筆してある。

第4講＝「連載　感受性の豊かさと普遍的信仰④　神を観るための『あかし』の努力とギリシア的感性」（『福音宣教』四月号、オリエンス宗教研究所、二〇〇六年、五五―六二頁）。「7．キリスト教信仰にもとづく社会を求めて――あかしの徹底的現実化」は新たに書き下ろした。

第5講＝「連載　感受性の豊かさと普遍的信仰⑤　歌と光と香による天上世界の先取り、ヨーロッパの黎明」（『福音宣教』五月号、オリエンス宗教研究所、二〇〇六年、五八―六三頁）。「5．イスラミズムとカトリシズム」および「8．教会建築の変遷」は、新たな書き下ろしである。

第6講＝「連載　感受性の豊かさと普遍的信仰⑥　聖なる感覚と悪魔的な感覚、ヨーロッパの闇」（『福音宣教』六月号、オリエンス宗教研究所、二〇〇六年、四八―五三頁）。

第7講＝「連載　感受性の豊かさと普遍的信仰⑦　味覚・趣味・味わい・質感」（『福音宣教』七月号、オリエンス宗教研究所、二〇〇六年、五六―六一頁）。

第8講＝「連載　感受性の豊かさと普遍的信仰⑧　『神の国』の宴に向かう巡礼／神さまの出張所としての理性」（『福音宣教』八・九月合併号、オリエンス宗教研究所、二〇〇六年、六九―七五頁）。若干の補足を施し、最終部を次の講へと先送りし、内容を練り直した。

第9講＝前掲「連載　感受性の豊かさと普遍的信仰⑧」の最終部（七四—五頁）を改変したうえで、「2.『無神論』のほんとうの意味」、「4. 十七世紀のフランスと十八世紀のドイツ、啓蒙主義の時代」、「11. 十九世紀のイギリスから二〇世紀の日本へ」を新たに書き下ろした。なお、「3. ルターによる宗教改革をどのように理解するのか」は、拙稿「書評、ルーテル学院大学・日本ルーテル神学校・ルター研究所編『ルター著作選集』教文館、二〇〇五年」（『図書新聞』第二七六〇号、図書新聞社、二〇〇六年二月四日、第六面所載）の内容を一部削除して収録させていただいた。「5—10」に関しては、拙稿「『運命の力』に打ち克つレオノーラ——十八世紀中葉の運命観とキリスト教」（新国立劇場運営財団営業部編『ヴェルディ　運命の力』新国立劇場、二〇〇六年、二〇—三頁所載）を補正したうえで収録させていただいた。そして、「11」には、拙稿「書評、岡村祥子・川中なほ子編『J・H・ニューマンの現代性を探る』南窓社、二〇〇五年」（『図書新聞』第二七四六号、図書新聞社、二〇〇五年十月十五日、第五面所載）の内容を一部抜粋して収録させていただいた。

第10講＝「連載　感受性の豊かさと普遍的信仰⑨　新たなる宣教とボディランゲージ」（『福音宣教』十月号、オリエンス宗教研究所、二〇〇六年、五六—六三頁）。全体にわたり若干の加筆を施してある。「8. 宣教＝神のいつくしみ深い想いを伝えること」は、新たに書き下ろした。

第11講＝「連載　感受性の豊かさと普遍的信仰⑩『型』の極意」（『福音宣教』十一月号、オリエンス宗教研究所、二〇〇六年、三八—四四頁）。修正補足を施してある。

第12講＝「連載　感受性の豊かさと普遍的信仰⑪　心技体一如の『躍動』」（『福音宣教』十二月号、オリエンス宗教研究所、二〇〇六年、四〇—五頁）。修正補足を施してある。

論考篇

Ⅰ．ローマ・カトリック教会における霊的修養および徳を高める書物群について——十一世紀から十六世紀まで

阿部　仲麻呂

1．キリストへの信頼——ローマ・カトリック教会の献身者たちによる

時代の変革期の社会的不安の状況のただなかでさえ心乱されることなく穏やかに生きたキリスト者（司教、司祭、修道者、信徒）が活躍した十四世紀から十六世紀にかけての西ヨーロッパ地域では霊的修養および徳を高める書物群が多数作成された。つまりキリスト教信仰の立場において自己研鑽を究めることで中庸な態度で神と隣人とを大切にする意欲的な生活を送る指針を示した霊的修養および徳を高める書物群は、十四世紀から十六世紀へと至る西ヨーロッパ圏域の中世末期から近世初期にかけて多数著され、独自の霊的覚醒の文学として数多くのキリスト者の信仰生活を鼓舞しつつ新鮮な文学的表現を創造するものとして堅実な開花を魅せた。その思潮は主として西ヨーロッパ各地の修道院を拠点として広まったがゆえにキリストに対する深い信頼（信仰）の貫徹を目指す独身の献身者による独自の修道院文学の形成にも寄与した。

2. 霊的修養および徳を高める書物群の霊的文学としての価値

キリスト教の歴史的動向をたどると、興味深いことに激動の混乱期ほど聖なる生き方を志す少数精鋭の信仰者たちが目覚めて活動することが確認できる。同時に修道院の周辺の住宅に住んでいた信徒たちも定期的に修道院聖堂に通うことで、キリストに倣う修道者の黙想の姿勢や著作物によって触発されて聖なる者として成熟する道行きを好んで受け容れた。こうした信徒の信仰刷新運動はドミニコ会系の修道院が土着化したライン川流域において活発化した。十四世紀以降のドイツでは目覚めたキリスト者による聖書の黙想によるキリストとの出会いが洗練され、やがて十六世紀のマルティン・ルターによる聖書の庶民ドイツ語訳の完成および活版印刷による幅広い流布さらには信仰刷新運動にまで影響を及ぼした。

しかし、十四世紀から十六世紀に至る霊的修養および徳を高める書物群の隆盛は突如として勃興したものではない。むしろ東西教会大分裂後の西方教会（ラテン教会、ローマを拠点とするラテン語圏の信仰生活の伝統を堅持したカトリック教会）の組織制度そのものを刷新して祈りの気概において洗練させようと試みた十一世紀から十二世紀にかけての霊的修養および徳を高める書物群の豊穣な内容を引き継ぐかたちで深められたものである。ローマ帝国の首都ローマにおける法的秩序の伝統において培われた人間同士の連帯の感性をも加味したキリストとの親しい仲間意識を備えた十一世紀から十二世紀にかけての代表的な著作者としてはシトー会クレルヴォー大修道院長の聖ベルナルドゥス（Bernardus Claraevallensis, 一〇九〇頃―一一五三年）による『謙遜と傲慢の段階について』（*De gradibus humilitatis et superbiae*, 一一二一年頃）とその友ビンゲンのヒルデガルト（Hildegard, 一〇九八―一一七九年）による『スキヴィアス（道を知れ）』（Scivias, 一一四一―五一年）などが著名である。他にもクリュニー大修道院長のペトルス・ベネラヴィリス（Petrus Venerabilis, 一〇九二頃―一一五六年）による諸著作も忘れてはならない。「キリストの花嫁」として生きるキリスト者の霊的婚姻の実感が聖ベルナルドゥスによる『雅歌講話』(*Sermones super Cantica Canticorum*, 一一三五―五三年)やヒルデガルトによる女性の能動的で全人的かつ総合的な活躍の推進につながった(ライン川流域では、戦災により夫を失った未亡人たちが生き延びる一つの方策としてベギン派と呼ばれる女性による共住生活の信徒組織が教皇庁から正式な修道会の認可を得ずに形成され[あるいは従来の修道院に入るだけの持参金を持ち合わせない独身者が無認可で別枠の身軽な共住信仰共同体を数人で創ることもあったが独自の清貧思想を旨としていたがゆえにみすぼらしく地域社会からは不評を買っていた]、一方で男性によるベガルド派と呼ばれる共住生活の信徒組織も派生した。特に『神性の流れる光』[*Das fließende Licht der Gottheit*, 一二五〇頃―七〇頃]を執筆したメヒティルト[Mechtild, 一二〇七頃―八二頃]が著名である)。

彼らは聖書の内容を黙想しつつ一言一句を心に留めてその意味をおもい巡らし、日常を神とともに生きる心づもりで精神状態の安定に努めた。穏やかに中庸な姿勢で毎日を聖なる捧げものとして丁寧に生きることが彼らの「修養」(十字架のキリストの姿を模範とする祈りと身体的苦行による心の穏やかさの涵養)の目的であった。一瞬たりとも神と離れることなく、神の計画のなかで自分の人生を着実に洗練させるとともに隣人の生活をも物心両面において丁寧に支える愛の実践を目指す姿勢が「徳を高めること」(愛徳の生活を積み重ねること)と呼ばれる。

話題を元に戻そう。十四世紀のイギリスの修道院では匿名の黙想書『不可知の雲』(*The Cloud of Unknowing*)および『秘かなる勧告の書』(*The Book of Privy Counselling*)が作成された。これらの書は、人間が神と邂逅するにはあらゆる思考ばかりか理性や想像力にも頼ってはならないと勧めることで徹底的な自己滅却を遂行し、自分にこだわることなく神と隣人をひたすら愛することを選び続けることが奨励されている。そして十四世紀のドイツでもドミニコ修道会のマイスター・エックハルト(Meister Eckhart, 一二六〇頃―一三二八年)によるドイツ語説教および講話を聴き書きした民衆や修道女たちの活動を起点とし、彼の弟子のヨハネス・タウラー(Johannes Tauler, 一三〇〇／一〇頃―六一年）による『説教集』およびハインリヒ・ゾイゼ（Heinrich Seuse, 一二九五頃―一三六六年）による『永遠の智慧の書』（buechli der ewigen wisheit, 一三三〇年も流布した。さらに一三三一年から加筆し、一三三四年にラテン語訳版『智慧の時祷書（Horologium sapientiae）』が刊行された）へと受け継がれた独自の黙想の奥義が「ドイツ神秘霊性」（Deutsche Mystik, ドイツ神秘思想、ドイツ神秘主義とも訳される）として開花した。エックハルトは自我へのこだわりから解放されて、自己を空ずることさえも空じ尽くすがごとき徹底的な離脱（道元による「只管打坐」によって披かれゆく無心の境地と同質性の事態であると言えよう。それゆえ、日本では上田閑照や柳田聖山など禅宗系統の僧侶や学者によってドイツ神秘霊性の研究が活発に行われ、愛宮ラサールやハインリッヒ・デュモリンや門脇佳吉やクラウス・リーゼンフーバーなどのイエズス会系のカトリック学者も禅とキリスト教の比較研究に挺身した。なおプロテスタントの佐藤研はベネディクト会司祭のヴィリギス・イェーガーに触発されて「禅キリスト教」という新たな方向性を提示している）を絶えず積極的に続けることで真の清貧を生き抜き、その空白の場にこそ聖霊が充満して私たちを躍動的な奉仕者へと新たに生まれ変わらせる事態を「魂の根底における神の子の誕生」あるいは「魂の火花」であるとして力説した（聖霊の充満は御子イエス・キリストの誕生をもたらし御父の意志による新生としてキリスト者を三位一体の神経験の深みへと導く。こうした思想は後に「無底」を強調する十七世紀の市井の神秘家ヤーコブ・ベーメ［Jakob Böhme, 一五七五頃―一六二四年］による『キリストへの道』［*Der Weg zu Christo*, 一六二二―二三年］やドイツ観念論哲学の旗手シェリング［Friedrich Wilhelm Joseph von Schelling, 一七七五―八五四年］によるベーメの「無底」についての発展的な主著としての『人間的自由の本質（自由論）』［*Philosophische Untersuchungen über das Wesen der menschlichen Freiheit*, 一八〇九年］にも受け継がれた）。なお、不幸にもエックハルトの思想の聴き書きは民衆や修道女のあいだで頻繁に転写されて誤解を招く表現に歪められつつ各地に拡散したので事態を憂慮した教皇ヨハネス二十二世によって異端として処断され回収され焼却され歴史の表舞台からは消え去ったかに見えたが、教皇庁の高位聖職者のニコラウス・クザーヌス枢機卿（Nicolaus Cusanus, 一四〇一―六四年）の私設図書館の地下深くの書庫に保管されて命脈を保ち十九世紀に本格的な研究が開始された。さらにはオランダではエックハルトの黙想と実践の影響を受けたヤン・ファン・リュースブルク（Jan van Ruusbroec, ロイスブルック、一二九三―一三八一年）『霊的な婚姻』（*Die geestelike brulocht*, 一三三五年頃）やデヴォティオ・モデルナ（*Devotio moderna*, 新しい信心）などに代表される信徒の目覚めによる信仰生活刷新運動が盛り上がり、十五世紀ドイツのトマス・ア・ケンピスによる『キリストに倣いて（*De Imitatione Christi*）』や十六世紀スペインのイエズス会創設者の聖イグナチオ・デ・ロヨラ（Ignatius de Loyola, 一四九一―一五五六年）による『霊操』（*Ejercicios espirituales; Exercitia spiritualia*）に至るまで洗練された。戦闘により負傷した聖イグナチオは病床でカルトゥジア会のルドルフ・フォン・ザクセン（Ludolphus de Saxonia, 一二九五／一三〇〇頃―七八年）による『キリストの生涯』（近代以降の略称は *Vita Christi*, 一三五〇年頃。正式名称は *Vita Jesu Christi e quatuor Evangeliis et scriptoribus orthodoxis concinnata*『四福音書および正統信仰の著述家にもとづくイエス・キリストの生涯』）を読んで回心した。五官を駆使して福音書のキリストの振舞を想像して黙想者の生活の模範とする手法を好む『霊操』には『キリストの生涯』の影響が色濃く反映された。ルドルフは元々はドミニコ会に所属しておりドイツ神秘霊性の影響を受けた神学博士として活躍し、後にカルトゥジア会に移籍したことからドイツ神秘霊性の発想がイエズス会の聖イグナチオに及んだことは霊性史上の意義が大きい。

『キリストに倣いて』（*De Imitation Christi*, 一四四一年）はドイツのアウグスティノ会聖アグネス修道院のトマス・ヘメルケン（Thomas Hammerken ＝ Thomas a Kempis トマス・ア・ケンピス、一三八〇―一四七一年）による六一歳頃の著作である。聖書の内容を黙想することでキリストの生涯の意味を思い巡らし、彼の生き方を模倣し、修道者を完全なる徳の実現へと導くことを目指す。あらゆることの虚しさを徹底的に説くことで、人間の知識の限界と不完全性を強調し、救い主キリストの模範に倣うことを通して神の計画を理解することの豊かさを修道者に実感させる。

その際、周囲の仲間を支えてともに共同体として連帯して前進するという愛徳の実行を忘れてはならない。そして神の光に照らされる謙遜な心構えが修道生活にとって大切である。その際、謙遜は最も知的な徳として描かれ、正しい自己認識をもたらす。つまり自分の不完全性を意識することが最も人間らしい美徳とされる。神の前における自己の位置づけをわきまえることが「へりくだり（謙遜）」（フィリピ2・6―8）である。十六世紀から十七世紀にかけての日本のキリシタンたちもイエズス会宣教師から『キリストに倣いて』の抄訳を手渡され『こんてむつすむん地』（*Contemptus Mundi*）という名称で幅広く流布し、十字架のキリストの模範を慕って殉教の道を選ばせるに至り迫害下の精神的な支えとなった。

六世紀のシリアの無名の修道士が初代教会の使徒パウロの弟子筋のアレオパゴス議員デュオニュシオスの権威に仮託して仕上げた『擬ディオニュシオス・ホ・アレオパギテース諸文書』（*Corpus Dionysiacum*）による観想の三つの道の第一段階としての「浄めの道」、第二段階としての「悟りの道」、第三段階としての「一致の道」という道行きが十一世紀から十六世紀にかけての西方教会において信仰生活の標準的な成熟の指標とされたことも考慮に入れる必要がある。その三段階の黙想の深まりの図式は『キリストに倣いて』にも影響を与えているからである。一四一〇年に執筆された『キリストに倣いて』第一篇は二五章から成り、「霊的生活に有益な種々の勧告」がまとめられる（擬ディオニュシオスの観想の三つの道の第一段階としての「浄めの道」Ⅰに相当する）。一四一二年にまとめられた第二篇は十二章から成り、「内的生活への勧め」が説かれる（「浄めの道」Ⅱに相当する）。一四一四年に執筆された第三篇は五九章から成り、「法悦」の境地が物語られる（「悟りの道」に相当する）。一四四一年に完成した第四篇は十八章から成り、「聖餐の実現する道」が述べられる（「一致の道」に相当する）。

聖イグナチオ・デ・ロヨラによる『霊操』全体の構成は以下の通りである。第一週は「罪の自覚と痛悔」（特に①「根源と礎（不偏心を説く）」［二三項］が重要である）を黙想する。第二週は「キリストの救いのわざの観想」（②

「キリストの国（呼びかけ）」〔九一―一〇〇項〕／③「二つの旗についての黙想（キリストの旗とルシフェルの旗）」〔一三六―四三項〕／④「謙遜の三段階（対話）」〔一六五―八項〕が重要である）を深める。第三週は「キリストの受難の観想」を深める。第四週は「キリストの復活の観想」（特に⑤「愛に達するための観想（愛の実行、愛に満たされた交流communicacion）」〔二三〇―七項〕が重要である）を深める。つまり、イグナチオの『霊操』は四週間を通して、各人が三位一体の神の働きに支えられて活かされていることを黙想し、全身全霊で神に感謝しつつ讃美の祈りを捧げて、新たに生まれ変わり徹底的な奉仕者となることを目指している。『霊操』では何よりも神の御意志を探し求め、見出すことが最重要視されており、いわゆる「神との合一」のような自己陶酔型の融解状態としての非日常的な神秘体験を決して目指すわけではない。『霊操』における観想は、御子キリストが御父の御意志をどのよう遂行し、私たちがキリストの模範に促されて、どのようにキリストに従って御父なる神の御意志を実現してゆかねばならないのかを味わう。御父なる神も御子キリストも人類の救済のために「実際に働く」のであるから、霊操を受ける者はキリストにならって、どのように神と人類とに奉仕すればよいのかを希求することになる。霊操の受け手は観想修道者のように、静けさのなかで神を想い、讃美し、祈ることだけに専念するわけではない。霊操者は個人的に与えられた神の御意志を知り、人類の救済への熱意に燃えて徹底的な奉仕者となる。

十六世紀のスペインではカルメル会霊性もまた再興期を迎え、アヴィラの聖テレサ（Teresa, 大テレジア、一五一五―八二年）や十字架の聖ファン・デ・ラ・クルス（十字架の聖ヨハネ、一五四二―九一年）の活躍は目覚ましいものであった。もちろん聖テレサによる『完徳の道』（*Camino de Perfección*, 一五六六年）や『霊魂の城』（*Castillo Interior, o las Moradas*, 一五七七年）も人間の心の重層性を綿密に分析することで神の愛の働きがいかにして躍動するのかを示唆したことで黙想から観想へと深まる瀬戸際を明らかにした点で重要であるが、さらに聖ファンの霊的修養の極致（闇の状態）を描いた『カルメル山登攀』（*Subida del Monte Carmelo*）および『暗夜』（Noche oscura, 一五七八年前後)、魂の浄化の過程(光の状態)を活写した『霊の讃歌』(*Cántico spiritual*, 一五七八年、仲間からの誤解と嫉妬により幽閉された修道院地下牢にて執筆された)および『愛の生ける炎』(*Llama de amor viva*)は本来はつかみ得ない心の動きを克明に言語化したという意味でスペイン文学の金字塔としても評価される。

ところで、近代日本の教会の指導的神学者であり病者の友だった岩下壮一(一八八九―一九四〇年)は『キリストに倣いて』にまつわるラジオ講演(一九三七年四月二〇日―二四日JOAK)の中で以下のように述べた。「近世に至ってキリスト教の堕落したのは、キリストに倣って生きる修養を無視したからである」。とするならば、キリスト者の共同体である教会は修養をつづけることで再生できるはずである。なお、霊的修養および徳を高める歩みを洗練させることは聖書の黙想によるキリストとの出会いを日々積み重ねつつも、心の底からの徹底的な信頼の念を敬虔な態度で身体的にも表明して(頭を深く下げて祈る、あるいはひざまずいて祈ることなど)、まるで自分の真横にキリストが一緒にいるかのように振る舞うことによって実現する。こうしてキリストと私との関係性が親密になるにつれて、ただひたすらキリストの現存を実感して感謝と悦びの念に満たされ、まるで日向ぼっこをするときのような穏やかなぬくもりに包まれてたたずむことになり(観想の祈りの状態)、ひいては社会における隣人にも神の愛の温もりを伝えたいと熱望する使徒的奉仕の意欲の表明と実践にまで昇華するに至る。その経緯は特に十一世紀から十六世紀の西ヨーロッパの各修道院を苗床とした霊的修養および徳を高める書物群において集約的にまとめられ豊かに開花している。神と隣人とを結ぶ橋渡し役としてのキリストの生き方に倣うことこそが修道者の使命であり、その秘義伝授のための奥義書が数々の説教記録や講話集として結実している。神か人間かの両極端に偏らずに両者をつなぐ独自の視点を成文化したという意味で十一世紀から十六世紀の霊的修養および徳を高める書物群は中庸の精神の具現化の意義を私たちに示唆している。

主要参考文献（論述順）

1. LThK^3 2:268-70. J. Leclercq, C. H. Talbot, H. Rochais, eds., *Sancti Bernardi Opera*. 8v., 1957-76.
2. クレルヴォーの聖ベルナルドゥス（古川勲訳）『謙遜と傲慢の段階について』あかし書房、一九八一年。聖ベルナルドゥス（金子晴勇訳）『雅歌講話』（『キリスト教神秘主義著作集2』教文館、二〇〇五年、所載）。
3. LThK^3 5:105-7.
4. ビンゲンのヒルデガルト（佐藤直子訳）「スキヴィアス（道を知れ）」上智大学中世思想研究所編『中世思想原典集成15　女性の神秘家』平凡社、二〇〇二年、三一―三〇六頁所載。
5. マグデブルクのメヒティルト（植田兼義訳）『神性の流れる光』（『キリスト教神秘主義著作集第四巻Ⅰ　中世の女性神秘家Ⅰ』教文館、一九九六年、所載）。同（香田芳樹訳）『神性の流れる光（ドイツ神秘主義叢書1）』創文社、一九九九年。
6. LThK^3 10:1282-3.
7. W. Johnston, ed. *The Cloud of Unknowing and The Book of Privy Counseling*, 1973. 作者不詳（ウィリアム・ジョンストン校訂、斎田靖子訳）『不可知の雲――キリスト教神秘体験の不朽の古典　個人カウンセリングの書付』エンデルレ書店、一九九五年。
8. マイスター・エックハルト（相原信作訳）『神の慰めの書』講談社（講談社学術文庫）、一九八五年。同（上田閑照訳）『ドイツ語説教集（ドイツ神秘主義叢書2）』創文社、二〇〇六年。同（川崎幸夫訳）『エックハルト論述集（ドイツ神秘主義叢書3）』創文社、一九九一年。
9. ヨハネス・タウラー（オイゲン・ルカ編、橋本裕明訳）『中世ドイツ神秘主義タウラー全説教集』全4巻、行路社、一九八九―九九年。ハインリヒ・ゾイゼ（橋本裕明訳）『永遠の智慧の書』（上智大学中世思想研究所編『中世思想原典集成16　ドイツ神秘思想』平凡社、二〇〇一年、五二九―七一二頁所載）。

10. 道元（河村孝道・角田泰隆編・校訂）『正法眼蔵　本山版訂補』大本山永平寺・大法輪閣、二〇一九年。
11. 上田閑照『ドイツ神秘主義研究　増補版』創文社、一九八六年。柳田聖山・上田閑照『十牛図――自己の現象学』筑摩書房（筑摩学芸文庫）一九九二年。
12. エノミヤ・ラサール『禅と神秘思想』春秋社、一九八七年。Christof Wolf 監督映像『愛ー雲　フーゴー真備・愛宮ラサール　禅とキリスト教の架け橋』二〇一九年。
13. ハインリヒ・デュモリン（巽豊彦編）『人生と愛』南窓社、一九八九年。
14. 門脇佳吉編『禅とキリスト教――瞑想＝自由への道』創元社、一九七五年。同『公案と聖書の身読――キリスト者の参禅体験　新装版』春秋社、一九八三年。『禅仏教とキリスト教神秘主義』岩波書店、一九九一年。
15. クラウス・リーゼンフーバー『自己の解明――根源への問いと坐禅による実践（小著作集Ⅴ）』知泉書館、二〇一五年。
16. ヴィリギス・イェーガー（八代圀衛訳）『禅キリスト教の道――「無」になって生きる』教友社、二〇〇八年。同『東西の叡智――「無」において出会う』教友社、二〇一一年。同『講話集Ⅰ　現代におけるエックハルト的霊性』教友社、二〇一四年。同『講話集Ⅱ　21世紀神秘思想――エックハルト的霊性』教友社、二〇一六年。同『久遠の叡智――「永遠の今」を生きる』教友社、二〇二〇年。
17. 佐藤研『禅キリスト教の誕生』岩波書店、二〇〇七年。
18. ヤーコブ・ベーメ（福島正彦訳）『キリストへの道』松籟社、一九九一年。
19. シェリング（西谷啓治訳）『人間的自由の本質』岩波書店（岩波文庫）一九五一年。
20. 八巻和彦、矢内義顕編『境界に立つクザーヌス』知泉書館、二〇〇二年。
21. ヤン・ファン・リュースブルク（植田兼義訳）『霊的な婚姻』（『キリスト教神秘主義著作集9　ゾイゼとリュースブルク』教文館、一九九五年、二一九―三八二頁所載）。同（ヨハネ・ウマンス訳）『ルースブルックの神秘の書――『霊的婚姻』『燦めく石』『最高の真理について』』（キリスト教歴史叢書17）南窓社、一九九七年。
22. 『コンテンプツスムンヂ（捨世録）』長崎天草版、一五九六年［慶長元年］（姉崎正治編『切支丹宗教文学』同文館、一九三二年に収載）。トマス・ア・ケンピス（小黒康正訳、ヨゼフ・ゲルハルヅ校訂）『基督模倣』新潟天主堂、一九二〇年。同（中村詳一訳）『基督の道』東京越山堂書社、一九二一年。同（中山昌樹訳）『基督に倣ひて』新生堂版、一九二八年。同（内村達三訳）『イミターショ・クリスチ』岩波書店、一九二八年。同（荻原晃訳）『キリストにならいて』サンパウロ、一九五九年。同（大沢章・呉茂一訳）『キリストに倣いて』岩波書店、一九六〇年。同（由木康訳）『基督に倣ひて（イミタチオ・クリスチ）』日本社版、一九四八年。同（池谷敏雄訳）『キリストにならいて』一九五五年。同（池谷敏雄訳）『キリストにならいて　改訂版』新教出版社、一九八四年。同（フェデリコ・バルバロ訳）『キリストにならう』ドン・ボスコ社、一九五三年初版、二〇〇一年改訂版、二〇二三年三訂版。同（山内清海訳）『キリストを生きる（キリストにならいて）』文芸社、二〇一七年。

23. ザクセンのルドルフス（[ルドルフ・フォン・ザクセン]佐藤直子訳）『キリストの生涯』（上智大学中世思想研究所編『中世思想原典集成16　ドイツ神秘思想』平凡社、二〇〇一年、六六三―九五頁所載）。

24. 聖イグナチオ・デ・ロヨラ（門脇佳吉訳）『霊操』岩波書店（岩波文庫）一九九五年。同『ある巡礼者の物語（『ロヨラの巡礼者』）』岩波書店（岩波文庫）二〇〇〇年。松岡洸司『こんてむつすむん地――本文と註解』（国語学研究4）ゆまに書房、一九九六年。

25. *The Works of Dionysius the Areopagite*, tr. By J. Parker (London and Oxford, 1897, 1899).

26. アヴィラの聖テレサ（東京女子跣足カルメル会訳）『完徳の道』ドン・ボスコ社、一九六八年。同『霊魂の城』ドン・ボスコ社、一九六六年。アヴィラの聖テレサ（高橋テレサ訳）『霊魂の城』聖母の騎士社（聖母文庫）、一九九二年。

27. ファン・デ・ラ・クルス（P・アルペ、井上郁二訳）『カルメル山登攀』ドン・ボスコ社、一九五三年。同（奥村一郎訳）『カルメル山登攀』同、一九六九年。同（山口女子カルメル会改訳）『暗夜』一九八七年。同（東京女子跣足カルメル会訳）『霊の讃歌』ドン・ボスコ社、一九六三年。同（山口女子カルメル会改訳）『愛の生ける炎』一九八五年。

28. 岩下壮一『信仰の遺産』岩波書店（岩波文庫）二〇一五年。

29. ゼーノ・フレック『修徳神秘神學序説』光明社、一九五六年。

Ⅱ．アンテーロ・デ・ケンタルの風景

――その生涯と思想に関する哲学的考察

諏訪　勝郎

凡　例

論文名や引用のほか、筆者による強調語は「　」で括る。但し、詩の全文を引用する場合は除く。

引用文中の《　》内の文字は《　》で示す。

詩節の原文引用には《　》を用いる。但し、詩の全文を引用する場合は除く。

引用文中の改行は／で示す。但し、詩節の引用においては、これを用いず、改行をおこなう。

引用における筆者による補足は〔　〕で括る。

省略部分は〔……〕で示す。

ゴシック体は引用文におけるイタリック体、および本文では筆者による強調語をあらわす。

傍点は筆者による強調をあらわす。

引用文の翻訳はすべて筆者による。

プロローグ

生きるとは、死ぬことだ。別《わ》け隔てなく何ものにも課せられた宇宙《ユニヴァース》のこの厳しい二元論にわれわれは生きている。生の前、すなわち誕生以前は、不在という無である。生の後、すなわち死歿後は、不在という無である。此《し》岸と、前後する彼岸の境界は、厳格である。にもかかわらず、それは僅か一瞬間の、微細な一線にすぎない。今まさに生命《いのち》を得たと知覚する本人はいない。たったいま生命を失ったと知る本人はいない。生の前に本人はなく、死の後に本人はない。自覚し得る時間はない。

だが、共有している時間《とき》というものは無限定である。個々の生と死とを繋いで澱みなく流れる。間断のない更新。堆積。あるいは消費。それは限りある無数の個体の生成と消滅の連続として、記憶される。たとえ忘れられようとも、存在した、過ぎた時間は確かなことだ。生きた事実は消えない。でなければ、現在《いま》はない。時間《とき》という全体はない。

慰めというにはあまりにむなしい。にもかかわらず、時間《とき》は連続をやめない。世界はその連続のうちにあらたまる。存続する。われわれは存在し続ける。遠い過去からの通信。宇宙《ユニヴァース》を統べる恒久不変の法則である。科学《サイエンス》は進化と呼ぶ。哲学は歴史と呼んだ。詩は伝統と呼ぶだろう。

われわれは誰もが、個々各々だけで完全な意義をもたない。過去と未来との関係する価値しかもたない。したがって、個体と呼ばれるものも何らかの連関をとおしての与件にすぎない。備わっているものである限り、決して独自性でもなければ独創でもない。すべてが借りものから出来ている。誰もが、絶えず自己を犠牲にしてゆくこと、絶えず個性を滅却してゆくことの連関において、その無私の努力こそ独創と知る。その不断の努力こそが伝統である。誰もが、現在ばかりではない、過去の現在的瞬間に生きている。未来の現在的瞬間に生きる。伝統に生きている。でなければ、誰も進むべき先を知り得ない。為《な》すべきところも分かるまい。

一国の文化というものも、その一国の宇宙を統べる、内在する意志とでもいうような、伝統と呼び得るあるもの、に導かれ、衝《つ》き動かされているように思われる。

ポルトガルも然《しか》り。ポルトガルの文学には、そのはたらきを、その流れを、信じさせうる何ものかがある。特に、詩のなかで生き生きとしているものが、詩人の伝記のなかでは生きていないという意味において。

そうだ。連続をなしているものは連続している。貫流しているものは貫流している。目に見えぬ間断なき底流を、感じる人は感じている。その通奏低音を、聴く人は聴く。

アルカセール・キビルの砂漠に消えたドン・セバスティアゥンは帰らなかった[1]。四百年が過ぎた。しかしながら、出陣の日の麗しきドン・セバスティアゥンの武者振りをポルトガルの民は忘れない。黄金色《こがねいろ》の砂塵を蹴散らし駈けるドン・セバスティアゥンの姿は、瞼《まぶた》の裏に生々しい。心の熱砂に映るドン・セバスティアゥンが、帰還の日を告げていないと誰が知ろう。永遠が帰還の日を約束している。ゆえに、ポルトガルの民は帰還の日を信じている。

ここに、民族の切実なるもの、永遠なるものの堅実を、われわれは知るはずだ。

ポルトガルの海[2]とは、そのようなものである。

第一章　詩人としてのアンテーロ・デ・ケンタル

アンテーロ・デ・ケンタルには「ソネット[3]の詠《よ》み手の才が認められるにすぎない[4]」とゴメス・デ・モンテイロ[5]は評した。「激しやすく、喧嘩っぱやい、粗忽な、不誠実で品位に欠ける人物[6]」と扱《こ》き下ろした。アンテーロと同時代を生きた同郷人にして、アンテーロへの競争心を隠さなかったテオーフィロ・ブラガ(7)に至っては、「病んだ精神による倫理の銷沈《しょうちん》、死に関する憂慮と快楽、脳の異常な興奮に在《あ》る心理の漠然たる躁鬱《そううつ》(8)」とアンテーロのソネットをさえ酷評する。

他者《ひと》から言われるまでもない。アンテーロ自身、「私がなしたとげたことでは、ソネットの撰集のみが認知されるに値するものと考える(9)」と断っている。『全ソネット集』を上梓した折、「韻の軽業師として、おのれを衆人の前にさらすのは恥ずかしいことだ(10)」とその慎みも深い。

だがプラグマティックな現実主義の野心家テオーフィロ・ブラガにすれば、慎みなど幼児の無垢にも劣る。不能者、敗者もしくは病者や狂人の、繊細に過ぎない。「私の前に立ちはだかるアンテーロ・デ・ケンタル！　この小僧は、不道徳と呼ぶ以前に、狂人だ(11)」。後に共和国臨時政府大統領にまで昇りつめるテオーフィロ・ブラガの矜持には、アンテーロはゆるしがたき人物、「なにも成しえぬ愚かなろくでなし(12)」と映った。同時代の尊敬を一身に集めたアンテーロへの、焦慮と羨望と嫉妬にかられたテオーフィロ・ブラガの罵詈雑言の数々は、虚言、妄言も含めて、ゴメス・デ・モンテイロのみならず、後世の評家を惑わせた。

アンテーロ・デ・ケンタルは一八四二年四月十八日、大西洋上のポルトガル領アソーレス諸島(13)のひとつサゥン・ミゲル島のポンタ・デルガーダに生まれた。

ケンタル家は古くから同島に植民した一族。ケンタル家は同島で名士の家であった。

一八五八年、アンテーロはコインブラ大学法学部に入学する。

直後、不良学生として八日間学生牢に入牢する一方、詩作と著述活動を通して、学生の間で際立つ存在となっていく。一八六一年には『アンテーロのソネット集(14)』を著し、一八六三年には詩集『光あれ(15)』を出版。その間に、教授採用に関する大学総長の不正行為を糾弾する学生三百十四人の署名を集めた「コインブラ大学生による抗議(16)」を著した。

大学卒業後の一八六五年、近代の社会や思想や文化を否定したカトリック教会に対する「教皇ピオ九世による回勅への抗議[17]」、ならびに伝統と形式の尊重に陥って膠着し生彩を欠いた文壇と知識人を批判する「良識と雅趣[18]」を発表。特に後者は旧弊な前世代とそれに飽き足らぬ若者たちとの世代間の確執を明示し、「コインブラ問題[19]」として社会的な注目を集めた。

以後、アンテーロは守旧的な社会や権威主義に抗する若い知識人の代表と目されるようになる。一方、詩作への意欲も旺盛、現代の詩に倫理的革命を目論んだ詩集『現代の頌歌[20]』を刊行、詩人としての地位を確立する。

一八六六年、アンテーロは階層間差別や労働問題等、社会への問題意識から、パリで写植工として働き、労働者階級の辛酸を経験する。帰国後（一八六九年）、リスボンで革新的な集団「セナークロ（Cenáculo）」を結成。

一八七一年五月、リスボンで「カジノにおける民主講演会[21]」をエッーサ・デ・ケイローシュ[22]、オリヴェイラ・マルティンス[23]、テオーフィロ・ブラガら、セナークロを中心とした十二人の名で開催した。

アンテーロは二つの講演――「講演会の精神[24]」および「この三世紀におけるイベリア半島民の衰退の原因[25]」――の壇上に立った。これは先の「コインブラ問題」以来の、ヨーロッパにおけるポルトガルの政治的、社会的、文化的後進性への警鐘であり、リアリズムや共和主義による改革を訴えるものである。

講演会は一大センセーションを巻き起こし五回に及んだが、危機感を募らせた国家権力によって中途閉会を余儀なくされた。講演会を催した知識人らは「七〇年の世代[26]」と呼ばれ、アンテーロはその旗手として世に認知された。

こんにちまで、アンテーロ・デ・ケンタルは「七〇年の世代」の旗手としてのみ語られるきらいがある。革命を唱道した熱血漢。「コインブラ問題」、「カジノにおける民主講演会」といったポルトガル十九世紀のエポックなエピソードに彩られた、社会変革の闘士。……

一八七二年、二十代の詩を集めた『夢見るころに』[27]を刊行。同時に、活発な評論活動も展開し「ポルトガル文学史の哲学に関する考察」[28]では、これまで行動を共にしてきたテオーフィロ・ブラガと反目、論争を招いた。

一八七四年頃から、「私は実際ひどい病いにある。良くなる見込みは少なく、むしろ悪化の傾向にある」[29]と友人に宛て書くほどに精神の病いを自覚、悲観的な傾向に陥る。

一八七五年、バターリャ・レイス[30]と共に雑誌『オシデンタル』[31]を創刊。また、ポルトガル社会労働党を立ち上げる。以後、プロレタリア運動に奔走するが、一八八一年の選挙には敗北した。なお一八七六年から、不眠と頭痛に悩まされる。

一八八一年九月。精神の安定を期し、ポルトから北へ約二十五キロメートル離れた大西洋岸の街、ヴィラ・ド・コンデに居を移す。同年、『ソネット集』[32]を刊行。この頃より、「宇宙の真理」について哲学的な思索をめぐらす。詩作も哲学的傾向を深めてゆく。

一八八五年に最後のソネット二作品を仕上げると翌年、『アンテーロ・デ・ケンタルの全ソネット集』[33]（以下、『全ソネット集』と略す）を刊行。詩作の集大成となした。

一八九〇年。アフリカの植民地をめぐりイギリスの最後通牒（一月十一日）に屈した政権に憤慨した若者たちが「北部愛国連合」[34]を結成。反政府運動を展開した。[35]アンテーロは若者たちに請われ、議長に就任する。しかし北部愛国連合は内部分裂等のため、目的を果たすことなく解散した。同年、哲学的思索の成果として「十九世紀後半における哲学の一般的傾向」[36]を連載。

一八九一年春、さらなる哲学作品の構想を抱いたアンテーロは、ヴィラ・ド・コンデを離れた。同年六月、生地サウン・ミゲル島ポンタ・デルガーダに移る。

しかし同年九月十一日、口蓋から脳へと拳銃を二発放ち、自死した。その原因はさまざまに憶測されているが、いまだ明らかになっていない。――

このように、闘いはいずれも際立った結果をもたない。現実の稔《みの》りに至っていない。ここに、自ら世を遁《かく》れがちであったその人の、「食欲をそそる容子にもかかわらず、果汁の見いだせぬ発育不全の果実のように、なにものももたらさなかった(37)」すがたを見るのも底意地の悪さとばかりいえない。アンテーロも「私は自ら不毛とならなければならなかった(38)」と断っている。テオーフィロ・ブラガの著書に関するアンテーロの苦言を端緒とするテオーフィロの復讐(39)は、その偏執と悪意を除けば、一抹の理はある。だが、それは後世まで時代を巧みに泳ぎきり、生き延びてのことだ。「われわれのような世代は、ひとつの姿勢のみ――抵抗し続けることのみ可能であった(40)」とエッーサ・デ・ケイローシュが語るように、アンテーロは時代と闘うよりほかに生をもたなかった。実際、その生涯は徹頭徹尾、十九世紀後半のポルトガルにおける生々しい現実社会の問題の克服に向けられた。したがって、アンテーロ自身が自らに成果をもとめてはいない。

「この人生に、栄光あるいは誉れを私はもとめない人だかりのむなしい喧騒が私を煩《わずら》わせるということに意味があるだろうか(41)？」

青春の頃に、誓約しておいた生き方である。共和国大統領の座を占め天寿を全うした大知識人が、ついに定職をもたず自裁した詩人をどう思おうと知ったことではない。

アンテーロは、「ただ詩のみが人生を表現している真実(42)」と自得した人だ。「おそらく私は、辞世の言葉も語らず世を去るだろう。しかし、辞世の言葉を遺したところで、誰が誇れるものか？　些細なことだ。未完や不完全さは、誰しも共通の運命だ(43)」。

死の十年も前に、あらかじめ告げている。

誰もが、アンテーロが担った「七〇年の世代」という看板に、アンテーロが頻用した「革命」という標語《スローガン》に、あるいは「科学精神」という時代の意匠に惑わされている。

アンテーロは時事に敏感で意識も高い散文を、晩年には理を追いもとめた哲学のエチュードを遺しはした。しかし、「私の内で勝利したものは理性と倫理であったが、想像力と熱情は敗れたとはいえ、屈しはしなかった[44]」という自覚のもと綴った「散文での詩[45]」であった。「長きにわたり、詩人の唇をとおして表現されたにすぎない[46]」と告白するほどに、詩人であることを自任していた。ソネットこそ「純粋なる抒情の完璧な形式[47]」と述べている。「魂からの純粋なる抒情であり、永遠なる感情を解き明かす思想である[48]」と考えていた。「ソネットの詠み手の才が認められるにすぎない」との酷評も、痛痒を覚えなかったにちがいない。

「傑出した詩人[49]」。「誇張ではなく、カモンイス[50]以後のポルトガルの最大の詩人といえるだろう[51]」。同時代の、または後世の、讃辞を連ねるまでもない。

「詩作というものは、私のなかではいつもまったく無自覚なものであった。それゆえに、私は、少なくとも真摯な詩作を得た[52]」と語る人が、「私は詩人であることをおのれにもとめたこともなく、詩人であるために研究や勤勉をおのれに課したこともないが、どういうわけか、いつも自分の傍らに詩をみとめ、自然に、ほとんど無自覚のうちに、私の思想や感受性は詩的形式を身にまとっていた[53]」と詩人である天真を、気負いもせず生きたことを、われわれが忘れがちなだけだ。

第二章　アンテーロをソネット（詩作）へと導いたもの

「コインブラで、ある夜、四月あるいは五月の心地良い夜のこと、ポケットに両手を突っ込んで、フェイラ広場をゆっくりと横切っていたのだが、当時はまだロマンティックな時代であった、月光がロマンティックに照射した新大聖堂の階段の上に、呟誦しつつ立つひとりの男をみとめた。〔……〕／そして、聖堂の階段では、明るい切石に動かぬ影を映し、マントを頭から被った人々が、まるで弟子のように、静かにうっとりとしながら耳を傾けていた。／誘惑にかられ、足をとめた。印象深いその男は、十八世紀の古風な詩人のようなやくざな艶《なまめ》かしい即興詩人などではなく、吟遊詩人、魂を目覚めさせ真実を告げる新時代の吟遊詩人であった。実際、その男は、天を、永遠を、人類を負って転回する世界を、純粋な思想のために宿る至高の光を詠っていた(54)」。

エッーサ・デ・ケイローシュは、アンテーロ・デ・ケンタルとの邂逅をこのように回想する。

「私もまた、即興で詩を吟ずるアンテーロのほとんど足もとで、一人の弟子のようにうっとりとして耳を傾けながら、階段のひとつに腰かけた。それからというもの、私は終生そのようにして仰ぎ続けたのであった(55)」。

当時、誰もがアンテーロの詩才に驚嘆した。アンテーロの出現を、真正なる詩人の降臨と仰望した。詩作はアンテーロの禀性《ひんせい》であったが、とりわけソネットを偏愛した。但し、それは詩作における無意識な選択であった。

「私はソネットをつくって二十年以上になるが、決してそのジャンルを選んだのでもなければ、その形式の特別な秘密を先人たちに学びもしなかった。思いもよらぬ風変わりな偏向が、私をソネットへと導いた(56)」。

この何気ない語りは注意を要する。「私がソネットをつくり始めたとき、われわれの間ではもはや誰もソネットをつくってはいなかった。浪漫主義者たちによる誹議のもと、他のすべての古典的形式とともにソネットは埋葬されたような状態であった(57)」なかで、無意識に選んだことは素直に驚いてよい。独創と新奇とを追い、ますます饒舌に語ることを覚えた浪漫主義が野心的なことばと感受性とを濫用し席倦するなかにあって、最も短い形式でことば少なに語ることを自然に体得したアンテーロの非凡。その自然なさまこそ再考に値する。

「――そして、おそらく私が知った最初の詩人たちであるところの、わが国の十六世紀の詩人たちの影響が、私をソネットへと導いた。当時、それらの詩人たちに内在するこころの素地が、私自身や彼らのソネットを領していた。特に、カモンイスのソネットは、私にとって、感情に関する福音のようであった[58]」。

ここに、一国の文学史をわたる底流を目にし、一国の文学史を流れる通奏低音を耳にする。あるいは、ひとつの形式が孕んだこころの伝達を見る。T・S・エリオットの言う「ひとつの生き方の全体が伝達される[59]」きわめて自然なさまを、「過去から受け取りかつ未来へと永久に伝えるべき、とにもかくにもひとつの生き方[60]」という存在の確実を認識する。何気ないアンテーロの告白は、記憶を基に甦生されるところの創造なるものの、顕現なるものの原理を言及している。

ここで、アンテーロの「私の内で勝利したものは理性と倫理であったが、想像力と熱情は敗れたとはいえ、屈しはしなかった」ということばをあらためて思い起こすとき、その二律背反両立を理解すること、アンテーロをソネットへと導いた「こころの素地」あるいは「感情に関する福音」が何ものかをはかることは可能である。やがて現在と化し過去と果てる未来という時間の一貫は、論理にして倫理にちがいなく、その不可避の勝利は疑うべくもないが、過去はすでに過ぎ去ったことどもであれ、現在においても未来においても、必ずしも屈してはいない確固たる事実に思い至る。

アンテーロの詩は、「相反する二つの方角において動いている二つの力の、調和的な、あるいは建設的な、結合の産物[61]」である。一瞬間における、相反することどもの両立。それは古くからポルトガル人にとどまらぬ関心を喚起したポルトガル語のタームを想起させる。「甘くかつ苦い[62]」、「何かののぞみをもつその何かの記憶[63]」などと解釈された、英国人が the joy of grief とレトリックに訳さざるを得なかったポルトガル語のタームの構造に相似である。すなわち、「サウダーデ」である。

第三章　サウダーデ

サウダーデ（saudade）。

――郷愁、愛惜あるいはノスタルジーと訳されるのが常である。

ポルトガル王ドゥアルテ[64]は、「きわめて固有な、私の知る他の言語表現にはない、相似する意味もないラテン語[65]」として、サウダーデの古形 ssuydade に言及。「サウダーデとは、悲哀《かなしみ》ではない心痛をともなう大いなる喜悦《よろこび》とともに感じられる[66]」もの、とした。

ドゥアルテ・ヌーネス・デ・レアゥン[67]はサウダーデについて、「その相貌は、自ずから慈愛と情愛に深い、ポルトガル人の特性のようだ。同義で説明可能な言語はない。数多のことばで巧みに説明する言語さえない[68]」と述べる。「何かののぞみをもつ、その何かの記憶[69]」と定義した。

「愛と不在がサウダーデの国[70]」と語ったフランシスコ・マヌエル・デ・メーロ[71]は、「サウダーデとは魂からの優しい情熱である。〔……〕好ましき悲しみであり、苦しめられるところの喜びである[72]」と説いた。

アルメイダ・ガレーット[73]は、「われわれの言語のうちで、最も甘美で意味深長かつ繊細なタームであろう。そこに表現されている思想、感情は、あらゆる国々で感じているにちがいないが、それを示す特別なことばがあるということについては、ポルトガル語を除いて他のどのような言語も私は知らない[74]」と述べた。「甘美な心痛、艱難の喜び[75]」と表現する。

カロリーナ・ミカエーリス・デ・ヴァスコンセーロス[76]はサウダーデについて、「他の国民がその感情を知らないという考えは正しくない[77]」と指摘。だが、「他の言語ではポルトガル語のタームと完全に一致しないというのは確かである(78)」と考える。

「サウダーデがポルトガル人の憂鬱な精神に特有の徴《しるし》であること、またその音楽的かつ抒情的な表出に特有な徴であることを私は否定しない(79)」。

孤独を意味するラテン語 solītāte を語源とし、サウダーデの古形である「soedade は僻地を意味した(80)」とする。健康や健やかさを意味するポルトガル語 saúde の影響を受け、「so-e-dade から soïdade を経て suïdade（ssuydade）となり、saüdade に至った(81)」と推定する。それらはもっぱら別離による、孤絶する状態の悲しみを意味し、「本質的に孤独の状態に対して、また悲しいという見棄てられた状態に対して語られる(82)」ことばとして、サウダーデの基点を定立した。

「野のひろがった景観が心細くする場所《ところ》こそ、／サウダーデ（soidade）のなかである」

とのカモンイスのソネットを引いて、

「soedade-solitate または soidade や suidade の原始的な意味は、soidão または solidão という孤独を意味する現代の表現よりなるもの、またそれへと引き継がれたもの(83)」とサウダーデの根源的な意味を結論した。よってサウダーデとは、「世界の中心であれ、世界の果てであれ、連れのないただひとりの状態、あるいは孤独である状態(84)」であり、「抽象的な意味において、孤立をも意味した(85)」厳しいことばであることを証した。

サウダーデへの根源的な哲学をとおして、より繊細にサウダーデを定義し、これを根幹とする思想サウドジズモにまで発展させたのがテイシェイラ・デ・パスコアイスである(86)。サウダーデをポルトガルの「民族の魂(87)」と規定。

「では、サウダーデとは何か？(88)」と自問、自答する。

「その窮極の深い分析において、サウダーデがかなしみによって精神化した肉体の愛、あるいはのぞみによって物質化した精神的な愛であることを、接吻と涙の婚姻であることを、たった一人の婦人におけるヴィーナスと聖母マリアであることを、断言することを私は厭わないだろう。〔……〕サウダーデとは、われわれ民族の永遠なる特性、すなわち特徴的な容貌、その容貌が他の民たちの間で際立つであろうところの独自の肉体である。サウダーデとは恒久のルネサンスである。イタリアで興ったような芸術の人工的手段によって実現されるのではなく、民の情緒的本能によって日々刻々と息づくものである。サウダーデとは、霧の朝、不滅の春、カモンイスのソネットが語る《愉快で悲しい夜明け》である。明日にはルジタ－ニアの自覚および文明となる、潜在する魂の状態である。……」(89)。

パスコアイスは、イベリア半島民族の血の源流《みなもと》に注目した。つまるところ、アーリア人とセム族という二つの民族に集約されると考えた。

「現在のカスティーリャ人、アンダルシア人、バスク人、カタルーニャ人、ガリシア人およびポルトガル人が由来とするさまざまな民が、かつてイベリア半島に居住したことが知られている。それら古《いにしえ》の民は、物理的禀性および倫理的禀性の聖痕によって区別される。異なった民族の二つの系譜に属する。一つがアーリア人（ギリシア人、ローマ人、ケルト人、ゴード人、ノルマン人など）。もう一つがセム族（フェニキア人、カルタゴ人、ユダヤ人およびアラブ人）である。／アーリア人はギリシア文明を、かたちの信仰を、造形的調和を、多神教を創造した。セム族はユダヤの文明を、すなわち旧約聖書を、精神の信仰を、神の統一を、精神の生命についての至上の肯定であるキリスト教を創造した。／アーリア人は客観の美を、セム族は主観の美を構想した。アーリア人の神は官能的な姿態を、線を、かたちを生き生きとし明示している太陽である。セム族の神性は夜の星、霊的な影において物質ならびに存在の有形の容貌を退色させ消滅させている月である。アーリア人はパルナソスの丘陵で地上の瑞々しい喜悦《よろこび》を歌った。セム族はカルヴァリオの丘で天上へと魂を高める救世主の悲哀《かなしみ》を栄光化した。／ヴィーナスはギリシア自然信仰の至上の花である。歎きの聖処女はユダヤ唯心論の至上の花である。ヴィーナスは生命を継続するところの肉体的な愛である。聖処女は生命を清め神格化する精神的な愛である。／要するに、アーリア人はイベリア半島に多神教を、セム族はキリスト教をもたらした[90]」とし、サウダーデを、「ギリシア・ローマ多神教とユダヤ・キリスト教との婚姻から生まれた感情であり、われわれの言語に存在し、他の言語に同等のもの認められない言葉[91]」とした。

そして、

「われわれの偉大な作家の幾人かを、特に、古くはカモンイスやベルナルディム[92]を、また現代においてはカミーロ[93]やアントーニオ・ノブレ[94]を読む者は、その感情が魂と肉体を有し、同時に同じエネルギーでもって形相と精神を目前に震える、いわば二元論からなることを見る。つまり、これらの作家の衝動《エモーション》は、観想された物質の、あるいは存在の、物質的な部分ならびに精神的な部分と、彼らの人間的な魂との交感より生じている。そして、それらの二つの交感より、唯一の印象を結果している。すなわち、その感情を。〔……〕さらに、ポルトガル人たちには、ひとえに彼らのものであるところの、また私が言及した二つの古《いにしえ》の民族の系譜の、ひとえに血の調和的結合によって起因したであろうところの感情が存在する。ポルトガルの魂にすべてを包摂するところの、またその精髄であるところの、感情が存在する。――ギリシア・ローマの多神教とユダヤのキリスト教との婚姻により生じた感情が存在する。それこそが、他の言語に同等するものなく、われわれの言語においてことばのかたちをなしたものだ。私が語るサウダーデである。〔……〕感情に融合したのぞみとかなしみとが、サウダーデを賦与する。／しかも、かなしみがのぞみを霊化する。また一方では、のぞみがかなしみを肉化する。まさしく生命力によって潑溂としたのぞみとかなしみとは、互いに滲透し合う。その後、新たな感情に滴下沈澱する。それがサウダーデである。／サウダーデは、のぞみをとおしてアーリア人の血に由来し、かなしみをとおしてセム族の血に由来する。〔……〕サウダーデは、悲しみと喜び、光と影、生と死でもある。自然へと拡大されたサウダーデは、存在する万物の統一が実現される、宇宙《ユニヴァース》の固有の魂である。〔……〕ヴィーナスはアーリア人の花。聖処女はセム族の花。そして現在《いま》、サウダーデは新しき花だ。ルジターニアの民の花。世界に馥郁《ふくいく》たるあの二つの花の娘だ……。〔……〕ポルトガルの民はサウダーデを創造した。なぜならばサウダーデが、アーリア人の血およびセム族の血の完全なる唯一の総合であるがゆえに[95]」。

したがって、サウダーデを郷愁、愛惜あるいはノスタルジーと訳すのは正しくない。

たしかにノスタルジーはサウダーデに近似する。しかし、その心の様相は大きく異なる。ノスタルジー（nostalgia）は「回帰、帰還」を意味するギリシア語「ノストス（nóstos）」に派生する。ノスタルジーは未来と過去への憧憬あるいは欲求を併せもつが、その欲求は過去のことどもの現在における不在の、未来における現存という過去の再現である。それは時間の不可逆性に逆らった不条理な願いだ。かなった再現は過去存在そのものではなく、限りなく過去存在に近しい新たな現存である。過去の奪回は錯覚にすぎない。奪回に至るまでに過ぎた時間は確実であるから！

サウダーデも未来と過去への憧憬を併せもつ。だが、その志向は時間の生成にかなった唯一無二の一瞬間の現存となるべく賭けられた希求であり、過去さえも未来とする統一である。ドゥアルテ・ヌーネス・デ・レアゥンが「何かののぞみをもつ、その何かの記憶」と定義したのを思い出そう。すべてが未来、すべてが現在、すべてが過去。過去も未来さえもすべてが現在。現在はもちろん過去さえも未来。この過去は未来の過去、来るべき過去はすでに到来した未来だ。未来における過去の甦生をとおしての創造だ。あるいは、海よりも深い過去への無限の哀惜と空よりも広い未来への無限の希望の渾然一体。――

サウダーデとは「能動的にして情緒的な生命において、民衆の天賦において、永遠なる再生（ルナセンサ）、永遠の人間の願いを意味する[96]」とパスコアイスは語った。ここで、次のように定義することは誤りではないだろう。

サウダーデとは、よろこびとかなしみ、理性と感情、生と死、精神と肉体などの観念を表裏一体とする、二律背反の稜線を果敢に疾駆するような厳しい二元論に生きる、過去への憧憬と未来への志向を併せもつ、時間《とき》の生成にかなった、孤独を恐れぬ、唯一無二の一瞬間の現存となるべく生を賭したのぞみ、未来における過去の甦生をとおして唯一無二たらんと孤独に耐える、唯一無二の創造的顕現という心のさまである。

第四章　アンテーロにおけるソネットの意味

アンテーロ・デ・ケンタルは生前、七冊の詩集を刊行している。

その最後を飾ったのが、一八八六年の『全ソネット集』。それまでに刊行された詩集および雑誌や新聞に発表されたソネットに、その後詠まれたソネットを追加し、編まれている。

収録された一〇九篇は五つの時期に区分されているが[97]、それは必ずしもソネット各々の制作年や発表年と一致しないことが先行研究によって明らかにされている[98]。「ある魂の記憶[99]」、また「あるこころの記憶[100]」とアンテーロは『全ソネット集』を呼ぶ。ソネット各々が語る心の在《あ》り拠《か》に相応しい時期をアンテーロは選んだ。

テイシェイラ・バストス[101]は、五つの区分を三つの時期に集約[102]。「ロマンティックな時代」（一八六〇—一八六六）、「革命の時代」（一八六二—一八七四）、「形而上の時代」（一八七四—一八八四）とした。

アントーニオ・セールジオ[103]は、五つの区分を八つに細分化した[104]。「恋愛感情による抒情表現の時期」、「社会変革教導の時期」、「悲観主義的感情の時期」、「逃避を希求した時期」、「死に関する考察の時期」、「神についての問いの時期」、「形而上学および倫理学の時期」、「神聖にして純粋な永遠の愛についての思索の時期」である。

バストスはアンテーロの生涯を通じた特色に即《つ》き、セールジオはアンテーロの折々のこころと思想の変遷に即いた。『全ソネット集』初版に序文を寄せたオリヴェイラ・マルティンスは、全篇が「精神の嵐と見做される[105]」と語り、アンテーロによる五つの区分のままに解説した。

しかし、アンテーロが自著を「ある魂の記憶」と評した書簡で「精神の自伝」とも呼び、あるいは「あるこころの記憶」とした書簡で「真剣さならびに真摯さにおいて、他の何ものにも譲らない」と語るのを想えば、自ずからその退っ引《のび》きならないことばの深さに相応しい心持ちを抱けば足る。だから、ここではアンテーロの肉声に即く。本来の字義どおりの、エクスプレッションとして肉声を搾り出すこころに即く。そのこころを顫《ふる》わせエクスプレッションへと促すもの、そのはたらきに即く。したがってこの稿では、引用も多く、長くなる。引用文はすべて、読むことをとおしてことばを控える必要を悟ったものだ。結局、読むことも書くことも、真摯であろうとするなら、慎みと沈黙に極まる。生真面目な人、聡明な人ほど、その心の奥深いところは見せない。いちばん大切なものは、いちばん慎重に隠されている。

アンテーロは言った。

「そこには、私の人生の最良のもの、私の人生の最も高きものがある(106)」。

第五章　アンテーロのソネット（第一期　一八六〇―一八六二年）

アンテーロ・デ・ケンタルが一八六〇年から一八六二年までのソネットを集めたとする第一期を、「Ｍ・Ｃに」という同じ表題をもつ四篇の異なるソネットが象徴する。頭文字のみの、謎の女性に捧げられた熱烈な恋情は、ロマンティックな激情と見るには悲痛なまでに真摯な愛の発露に溢《あふ》れている。みずみずしく謙譲な愛。――

「君を見るための瞳をあたえられたほかに、能力はない、
では、私には、……私には何があたえられたのだろう？
君を謳う声、そして君を愛するための魂！(107)」

切羽詰まった求愛は、筆舌に尽くし難いアンテーロのこころの顫《ふる》えを物語る。死にものぐるいの熱愛には、アンテーロの無防備なこころの純潔が滲《にじ》む。「精神の嵐」はその兆《きざ》しをさざめいている。

愛しい女《ひと》よ、君はなぜ愛を、人生を信じないのか？
君はなぜエルミニウスの山をゴルゴダの丘に変えるのか？
君はなぜ屍衣の湿った襞《ひだ》が
君の胸をしめつけるがままに任せるのか？

君を見棄てた幻影《まぼろし》とは何か、この隔絶のなか、
むなしくも君がもとめている失われたものとは？
傾いだ床に君の額をこすりつけようとする
惨酷な運命の翳ったみしるしとは？

ありえない！　君にもたらされる無傷の善など。
担保として、神は君に美しきものを賦与した。
天は、何時《いつ》であれ、君に祝福をあたえているではないか。

それでも君は生きることを信じないのか？……君が信じないのなら、
では、君のまなざしにいまや私が信じるに至った、

　　幸運のみを読む、哀れで悲しい私とは？[108]

抒情が禁欲的な苦悶により鳴動している。この節度こそ、自然発生的な、内的な制御、というよりは均衡であったことはもっと注意されてよい。

アンテーロは意識している。「自然を超えた模範をもとめず、道理にまさる理法をもとめることのない、こころのままなる手でもって綴られる詩、それこそが偉大にして真実の詩であり、幾百年と生きながらえ、後世に残る[109]」、さらに、「一方で希望に繋縛《けいばく》され、他方で愛情に緊縛されている、この天と地との相剋[110]」という「二重の実存[111]」を、「あるべきソネットを甦らせた[112]」と讃え敬愛するところの、詩人ジョアゥン・デ・デウス[113]にみとめている。だが、アンテーロはおのれにそれを自覚してはいない。詩作において作為のはたらいた痕跡はない。無自覚な当為として、ほのかに芽吹く。

「悲哀《かなしみ》が絶えず募ろうと、
　待望にすぎぬ夢であろうとも、
　孤独を不幸と誤るなかれ！[114]」

この詩節は提示する。秘密の音色などではない、常なる響きを。同じ表題をもつ異なる四篇のソネットが象徴する、真摯な愛と禁欲的な苦悶、不可避の希望と絶望、これら二律背反両立の主旋律を支える通奏低音。民族の深層。サウダーデの響き。それは自覚に至っていない。

だが、自然は黙っていない。「感情は現実だ。内奥より吹き上げ、幼子《おさなご》の朱唇より立ち昇ることばに真実があらわれるように、詩歌では純粋な感情を明らかにする[115]」。アンテーロは、「感じることを、感じるときに書く[116]」。ここに一篇が生まれた。

Só! — Ao ermita sósinho na montanha
Visita-o Deus e dá-lhe confiança:
No mar, o nauta, que o tufão balança,
Espera um sopro amigo que o céo tenha...

Só! — Mas quem se assentou em riba estranha,
Longe dos seus, lá tem inda a lembrança;
E Deus deixa-lhe ao menos a esperança
Ao que á noite soluça em erma penha...

Só! — Não o é quem na dor, quem nos cançaços,
Tem um laço que o prenda a este fadario,
Uma creança, um desejo... e inda um cuidado...

Mas cruzar, com desdem, inertes braços,
Mas passar, entre turbas, solitario,
Isto é ser só, é ser abandonado!

ひとりきり！――山中の見捨てられた礼拝堂へ
神は訪《おと》ない、親昵する
暴風がゆさぶる海では、船乗りが
天《そら》が親しくするそよ風を待っている……

ひとりきり！――しかし、遙かな外国《とつくに》の堤防に座る者は、
遠く離れたそこで、かろうじて思い出をもつにすぎない。
そして神は、夜に寂しい岩の上ですすり泣く者に
少なくとも希望をのこす……

ひとりきり！――それは悲哀《かなしみ》のなかにある人のことではなく、疲労のなかにある人のことだ
それは苦難の生涯を、信仰を、欲望を、……さらには熱意を
その人に与える罠となる……

それでも、気高く、力なき腕を組みつつ
それでも、人だかりをひとり駆け抜ける
それこそ、ひとりきりであるということ、見棄てられているということだ！(117)

積極果敢な孤独を生き抜く決意を表明したこのソネットが、「悲哀《かなしみ》のなかにある人のことではない」と孤独に浸

る陶酔を峻拒していることが重要だ。孤独をおそれぬ気概と覚悟を表明し、サウダーデの通念を乗り越えている。「偉大な詩人たちは、各々が生きた時代の人類の声である」(118)。ならば、一八六〇年代初頭に、サウダーデがこのようなすがたで顕現したことの意味を思いめぐらすのは邪《よこしま》なことではない。

「サウダーデとは、未来に関する偉大な創造主である」(119)とサウダーデの本質が守旧や退嬰ではなく、積極的な刷新と進取であることが証明されるのは半世紀後のことだ。ここで郷愁におわらぬサウダーデがたくましく謳われていることは、後にテイシェイラ・デ・パスコアイスが、「明日にはルジタ—ニア民族(120)の自覚と文明となる、潜在する魂の状態である」(121)としたのを証す。ある民族の「潜在する魂」が確実に存在していることを証す。この一篇は、アンテーロに潜在した、本来の面目の迸出である。そして、この一篇にかぎらず、生涯を通じてアンテーロは、サウダーデということばの意味するところを、ことさら意識して使用してはいない。「愛は、いまだかつて詩人たちを見放したことはなかった」(122)というにとどまる。

「ダンテともみまがう輝き」(123)とのオリヴェイラ・マルティンスの評は有名になりすぎた。ダンテの影響は誰もが語るとおりだ。

「私は愛より霊感を受けたとき
鵞筆《ペン》を取る。心のなかで愛が口授するままに
私は文字を綴っていく」(124)

誰が見誤るものか。アンテーロが初めて世に問うた詩集『アンテーロのソネット集』(125)（一八六一年）に、

「おお、あなたがた、健全なる知性の持ち主よ、
不思議な詩句《ことば》の帷《とばり》の下に匿《かく》された
教養を見抜きたまえ」(126)

と『神曲』の一節を添えている。

『全ソネット集』の第一期をしめくくる「ベアトリーチェ」は、アンテーロのダンテへの傾倒を物語る。この時期を象徴する同じ表題をもつ四篇の異なるソネットの、荘重な凝縮と豊潤な結果とを見せている。

「ゆえに、君よおそるるなかれ――おお、来たまえ！　天は純真にして、
地は穏やかで静かである、海は優しく、魂は……
魂！　君は魂を見ないのか？　愛しき女《ひと》、愛しき女よ、おお、来たまえ！[127]」

第六章　コインブラ時代[128]

学生時代のアンテーロ・デ・ケンタルは、「コインブラにおける、また知性の領域における、若者たちのプリンスであった[129]」とエッーサ・デ・ケイローシュは証言する。「アンテーロは清新な輝きでもって、革新の志も高き理智を尊ぶ知識人の模範を体現した[130]」。

誰をも魅了した詩人の光輝は、やがて生来の高潔がアンテーロの内面で育んだ社会に対する正義感あるいは倫理観へとたかまり、変革の闘士としての光背をもまとうに至る。

三百十四名の学生の署名を集めてなされた大学総長への抗議。これは、教授選考にあたり大学総長がお気に入りを贔屓《ひいき》し、不正を画策したことが明るみに出たことによる。

あるいはローマ教皇ピオ九世の回勅への抗議。シラブス（誤謬表）を付した回勅『クァンタ・クーラ』（一八六四年）において自然主義、合理主義、政教分離、表現と出版の自由などを非難、近代思想と文化の否定と排斥を表明した教皇に、人間的なるものを損ない無謬を誇って権威的にふるまうカトリック教会に対し、「すべての真摯にし

て敬虔なカトリック者たち、すべての真摯にして敬虔な異端者たちにささげる善良なる信仰の証言[131]」として、自由、権利、科学精神に基づく新しい時代の精神を擁護せんとした。

あるいは「コインブラ問題」として名高い、文壇の大御所への抗議。これは詩集『現代の頌歌』でなされた、形式と美辞麗句に堕した超浪漫主義が趨勢の文壇に抗し、「現代の詩に倫理的色彩を息づかせる[132]」挑戦に次ぐもの。アンテーロを含む三人の新進文学者を「良識を欠き悪趣味」と批判したアントーニオ・フェリシアーノ・デ・カスティーリョら前世代に反論を試み、時代精神（十九世紀後半のヨーロッパ文芸思潮や哲学など）から取り残されて伝統と権威に依る文壇や欧州の後進国に甘んじざるを得ないポルトガルの社会や政治の問題を喝破した。

一連のこうした守旧的権威主義とその勢力への徹底した抵抗は、いやがおうにもアンテーロの名を高めた。新しい世代の「リーダーというだけでなく、――救世主[134]」として、若き知識人たちに迎えられた。「コインブラ大学生による抗議声明」、「ピオ九世の回勅への抗議」および「良識と雅趣」は、十九世紀ポルトガルのモニュメンタルなことばとして、いまもその輝きは褪せない。

大学当局に対して――

「われわれが抗議するのは大学総長に対してだけではない。彼の職務に課せられている、第一義にして唯一のものである公正の義務でもって遂行せぬ権威に対してでもある[135]」。

ローマ教皇に対して――

「権威の扉を叩き揺るがすのは自由（な精神）である。〔……〕天上の神に対して地上の、自然の、まごころの神が抗う。啓示に対して理性が抗う。聖霊に対して人間の精神が抗う。古き書物に対して新たな科学《サイエンス》が抗う。鈍重停滞に対して進歩発展が抗う。世の絶望に対していのちの希望が抗う。不毛な貞潔に対して豊饒な愛が抗う。教会に対して時代が抗う。〔……〕科学精神とは世界の魂である。なぜなら、その名は自由と呼ばれるのだから[136]」。

守旧的にして頑冥な文壇ならびに知識人に対して――

「あなたがたが知らぬ、あるものが存在する。あなたがたが考えもせず、口にもしなかったあるものが存在する。あなたがたのオペラグラスに映る領域のはるか向こうに、世界が存在する。あなたがたの理論体系よりも大きな世界が、あなたがたの文芸よりも深い世界が存在する。何よりもまず、あなたがたの著書やあなたがたの講義にもまさる、広々とした、心地よい宇宙が存在する」[137]。

センセーショナルなことばの数々は、論敵の肺腑をえぐった。旧弊な大学に飽き足らぬ若者たちの溜飲を下げた。新世代の知識人たちを鼓舞した。高潔にして透徹した論理が、時代を先駆け、あるべきポルトガルの未来を照らした。

アンテーロはまばゆく、神々しかった。「青き瞳の、黄金の髭《ひげ》と鬣《たてがみ》の、〔……〕薔薇色の天空神《ジュピター》」[138]。「獅子のような黄金の鬣の、輝かしい、潑溂たる、まさしく先導者」[139]。

英雄像がひとり歩きした。「いつも汚れて破れたマントと学生服をまとい、穴のあいた黒靴下をはいた、古めかしい装いの」[140]アンテーロの風采は見失われた。「このまぶしさのすべてが多大な素朴さでもって、――殆ど謙虚さでもって産み出されたところにあった」[141]というアンテーロの素顔は、親しい友人を除いて、忘れられた。

アンテーロの飾らぬ、偽らざる心の在《あ》り拠《か》は、センセーショナルな一連の檄文にはない。その周辺で綴られた散文作品にわずかに垣間見られる。「詩は、ある時代の最も奥深い思考の真摯な告白である」[142]とアンテーロ自身が告げる。「ソネットは生涯の同伴者であった」[143]とアンテーロ自らが語っているように、ソネットにこそあらわである。時代の狂熱と衆人の昂奮の渦中にあって、アンテーロの若者らしい健やかなこころのさまは、ソネットに耀《かがや》く。

愛せよ！　生命《いのち》ある愛で……

永久《とこしえ》の臆病な爪弾きであってはならない、
昂奮し無分別となった頭の
単なる恍惚と欲求であってはならない……

溌溂とした輝く愛であれ！　私のこころに浸みわたる
熔融《とけ》た光であれ――恍惚と欲求という――
うわの空で与えられた接吻というだけでない
生命ある愛のなかでの……愛であれ……

そうだ、溌溂とした、熱烈な愛であれ！　正体不明な幻想《まぼろし》の霧のように
もはや白昼の光は
私の腕の中の愛を消しはしまい……

太陽から立ち昇った炎を前に萎えもしまい……
もしも生命を有するならば、……なぜ宙《そら》の星々は
かくも弱き愛に抗うのだろう？(144)

健全が充溢する絢爛。平静にして沈着である。「生命とは無秩序な運動ではない(145)」自然に身についた古典的な節度を、感情と形式において保っている。

私たち二人が、手に手を取って、
谷間で百合と白粉花《おしろいばな》を摘むとき、
そしていまだ夜露に湿った丘陵を
私たちが一気に駆け上るとき、

あるいは、寂寞たる連峰《やまなみ》から海を見はるかし、
遥かな地平に積み重なる
幻想の廃墟のような
夕暮れの雲々をみつめるとき、

幾度《いくたび》君は、不意に、口を噤《つぐ》むことか！
君の眸《ひとみ》の光が揺曳するのを私は知らない、
君の手が震えているのを私は感じ、そして君は青褪めている……

風と海は祈りをつぶやき、
天然の詩はゆっくりと慈しみ深く
私たちの心に忍び込む。(146)

この清潔な生命感の安定と秩序。アンテーロは言う。

「しかし生命とは、意識および精神である」[147]。

この内なる、自制しうるものと自制しえないものの均衡、相反するものの均衡と紐帯に生命が支えられているという自覚は、散文作品には見られないアンテーロの世界を拓いていく。

「悲哀《かなしみ》は、昔日のように、ここで、私の傍らで、夜を明かす……

　愛しき天使よ、わが光の歌は、
　夢にすぎぬ、されば夢こそ、わが愛！」[148]

悲哀と夢、夜と光、アンテーロのこころは、常に相反する双方向の均衡にある。潜在する二重の実在の間《はざま》にある。

「精神と意識！　そこに未来の名がある」[149]。

だが、アンテーロはその名を知らない。何がしかを感じてはいる。だが、命名し得ない。でなければ、次のような厳格無比なことばの選択が可能となるべくもない。

《Deixa-la ir, a ave, a quem roubaram
Ninho e filhos e tudo, sem piedade...
Que a leve o ar sem fim da soledade
Onde as azas partidas a levaram...》

「鳥よ、情け容赦なく、巣や雛やすべてを
盗んだ者を追って行くがよい……

折れた翼が鳥を運ぶところ、
寂寥の果てなき宙空《そら》が鳥を導くがゆえに……[150]」

「寂寥」にはサウダーデ saudade と語源を同じくする、サウダーデの古形 soedade、その派生である solitate ときわめて近似の soledade が使われる。ここでは敢えて「寂寥」と訳した。サウダーデの古形 soedade は遠隔の地、その荒涼や孤絶を意味したから、「荒野」あるいは「僻地」と訳すところかもしれない。「折れた翼が鳥を運ぶところ」をつなぐ関係代名詞は、場所を表す onde であるから、「宙空《そら》　o ar」にかかると見ても、「寂寥 soledade」に直接かかると見ても、いずれも不自然ではない。というより、いずれにもとれるように詠ったと思われる。

《Outros me causam mais cruel tormento
Que a saudade dos mortos... que eu invejo...
Passam por mim, mas como que têm pejo
Da minha soledade e abatimento!》

「私が羨む……死せる者たちへの思い出に等しい……
より惨酷な拷問を、他の人々は私にもたらす。
彼らは私と擦れ違うが、いかにわが寂寥や
衰弱を恥じていることか！[151]」

「思い出」にはsaudadeが、「寂寥」にはsoledadeが使われている。saudadeは孤独を意味するラテン語solitāteを語源とし、「so-e-dade から soïdade を経て suïdade（ssuydade）となり、saúdade に至った」[152]のは既に見た。soledadeは、同じくラテン語solitāteから、おそらくカスティーリャ語soledadを媒介として、soledadeに至っている。[153] soledadeは、その語源solitāteあるいはsaudadeへの変遷途上のsoedadeに語形が近似するところから、より語源の意である「孤独」の状態に近い状況を表すものだ。僻地や荒野といった孤絶感をよりともなう語として、ここでは「思い出」と訳した。孤独であるという状態を基点としながらも、過去への憧憬をとおしての、現在への唯一無二の顕現と未来への希求を表すサウダーデsaudadeとは峻別している。

こうした繊細な言語感覚こそ、民族のアイデンティティーたる母国語の表現に顕われる、その民族ゆえの無自覚な、道理にかなう選別がはたらいている。その道理の動機こそ、誰しもが無意識にもつ民族に固有のこころの流れである。**民族の真理。**それを伝統と呼ぶ。アンテーロは、「詩の伝統とは、真理の伝統である」[154]と独特に表現した。

ここに、

「しかし、わが茅屋《ほうおく》から湿った行宮《あんぐう》へと
かように私へと降《くだ》ったのは、
どのような王侯たちの娘、天使あるいは妖精であったろう？……

姫君でもなければ、妖精でもない。花であった、
私の愛の、黄金と光とからなる扉を叩いた
君の思い出であった！」[155]

健やかなサウダーデの、微笑ましい、ほのかな薫香の理由《わけ》を知る。アンテーロのソネットに纏綿するサウダーデ

を確認する。

にもかかわらず、アンテーロ自身は自認し得ず、命名し得ないのは先にも述べた。実際、そのもどかしさを告白している。

「私は自問する、そして、私の運命を
ときには映し、ときには隠すその幻影《まぼろし》に
与えるべき名を私は思いつかない……」[156]

自らでは名状し難いおのれの生命そのものの、内なる相剋劇。意識より人知れず滲み出る精神、その霊性の優勢。おのれにほのかな伝統の予感。アンテーロを取り巻く嵐と、アンテーロの内にきざした嵐との乖離を、その根本の差違を、はやこの時代に読む人は少ない。

「多くの支持を集め、数多に愛され、偶像と崇めた若き世代によって首領《リーダー》として祭り上げられた彼は、むなしき騒擾のはざまで、はやくも孤独であることを感じている」[157]とエッーサ・デ・ケイローシュは書いた。「私の理性と私の感情との間の不調和は、信じられないほどだ」[158]。いま一人の盟友オリヴェイラ・マルティンスに洩らしているアンテーロの自覚は、詩作に限られた言及である。理性と情熱、意識と精神、この力学的な懸隔と繊細な紐帯、その合理的な整合と調和へとアンテーロ自身を向かわしめるには、さらなる思索と成熟の時間《とき》を必要とした。かの凄惨な最期まで、内なる嵐が凪ぐことはなかった。この内なる嵐という固有の天災に有効な実践をもとめて、アンテーロはさまざまに思案をめぐらし、実践をおのれに課した。

「コインブラ問題」の後、青春の騒擾、血気熾《さか》んな祭りよりアンテーロは一人離れた[159]。

第七章　カジノ民主講演会（一八七一年）——アンテーロにおける「革命」の定義

「夢見る人よ、戦いの剣《つるぎ》を拵《こしら》えたまえ！[160]」
アンテーロ・デ・ケンタルは衆人の前に帰還を果たす。
「それは歴史の偉大なる光ゆえに戦いを挑むこと、
すなわち、正義の永遠なる戦いである！[161]」

一八七一年五月、リスボンのカジノで催された「民主講演会」は、伝説を超えて、もはや神話と化している。そして、外来思想に共鳴した十八世紀啓蒙主義者やフランス革命思想を導入した開花論者「エストランジェイラード[162]」の流れを汲む、社会主義思想と実証主義的リアリズムを奉じた運動《ムーヴメント》、との通念を固定的にまとう。

たしかに、因襲尊重の権威主義に抗い、欧州先進の学問と思想を梃子とし、パリ・コミューンに触発されての開催であった。しかし、アンテーロをはじめとする、「民主講演会」を機に「七〇年の世代」と呼ばれた者たちのこころは、そのような簡便な模式で出来上がってはいない。誰もが外国かぶれ、とりわけフランスかぶれと目したエッーサ・デ・ケイローシュでさえ、「洗練さと不作法でもって、誰がそこに、ポルトガルが模倣するためのお手本をそこに吊るしたのか？　おそらく一八二〇年代の人々だ。おそらく刷新の時代の浪漫主義者たちだ。私ではない。——[163]」と弁明する。「フランスの安直な猿真似のみが在った[164]」が、「アンテーロ・デ・ケンタルあるいはオリヴェイラ・マルティンスのような、高度な精神を除く[165]」と断っている。

「私は、オーギュスト・コント、リットレー、そして最近のフランス学派の、偏狭な実証主義なるものが、未来の完璧なる哲学をわれわれにもたらすとは信じていない。しかし、ヘーゲル哲学の精神によって、オーギュスト・

コント（テーヌ、ルナンやヴァシュローにおいて、またスチュアート・ミルを首領とするイギリス実証主義においてすでに顕著な傾向）によって排斥された形而上学を実証主義に包摂するまでに、われわれが実証主義を拡大するならば、その場合、哲学はきわめて堅固な基礎に据えられるだろうと、未来の哲学が的確にかつ確実に構成されていると言うことも無謀ではないだろうと私には思われる」[166]。アンテーロの実証主義に関する見解である。

「学派というものが、私の強い障碍となっているものであることを君は知るだろう。それは、独創的でない独自性を、まるで存在しないような才能を誤解するに容易《たやす》い作法である。なぜなら、創造しないがゆえに。学派なるものは、才能を損なうからくり以外の何ものでもない。君がここにあって、文学運動なるものに追従したならば、私の語るとおりであることを見たであろう。リアリズム、悪魔主義、その他もろもろの主義《イズム》とやらは、これらの信奉者たちを恵み豊かな者となすというより、完全な白痴に仕立ててしまう。使いものにならない、と私は思う。残念なことだ。というのも、繰り返すが、彼らは素質を欠いてはいないのだから。しかし、彼らは自分自身であろうとはしない。ミシュレーが言う、自分自身であれ、とは、あらゆる稔《みの》りの根本原理だ」[167]。

リアリズムに限らぬ、ありとあらゆる思潮へのアンテーロの観察である。固定的な通念は、方法に頼った、解釈と整理に急いだ学問の生んだ偶像かと思われる。そのような学問の在り方自体を、彼らは糾弾した。

「特に、民による社会の変革、倫理の変革、そして政治の変革に関する、われわれを憂慮させる今世紀のこの瞬間を特徴づける思想ならびに営為《いとなみ》が声を発する場に相応しい演壇を開くこと。文明化した人類が生きるに不可欠な要素で養いつつ、現代のムーヴメントにポルトガルを結びつけること。ヨーロッパにおいてわれわれを取り囲んだ、事実に関する意識の獲得をもとめること。哲学ならびに現代の学問についての重要な問題を世論に訴えること。ポルトガル社会の政治に関する、経済に関する、そして宗教に関する、変革の条件を研究すること」[168]という五項目が講演会の企図である。ここにイデオロギー喧伝の企図は窺い得ない。アンテーロは言う。「われわれは、われわれの意見を強いることはない。ただ開陳するだけだ。われわれの言に耳傾ける人々の同意を、われわれは請うものではない。ただ議論をのみ願う[169]」。

エッーサ・デ・ケイローシュは自らの講演を「新しい文学（芸術の新たな表現としてのリアリズム）」と題した。演壇にダヴィッドならびにクールベーの絵画を並べ、その比較をとおして語った。だが、「芸術のための芸術を拒むこと。因襲、誇張、そしてたわいない感傷を放擲すること[170]」というのがエッーサの語るリアリズムである。「美しいこと、理にかなっていること、真実であること[171]」というのが、エッーサの考えるリアリズムの精髄だ。新しい理論でも、新しい思想でもない。「コインブラ問題」においても彼らが訴えたことだ。凡そ文学とか芸術とか、表現あるいは創造にかかわるものの、真理にほかならない。

アンテーロの講演「この三世紀にわたるイベリア半島民の衰退の原因」は、最もセンセーショナルなものだった。ゆえに、散文におけるアンテーロの代名詞と化したきらいがある。社会現象と化した世評の熱気に煽られ、時代感情ばかりが深読みされている。何が何でも、革命の闘士といった偶像に、社会主義革命のイデオローグにアンテーロを仕立てなければ気が済まないらしい。アンテーロが語ったままに辿ってみることが肝要だ。

＊＊＊

「諸君。この三世紀にわたるイベリア半島民の衰退は、われわれの歴史の最も疑いのない、最も顕著な事実のひとつである。その衰退ぶりは、輝かしい力と豊かな独創性の時代に、ほとんど過渡期もなくつながっているのだが、その歴史において、歴史哲学者の眼に映る、明白にして疑うまでもない唯一の、大きな事実であるとさえ言える。私は、イベリア半島民として、イベリア半島民の集う場で、この絶望的な確証をみとめなければならないことを、甚だ遺憾に思う[172]」。

アンテーロは、ポルトガルの大航海時代の栄光がそのままその後の三世紀にわたる衰退、と講演の冒頭から訴える。

「しかし、われわれの過去の過ちを認めもせず、正直に告白しなければ、真摯にして確実な更生を、如何にしてわれわれは待望し得るであろうか？[173]」。

アンテーロは歴史を振り返る。

「諸君。イベリア半島は、ルネサンスの初期に、中世全般にわたり、さらには古代の最後の数世紀において、われわれが担った役割の偉大さ、重要性ならびに独自性を前にして、悲痛なコントラストをなすほどの、きわめて顕著な衰弱および無意という一枚の絵画を、十七世紀、十八世紀、十九世紀と、われわれに示している。はや、ローマによる統治の時代に、イベリア半島民族の本質的な特徴が表われる。すなわち、地方自治の精神ならびに創造性に富む天賦による独自性である。〔……〕その自立した個性は、文学において明らかに示されている。そこでは、ルカヌス、セネカ、マルティアリスといったスペイン人たちが、全きイベリア半島の、際立って特徴的な文体および傾向をラテン語に導入している。それは、次なる時代に現われた溌溂たる独自性の予告であった。中世では、外《と》国《くに》の影響から自由であったイベリア半島は、その天賦、その稟性《ひんせい》の質料《マテリア》によって十全に輝く。地方分権化と連邦制という政治本能が、劃一的で抑圧の、そして人工的な統一に抗う。異議申し立てならびに地方の権利とエネルギーによる勝利として、イベリア半島を分割するところの王国や主権をもつ伯爵領の多様性において明らかとなる。それらの区劃各々の中で、自治共同体、特許状は、法にまさって根づいている。また、数えきれぬほどのしきたりとともに、住民の自主独立の精神を明示し、確立している。そしてその精神は、ただ自立しているだけではない、時代がそれを容認せざるを得ないほどに、ひとえに民主的なのである。中央ならびに西ヨーロッパの民のあまねくにあって、イベリア半島の民のみが封建制の鉄の軛《くびき》より逃れていた」(174)。

先ずアンテーロは、ラテン文学におけるイベリア半島民の独自な創造性のさきがけを指摘するとともに、中世に顕著なイベリア半島の、ポルトガルの古人《いにしえびと》の、政治面での独自性、その自主独立の精神を挙げた。たしかにイベリア半島の、ポルトガル中世の政治環境における独自性は、たとえばコンセーリョ、たとえばコルテスなどの諸制度によって際立っている。

コンセーリョとは、イスラム勢力からイベリア半島を奪回していくレコンキスタが生んだ半島独特の自治共同体である。イスラムとの抗争期、住民が自らの生活防御を目的とし組織した。領主が農民を個々に支配する荘園とは異なり、領主はコンセーリョを一つの集団として統治するが、その内部では構成員間に民主的な関係が保たれる。自らの軍隊をもち、徴税官、行政官、裁判官などを自ら選出、固有の法律ももっていた。

コルテスと呼ばれた身分制議会は、国王の主権を制限しつつ真実に自由な特徴を古き君主制に賦与、常に国家（中央政府）にはたらきかけた。農村労働者が多数を占める地方議会は、その代表者をコルテスへと送ったのである。一三八五年のコルテスでは、互いに関係の及ぶすべての商取引において国民の意見を聞くこと、穏健な方策を探ることなく国民に課税しないこと、国民の同意なく開戦も停戦もないことの三項目を決議している。また一六四一年のコルテスは、王権は根源的に国民に由来すること、国王が暴君となったときには国民が王位を剥奪できることを定め実際、一六六八年のコルテスはアフォンソ六世を廃位とした。

「イベリア半島の民は、自ずから信仰に篤い人々である」(175)。

——話題は宗教に移る。

「しかし、同時に、創造性に富む自立した人々でもあるため、情熱をもって崇めるが、彼らが創造するものを崇めるにすぎず、強いられるものを崇めはしない。イベリア半島の民は宗教をつくる。既成の宗教を受容しない。

〔……〕われわれの天賦は、創造的にして個性を尊ぶものだ。〔……〕イベリア半島の教会の独立を、そしてローマ聖庁と対峙してのイベリア半島の聖職者たちの堂々たる態度を、十分に説明する。〔……〕イタリアの要求に対するきわめて率直な、甚だ堅固な拒絶があった。そして、その抵抗は、一部の者たちの意向や権益より生じているのではない。民の天賦からの、抗い難い衝動より生じている。その創造的な天賦は、その土地固有の典礼のあらわれにおいて、思想と解釈の際立った自由において、そして規律に関する幾千もの独自性において、見られた。かたちに拘泥しない、頭でっかちでない、溌溂たる人間らしいその表現におけるキリスト教徒のこころのあらわれであった。慈悲と寛容が教義神学よりも高い位置を占めていた。不運を負った本来重要なモウロ人やユダヤ人へのその寛容は、いつまでも中世イベリア半島のキリスト教徒のこころの輝きのひとつであろう。慈悲が民族に関する、信仰に関する、嫌悪や偏見に勝利したのだった」[176]。ローマ・カトリックと一線を劃した、慈悲と寛容の、中世イベリア半島のキリスト教を語る。

歴史的事実として、たとえばイスラムと攻防したレコンキスタの時代、スペインのトレドのサンタ・マリア・ラ・ブランカ教会をキリスト教徒、イスラム教徒、ユダヤ教徒は互いに曜日を変えて共同使用した。一四九六年のユダヤ人追放の決定と一五三六年の異端審問所の設立まで、ポルトガルに居住するユダヤ教徒とイスラム教徒はキリスト教社会のなかで独自の共同体を形成し、それぞれの信仰と伝統・慣習を守ることを許されていた。

あるいは、ポルトガルにはローマ・カトリックから独立を保った教会（テイシェイラ・デ・パスコアイスは「ルジターニア教会」[177]と呼ぶ）が複数存在した。司教座が置かれ、巡礼地として名高いサンティアゴ・デ・コンポステーラと覇権を争った、いまも「祈りの街」と呼ばれるブラガにある、十二使徒大聖ヤコブの弟子とされるブラガ初代司教聖ペドロ・デ・ラテスによって建立された教会もその一つ。その教会では五一六年と五七二年に宗教会議《コンシリオ》を招集、五七二年にはポルトガル独自のブラガ典礼の採用を決議した。またローマ司教座の優位を認めず、ローマ教皇はローマの司教にすぎないとしていた。さらに種なしパンを使わず、会衆に聖杯《カリス》を拒むこともなく[178]、煉獄の教え、教皇の無謬と絶対、世俗における聖職者の権威も認めなかった。

話題は学問領域に転ずる。

「中世における知的世界でのイベリア半島の精神の伝播は見過ごせない。〔……〕われわれは、たとえばライムンドゥス・ルルス[179]のような、哲学者たちを学界にもたらした。教会には、何人もの神学者や教皇をもたらしたが、そのうちの一人がポルトガル人のヨハネ二十一世[180]である。〔……〕また、私はモウロ人やユダヤ人を忘れるにまかせることなどできない。なぜなら、彼らこそ、（イベリア半島に居住した）イベリア半島の栄光の一つであるから。十三世紀ならびに十四世紀における、アリストテレス哲学による刷新をとおしてのスコラ哲学の改革は、スペインのアラブ系やユダヤ系の学者たちによるほとんど独占的な事業であった[181]」。

「哲学の傍らに、詩がある[182]」。

アンテーロは文学にも言及する。「ルネサンスの古典精神が、詩というものに別の方向性を与えるに至った――[183]」結果であるところの物語詩《ロマンセ》に触れるとともに、「プロヴァンスの吟遊詩人に対して、われわれはまたイベリア半島の吟遊詩人をもったのである[184]」と語る。そして、イベリア半島の世界規模での事業について、「われわれは、先駆者として、ヨーロッパを越境する。すなわち、地理上の発見と大航海と。十五世紀末に華々しく冠せられる大航海時代は、偶然にもたらされたのではなかった[185]」と評するとともに、アンテーロはポルトガルの歴史を一旦総括する。

「そのすべてが、ルネサンスへと到るための、あらかじめわれわれに課された、輝かしく重要な役割であった[186]」。カモンイス、ジル・ヴィセンテ[187]、サー・デ・ミランダ[188]、アントーニオ・フェレイラ[189]、ダミアゥン・デ・ゴーイス[190]たち、「ルネサンスの呼びかけに応じた最初の世代が存在した[191]」。

しかしながら、

「そのムーヴメントは、最初に最高の人々の一世代によって示されたにすぎなかった。そのムーヴメントを堅固となすべき次世代の者たちは、狂信的で、無気力で、無能であった。気高く自由なあの精神を理解することも、実践することもできず、その精神を否認し、攻撃した(192)」。

――アンテーロは、イベリア半島の、ポルトガルの凋落の元凶を明らかにする。

「われわれは産業をとおして、政治をとおして、凋落した(193)」。

大航海と地理上の発見がもたらした莫大な富は、冒険譚への熱狂と英雄行為への讃美とを引き換えに、労働の蔑視を招いた。

「ポルトガルの王政の初期数百年を学ぶ者が驚嘆することがらとは、その社会が本質的に農業から成り立っているという特徴である(194)」。しかしながら、「土地所有者や農夫は鋤を手放し、兵士や冒険者となる。彼らは栄光を、より輝かしい、あるいはより収益をともなう地位をもとめ、大洋を渡った(195)」。その結果は、「われわれの失われた産業、廃れた商業、減少した人口、衰退した農業が、また一本の木、一頭の家畜、人間の営為とすら出会うことのないベイラ(196)の、アレンテージョ(197)の、スペインのエストレマドゥーラの、カスティーリャの荒蕪地が答えている(198)」とおりだ。それはまた、「アレシャンドレ・デ・グスマゥン(199)が言うように、《ドン・マノエル(200)の治世以来、われわれは外国人たちに養われている(201)》」ということである。

中央集権化による絶対王権の確立は、古《いにしえ》より守られた地方の自主独立を奪った。

「中世において、イベリア半島の王たちは絶対的でなかった。なぜならば、強靭で溌溂たる地方政治は、王たちの大きな裁量権を認めなかったのみならず、その裁量の範囲においてさえ、王たちの勝手気儘な権限の行使を阻み、継続監視を怠らなかったから。一方では貴族や聖職者の特権が、他方では民衆の諸慣習、地方自治、共同体が、多かれ少なかれ一定の振幅でもって、王冠の重さとの均衡を保っていた。きわめて重要な問題や危機に及んでは、すべての社会階級が代表を送り投票を行なうコルテスが事に当たった。中世においては、自由がイベリア半島のノーマルな状態であった。／十六世紀に、そのすべてが変わった。絶対的な権力が、地方のしくみを廃墟となして、その上に腰を下ろす。貴族階級が没落したのは事実であるが、権益という面に限られ、民はその変革による恩恵をほとんど蒙ることはなかった。確実なことは、自由を失ったということだ。〔……〕重い劃一的な王政の中央集権化は、墓石のようにイベリア半島を圧迫したのだ[202]」。

そして、

「何よりもまず、宗教をとおして、われわれは凋落した[203]」。

アンテーロは言う。「実際、キリスト教とカトリック信仰との間に、厳密な区分をわれわれは慎重に定めることが肝要である。〔……〕キリスト教とはこころである、カトリック信仰とは制度である[204]」。

トリエント公会議（一五四五―一五六三）による教皇の権威化は、イベリア半島の教会の主権を、独自性を奪った。カトリックの戦闘的な集団にして、反宗教改革の尖兵であるイエズス会の伸張[205]は、古来イベリア半島のキリスト教の特徴たる慈悲と寛容の精神を奪った。学問ならびに科学精神の発展を阻害した。ほぼ同時期に導入された異端審問所は、同じく学問の発展を阻み、ポルトガル隆盛の一役を担ったアラブ人やユダヤ人を駆逐した。

「したがって、諸君、この三世紀におけるカトリック信仰とは、その原理ゆえに、その教育ゆえに、その政治ゆえに、世界における国民の最大の敵であった。また、真実、国民性の墓場であった。〔……〕／カトリック信仰は、全重量でもって、ありとあらゆることにわたって、われわれに圧《の》しかかった。異端審問所では、不可視の恐怖が社会を脅かす。偽善が国民の悪習と化す[206]。また、生存に必要な悪習と化す。密告は宗教上の美徳なのだ。ユダヤ人およびモウロ人の追放は、二つの国民を貧しくする。商業と産業を麻痺させる。そして、スペイン南部全域では、農業に致命的な打撃を与える。新キリスト教徒[207]への迫害は資本を消滅させる。異端審問は海を渡るが、われわれをインディオの敵となし、征服者と被征服者との融和を阻害していく。堅確な、持続可能な植民の基盤を不可能とする。〔……〕終には、宗教の恐怖は国民の特性を蝕み、文明への嫌忌が、寛容な二つの国民を偏窟な狂信者の一団となす。イエズス会の教えでもって、決して宗教の良心が降りることのない、最も歎かわしい詭弁に場所を譲るがゆえに、キリスト教徒のこころは消滅する。と同時に、残忍にして洗練されたイエズス会の教育法は、独創に富む思想を殺めようと、暗記を重視し、知性のはたらきを不毛とする。そして、本質的に自由で創造的な近代の学問の偉大なるムーヴメントから、イベリア半島の精神を遠ざける。イエズス会の教育は、上流階級を知識偏重の傀儡《くぐつ》となし、民を堕落した気狂いじみた狂信者となすのである[208]」。

大航海時代を先駆け牽引したポルトガルにおいて、なぜルネサンスが生じなかったのか、なぜ近代化に著しい遅滞を来したのか、という問いは常にポルトガルの歴史にまとう。この答えとして挙げられるのは、アンテーロも語ったように、自国での殖産興業を怠った経済の問題、中央集権化による絶対王権の確立とそれに伴う地方自治の衰退という政治の問題、これらに加えすでに見たように、ユダヤ教徒の追放（一四九六年）、異端審問所の設立（一五三六年）、イエズス会の入国（一五四〇年）と伸張といった宗教の問題である。とりわけ宗教の問題は、ポルトガルの近代化を阻んだ元凶として、ポルトガルでは今日《こんにち》の歴史学におけるきわめて標準的かつ共通な理解である。

異端審問所は首都リスボン、学都コインブラ、イエズス会の大学を擁するエーヴォラ、海外では東洋におけるポルトガルの拠点であるインドのゴアに設立された。密告が奨励されるとともに、ファミリアル（執達吏）による監視網が全国に張りめぐらされた。有罪者の全財産は没収、拷問による自白の強要、火刑による公開処刑がなされた。一五四〇年から一七六五年までの二百二十五年間に三万一千三百五十三人を審問、一千百七十五人を処刑した。また一五四〇年以降、国内の出版物には異端審問所による事前検閲が義務づけられた。一五四七年には禁書目録を発表、その所持と売買を禁止。外国からの流入を防ぐため、海外から入港した船舶を係官が巡察、発禁本の有無を確認した。奇しくもイエズス会のポルトガル入国は、異端審問による火刑が初めてなされ、事前検閲の始まった一五四〇年である。やがて国内外に広大な所領を有し、王室や貴族の聴罪司祭を務め、教育現場を独占、社会の隅々にまで絶大な影響力を誇るように[209]。こうした異端審問所の猛威とイエズス会の伸張が、ポルトガルの社会における教会権力とその支配を強大化し、人間と自然に注目した文芸運動であるルネサンスや自由思想と合理精神に拠る近代化の障壁となったことは容易に理解できる。

実際、ポルトガルの近代化とは、十六世紀以来、教会権力との闘争であった。

一七五〇年からポルトガルの近代化を図るため啓蒙主義的政治・社会改革を断行したポンバル侯爵[210]は一七五九年、イエズス会を国外追放としその財産を没収、一七七三年には教皇クレメンス十四世からイエズス会の廃止を勝ち取った。また一七六八年、国家権力から独立し巨大な権力機関と化していた異端審問所を国家に完全に従属する国王裁判所として再編した。

一八二〇年の自由主義革命では、国民主権・三権分立を謳う憲法の制定と並び、異端審問所の廃止は悲願であった。そして一八二一年、国内で百四十年ぶりに招集されたコルテスは、異端審問所を廃止した。

一九一〇年の共和革命では、一八一四年に復権していたイエズス会をあらためて国外追放、その他の修道会の解散、教会財産の没収、結婚・離婚の民法化など、反教権的政策を推進。一九一一年、政教分離法を公布した。

さらに一九三二年以降、独裁体制を敷いたサラザール政権による「新国家」体制のスローガンは「神、祖国、家族」という教会の伝統的価値観を反映したものであり[211]、一九七四年の四月二十五日革命に至るまで、いわばカトリック・ファシズムとも形容しうる権力との戦いを約半世紀、強いられたのであった。いずれにせよ、近代の幕開けがヨーロッパ中世への逆行とでもいうようなポルトガルの歴史の特異性と独自性の理解なしに、ポルトガルの近現代人の苦しみや痛みを理解することはできない。

アンテーロは、十九世紀後半のポルトガルを次のように言い表わす。

「われわれは、歴史の過誤の重みの下《もと》、呻吟している[212]」。

アンテーロは問う。

「では、われわれが文明社会にあらためてわれわれの居場所を獲得するには、何が必要であろうか？　先進的なヨーロッパの共同体に再びわれわれが参入するためには、何を必要としているのか？[213]」。

アンテーロの回答は透徹している。

「われわれはカトリック信仰に抗う。〔……〕われわれは中央集権的な王政に抵抗する。〔……〕われわれは産業の無気力に抗議する[214]」。

そしてアンテーロは講演を締め括る。

「よろしいか、諸君。かつてキリスト教は古き世界の革命であった。したがって、革命とは、現代世界のキリスト教以上の何ものでもないのだ[215]」。

この言葉はポルトガルの近代に限らず、全人類の歴史において、福音の観点から、カトリック教会という組織や制度がはたしてナザレのイエスのすがたたり得たかという問いを示唆する。

とくに近現代、カトリック教会は真実、小さき者とともにあったか？　むしろ権力と呼ばれる大樹の蔭で保身に汲々としてはいなかったか？　いや、むしろ権力そのものではなかったか？　福音を出し惜しみ、神秘を欺きと惑わしの具となし、権威を恫喝としてはいなかったか？――

われわれの歴史において、おそらく人びとが、社会がもとめたのは、理路整然たる哲学でも深遠な神学でもなければ、正統な教義でも解釈でもなかった。神秘でないのはもちろん、福音ですらなかったろう。きっと真《まこと》の自由であり、人びとの生活感情に適う、現実の救いであったにちがいないのである。

⁂

アンテーロは聴衆に早急なるポルトガル社会の変革の必要を訴えた。ここに、「七〇年の世代」の旗手としてアンテーロは認知される。革命の闘士あるいは革命思想のイデオローグという偶像を運命づけられる。だが、それは偶像にすぎない。作られたイメージだ。ことばが一人歩きした。革命という符牒の一人歩き。ポルトガル社会の変革をもとめたのはたしかである。それを革命と呼んだ。しかしながら、語られたその姿勢は、「抗う」、「抵抗する」、「抗議する」といった煽情的なフレーズに掻き消された。その定義は、結句ゆえに見失われた。講演のセンセーションが、檄文の性格が、聴衆において、アンテーロの繊細さを閑却したがゆえである。

「逞しき努力が、至上の努力が必要だ。決然と過去を破壊すること。われわれは、われわれの祖先の記憶を尊ぶだろう。祖先の営為を敬虔に記憶にとどめるだろう。しかしながら、われわれは彼らを模倣しないだろう」(216)。

過去の否定ではない。破壊すれども尊び、敬い、こころにとどめながらも模倣しないという姿勢である。古《いにしえ》の、潑溂たる自由闊達なイベリア半島のすがたを語るアンテーロは既に見た。中世の独創性に富む、自主独立のエキセントリックなポルトガルへのアンテーロの憧憬と痛哭《つうこく》は既に見た。アンテーロの革命は過去の否定ではない。郷愁に駆られた過去の模倣でもない。過去の甦生であり、精神の覚醒である。ポルトガルの本来の面目の回復こそが、アンテーロの革命の企図である。

「――そしてわれわれは、革命家という名を拒む慎ましさをもつ！　またわれわれは、革命家と呼ばれるのを欲していない！」(217)。講演の六年も前の宣言は意味深い。ここで講演の結びの前の一節を引くのは有益かと思う。「われわれは現代の精神を投棄したがゆえに堕落した民族である。その精神を誠実に受けとめながら、われわれは再生するであろう。その名を革命というのである。すなわち、革命とは戦争を意味しない。平和をこそ意味する。乱行を意味しない。秩序をこそ意味する。真実の自由による、真実の秩序をこそ意味するのである[218]」。

アンテーロによる革命の定義は、破壊ではなく、再生である。真実の秩序の回復である。

第八章　アンテーロとテイシェイラ・デ・パスコアイス、あるいはサウダーデの系譜

カジノにおける「民主講演会」から四十年の後（一九一二年）。古《いにしえ》のポルトガルに本来のポルトガル民族の精神をみとめた一人の詩人が、新しいポルトガルの建設を訴える。

テイシェイラ・デ・パスコアイス。――パスコアイスは、古のポルトガルのすがたに、ポルトガルの天賦を、その来源からの甦生の力を信じた。パスコアイスはもはや革命とは言わない。「再生《ルナセンサ》」と呼んだ。「ルナセンサ・ポルトゥゲーザ（ポルトガルの再生）」と名づけられたその運動《ムーヴメント》をとおして、パスコアイスは語る。

「ルナセンサとは、われわれ民族の魂の再同化であり、そこにおいてかつてのポルトガルの活力が回復し、新しい文明が創造され、実現される[219]」、「新たなポルトガルを創造すること、いやむしろ、ポルトガルの祖国を甦生すること[220]」、「読者よ、ルナセンサ（再生）ということばを、過去への単純な回帰を意味すると想うなかれ。否！　再生とは、生命の根源的な泉へと帰ることであり、しかも新たな生命を創造せんがためである[221]」。

これらのことばのひとつひとつが、先にも見たアンテーロの訴求の、真意の明細であり、敷衍《ふえん》ではなかろうか。アンテーロの思想あるいは詩嚢《しのう》に垣間見られた、自覚されないこころ、無意識の深淵に底流する声の、伝統としての顕われではないか。ポルトガルの民族の魂が繋ぐ通奏低音。パスコアイスの「過去は不滅だ。そこに私たちが新

たなエネルギーを汲み上げる源泉が湧いている[222]」という認識と「われわれの宿命とは、われわれの歴史である[223]」というアンテーロの意識との連続。こうした民族の内なる幹流から生成するものを、伝統のすがたを、T・S・エリオットは「文化《カルチャー》」と呼んだ。「われわれが意識的に目的とすることのできない唯一のもの[224]」と定義した。パスコアイスは、ポルトガルのそれを「サウダーデ」と考えた。

ここにおいて、通念では対極の系譜に位置すると考えられてきたアンテーロとパスコアイスが、きわめて似通った傾向を示す。二人のポルトガル観は相似する。同じ系譜に連なる。

⁂

パスコアイスは語る。

「叙事詩的英雄の時代あるいはカモンイスの時代（カモンイス以前）に続く衰退は、謂わば、ポルトガルの精神を消した、国民性剝奪者ともいうべき外国かぶれの侵寇を用意した。なぜなら、宗教（ドン・ジョアゥン三世治世下の異端審問やイエズス会の教え）の、文学や政治（立憲王制主義やフランスの書物）の、さまざまな意匠を重ねてまとったがゆえに[225]」。

先に見たアンテーロの歴史観に同じである。

「たしかに、ルジターニア原始教会、自治制度、コルテスにおける議案や古《いにしえ》の王政の特徴のように、ほとんどすべてのわれわれの宗教、政治および法律の歴史は民族の特徴的な事実を明示している[226]」。

この中世ポルトガル観は、先に見たアンテーロの憧憬する、独立不羈の中世ポルトガル観に重なる。

「栄光および倖いへと運命づけ、ポルトガルの大地を祝福したのは神であった。／幾千もの世代が、さまざまな民族が、ポルトガルの大地を過《よぎ》った。その痕跡、後世への遺産――つまり、彼らの営為《いとなみ》と美徳についての記憶をひとつも残さず、何ものも絶えることはなかった。〔……〕／ケルト人、フェニキア人、カルタゴ人、ローマ人、ゴード人、アラブ人、あらゆる民族がここ[227]を過《よぎ》り、ここに暮らし、考え、感じ、流悌しあるいは歓喜した。しかしながら、完全に死に絶えることはなかった。〔……〕／存在したさまざまな民族の廃墟の上に、ある日、力、エネルギー、追憶、過去における栄光、渇望、および未来における希望にみちたひとつの民が起立した[228]」。

一方において、アンテーロのポルトガル民族観は、サウダーデの由来を語るパスコアイスのそれに酷似する。「イベリア半島の民は、自ずから信仰に篤い人々である[229]」、「われわれの天賦は、創造的にして、個性を尊ぶものだ。〔……〕イベリア半島の教会の独立を、そしてローマ聖庁と対峙してのイベリア半島の聖職者たちの堂々たる態度を、十分に説明する[230]」とアンテーロは語った。パスコアイスは、「われわれの間では、宗教の独立の精神は強烈である。われわれの優秀なる神学者たちは、常にわれわれの教会の自立の原理原則を守ったのだ[231]」、「ポルトガル民族は、倖いなことに、宗教的な民族ではあるが、カトリック者ではない。だからこそサウダーデを創造し得たのである[232]」と語る。「――〔ポルトガルの〕民の宗教感情は、カトリック教のなかにおさまるものではない。また、自主独立の教会を設立しながら、おのれのかたちに確立されることを熱望している。〔……〕後に異端審問[233]は、われわれの宗教の自由を抑圧し、息苦しくした。にもかかわらず、ルジターニアの精神は独自である。〔……〕〔ポルトガルの宗教に関する〕そのすべてが、ルジターニア教会が存在することを、またサウダーデの創造主たる自然信仰にして神秘的なポルトガルの精神がかつてカトリックではなかったことを、現在《いま》もカトリックではないことを、将来もカトリックではあり得ないだろうことを、明白に示している[234]」。

パスコアイスの語るルジターニア教会とは、アンテーロの語るイベリア半島の教会と同義。かれの語るポルトガルの精神とは、アンテーロの述べるキリスト教と同義である。

「私のキリスト教とは、正確には、護教的なキリスト者たちのそれではない[235]」、「イベリア半島に関して、私は率直に言うだろう。カトリックであることを放棄するとき、そのときこそふたたびキリスト教徒に回帰するであろう、と[236]」。

アンテーロもパスコアイスもともに、ポルトガル人はカトリックに非ず、と断じている。

「叙事詩的英雄の時代あるいはカモンイスの時代（カモンイス以前）に続く衰退は、謂わば、ポルトガルの精神を消した、国民性剝奪者ともいうべき外国かぶれの侵寇を用意した」とパスコアイスが述べているのはすでに見た。よって、「ルジターニアの再生《ルナセンサ》の目的は、われわれ民族の特性に反する影響やわれわれの精神の自立の敵と闘うことであり、人智のかぎりのあらゆる方法によって、民族の主導的かつ教育的な倫理の力の顕現をもたらすことである[237]」。

アンテーロが民主講演会で訴えたところも、宗教、政治、産業における「国民性の墓場[238]」と化した十九世紀ポルトガルの惨状であった。「惑い、怯えたヨーロッパを真似るなかれ。ヨーロッパを驚嘆させたまえ[239]」とアンテーロは鼓舞した。アンテーロにしろパスコアイスにしろ、出自観念の喪失、国民性の喪失こそ、ポルトガルの宿痾として危惧した。後に、アンテーロは書く。「国民の文学は終わった。驚くべきことではない。国民性がすでに亡きものである地において、何が文学たり得るであろうか？[240]」あるいは、「いまや民の精神のほぼ完全な国民性の喪失は、最近五十年間において、われわれの集団心理の最も主要な事実である。当世の者たちは、言うなれば、考えるために、感じるために、ポルトガル人であることをすでに放棄しているのだ[241]」。

パスコアイスは、「地方自治体の最大限の独立が、国家の最大限の統一と両立していた[242]」中世を国の在り方として理想とする。十六世紀以降の中央集権化による地方の自主独立の剝奪を憾《うら》むアンテーロもまた、「民主主義と連邦制という政治の理想なしに、ポルトガル人に今日はない[243]」と述べた。西洋にとって克服すべき存在《もの》であった中世は、アンテーロにとってもパスコアイスにとっても、憧憬してやまぬものであった。すなわち、ポルトガルの精神にとっては、あるべき祖国の肉体であったということだ。

「立憲王制は、ポルトガル人たることを知らなかった。〔……〕／立憲主義は、一度たりともポルトガルの国民性と婚姻を結びはしなかった」[244]とパスコアイスの考察は中世にとどまらない。

「立憲王制の時代を特徴づけたところの、よく知られたわれわれの悲観主義《ペシミズム》は、起源として、ポルトガルの精神についてのわれわれの無理解をもっていた」[245]。

したがってパスコアイスは一九一〇年十月五日の共和革命[246]を支持する。

「ポルトガルの魂がおのれ自身に出会うや否や、昔日のエネルギーがあらわれ、その文明を実現するであろう。〔……〕十月五日のその勇気は、永遠に死滅したと言われていた雄々しき資質のあらわれであった。〔……〕ヌン・アールヴァレス[247]の亡霊《かげ》が墓所から出で、リスボンの路々を徘徊したのだ。理想のインドを、われわれの夢の十全たる海と化すインドをもとめて、カラヴェラ船の幻影《まぼろし》がテージョ川を渡ったのだ」[248]。

この認識《イメージ》は、「民主主義《デモクラシー》が思想であるなら、共和制はそのことばである。民主主義が意志であるなら、共和制はその行動である。民主主義が感情であるなら、共和制はその詩である」[249]とのアンテーロの観点の演繹となろう。

「民にとって共和制を除いて何ものも存在しない」[250]とアンテーロは語った。パスコアイスも共和制を支持。共和制をポルトガルの本来の面目の顕現の結果と支持する。「十月五日がわれわれに与えた希望が決して絶えぬよう心懸けねばならない。それゆえに、われわれの共和制が絶対的にポルトガルの共和制であらねばならない」[251]。だからこそ、パスコアイスはサウダーデの通念に抗した。

「再生《ルナセンサ》が単純に過去への帰還を意味すると想像するなかれ。再生するとは、すでに私がいくつかの論稿で書いたように、生命の源泉から新たな生命《いのち》を摘出することである」[252]。

これは、アンテーロたち「七〇年の世代」が訴えた「Vida Nova（新たな生命《いのち》）の構築」の詩的表現である。どこから新しい誕生はもたらされるか？　おそらく、――いや、まちがいなく、過去からだけだ。

⁂

アンテーロとパスコアイスの相似は、憂国の熱誠、中世ポルトガルへの憧憬、共和制の待望と支持にとどまらない。

アンテーロの科学性への志向は誰もが言うところであるが、それもまた時代の意匠にすぎない。アンテーロは理性的であろうとはした。科学的であろうとはしなかった。

「……物質の現実性に触れていると考える人々が暮らすところの幻影よ！　近在するものを現実と錯誤し、身近で束の間のものを定め調えるものであるところの、遙かな永遠なるものを馬鹿げていると軽蔑する。現実感覚の先入観は、一般的かつ普遍的な意味において、現代の最大悪のひとつである(253)」と科学的であることの絶対と専断、ならびに横暴を糾弾したパスコアイスと同様に、アンテーロは科学者の不備を指摘する。

「科学者は、知っていると言うことはできる。が、理解していると言うことはできない。なぜならば、宇宙《ユニヴァース》の問題は、全体的にして具体的な問題として、しかも事実にあふれている彼の知性にとっては、単純で無知な者の知性にとってと同様に、きわめて晦渋なものであろうから(254)」、「実際に宇宙《ユニヴァース》が発展するのなら、なぜ発展するのか？　この問いに科学が考察すべき何ものももたないなら、哲学こそが多くを、またすべてをもつのだ(255)」と科学者ならびに科学の限界を厳しく訴えている。

「そしてまた、哲学の子であるわれわれは、理性によって世界を解放することを、理性によって顕現された永遠の法でもって秩序と平安が世界にもたらされることを夢見る」(256)。科学ではない。理性こそをアンテーロは信じた。

さらに、サウダーデ観においても両者は一脈通じている。アルメイダ・ガレーットをパスコアイスがサウダーデの正統の系譜に考えていたことは先にも見た。アンテーロも、

「国民の魂に霊感を受けている。国民の魂を甦らせている。国民の魂を代弁している。そしてときには魔術的に墓所から喚起された古《いにしえ》の偉人たちの口をとおして、ときには深邃にして潑溂たる抒情における力で国民の魂を奮起させながら、国民の魂をほとんど忘れた世界に、あらためて国民の魂を啓示する。この大地からの、この血からの感情を、揺れ動く心に覚醒させる。民の本来の面目を信じると語る。そして彼のことばのひとつひとつが、国民精神の再生《ルナセンサ》の歴史の生々しい事件である」(257)。

――と評した。

「コインブラ問題」では、アントーニオ・フェリシアーノ・デ・カスティーリョの詩を「御用文学の偉大なる教皇」(258)と批判。「菜の花！　金盞花《きんせんか》！　哀切なサウダーデ！　詩句の綴り換えや文字遊びの間にちりばめられたこれらの抒情の詩示」(259)――と表層だけの、詩情の飾りにすぎないサウダーデを看破し、婦人の少女趣味に媚びるものとして糾弾した。「虚偽《いつわり》の型によってつくられた衣装を身にまとった女にまったく似ている」(260)とのパスカルの譬えが想起されるばかりではない、これは、「サウダーデはこれまで表面的に理解されたにすぎなかった」(261)、「ポルトガルの魂とは、ニュアンスというようなものではない」(262)とするパスコアイスのサウダーデ観に繫がる。カスティーリョの名は、パスコアイスの語るサウダーデの系譜にはない。

ルネサンス期の詩人フランシスコ・デ・サー・デ・ミランダを扱った文献学者カロリーナ・ミカエーリス・デ・ヴァスコンセーロスの著作に関する書評において、アンテーロはポルトガルの挫折を「ルネサンスの流産」(263)と独特

に表現したが、そこには示唆に富む卓見が見られる。

一五五〇年ごろ、はや「ルネサンスの流産」は顕著であった。トリエント公会議は既に第六会期。ドイツの宗教改革により、ラテン世界の分断は不可避であった。イエズス会がその教育機関コレージオを開学。イベリア半島の全土にわたって、異端審問の焚火が上がった。人文主義は活力のない博識に。芸術は創造から膠着した技巧と堕した。自由な思想、寛容にして人間味あふれる感情《こころ》、高尚な文化は、絶滅に瀕していた。

アンテーロは言う。「そして絶望した世界は不条理に訴えた。そこに、あの癒し難い憂鬱が、またあの貶《さげす》んだ人間厭嫌が生じた[264]」。「このすべてを、あの偉大な精神は見た。あるいは予見した[265]」。よって、「そこにわれらがサーの涙が生じた。さらにサーはもうひとつのことがらを見越していた。すなわち、祖国の死を[266]」。

誰もが「癒し難い憂鬱」を、「貶んだ人間厭嫌」を、サウダーデと見做す。しかしながら、真正のサウダーデとは、「癒し難い憂鬱」でもなければ「貶んだ人間厭嫌」でもない。「癒し難い憂鬱」と「貶んだ人間厭嫌」に涙する健全なこころのさまだ。われらがサーは、「哀れな詩人は、泣くに余りある動機をもっていた！[267]」。われらがアンテーロもまた「泣くに余りある動機をもっていた！」。

このように、アンテーロはサウダーデの通念を確実に凌駕していた。真正なるサウダーデを理解していた。ただアンテーロは、そのこころのはたらきをサウダーデとは自覚していなかった。

「芸術はこれまで語られてきたように未来のみを見つめてはいない。芸術は二つの顔をもち、過去もまた見つめている[268]」。

パスコアイスがアンテーロをサウダーデの正統の系譜に置くのも得心がゆく。サウダーデの本質そのものが、「アンテーロ・デ・ケンタルにおいて、自覚した最初の表現にして哲学的最初の表現を獲得しながら[269]」、ポルトガルの精神の創造のすべてに広まっているのをパスコアイスが見たというのも納得がいく。

「真夜中に、コインブラの旧大聖堂広場で、月明かりのもと、イラーリオ[270]が歌うのを聴いた者は、《追われし者[271]》とファドとの間に、大理石における限定と音楽における無限定との間に、肉体の記憶と魂の希望との間に存在する親昵を知る。二つの理性化されたかたち——すなわち、神学のそれと哲学のそれに説明されるサウダーデのこころについての、聴覚的視界と視覚的音響を捕捉する。その詩は、宗教的にはアゴスティーニョ・ダ・クルーシュ[272]やアンテーロ・デ・ケンタルに、抒情的にはガレーットやアントーニオ・ノブレに示現している[273]」。

パスコアイスはアンテーロをサウダーデの系譜に考えた。

アンテーロにしろ、パスコアイスにしろ、いずれもが失われた古《いにしえ》のポルトガルの潑溂、自由闊達、自主独立を想った。両人が真摯な憂国の熱誠より、各々のことばで各々の思想を語った。その響きが違ったのは、各々が語らねばならなかった時代各々の、「現代の音調《ノオト》」が異なっていたからにすぎない。だが、彼らの楽曲は、流れを同じくする通奏低音に支えられていた。どれほど少なく見積もったとして、各々の基音は同じ鍵盤《キー》を叩いていたのである。

第九章　アンテーロにおける理性と感情の相剋（哲学の劇《ドラマ》）

行動の嵐は止んだ。「カジノ民主講演会」の頓挫と社会主義運動の挫折を経た頃である。

思想の嵐は、いよいよさかんとなった。剝き出しの現実が、アンテーロ・デ・ケンタルを襲った。

アンテーロは生来の詩人である。感受性を核とする観念がまさっていた。「感情とは現実的である心奥より生じ、歌に純粋なるものを表現する。幼児の唇にあらわれることばに真実が輝くように[274]」。したがって、社会の現実に立ち向かうがために、思想の獲得と成立のために、散文を要したがゆえにひろく理性を必要とするに至ったのは当然の帰結であった。ここに、アンテーロの裡における理性と感情との相剋劇が始まる。「詩人とは、自らの内に向かうすべてを歌に表現することの宿命的な必然性を、自らに感じている者である。思想より自ずと生じる形式において感じることを述べ、自らの心のことばを語る者である[275]」と考えるアンテーロにあっては、理性も散文のことばも社会とのコミュニケーションの媒体というより、むしろ社会と対峙する鎧であった。この内なる相剋劇はアンテーロの内面を蝕み、神経に障った。

「詩は、魂と魂とが交感を果たす媒体である。したがって、魂と魂とが理解し合うために、詩もまた明澄であることが肝要である[276]」と語るアンテーロの観念の潔癖は、現実にも求められることとなる。「偉大なる革命とは、ひとえに倫理的な革命であろう[277]」。しかしながら、現実もまたアンテーロに求める。突きつける。アンテーロは直面せざるを得なかった。「ポルトガルは改革を欲しない。それはきわめて顕著な、しかも真実な心理現象である。堕落した社会はどのような改革も欲せず、騒乱を好むものである[278]」。あるいは、「ポルトガルでは、革命という名に値する革命はあり得ない。なぜなら、革命は、目的、強固さ、および倫理の力を前提とするが、ここ、ポルトガルにはいずれも存在しないものであるから[279]」とやや後にアンテーロが洩らさずばすまないのが十九世紀ポルトガルの現実であった。「現代《いま》の政治に仕えていない、真面目で思慮深い人々は、老いさらばえたポルトガルの未来を考え、うなだれて悲しみに暮れている[280]」と既に観察してもいた。

ある現象への秋腸は、否が応にもその現象を実際以上に肥大し、こころ煩う者の過度の負荷となす。現実の威力がおのれの観念にまさると感ずる以上、自己保存の本能として、専守防衛へと向かわしめる。さらなる鎧が、そう侵されず、ほつれることのない複雑錯綜たる鎧が必要だ。観念において、感受性あるいは感情にまさる、――本来感情はより複雑であるにも拘らず、それは往々にしてあまりに脆弱に映るがゆえに――より堅牢と見まがう理性の陶冶が始まる。早急な、ちょっとやそっとでは侵犯されない、体系の構築を希求する。しかして、哲学の営為が頻繁となる。哲学も学問である以上、現実という現代《いま》と対峙するにあたり、「現代の音調《ノオト》」もしくは「現代の意匠」をまとわねばならない。

十九世紀のそれは何か？　すべからく「科学《サイエンス》」である。ここに、「私が到達し得たのは、倫理である。いつの日か、さらに前へと達するとは思わない。なぜならば、それがこの問題に関する今世紀の科学の限界であると私には思われるから[281]」と自覚するアンテーロのこころの揺らぎを生む。「詩とは、ある時代に最も親昵なる思想についての真摯な告白である[282]」。ならば、哲学はすでに語られている。哲学のための思想、その体系の構築は「屋上屋を架す」の愚ではあるまいか？

「今日《こんにち》、詩は吟遊詩人の素朴でおおらかな、奏楽をともなう歌曲に満足することはできない。いまやほとんど科学《サイエンス》である――科学たればこそ！……理想なるものの科学である！[283]」。

アンテーロはレトリックを乗り越えねばならない、退《の》っ引きならぬところに追い込まれたおのれを知っていたはずだ。

「一縷《いちる》の涙の重さよ！[284]」。

――アンテーロは、カジノにおける民主講演会に臨むまでにも、思索をめぐらしている。

「悲しみの歓声、悲哀に傷つけられた魂から生じる漠然たる病んだ夢、と言うのだろう。……それは何を証すことができるだろうか？　一縷の涙は何を証すことができるだろうか？　また、私は問うだろう、地上の科学《サイエンス》の冷徹な論証家たちは、いかなる理由で、天空《そら》へと訴えられる、世の困窮の声であるところの、その熱烈な正義の声を軽蔑するのであろうか？　熱烈にして生々しい声！　真実であるために、そこに何が欠けているというのだろうか？

おそらく、あの厳格な平衡がそこに欠けている、哲学がその運命を告げることばの無感動なリズムを計量するところの、論理と呼ばれるあの精神の退屈な一本調子がそこに欠けている。……しかし、論理とは、均整、調和、そして秩序である。――ひとえに秩序と調和を請う困窮する人々の声は、天空《そら》へと抗《た》つ。それもまた論理だ。しかも、母親の胸のような、恋人のこころのような、神聖な、情の深い、温かな条理からの論理である。科学《サイエンス》の方法ではない？　生命《いのち》の方法ではないか！　そして科学なるものがそれを軽蔑するのなら、たとえどれほど科学的であろうと、生きてもいない非人間的なものだろう。……」(285)。

科学とは、アンテーロにとって、正義、倫理、一縷の涙、悲しみの歎声、謂《い》わば観念と結んでこそ成立した。混乱した表象こそ、アンテーロの科学的思考の基礎をなしていた。アンテーロにとって科学は、まず生きた人間的なものであらねばならなかった。

「われわれを取り囲んだ、われわれの魂そのものからの広がりのような、われわれの後光、われわれの輝きのような、心の底からわれわれに生じる哲学の、何と温かく、何とまばゆいことか！」(286)。

ここに、科学的精神に貫かれてなお溌溂《はつらつ》たる哲学が、アンテーロにおいて可能となる。「なぜ思考は、心が揺れ動くのを羞恥のように恐れるのであろうか？〔……〕堆積した、世のあらゆる学派の議論は、どれほどの高みに達したであろうか？　しかし、ある淑女のまなざしは上昇する。もはやその飛翔の広がりを測るに足る、数字をもたぬほどに遙かな天空《そら》の高みに極まる！」(287)。

——そして、自問自答する。

「それは詩にすぎないのであろうか？　詩もまた真実だ。すなわち、魂の明証だ」(288)。

したがって、アンテーロは自得する。

「科学たるものとは、もはや詩であった」(289)。

結論ではない。決意である。

第十章　アンテーロのソネット（第四期　一八七四―一八八〇年）

――「合理的な、実証的な、社会的な詩は存在可能か？　現代、人間が詩的存在たり得るか？」

したがって、感情と理性、いずれをも論理《ロジック》として決意に至ったアンテーロ・デ・ケンタルは、その相剋が剝き出しの現実を前に深まるなか、「詩と社会とは、相互に批評し合うような、交互する文章と註釈である[290]」と解いた。「明確に規定されない社会の事実の真っ只中にあって、詩嚢《しのう》は錯雑し、紛糾していると思われる。しかも、霊感の源泉は涸渇し、溷濁《こんだく》しつつある[291]」との危惧を抱いた。執拗に「合理的な、実証的な、社会的な詩は存在可能であろうか？　われわれの時代の人間が、詩的存在たり得るだろうか？[292]」と問わずばすまぬ焦燥をもって詩作した。『全ソネット集』第四期（一八七四―一八八〇）に相応する。

「風に導かれ、
広域に及んだつむじ風に駆られた一団のごとく、
まぼろしどもが、私自身の思想の亡霊どもが、
私の夢に連なる……
〔……〕
あなたがたは何者か、わが兄弟たち、わが死刑執行人であろうか？
あなたがたは何者か、非情にして残虐なるまぼろしどもであろうか？
哀しいかな！　哀しいかな！　そして私は何者であるか？[293]」

ますますさかんとなった思想の嵐は、究竟、「私は何者か」に繋《つな》がる「神―人」、「死―生」という相反する概念の格闘に収斂した。

Erguendo os braços para o céo distante
E apostrophando os deuses invisiveis,
Os homens clamam: 《 Deuses impassiveis,
A quem serve o destino triumphante,

Porque é que nos criastes?! Incessante
Corre o tempo e só gera, inextinguiveis,
Dor, peccado, illusão, luctas horriveis,
N'um turbilhão cruel e delirante...

Pois não era melhor na paz clemente
Do nada e do que ainda não existe,
Ter ficado a dormir eternamente?

Porque é que para a dor nos evocastes? 》
Mas os deuses, com voz inda mais triste,
Dizem: 《 Homens! porque é que nos criastes? 》

遙かなる天空《そら》へと両腕《かいな》を伸ばし、
不可視の神々に呼びかけながら、
人々は叫ぶ。――《勝利の運命がもたらす、
無情なる神々よ、

なぜわれわれを創りたもうた？　絶えることなき
時間《とき》は流れ、癒し難き
悲哀《かなしみ》、罪科《とが》、幻影《まぼろし》、凄惨なる争いを、
惨酷にして錯雑たるつむじ風の中に産み落とすにすぎぬ……

ならば、無の、またいまだ存在せぬものの、
穏やかなる平安のうちに
永遠《とこしえ》に眠りについていたほうがまだしもではなかったか？

なぜ悲哀へと私たちを呼び覚ましたまうか？》
しかし、はるかに悲しげな声で、
神々は応える。――《人間たちよ、なぜわれわれを創りなどしたのか？[294]》

機智《エスプリ》というにはあまりに生真面目な思索の結果であることは、「神とは始源《アルファ》にして終末《オメガ》である、と二千年近くも

前に言われた。この長きにわたる歳月に、多大な観想の後に、今日《こんにち》次のように言うようわれわれは導かれている。神は終末《オメガ》にして始源《アルファ》である……[295]」との告白に疑わない。実際、アンテーロの詩の敬虔には鞠躬如《きっきゅうじょ》たるものがある。

「忌諱と困憊とにみちた、寂寞たる
かなしき私の魂は、阻まれた悲歎の堰を破りつつ、
神へと向きを変えた！

信仰のなか、私は思想を屍衣にくるみ、
脱力と忘却のなかで平安に気づいた……
神は存在するか否かを知ることのみ、私にのこされている！[296]」
「神―人」にもまして、「死―生」は切迫している。
「私はあなたがたを知っている。あなたがたは
私の最後の案内人であろう。寡黙な同伴者たちよ、
ようこそ、然り、君よ、死よ、ようこそ！[297]」

死はアンテーロにおいて、「黒き鎧をまとった騎士[298]」、「黒き駿馬[299]」などとも形容される。ここにも、漆黒の、敏捷で強靭なイメージへの憧憬にも似た偏愛は、ポルトガルの民衆が古くから「死の刻《とき》」と表現する、「夜」への信頼さえ帯びた親愛へと通ずる。夜への親愛は、いまに始まったものではない。第二期（一八六二―一八六六）でも、

「風が海で眠りにつき、月がのぼるとき、
過ぎゆく精霊にして
揺曳する夜のやんちゃなこどもである

君だけが私の呵責をよく理解している……
〔……〕
そして君は、名もなき私の悪を、
私を貪り尽くす理想の熱を理解している、
夜の精よ、君だけだ、ほかに誰がいよう！(300)」
——と詠む。

だが、

あまりに不毛なる闘争、はかり知れぬほどの苦悶、
そして無意味な多くの厳しき拷問たる
真昼の凄まじき光を私が仰ぎ見るとき、
夜よ、私の思索は君へと向かう……

君は、少なくとも、悲劇的なる地下牢から洩れる
悲歎を制する……
咆哮し、猛り狂う永遠《とこしえ》の悪は、
とある瞬間、君に安息し、忘れる……

おお！　永遠不変のひとときに、

世界へと降《くだ》る君さえもが眠ってしまわぬうちに、
君が忘れてしまわぬうちに、

彼は、世界は、もはや争うこともなく、見ることもなく、
犯すべからざる君の胸で眠りについた、
果てしなき夜よ、ありがたきものの夜よ！[301]

夜への親愛はいや増す。いまや世を、宇宙を支配する不可知の本体と見做《みな》すまでに親昵《しんじつ》する。夜にのみ憩いを見い出す。アンテーロの孤独なこころが窺い知れる。

「君もまた生命《いのち》尽きるであろう。この世を包んでいる、
全世界にわたる夜のなかで、
きわまった歎きがこだまするであろう、そして君のこのうえなき芳香は、

永遠なる虚空で雲散霧消するであろう、
瀕死の人の末期の吐息のごとく、
全世界の最後の歎息のごとく。[302]」

こうした厭世の傾向が第四期のほぼ全篇を貫いている。特にこの時期を「悲観主義《ペシミズム》の時代」、あるいは「危機の時代」と呼ぶのが習わしである。

はたしてそうか。

「アンテーロ・デ・ケンタルは当時、重い病いにあった。ほとんど外出はせず、一日に一度食事を摂るのがやっとであった[303]」、「二、三年が経ち、私がリスボンへ戻ったとき、彼の神経の過敏さには病状からしても耐え難い、街の喧騒が届かぬよう配慮された、ほとんど落とし穴のような、街外れの家の中でも最も寂しい一室で、寝台に横臥《よこたわ》ったわが友に会った。そこで、孤独と跼蹐《きょくせき》に身を置いて、アンテーロは、彼の思索との格闘にあった。素晴らしくも痛ましい一八七四年から一八八〇年のソネットの時期にあたる。間もなく、彼の思索は、絶望から滲み出た暗澹たる悲観主義へと彼を攫《さら》った。死の正確は、アンテーロをより深く、生きる意味の究明へと向かわしめた[304]」と友人たちは書く。

「私は、現実に、重病だ。治癒する見込みはほとんどない。むしろ進行している悪化の見込みばかりだ[305]」。「私の慢性的な病状をいや増す悪寒は、ほぼ完全に私の知性を妨げる[306]」とアンテーロ自らも記す。

不眠、悪寒、拒食、神経衰弱など、この時期のアンテーロは病いの症状にあった。詠まれた詩歌は、濃い厭世観を帯びた。カジノにおける民主講演会やその後の社会主義運動の挫折。あるいは改革を欲しないポルトガルという現実への絶望。これらがアンテーロを病いへ、悲観主義へと駆ったとする通念。——短絡である。

「私は、詩人たちに洗礼を受けた。
そして不完全な表象《かたち》のはざまに腰かけ、
私は永遠《とわ》に青褪め、悲しむこととなった[307]」。

アンテーロは、元来がこのような思想の持ち主である。このような生き方を、当初からおのれに課した詩人である。悲観主義をあげつらえば、この時期に限らず、凡そ全生涯にわたって、彼のソネットに窺える。「未来とは、虚偽《いつわり》の影である[308]」、「悪徳のみが現実である。悲哀《かなしみ》だけが存在する[309]」、「かなしみのために、苦しみのために、君は生まれた[310]」、

「幾千もの計画を描く思索は
消滅し、霧散する蒸気である。
また、消散する野心的な意志は、
まるで断崖のはざまの波のように砕ける(311)」。
しかし、はたして、アンテーロと同時代の、また後世の評家たちが語ったように、病者の悲観主義であるか？

私が放浪の騎士であることを私は夢見る。
曠野をわたり、陽にさらされ、暗き夜を過ごし、
愛の遍歴の騎士たる私は、倖いの魔法にかけられた
待望の宮殿を探す！

しかしながら、疲労困憊し、足下覚束かず、
はや剣《つるぎ》は折れ、甲冑も破れた私は、すでに青息吐息……
すると、その壮麗にして朦朧たる美においてまばゆきもの、
私が瞥見する思いがけぬものがそこに！

私は力いっぱい扉を叩き、叫ぶ。
われは彷徨《さまよ》う者、恵まれぬ者……
わが歎きを前に、黄金の扉を開けたまえ！

凄まじき音とともに黄金の扉は開かれる……
しかし、私は、満庭たる悲哀《かなしみ》、
静寂《しじま》および暗闇と会うのみ――ほかになにものもない！(312)

この絢爛たる孤独と悲哀は、はたして悲観主義《ペシミズム》であるか？　その豪奢な夢と歎きは、悲観主義の産物であるか？

私の冷えきった寝台の周辺に
昔日の佳《うるわ》しき記憶の数々を、
夜々、憐憫をもって、私の胸中を
観察しがちな得体の知れぬ表象《かたち》を、私は招《よ》んだ……

私は彼らに言った。――宏大ながらも矮小なる世界において、
思いがけず、苦悩に生まれ落ちたことは
意味のあることであったろうか？　私の小さき胸に招きたる
哀しき記憶の数々よ、真実をもって、私にそれを語ってはくれまいか……

しかしながら、――可哀想に！　彼らはうろたえた。
最も倖《さいわ》いにして、きわめて静穏であるにも拘らず、

憂い、青褪めた……
各々が、おもむろに、
もの憂げにして辛辣な微笑みを浮かべ、
私に答えた。——意味などまるでなかったのだ！[313]

この明晰な意識は、厭世観であるか？

癒えぬ病いに冒されての悲観、絶望に嘖まれた厭世との公式を語ったところで、評家たちはアンテーロの何を分析し、解いたというのだろう。彼らは大きに健康に恵まれ、健全なる精神を有し、有望な未来を携えていると信じているのだろうが、おのれを鏡に映してみるがよい。あれこれの「現代の音調《ノオト》」に酩酊した千鳥足の身体《からだ》をしか見まい。あるいは、まさしく「現代の意匠」に着膨れた、痩せ細った精神をしか見まい！　せめて病いを患う肉体を、絶望を抱える精神を具えてもみよ！

「私が過ごしているこの生活は、世界の外部に、また人間のあらゆる関心の外にあり、精神の健康に適したものではない。しかし、何ができるだろう？　病いは、意に反して、私に修道生活を強いている[314]」。

真摯に剝き出しの現実と対峙したことのある者は理解するであろう。社会の営為への参加が適わぬ身上、昼日中《ひるひなか》、無為な存在として生きざるを得ぬ、焦慮と煩悶に暮らした人ならば。アンテーロの一連のソネットには倫理的常識人の、過不足なく健全な人の、つまるところ、あたりまえの健常者の思想をしか語られてはいないことを。

ここに、夜だけが、アンテーロに閑《しず》かな款語を約束した所以がある。

「悲観主義《ペシミズム》とは、到達点ではなく、道程である[315]」。

アンテーロの悲観主義を過大に評価せぬことだ。まっとうな生活者の、尋常な精神の人の、日々の肉声がもつ複雑なニュアンスがことばを紡いだ。詩を織りなした。悲観主義が語る生存の無意味など、自明の理である。真実、ものごとを深く考える人は、刻々と迫る死を、冷徹に見ているはずだ。悲観主義は、現実を冷静に、おのれを透徹して見つめる人には、暗喩にすぎない。あくまで悟性の範疇にとどまる。思想ではない。

テイシェイラ・デ・パスコアイスは語る。

「アンテーロの死は、胸に傷口を開いた、ダンテのベアトリーチェである……[316]」。

第十一章　ヴィラ・ド・コンデ時代

——アンテーロのソネット（第五期 一八八〇—一八八四年）、そして「涅槃（ニルヴァーナ）」と「無」

「人類の詩的時代は終わりつつある[317]」。

アンテーロ・デ・ケンタルは書いた。ヴィラ・ド・コンデに匿《かく》れたころだ。

「ヴィラ・ド・コンデはポルトのほぼ郊外である。私が生まれながらに人間《ひと》嫌いであるとは思わない。むしろきわめて社交的だと考える。しかし、哀しみと禍いにみちた、それに代わる美点もない、リスボンの社会は、あらゆる面で私に嘔吐を催させ、名状し難い落ち着きを湛えたこの蟄居に私を駆ったところの、沮喪へと私を追った。ポルトガルではすべてが失われ、可能な慰藉もない。ならば、何のために人々は無用に苦しむのだろう？　自然の只中で、内なる生命の育つのを識る者には、自然が何よりだ[318]」。

ポルトから北へ二十五キロメートル、大西洋岸、アーヴェ川河口に位置する街は、アンテーロが思索をめぐらし、詩嚢をこやす、最後の日々を与えた。

「今日、詩とは何か？　今日、詩人とは何者か？」[319]。

アンテーロは次のように考察する。

「詩の古典的時代は、先験的思索の精神ならびに独断論による強靭さと豊饒の時代である。〔……〕したがって、とりわけ哲学について、あるいは宗教について、思索の時代であるように、それはとりわけ詩的な時代である」[320]。

次なる時代は、哲学においてはドゥンス・スコートゥスに代表される、神学においてはアンセルムスなどに代表される（すなわちスコラ哲学の）、「斯様なモードによって、（たとえ形式にすぎないとしても）合理主義が支配している。〔……〕しかしながら、そのすべてが根底において、いまだ詩である」[321]。なぜなら、「冗長で冷徹な三段論法のもと、激しい感情の生命が脈搏っている。イマジネーションは、学説に着膨れてはいるが、絶えずイマジネーションにとどまる。そして、外見上幾何学的にして合理的なすべての体系が、基礎において、創造的直観が象徴、伝説、夢、イメージ、精神の幻影《まぼろし》の壮麗にして途轍もない世界全般をかつて積み重ねたところの、神話の古き構造をもつ」[322]から。

ルネサンスは、その反動であるとアンテーロは考える。「それは自然崇拝の爆発であるが、観念的にして詩的な自然崇拝である」[323]。「原始的イマジネーションによる神話のかたちをもはや反映しない。また、いまだ不確実な内省からの抽象も反映しない。が、ユマニズムという真実の表現をもつ。主観的な面を自然崇拝に与えている、人間の自然な感情を反映する。詩的自然崇拝、すなわち事物の概念である」[324]。よって「ルネサンスの詩では、分析と総合のはたらきが、より完璧な均衡の段階に達している。〔……〕それは、人間精神の革命のうち、最後にして最大の革命であった」[325]。

十八世紀末、そして十九世紀に至ると、「その詩（衰弱の明瞭な前兆）は、全くもって主観的である」[326]とアンテーロは見る。バイロン、シェリー、シラー、ハイネ、ユーゴーら、「偉大な代表者たちの詩魂をあたためる個人主義であり、利己主義である」[327]。「彼らはもはや人間精神の集団的生命を、世界の信仰と渇望を、人類の輝かしい、あるいは陰鬱な神格化を、演じない。〔……〕彼らはおのれを演じているにすぎない」[328]。「まるで哲学から、科学から、そして歴史から、それらが包含していないものを摘出することが可能であるかのようだ！」[329]。

アンテーロは告白する。

「私もまた、ある時期それを信じた。発展という現代の迷信に関するその他多くの学説を信じたように。しかし、歴史哲学に関するより深い学びが、人類の心理の進化についての真実の過程を私に示しつつ、その他多くの通俗的な過誤とともに、私にそれを棄てさせた」[330]。

アンテーロは冒頭に引用したように、「人類の詩的時代は終わりつつある」と結論する。「したがって、詩は、十九世紀後半において、そのモードで、実際に詩として、その間近な滅失を世界に告げたのだ」[331]。

かつて、「現代の詩とは、革命の声だ」[332]と信じたアンテーロは、「詩は社会的使命を抱《いだ》くことを放棄した」[333]と宣べるに至った。つまるところ、詩人である「私たちは、実際、いまにも消滅しようとしている種属の代表であるということだ」[334]。これは詩についてアンテーロが遺した最後のことばである。

テオーフィロ・ブラガがことあるごとにアンテーロを罵倒したことは、よく知られてもいるし、先にも述べたとおりである。

「創造することもなく、生産することもなく、人々の精神を指導することもないにもかかわらず、彼を慧眼の人物、現代ポルトガルの最大の精神、あろうことか稀有な哲学者とさえわれわれは考えていた」[335]。

「アンテーロ・デ・ケンタルは、宇宙論も生物学もまるで知らない。また、彼のこころの教育は、ペレタン、キネー、テーヌ、そしてミシュレーら、文学的な心地良さでもってなされた。真実な詩的性質とともに、この単純な人道主義の方向性でもって、（ヴェラの翻訳による）ヘーゲルをプルードンのいくつかの学説と組み合わせようと、つまり、二人の時代遅れの形而上学者たちを結びつけようと試みた。後に、われわれの時代がさらなるものを求めていることを知るに及び、オーギュスト・コントやスチュアート・ミルを、ルナンやヴァシュローといった形而上学者やテーヌのような半形而上学者を捏《こ》ねくりまわしながら、未来の哲学を構想することを思い浮かべた！　思想の代わりに名前だ。訓練に欠けるこの精神の状態が、彼の存在における方向性の欠如の、すなわち、彼の歎かわしい不毛の、主たる原因であった[336]」。

この嫉妬に駆られた、虚実ないまぜの中傷には、われわれが学問というものを考える際の、重要な示唆にみちている。

なるほど、アンテーロは宇宙論も生物学も、哲学についてさえ、体系的な専門教育を受けてはいなかった。学生時代、アントーニオ・デ・アゼヴェードによれば、「進級に必要とする範囲で、法学部の講義に通っていたにすぎない[337]」なかで、文学活動や社会活動に傾注していった「ふだつきの学生[338]」であった。とはいえ、ライムンド・カペーラによれば、「膨大な、絶え間ない、全分野にわたっての読書家[339]」、あるいは「真実に百科全書のような頭脳の人。今世紀が産んだ、しっかりした基礎を有する、最も深い理解力をもつ一人である。アンテーロ・デ・ケンタルは、あの知識階級の中核にあって溌溂たる論理を有した人物であった[340]」とのラマーリョ・オルティガゥンの証言は看過できまい。

アンテーロは、詩作と同様、その哲学も我流に思索をめぐらした結果であった。既製の、鋳込まれた方法論に頼らなかったがゆえに、それは「溌溂《はつらつ》たる論理」を得た。「――革命、正義など、文体の効果として用いられたフレーズの数々が、その長きにわたる訓練不足による無意識でもって頻繁に使役された[341]」という心ない批判も、青褪めた生気のないタームではなくして、喫驚を誘う煌《きら》めくことば、ごく僅かばかりの純正に詩的なことばでアンテーロの哲学が編まれていたということを証しているにすぎない。人手から人手に渡って薄汚く穢《よご》れた思想をまとうのを、アンテーロは潔《いさぎよ》しとしなかった。

誰もが裸のことばをこそ恐れている。政治を捏《こ》ねる者、経済を弄《いじ》る者、神秘を吹聴する者、社会のしかるべき地位にある者、知識人を自任する者、おおよそ世の悧巧者は、ことばを無闇に飾りたがる。常にアンテーロが、詩においても哲学においても、すなわち全生活において、おのれ自身という裸形であったことを思い出そう。なにごとも先ずは模倣に始まる。だが、獲得するには、模倣では追いつくまい。あれやこれやの方法を駆使して得たものは、なるほどそれらしきかたちはしていよう。が、はたしておのれを見失っていなければ倖いである。唯一無二の自己は、創造するよりない。方法に頼るまいと覚悟した人、自分で発明するよりないと観念した人、そのように働くことが自分の個性と戦うことと知った人。学問は、芸術は、彼らのものである。

「後に、私は数多くの詩人を、また自然に（ミケランジェロの、フィリカイアの、ネルヴァルの、またミルトンやシェイクスピアの）数多くのソネットを読んだ。しかし、ジャンルあるいはカテゴリーについていささかの偏見もなければ、特に研究のつもりもなかった。私は、読むべくして読んだ。それだけのことだ。フランス語訳でホメロスやニーベルンゲンを、原語でゲーテやハイネ、ダンテ、シェイクスピア、バイロン、スペインのロマンセイロを読んだ。それと共に、自然に、そのほか多くの作品を読んだ。古いものあるいは新しいもの、良書あるいは悪書を読んだ。私の好奇心が大きかったから。しかし、言うなれば、そのすべてが、混乱のさなか、詩がそれ自身のみでは解決できない問題によって動揺した精神の喧噪のさなかで、性急であり、いい加減であった。まさしく詩人たちにあっては、私を魅了したのは形式よりもその心情であった。しかし、私の逸《はや》る激しい思いがために、私は跳躍し、ヘーゲルの難解な用語も形式主義も並外れた抽象性も、私を怯えさせもしなければ後込《しりご》みもさせなかった。むしろ、私には、真実なるもの、純粋な、至高の、絶対的な真実であるような、大いなる秘密、偉大なる呪物《じゅぶつ》、聖杯をもとめて、魔の密林を経巡《へめぐ》る騎士のように、思想の巨大なあの森の、くねくね道と暗がりをめぐる冒険心が私をくすぐった。……それはあらゆる聖杯のように、巨いなる夢想であった。しかしその夢想が次第に想像から思想へと私を導いた。あらゆる高尚な詩が孕むものを、だが顕わすほどに隠すものを、私に探らせ、――どうしてこの私の古くからの根強い願望を隠そうとするのか？――私を哲学者となした！　おそらく出来損ないの哲学者だろう。結局のところ、私はいまもって私の黙示録を世に示していない。示し得るかどうかも分からないのだから。……しかし、いずれにせよ、願望あるいは現実が、長きにわたり、ひとえに詩人のことばをとおして表現された哲学者が、終には哀れな詩人を捕らえ、酷使し、食い尽くしたのは確実だ。それを終えたいま、その哲学者には（いわれのない暗殺者に苦しめられぬよう）、自立し、おのれのことばで語る義務が課せられている(342)」。

ここで語られているのは、ディレッタンティズムなどとは凡そ関係のないものである。詩人のことばで哲学を表現し始めたころにちがいない。「限界が知られ得るものに至るまで知ること――そこに哲学のうちの偉大な、初源の哲学がある(343)」。

唯一の疑い得ないものまで問う。アンテーロは、おのれの哲学の作法をこのように定めた。その営為は、社会や時代や個性との格闘をも相俟って、「私の理性と私の感情との間に存在する不和は信じ難いほどである。また、いかに努力しようとも、あの重く深いトーンを決して和らげるまでには至らない(344)」という窮境へとアンテーロを閉じ込めたのはすでに見た。だが一方では、「憂慮と闘争の状態こそが、私のイマジネーションを奮い立たせ、強靭となしたと思われる(345)」と不断の営為の岩漿《マグマ》と理解してもいた。その「私の感情」としての、すなわち詩的な成果は、先にも触れた「――意味などまるでなかったのだ！(346)」に象徴されるのだが、「私の理性」としての、すなわち哲学の成果は、次の詩にひとつの結果をみる。

Para além do Universo luminoso,

Cheio de fórmas, de rumor, de lida,
De forças, de desejos e de vida,
Abre-se como um vacuo tenebroso.

A onda d' esse mar tumultuoso
Vem ali expirar, esmaecida...
N'uma immobilidade indefinida
Termina ali o ser, inerte, ocioso...

E quando o pensamento, assim absorto,
Emerge a custo d' esse mundo morto
E torna a olhar as cousas naturaes,

Á bella luz da vida, ampla, infinita,
Só vê com tedio, em tudo quanto fita,
A illusão e o vasio universaes.

表象《かたち》、喧騒《にぎわい》、辛苦、
力、欲求《のぞみ》ならびに生命《いのち》にみちあふれた、

輝く宇宙のかなたに、
闇黒の虚空のごとく開かれている。

その轟々たる海の波濤は
そこで崩れつつ、絶える……
無限定の澱《よど》みのなかで
力を喪《うしな》った怠惰な存在が、そこで絶える……

かくのごとく汲《く》み尽くされた思想《かんがえ》が
その死した世界より、やっとのことで生じ、
自然界のあれこれに目を向けるようになるとき、

宏大にして無限なる生命の美しき花に、
瞳が注がれたすべてにおいて、嫌悪をもって、
普遍の幻想と空虚とをみとめるのみである。(347)

アンテーロは、もはや「輝く宇宙のかなたに」、すなわち彼岸に、「闇黒の虚空」をしか見ない。「自然界のあれこれに」、すなわち此岸に、「幻想と空虚」をしかみとめない。この詩を、アンテーロは「涅槃《ニルヴァーナ》」と題した。存在することの本質とは無である。絶対とは無。すべてが無であると悟ったという。

『全ソネット集』に序文を寄せたオリヴェイラ・マルティンスは、そこで、「現実性とは、真実に、またそれ自身において、無である」[348]とし、「宗教として、無は涅槃に等しい。そして仏教は、この結論に、現代の科学的な思想の要旨に達した唯一の宗教である」[349]と語った。アンテーロの哲学の達成をここにみとめた。これを境地と定めた。

しかしながら、アンテーロのこころのはたらきはそこにとどまってはいなかった。オリヴェイラ・マルティンスの早計は非難できない。アンテーロの哲学大系の素描とも言うべき試論「十九世紀後半における哲学の一般的傾向」はそのとき、まだ書かれてはいなかった。それでも、『全ソネット集』の第五期（一八八〇―一八八四）に所収の、一連のソネットは、「限界が知られ得るものに至るまで知ること」を生活と定めたアンテーロのあくなき探求のさまを十全に語っている。常に「はかり知れぬ問題！」[350]を身近に、「私の目の前の世界は何であろうか？」[351]と問う。

私が見ぬ君は、私の傍らにいる
さらには、私の中で——君は駈けめぐる
私の始源、中核にして窮極であるところの、
感情と思想とからなる雨雲をまとって……

魅力と恐怖と……拒絶と応諾……
にみちた名もなき領域で、
このように私を魅了し、私を攫《さら》う君は、
（もしも君が存在であるなら）何と奇妙な存在であろう。

君は私の魂の写し絵にすぎない、
君と相見《あいまみ》えるとき、君と静かな顔で向き合う代わりに、
私は動揺し、怯え、君に赦しを請う……

私は君に語る、君は口を噤む……私が口を噤む、すると君は慮《おもんぱか》る……
君は父だ、兄弟だ、君を傍らにおくことは、
拷問だ……君は暴君であるが、私は君を愛してやまぬ！(352)

「ロゴス」と題したこのソネットにいたっては、もはや哲学の作法とか、生活の態度とか、形容するのも愚かしい。厳しい信仰告白である。理性への、哲学への、信仰告白である。「彼の祈りとは、――ソネットであった(353)」。アンテーロは言う。

「私の友人オリヴェイラ・マルティンスは、私を仏教徒として紹介した。実際、私の考えと仏教との間には、多くの共通するものがある。しかし、私の考えには、それにまさる何ものかがあると私は信じている(354)」。

涅槃そして無は、アンテーロにとって、いまだ過程にすぎなかった。

「本質的な統一に欠ける、またそこで動揺するこころの問題の解決に欠ける(355)」。

理性と感情の和解、涅槃と無の克服、すなわち、哲学と詩の調和。ヴィラ・ド・コンデの日々は、唯一の疑えないものというところまで、こころの力の行使に明け暮れる。そもそも哲学とは、自然のうちにかくれている叡智をさぐり、自然が自らを克服し精神となるまでの過程を追求することではなかったか。ならば涅槃と無は、ここに及

んで、いまや過程ですらない。前提である。

第十二章　結論、あるいは宇宙《ユニヴァース》の法則としての「善」

「したがってわれわれは、ここまでの状態の結果として、またそれに続くであろうところの原因として、宇宙《ユニヴァース》の現状を直視すべきである」[356]。

何が見えるか。

此岸にも彼岸にも空虚をしかみとめ得ない。すべてが必定の衰滅の予感に生きている。存在することの本質は、絶えず不在化、すなわち死を目前にひかえている。にもかかわらず、世界は歩みを止めない。歴史は後戻りしない。獣性は人間性に克服される。社会は、法は、あらたまる。劣悪なものは、より良きものをもとめる。自然はいまなお進化の過程に。宇宙《ユニヴァース》は発達にある。宇宙の、内在する意志、自発の力は、何か？

「不安にかられた欲求が、あなたがたの基礎たる存在を苦しめている蔭なる力とは？

あなたがたがめぐっているイデアとは？」[357]。

涅槃《ニルヴァーナ》と無から始まるアンテーロ・デ・ケンタルの、宇宙の根源にかかる問いは、人類がたどった宇宙の法則に気づかせる。

かつて、私は岩であった。古《いにしえ》の世界では、

未開の森の、樹幹あるいは枝であった……

太古以来の天敵である花崗岩の稜角で砕《くだ》かれている
私は、泡立つ波であった……

ヒースやエニシダの影にかくれた洞窟の中で、
逃げ場をもとめて、おそらく獰猛に吼《ほ》えた、
あるいは、ぬかるんだ沼で、青き牧草地で、
頭をもたげた、原始生物のような怪物《ばけもの》であった……

今日《こんにち》、私は人間である。——そして、巨きな影の中、
螺旋状に、無限に下降する
多様な階段を、歩む足もとに、私は見る……

無限なるものを私は問い、時折、涙する……
しかし、虚空に両腕《かいな》を伸ばしつつ、
ひとえに自由を私は崇め、もとめる。(358)

万物が進化にある。あるべきすがたをもとめて、刷新にある。人間ですら、奈落への道すがらにあっても、せめてもの甦生の意志はもち、自由をもとめている。

「自由をもとめて彼は進む、そのために命を惜しまぬ者のみが知る貴重な自由を(359)」。

人間本来のすがたを、属性ではない、特性でもない、修飾ですらない、それ以外の何ものでもあり得ないすがたを希求している。唯物論の抽象の果ての宿命は、「たんなる道理の仮面にすぎない」(360)。宇宙《ユニヴァース》の発達は、「その法則は、宿命的な、盲目的な、表情を喪《うしな》ったものではない。道理に相似する、合理的な法則である。なぜなら、その普遍の運動を統べる、その普遍の運動に表現される、その普遍の運動において脈搏つ、内在する道理であるから」(361)。したがって、「その進化は、基礎たる力の生成する複雑錯綜にとどまらない。イデアの、すなわち真実の実在の拡大である」(362)。

涅槃《ニルヴァーナ》と無の向こうに、それでも進化をみとめる。不断の、普遍の運動を見る。

「精神は、宏大無辺にある。
自由に関する狂おしいのぞみは、
うつろいやすい表象《かたち》を攪乱《みだ》し、揺るがす。

やがて、私はあなたの驚くべきことばを理解する、
海の声よ、森の声よ、山の声よ……
わが魂の兄弟なる魂たち、囚われし魂たちよ！(363)」

そこに、合理的な法則を知る。生存のすべてに、生命の合理な法則を予感する。

「そしてためらいつつも、生存の辺獄《リンボ》にある魂たちをさえ、
純粋な思いすらも、
ある日、あなたがたは、良心の裡《うち》に目覚めさせるだろう、

むなしい夢のように消えてゆく、
表象《かたち》を、幻影《まぼろし》の娘たちを、あなたがたは見るだろう……
そしてついに、あなたがたの苦しみは終わるだろう。[364]」

アンテーロは、「道理が、光へ、自由へと宇宙《ユニヴァース》を導く[365]」のを間近に感じている。「宇宙《ユニヴァース》は、実際、自由をのぞむ。しかし、人間の精神においてのみ、それを実現する。だからこそ歴史は、とりわけ、自由の劇場なのだ。〔……〕したがって、人類の進歩は、本質的に、倫理の事実である[366]」。「合理的な秩序の創造や正義による支配の無限の拡大、それこそが進歩の定義である[367]」。

ならば、

「良心の世界で、あらゆる自然の法則とすべての社会の法則とが、唯一の倫理の法則に溶け合う。精神そのもののために、精神によって創られた倫理の法則は、いやむしろ、精神の理想を包摂する意志の十全なる浸透からの、精神そのものにおける精神によって実現された最終的な統一の表現たる倫理の法則は、自由に関する完璧な法則である[368]」。

それは何か。

《Só meu coração, que sondo e meço,
Não sei que voz, que eu mesmo desconheço,
Em segredo protesta e affirma o Bem!》

「私が忖度《そんたく》するわが心にだけ、
私がまるで知らぬ声が、

ひそかに善を言明し、肯んずるを、私は知らない！[369]」

いまや直観は論理を待つ。

「意志の自立は、この瞬間まで潜在にすぎなかったが、いまや現実であり、完全である。決意、動機、および条件は、各々の固有の存在と混淆する。いまや十全におのれ自身の目的であるがゆえに、いまや十全に原因である。自我とその絶対的な本質との、この完全な同一化こそ、その原始の自発性が終には自由として定義されるところをとおして、善なるものの本質である。善とは、存在の進化に関する最後の最も奥深い瞬間《モーメント》である。おのれ自身において、おのれ自身で、おのれ自身のために、完全な、先験的な、決定的な世界を創造しつつ、あらゆる制約から意識において精神が解き放たれるがゆえに[370]」。

アンテーロは万物の進化を、宇宙《ユニヴァース》の発展を、倫理の法則と措定した。宇宙の内在する意志を、自発の力を、善とした。「したがって、宇宙《ユニヴァース》は、至上の法則として、精神の本質である善をもつ[371]」。善こそが宇宙を統べる、と。

Os que amei, onde estão? idos, dispersos,
Arrastados no gyro dos tufões,
Levados, como em sonho, entre visões,
Na fuga, no ruir dos universos...

E eu mesmo, com os pés tambem immersos
Na corrente e á mercê dos turbilhões,
Só vejo espuma livida, em cachões,

E entre ella, aqui e ali, vultos submersos...

Mas se paro um momento, se consigo
Fachar os olhos, sinto-os a meu lado
De novo, esses que amei: vivem commigo,

Vejo-os, ouço-os e ouvem-me tambem,
Juntos no antigo amor, no amor sagrado,
Na communhão ideal do eterno Bem.

行ってしまった、消えてしまった、颱風の渦に巻き込まれてしまった、
夢に見るように、まぼろしのはざまで、
逃走に、普遍なるものの崩壊に導かれた……
私が愛した者たちよ、何処《いずこ》に？

私自身もまた、流れに足をとられ、
つむじ風のなすがままに、
ほとばしる鉛色の泡を、
泡のはざまの、あちらこちらに、沈んだシルエットを見るのみ……

しかし一瞬でも私が立ち止まるなら、私が眸《ひとみ》を
閉じることが適うなら、あらためて私のそばに、
私は彼らを、私が愛したものたちを感じる。彼らは私とともに生きている、
私は彼らを見る、彼らの声を聞き、彼らもまた私の声を聞く、
いまもかわらぬ愛とともに、神聖なる愛の中で、
永遠なる善の理想の共同体の中で。(372)

善に、死者も過ぎ去ったことどもも含め、ありとあらゆるものが実在する。おのれも含めて、善に、ありとあらゆるものが包摂されているとの確信をアンテーロは得た。ここに、感情と理性との相剋に始まり、厳しい二元論の断崖の稜線を辿り、涅槃と無の曠野をさまよったアンテーロのこころの旅は終わった。目前に広がるのは、「――厭世観《ペシミズム》によって堆積されたそれらの廃墟の上で、勝利するものとは、否定ではない。遺るものとは、虚空ではない。勝利するもの、またとどまるものとは、自然信仰の彼岸にあるもの、人間にあって自然に由来しないもの、しかも自然を超えて自立したもの、すなわち、意識の生命にしてその最高の表現たる、倫理感情である(373)」。

――との光景であった。

万物が必定の衰滅の環にある。未来には死が待つ。過去には死が堆積する。生存の未来は死だ。不在という無だ。生存の過去もまた死である。現在においてすでに不在であり、無だ。したがって、生存の本質は、不在化、無化、すなわち死である。この慰めのない生存の営為に、それでも何らかの有意味を見い出す努力が、アンテーロの哲学

であった。

生存も死歿も、互いに定立にして反立である。実在は不在の当為でもある。ならば、死なない最善の方法は生きないことだ。身も蓋もない。しかしながら、生存の、実在の一瞬間たる現在のみは堅確である。死たる未来、死たる過去とが出会う一瞬間のみは、はかなくとも、確実な生である。それは死の堆積たる過去を基盤とするが、それは不断の、決して後戻りしない、世界の遺骸《なきがら》でもある。絶えず更新される、刷新される、進化をもとめる、常に全体として未完の、世界のありさまである。「いくつもの有限なるものがあり、それらは無限に増えていく」[374]。あるがままの自然のすがたである。唯一無二の明らかな事実である。

それゆえに、現在は意味をもつ。たとえ待つものが死であれ、未来を希望し得る。少なくとも、生きたという事実は消えない。ならば、甦生の意志は、絶えることなく継続されうる。現実そのものとの共感と共鳴は継承され、生き続ける。それは伝統と呼ばれる。慰めのない生存のサイクルを、宇宙《ユニヴァース》の体系《システム》が救う。善の法則が救う。真理はそれが真理であるから追求されるのではない。それが善であるから探求されるのである。その最高の表現たる倫理感情が、科学の不備から、唯物論の宿命から、神の沈黙から人間を解放する。涙を掬する。――

エピローグ

私は悲涙《かなしみ》をこらえるだろう！……われわれの前に、
幾人が奔走し、峻厳な光の
この同じ天《そら》の下《もと》、どれだけの覚束ぬ手段が講じられたかを
わが魂は慮《おもんぱか》る！……

――死せる光よ！　苦き春そのものよ！――
しかし、その辛抱強い心は戦った、
信ずる者は、ただ本能ゆえに、かれらを励ますところの、
朧気《おぼろげ》な雄々しき信仰に支えられた……

私はかれらにまさるか？　同じ宿命が
無知なる烏合の衆の気まぐれに私を縛《いまし》める。――
われらが懐かしき父たちの共同体における、

暗澹たる世代の慎み深き信仰において、
黙《もだ》した、それでも親昵《しんじつ》なる人影のはざまの、
信ずるに足るわが道を私は辿《たど》るであろう。(375)

今はもう死に絶えたと信じた行動の嵐が、アンテーロの憂国の熱誠を揺さぶる。一八九〇年一月十一日のイギリスによる最後通牒に憤った若者の、純粋な憂国の、直情な懇請は、いまだ余燼と残るアンテーロの社会への献身の熱情を熾《おこ》した。北部愛国連合は、エッッーサ・デ・ケイローシュによれば、アンテーロの「最後の幻影《まぼろし》」(376)であった。がゆえに、「アンテーロは、そのとき、目もくらむような熱意でもって、信じ難いことどもを信じたのである。――指導を施した若者を、罪科《とが》のある古き政党の痛悔を、甦りつつあるポルト

ガルの十六世紀の魂を、こころを尽くし、あらためて力を尽くし成長する集会に形成された意志をもつ、民の覚醒を！」(377)――が、「最後の幻影」は呆気なく潰えた。北部愛国連合は、所詮烏合の衆にすぎず、内部分裂が敗因であった。「渋い七竈《ななかまど》の間で、甘い無花果《いちじく》が実を結ぶ道理はない」(378)。

アンテーロの目的は、イギリスでもポルトガル政府でもなかった。「英国を弾劾することは容易《たやす》い。われわれの国民生活のきわめて重要な欠点をあらためることは、遙かに困難であろう」(379)。

その真意は、「北部愛国連合の設立が、国民の力の復興による建造物の最初の礎《いしずえ》であろう」(380)ことを願い、「国家の倫理の向上、および国家に国民性を賦与すること」(381)にあった。

まさしく「再生《ルナセンサ》」のさきがけである。何より、「私は人生を生贄としたいのだ。また、やむごとなき理由による行動の生涯という人間の真実の生命を、半年でももち得るならば、私は満足して死ぬであろう」(382)と行動による死を願っていた。「私は大事の歴史を、現実の犠牲の歴史を、私の人生にもちたい」と挺身の死をかねてより希願していた。パスコアイスの語る「至高の法則」がここにある。その実践が既にここに。

「生命の至高の法則とは、献身の法則である。〔……〕個人および人的存在《ヒト》であるポルトガル人は、精神的かつ崇高なる祖国ポルトガルへとその生命を捧げなければならない」(383)。

とはいえ、アンテーロは決して狂信的な、悲壮《パセティック》な覚悟で臨んだのではない。アンテーロは事態の当初からきわめて冷静でもあった。北部愛国連合を、「あるいは再生の夜明け、もしくは死に際の痙攣」(384)と譬え、泰然としていた。アンテーロを担ぎ上げたルイース・デ・マガリャンイスは述懐する。「再生の夜明けであるならば、古《いにしえ》の政治機関の道を辿って無残にも敗れた最初の試みを有する、Vida Nova（新たな生命）の基礎の整備が急を要するであろうし、もしも死に際の痙攣であるならば、そのときは気高さと誉れとをもって幕を下ろさなければならない」(385)。アンテーロの志はどこまでも高潔であった。「われわれの尊厳は、一隻の装甲艦、あるいは十隻の、あるいは二十隻の装甲艦によるのではない。ひとえにわれわれの倫理の生命《いのち》のエネルギーにのみよる(386)」。したがって、いくつもの修羅と災禍をくぐってきたアンテーロにとって、もはやどのような敗北も屈辱もアンテーロを傷つけはしなかったはずだ。

「倫理性、倫理性、とことん倫理性だ！(387)」。

文学、哲学、政治の別なく、生涯にわたって、生活のあらゆる場面でアンテーロがもとめたものは、これに尽きた。よって、その達観も、「随所に気配りの届いた笑みを絶やさぬ社交、彼の生活はきわめて静かで、落ち着いていた。のびやかな自由の中で彼は精神をはばたかせていた(388)」、「彼の美しい額は変わらず清潔であった。容貌の澄明には、まがうことない禁欲者の雰囲気があった。柔和な微笑みは何ものも期待しない人の平安を帯びていた(389)」と北部愛国連合の後にアンテーロと交わった友人たちが保証するところである。

＊＊＊

一八九一年、アンテーロ・デ・ケンタルはいまだ素描にすぎない「私の哲学(390)」の完成を期して、生地サゥン・ミゲル島へ帰った。

完成までの時間は残されていなかった。アンテーロの自死の原因について、その穿鑿はやかましい。精神医学あるいは臨床心理学の分析やら診断、たわいのない推論や妄言とさまざまだ。要らざる詮議立てである。最も趨勢な見識も、北部愛国連合の破綻による、あるいは哲学体系完成にかかる膠着による、絶望と悲観、と良識的批判と分析を一歩も出ない。アンテーロの死を、一個人の死として、他人事のように眺めるのは簡単だ。しかし人間であるということは、自らに関係がないと思われる不幸な出来事に対して忸怩《じくじ》たることだ。人類の一頁として受けとめるとき、それはどのような意味をもつか。他人事ではないのである。

　ポンタ・デルガーダの、中心街の西の外れ、サゥン・フランシスコ公園に面したエスペランサ修道院の白壁に埋設された、錨をあしらったESPERANÇA（エスペランサ。ポルトガル語で「希望」の意）の碑銘の下《もと》に佇むベンチで、アンテーロは倒れた。これは、アンテーロ一流のパラドックスでもイロニイでもない。個人的な表現ですらない。われわれのすべての人生のすがただ。アンテーロの口蓋から脳を砕いた二発の銃声、断末魔の喘ぎ、みな徒《いたずら》な修飾にすぎない。ましてや凶行へと駆った狂気など、現代の病いを患った穿鑿すぎない。

　アンテーロ・デ・ケンタルは、十九世紀ポルトガルの最も良識たる、良心たる人物であった。ただ、良識であるということ、良心であるということが、どれほどの克己を要し、辛苦をともなうものか、誰も想像し得ないだけである。われわれ現代人は、それほどまでに、精神の鈍感を患っている。湿った情緒の中で、ものごとを玩弄するような思考に慣れた現代人の宿痾だ。何が何でも病者に仕立てなければ気が済まぬらしい。だが死は徹頭徹尾、衰えを知らない。永遠にして健康だ。

　詩人の死という行為が自ずと語るものは、ひとえに死への偽らざる意志に限られる。よりよく生きようとの意志は、死を希望する。アンテーロは詩人であった。アンテーロの詩にとって、絶望も悲観もアリバイにすぎなかったこと、いわゆるペシミズムが道程にすぎなかったことを思い起こせば足る。すでにアンテーロの「哀れな詩人」は、「詩人のことばをとおして表現された哲学者」に食い尽くされてはいなかったか。アンテーロは「希望」のなかに自らの手で還った。「希望」の光のうちに逝ったのだ。

　「真の哲学的行為は自殺である[391]」とノヴァーリスは言った。『シーシュポスの神話』の劈頭《へきとう》、「真に重大な哲学の問題はただひとつ。自殺だ[392]」とカミュは言った。自殺は生命からの理性にかなった出口、道徳的自由の最高の表現とストア学派は考えた。死を願う心を、すなわち真の認識を妨げる肉体から脱して純粋な精神とならんと願う心を哲学者の真《まこと》の状態としてプラトンは『パイドン』で描いた。ルーブル美術館に立つ「小カトー全身像」は、正確には「自害の前に『パイドン』を読むウティカのカトー像」である。小カトーにとって最高の次元たる共和国がカエサルによって破壊されたとき、かれはより気高き次元へと向かったのだ。あるいは「いまはこうするよりほかない」と自らの胸に懐剣を突き立てたオセロー。あるいは可憐な花々で編んだ冠を手に、古い頌歌を口ずさみながら、惑いもなく憂いもなく、水に生まれ水に棲む生きもののように、川に身を沈めたオフェーリア。だが、われわれは筋立てに心うたれるのではあるまい。各々のかれの生きざま、かの女の生きざまに心うたれ涙するのである。人は卑しい動機から生にとどまり、高貴な動機から死に赴くことができるのだ。死という希望《エスペランサ》のかけがえのない美しさ。「諸行無常、是生滅法、生滅滅已、寂滅為楽[393]」。絶望と悲観は、アンテーロにおいては、すでに乗り越えられていたはずだ。

「――この高みから私は愛を見る！
これが人生であるなら、生きることはむなしくはなかった、
ましてや幻滅でも悲哀《かなしみ》でもなかった[394]」。

「私の哲学」の体系化にともなう困難も、「哲学は、人間の思考として永遠である[395]」、あるいは「この哲学の不治の不完全さは、まさしく不滅の生命力の条件、豊饒の、疲れを知らない、営為の条件である[396]」、いまさら狼狽《うろた》えるまでもない、了知のことだ。なにより、アンテーロにとって、自然死であれ、自死であれ、死とはなにものか。いまさらなにものかというようなものではなかったはずだ。「死の薄気味悪き遙かなる跫音[397]」、「死よ！　愛ならびに真理の兄弟よ！[398]」、「わが魂の永遠なる同伴者たる姉、死だ！[399]」、「救済の、侵すべからざる死よ！[400]」――長年親しんだ、共に歩んだ、ただ在るがままに在る存在ではなかったか。なにより、「死とは、あらゆる人間の通る門である[401]」。

誰もが生きるために、生きることをやめねばならない日は来る。誰もが、生きたという永遠の瞬間を生きている。むなしいことではない。死に最上の死も最低の死もあるものか。死は死。彼方《あなた》の死も此方《こなた》の死も等量にして等価である。平等である。「自死」という死が突然、他の死と何ら変わることなくアンテーロを見舞ったというにすぎない。ものの理《ことわり》があって動くのではない。動いたところにものの理があるのだ。死は世に確固たる出来事として揺るぎない。だからこそ誰もが、確かに、生きたという事実に生きている。死は恐るるに足らぬ。希望ゆえに。善ゆえに。宇宙《ユニヴァース》の理法たる善は、ありとあらゆるものの実在を、実在の現在《いま》を、過去ならびに未来へとつなぐ実在の事実を、祝福している。アンテーロのソネットはその驚くほど直截な証言にみちている！

アンテーロは「私の哲学」の完成まで生きていられなかった。アンテーロが提示した世界観は、その世界観が構想したように、宇宙を統べる意識の生命にして、その最高の表現たる倫理感情にゆだねられる。アンテーロは信じていた。絶望はない。

「――世界を軽蔑すること、人間を軽蔑すること、万物の最終の残滓として空虚を、倦怠を見ることは、驕傲の罪だ。結局のところ、存在することは良きことだ。進むべきものは良きところへと向かうのだ。われわれに果たすべく課されていることとは、この宇宙《ユニヴァース》の矛盾――天與の矛盾であることは疑いない――の様態および理由を発見することだ[402]」。

果たすべく課されたことは、少なくとも、ポルトガルの民族の内に、ポルトガルの再生《ルナセンサ》を謳った文学の、社会の、倫理の再生運動において、あらたな、しかし決して新奇ではなくして誰もが慣れ親しんだ、表現の獲得をもってひとつの結果をみる。「宇宙の矛盾」からの、「天與の矛盾」からの、そして「霊と肉、欲求と記憶、苦しみと喜び、闇と光、生と死のように対立する本源からの、宇宙および生命という二つの原理の調和的融合より生じた総括的感情であり、象徴的感情[403]」からのことばの発見、サウダーデの再発見として。それはアンテーロの死後二十年の後、アンテーロがやはり果たせず終わった社会の変革とともに、目にすることなく終わった「Vida Nova（新たな生命）」の獲得という新たな試みにおいて現われた。

だが、すべては予見されていたのである。

「私がのぞむように、もしも民主主義がそれ自身で安定した社会のかたちを達成するならば、すべてが変化するであろう。そして、文学の再生《ルナセンサ》が、倫理の再生《ルナセンサ》をともなうだろう。しかし、もはやそれを見届けることのないのが、われわれなのだ！[404]」

なぜ、予見し得たか。

「しかし一瞬でも私が立ち止まるなら、私が眸《ひとみ》を
閉じることが適うなら、あらためて私のそばに、
私は彼らを、私が愛したものたちを感じる。彼らは私とともに生きている、
私は彼らを見る、彼らの声を聞き、彼らもまた私の声を聞く、
いまもかわらぬ愛とともに、神聖なる愛の中で、
永遠なる善の理想の共同体の中で[405]」。

生存の有意の意識。無の有意の意識。一国の宇宙を統べる、潜在する意志の確信。有限なるものの連続が無限である確信。ポルトガルの民の魂の連続の確信。

「――つまり、ポルトガルの精神のひとつの活動が存在するから、特にポルトガルのひとつの言語およびひとつの歴史が存在するから[406]」。

したがって、アンテーロの生涯は、サウダーデの潜在から顕在に至るまでの助走であった。それはサウダーデの

確乎たる実在を預言する。詩と哲学という二つの海原を示唆する。後にその無限の広がりと輝きを顕在となしたのは、これまで見てきたように、テイシェイラ・デ・パスコアイスであった。さらなる詩の航路はフェルナンド・ペッソアが拓いた。さらなる哲学の海をレオナルド・コインブラ(407)が、アゴスティーニョ・ダ・シルヴァ(408)が漕航した。ポルトガルの世界に通奏低音のごとく貫流する、民族の深層たる、サウダーデの系譜の証明である。

ポルトガルの海は、いまだ尽きない。

註

(1) D. Sebastião（1554-1578）ポルトガル第十六代国王。一五五七年、三歳で即位。大航海時代の栄光もすでに斜陽に入った海洋帝国の再生を託され「待望王（O Desejado）」と期待された。

イエズス会の強い影響下に養育を受け、長じてはイスラム教徒征討十字軍を憧憬、北アフリカ征服を夢想した。一五七八年、トルコの支援を得たムレイ・アブデルマルクによって王位を剥奪されたモロッコのムレイ・ムハマッドがポルトガルに支援を要請。ドン・セバスティアゥンは一万五千人の大軍を率いて北アフリカに。アルカセール・キビルでイスラム軍と交戦、敗北を喫し消息を絶った。

王が未婚であったため生じた後継問題に乗じて一五八一年、スペイン王フェリペ二世がポルトガルに侵攻。ポルトガル王フィリペ一世として即位し、ポルトガルはスペインの統治下に。やがてこれに反発する民衆の間に、アルカセール・キビルで「行方不明」となったドン・セバスティアゥンが帰還し、スペイン支配からポルトガルを解放するという「セバスティアニズモ（sebastianismo）」と呼ばれるメシア思想が広まった。以後、現代に至るまでセバスティアニズモは、ポルトガルが国難に見舞われるたび、繰り返し唱えられることとなる。

（2）現代ポルトガル最大の詩人と讃えられるフェルナンド・ペッソア（Fernando Pessoa, 1888-1935）の最も知られる詩のタイトルと大航海時代を頂点とするポルトガル史のイメージとをかけた象徴的な言葉として使用した。詩「ポルトガルの海（Mar Português）」は、ポルトガル史をテーマとし、特にエンリケ航海王子、ヴァスコ・ダ・ガマ、フェルナゥン・デ・マガリャンイス（マゼラン）など、大航海時代を拓《ひら》き牽引したポルトガルの船乗りたちへの頌歌にしてレクイエムでもある詩集『ことづけ（Mensagem）』（一九三四年）に収められている。内容は以下の通り。「おお塩辛き海よ、きみの塩のどれほどが／ポルトガルの涙であることか！／われわれがきみを行き交うたび、幾人の母親が涙を流し、／幾人の子どもが空虚《むな》しく祈ったことか！／きみをわれわれのものとするため、おお海よ、／幾人の許嫁《いいなずけ》が嫁《とつ》がずに残されたことか！／それは意味のあることであったろうか？　すべてに意味はあるのだ／もしも魂というものがちっぽけなものでないならば。／ボジャドール岬を越えようと望む者は／かなしみをも乗り越えねばならぬ。／神は海に危険と深淵とをあたえた、／しかし神が天空を映したのもその海であった」（筆者訳）。

（3）〔英〕sonnet〔仏〕sonnet〔葡〕soneto ヨーロッパの抒情詩における伝統的な詩型のひとつ。十四行詩、あるいは小曲、短詩とも訳される。語源は不明。十三世紀末頃、イタリアで定型詩として確立された。その形式は、等韻律の詩句の四行詩を二連、三行詩を二連の順に並べるもの。脚韻はABBA、ABBA、CCD、EDE（またはEED）と配置するのが最も厳密なかたちとされる。初期のイタリアではABBA、ABBA、DCD、CDC（またはCDE、CDE）の韻が用いられた。なお、シェイクスピアはABAB、CDCD、EFEF、GGのかたちをとり、四行詩を三節の後に二行詩を一節添える。フランスでは十六世紀に導入され、十七世紀には宮廷やサロンを中心に流行。その後衰えたが、十九世紀半ばに復活しボードレール、マラルメ、ヴェルレーヌらがすぐれた作例を示した。イギリスではシェイクスピアが『ソネット集』でイギリス風を定着させ、ミルトンを経て十九世紀にはワーズワース、キーツ、ロセッティらがこの形式を愛した。イタリアではミケランジェロ、ドイツではゲーテの作品が知られ、二十世紀にはリルケの『オルフォイスによるソネット』が有名。日本では立原道造の作品が名高いが、様式へのあこがれを表わすものとして、むしろ自由詩に近い。

（4）*Vencidos da Vida*, Gomes de Monteiro, Lisboa, 1944., José Bruno Carreiro, *Antero de Quental, Subsídios para a sua Biografia*, vol.I, 1981., p. 117, nota (2).（以下、Subsídios と略す）

（5）Gomes de Monteiro（1893-1950）主に新聞記者として活躍する傍ら、詩、評論、小説なども手がけた。著書に詩集『イエスを愛した女たち（*As Mulheres que amaram Jesus*）』、評論『敗者たち（*Vencidos da Vida*）』など。

（6）*Vencidos da Vida*, Gomes de Monteiro, Lisboa, 1944.（Subsídios vol.I, 1981., p. 117, nota (2).）

（7）Teófilo Braga（1843-1924）批評家。文学史家。一九一〇年の共和革命では臨時政府大統領に就任した。主著に『ポルトガルにおける浪漫主義（*História do Romantismo em Portugal*）』、『ポルトガル文学における現代思想（*As Modernas Ideias na Literatura Portuguesa*）』など。

（8）*História do Romantismo em Portugal*, Teófiro Braga, Lisboa, 1880.,（in revista Era Nova, 1880-1881, pp. 334-335）

（9）Carta de 7 de Agosto de 1885, a Carolina Michaëlis de Vasconcelos, *Cartas de Antero de Quental*, 2.ª ed., Coimbra, 1921.

（10）Carta de 13 de Outubro de 1886, de Antero de Quental a Jaime de Magalhães de Lima, in *O Amor das nossas Coisas e Alguns que bem o serviram*, Coimbra, 1933.

（11）Carta de 8 de Julho de 1872, de Teófilo Braga a F. M. Supico, do autógrafo na Biblioteca Pública de Ponta Delgada.

（12）Carta de 26 de Maio de 1872, de Teófilo Braga à sua mulher, do autógrafo na Biblioteca Pública de Ponta Delgada.

（13）Arquipélago dos Açores リスボンの西方、大西洋上一五〇〇キロメートル付近に点在。サゥン・ミゲル島、テルセイラ島、ピコ島など、九つの島と多くの岩礁とからなる。十五世紀半ばから本格的な植民を開始。貿易風の影響により、ヨーロッパ大陸とアメリカ大陸とを結ぶ航路上の重要な中継地点として、コロンブスやヴァスコ・ダ・ガマなど、多くの歴史上の航海者が寄港した。捕鯨や遠洋漁業基地として栄え、第二次世界大戦以来、戦略的要地に。テルセイラ島に米軍基地が存在。現在、温暖な気候から保養地としても人気が高い。一九七六年以降、諸島全体が自治権をもつ行政区に。首都はサゥン・ミゲル島のポンタ・デルガーダ。

（14）*Os Sonetos de Antero*

（15）*Fiat Lux*

（16）*Manifesto dos estudantes da Universidade de Coimbra*, 1862.

（17）*Defesa da carta encíclica de Sua Santidade Pio IX*

（18）*Bom-senso e bom-gosto*

（19）Questão Coimbrã

（20）*Odes Modernas*, 1865.

（21）Conferências democráticas estabelecidas na sala do casino

（22）Eça de Queiroz（1845-1900）ポルトガルのリアリズム文学を代表する小説家。外交官としての職務の傍ら、作家活動を行なった。作品に『アマロ神父の罪（*O Crime do Padre Amaro*）』、『従兄弟バジリオ（*O Primo Basílio*）』、『マイア家の人びと（*Os Maias*）』『都市と山村（*A Cidade e as Serras*）』など。

（23）Oliveira Martins（1845-1894）批評家。歴史、文学、哲学など、さまざまな分野にわたり著作がある。アンテーロの盟友にして大親友。作品に『テオーフィロ・ブラガと古歌集成とポルトガルの物語詩集成（*Teófiro Braga e o Cancioneiro e o Romanceiro Português*）』、『カモンイスとその作品に関する試論（*Os Lusíadas - Ensaio sobre Camões e a Sua Obra, em Relação à Sociedade Portuguesa e ao Movimento da Renascença*）』、『社会主義論（*Teoria do Socialismo*）』など。

（24）*O Espírito das Conferências*

（25）*Causas da decadência dos povos peninsulares nos últimos três séculos*

（26）Geração de 70

（27）*Primaveras Românticas*

（28）*Conciderações sobre filosofia da história literária portuguesa*

（29）Carta a Oliveira Martins (sem data), *Cartas inéditas de Antero de Quental a Oliveira Martins*, Coimbra, 1931.

（30）Batalha Reis（1847-1935）森林技術者。作家。外交官。「七〇年の世代」の一人。一八七〇年、「セナークロ」に参加。翌年の「リスボン民主講演会」では発起人の一人として名を連ねたが、予定された講演「社会主義（*O Socialismo*）」は官権による講演会そのものの強制閉会により中止された。

（31）*Revista Ocidental*

（32）*Sonetos*

（33）*Os Sonetos Completos de Antero de Quental*

（34）A Liga Patriótica do Norte

（35）ポルトガルは当時、アフリカ大陸西岸の植民地アンゴラから東岸の同モザンビークにかけて大陸南部での領土拡大を画策（バラ色地図）。南アフリカを拠点に北へと領土拡大を目論むイギリスと利害が対立した。両国間の緊張の高まった一八九〇年、イギリスは一月十一日、アフリカに駐屯するポルトガル軍の即日撤退を求める最後通牒を通告。ポルトガル政府はこれに屈し、国内では政権批判が噴出した。

（36）*Tendência gerais da filosofia na segunda metade do século XIX*

（37）*Soluções positivas da política portuguesa. Do advento evolutivo das idéias democráticas*, Teófilo Braga, Lisboa, 1879, p. 165

（38）Carta de 13 de Outubro de 1886, de Antero de Quental a Jaime Magalhães de Lima.

（39）一八七二年、オリヴェイラ・マルティンスの『ウズ・ルジーアダス［ポルトガルの社会およびルネサンス運動に関連するカモンイスとその作品についての試論］*Os Lusíadas; ensaio sobre Camões e a sua obra em relação à sociedade portuguesa e ao movimento da Renascença.*』、およびテオーフィロ・ブラガの『ポルトガル文学史論 *Teória da história da literatura portuguesa; tese para o concurso à cadeira de literatura moderna, no curso superior de letras.*』の二冊について、アンテーロは評論「ポルトガル文学史観に関する考察（ある近刊書について）*Considerações sobre a filosofia da história literária portuguesa*（*a propósito de alguns livros recentes*）」で比較検討を行い、テオーフィロの作品を「問題を解決したことよりも、むしろ問題を提示したこと」に価値をみとめるとし

た。「コインブラ問題」、「カジノにおける民主講演会」とアンテーロと行動を共にしていたテオーフィロ・ブラガは以後、徹底したアンテーロ批判に転じた。

(40) Antero de Quental, *Notas Contemporâneas*, Eça de Queiroz, quinta edição, Porto, 1927, p. 334

(41) A M. C., *Os sonetos completos de Antero de Quental*, nova edição, Coimbra, 1924, p. 18

(42) Carta de 13 de Outubro de 1886, de Antero de Quental a Jaime Magalhães de Lima.

(43) Carta de 3 de Maio de 1881, a Cândido de Figueiredo, *Cartas de Antero de Quental*, 2.ª ed., Coimbra, 1921.

(44) Carta de 13 de Outubro de 1886, de Antero de Quental a Jaime Magalhães de Lima.

(45) Carta a Oliveira Martins, comunicada em Abril de 1935 ao Instituto Português de Arqueologia, História e Etnografia pelo Dr. J. M. da Silva Marques.

(46) Carta de 7 de Agosto de 1885, a Carolina Michaëlis de Vasconcelos, *Cartas de Antero de Quental*, 2.ª ed., Coimbra, 1921, p. 326

(47) A João de Deus, *Prosas-Vol. I*, Antero de Quental, Coimbra, 1923, p. 128

(48) *Ibid.*, p. 129

(49) Artigo in *O Comercio do Porto* de 7 de Fevereiro de 1890.

(50) Luís Vaz de Camões（1531c-1580）ポルトガル文学史上、最大の詩人。一行一〇音節、一スタンザ八行からなり、一〇歌九〇〇〇行に及ぶ一大叙事詩『ウズ・ルジーアダス（*Os Lusíadas*）』は不朽の名作の誉れも高い。インド航路発見者ヴァスコ・ダ・ガマを中心に据え、ホメロス、ウェルギリウスなどの古典を範とし、ギリシア・ローマ神話やポルトガル史を織り込みつつ大航海時代のポルトガルの偉業を詠いあげた。また、カモンイスは第一級の抒情詩人としても知られ、そのソネットも秀逸である。

(51) *Ensaios*, vol. IV, António Sérgio, Lisboa, 1934.

(52) Carta de 14 de Maio de 1887, a Wilhelm Storck, *Cartas II（1881-1891）*, Antero de Quental, Editorial Comunicação, Lisboa, 1999, p. 839

(53) Carta de 7 de Agosto de 1885, a Carolina Michaëlis de Vasconcellos, *Cartas de Antero de Quental*, 2.ª ed., Coimbra, 1921, p. 325

(54) Antero de Quental, *Notas Contemporâneas*, Eça de Queiroz, quinta edição, Porto, 1927, pp. 325-326

(55) *Ibid*., p. 327

(56) Carta de 7 de Agosto de 1885, a Carolina Michaëlis de Vasconcellos, *Cartas de Antero de Quental*, 2.ª ed., Coimbra, 1921, p. 325

(57) *Ibid*.

(58) *Ibid*.

(59) *Notes towards the definition of culture*, T. S. Eliot, Faber & Faber, LTD, 1949.

(60) *Ibid*.

(61) Da Saudade, Teixeira de Pascoaes, in *Revista Portuguesa de Filosofia*, XXIX, Braga, 1973.

(62) *A Saudade Portuguesa*, Carolina Michaëlis de Vasconcelos, 2.ª edição revista e acrescentada, Renascença Portuguesa, Porto, 1922, p. 10

(63) Origem da língua portuguesa, *Ortografia e Origem da Língua Portuguesa*, Duarte Nunes de Leão, Imprensa Nacional-Casa da Moeda, 1983, p. 304

(64) Dom Duarte（1391-1438）ポルトガル第十一代国王。一四三三年、即位。教養の高さと熱心な著述活動から「雄弁王（O Eloquente）」と呼ばれた。

(65) *Leal Conselheiro*, Dom Duarte, Imprensa Nacional-Casa da Moeda, 1998, p. 98

(66) *Ibid*., p. 99

(67) Duarte Nunes de Leão（1530c-1608）人文主義者《ユマニスト》。ユダヤ人医師を父としエーヴォラに生まれる。コインブラ大学で法律を学んだ後、検事や控訴院判事に。著述活動は法律、歴史、言語学に及ぶ。著書に『ポルトガル語の起源（*Origem da língua portuguesa*）』など。

(68) Origem da língua portuguesa, in *Ortografia e origem da língua portuguesa*, Duarte Nunes de Leão, Imprensa Nacional-Casa da Moeda, 1983, p. 304

(69) *Ibid.*

(70) Epanáfora 3.o, *Epanáforas de Vária História Portuguesa*, D. Francisco Manuel de Melo, revista e anotada por Edgar Prestage, Imprensa da Universidade de Coimbra, 1931.

(71) Francisco Manuel de Melo（1608-1666）ポルトガルのバロック期を代表する歴史家、モラリスト、劇作家。

(72) Epanáfora 3.°, *Epanáforas de Vária História Portuguesa*, D. Francisco Manuel de Melo, revista e anotada por Edgar Prestage, Imprensa da Universidade de Coimbra, 1931.

(73) João Baptista da Silva Leitão de Almeida Garrett（1799-1854）詩人。劇作家。小説家。ポルトガル浪漫主義文学の開拓者。ポルトガル演劇の改革も担う。また自由主義陣営に立って絶対主義勢力に抗した。主著に物語詩『カモンイス（*Camões*）』、小説『故郷の旅（*Viagens na Minha Terra*）』など。

(74) Camões, Almeida Garrett, in *Obras de J. B. de Almeida Garrett*, tomo I., Typographia de José Baptista Morando, 1839.

(75) *Ibid.*

(76) Carolina Michaëlis de Vasconcellos（1851-1925）近代ポルトガルにおいて最も重要なポルトガル文学研究者。ベルリンに生まれ、フライブルク大学にて哲学博士。アラビア語、サンスクリット語、プロヴァンス語、スラブ諸言語、ゲルマン諸言語、イベリア半島諸言語（ポルトガル語、カタルーニャ語等）など、語学力に長け、特に中世から近代にかけてのポルトガル文学の研究に多大な功績を残した。ポルトガルの大学で教授した最初の女性、リスボン科学アカデミー初の女性会員。著書に『アジューダの古歌集成（*Cancioneiro da Ajuda*）』、『フランシスコ・サー・デ・ミランダの詩（*Poesias de Francisco Sá de Miranda*）』、『ポルトガル語とカスティーリャ語のソネットに関する研究（*Investigação a repeito de Sonetos Portugueses e Castelhanos*）』など多数。

(77) *A Saudade Portuguesa*, Carolina Michaëlis de Vasconcellos, 2.ª edição revista e acrescentada, Renascença Portu-

guesa, Porto, 1922, p. 37

（78）*Ibid.*, p. 38

（79）*Ibid.*, p. 40

（80）*Ibid.*, p. 72

（81）*Ibid.*, p. 57

（82）*Ibid.*, p. 44

（83）*Ibid.*, p. 75

（84）*Ibid.*, p. 72

（85）*Ibid.*

（86）Teixeira de Pascoaes（1877-1952）詩人。批評家。本名ジョアキム・ペレイラ・テイシェイラ・デ・ヴァスコンセーロス（Joaquim Pereira Teixeira de Vasconcelos）。コインブラ大学法学部卒業後、弁護士に。文学を中心にさまざまな学問・芸術分野へ、さらには政治や社会へとポルトガルの復権を訴える「ルナセンサ・ポルトゥグェーザ」運動に参加。その機関誌『鷲（*A Águia*）』を中心に、ポルトガル語に独自のタームとされる「サウダーデ」を核とする思想サウドジズモを唱導した。やがて弁護士業を辞し、詩作と思索に専念。生涯、サウダーデを基調とする詩や批評等を発表し続けた。著書に『楽園への帰還（*O Regresso ao Paraíso*）』、『マラーヌス（*Marânus*）』、『ルジタニアの詩人たち（*Os Poetas Lusíadas*）』、『ポルトガル人ということ（*Arte de Ser Português*）』など。

（87）Renascença（O espírito da nossa raça）, Teixeira de Pascoaes, in *A Águia*, vol. I, 2.ª série, n.º 2, Fevereiro de 1912, p. 33

（88）*Ibid.*

（89）*Ibid.*

（90）O espírito lusitano ou o saudosismo, *A saudade e o saudosismo*, Teixeira de Pascoaes, Assírio & Alvim, 1988, p. 45

（91）*Ibid.*, pp. 46-47

(92) ベルナルディム・リベイロ（Bernardim Ribeiro, 1480?-?）。作家。『古歌集（*Cancioneiro Geral*）』に収められた十二編の詩や小説『少女とおとめ（*Menina e Moça*）』などで知られる。

(93) カミーロ・カステロ・ブランコ（Camilo Castelo Branco, 1825-1890）。ポルトガルの後期浪漫主義を代表する小説家。生涯に二六〇余の作品を残した多作家で知られる。作品に『破滅の戀（*Amor de Perdição*）』、『ミーニョ地方の短編集（*Novelas do Minho*）』、『天使の堕落（*A Queda de um Anjo*）』など。

(94) António Nobre（1867-1900）詩人。ポルトガルの象徴主義を興した文学グループ「新しき自由人（Boémia Nova）」に参加。ソルボンヌ大学法学部を修え外交官を目指したが、結核を患い断念、夭逝した。生前に唯一刊行された詩集『ひとりきり（*Só*）』は「ポルトガルで最も悲しい書物」と形容される。

(95) O espírito lusitano ou o saudosismo, *A saudade e o saudosismo*, Teixeira de Pascoaes, Assírio & Alvim, 1988, pp. 46-47

(96) *Arte de Ser Português*, Teixeira de Pascoaes, 2.ª edição, Renascença Portuguesa, Porto, 1920., p 129

(97) 第一期（1860-1862）20篇、第二期（1862-1866）28篇、第三期（1864-1874）17篇、第四期（1874-1880）23編、第五期（1880-1884）21篇。

(98) *A evolução espiritual de Antero*, Joaquim de Carvalho, Lisboa, 1929. *Antero - Algumas notas sobre o seu drama e a sua cultura*, Santana Dionísio, Lisboa, 1934. *História da literatura realista*, Tidelino de Figueiredo, Lisboa, 1942. *Sonetos*, Álvaro Júlio da Costa Pimpão, Coimbra, 1942. *Antero de Quental - Subsídios para a sua biografia*, José Bruno Carreiro, Braga, 1981.

(99) *Cartas a António de Azevedo Castelo Branco*, Antero de Quental, Lisboa, 1942, p. 105

(100) Carta de 7 de Agosto de 1885, a Carolina Michaëlis de Vasconcellos, *Cartas de Antero de Quental*, 2.ª ed., Coimbra, 1921, p. 325

(101) Francisco José Teixeira Bastos（1857-1902）詩人。新聞記者。雑誌編集者。新聞『世紀（O Século）』の記者を務め、哲学誌『実証主義（O Positivismo）』に同人として参加。テオーフィロ・ブラガとともに雑誌『新時代（A Era

Nova)』を創刊した。

(102) Os sonetos de Antero de Quental, Teixeira Bastos, in *Revista de Estudos Livres*, 3.º ano, 1885-1886.

(103) António Sérgio（1883-1969）ポルトガルの二十世紀における最も重要な批評家の一人。その対象は文学、哲学、政治、教育など、幅広い。「ルナセンサ・ポルトゥゲーザ」運動に参加するも、テイシェイラ・デ・パスコアイスのサウドジズモを批判。袂を分かった後、雑誌『セアラ・ノーヴァ（Seara Nova)』に参加、合理精神に徹した批評活動を展開した。著書に『アンテーロ・デ・ケンタルの「ソネット集」および「哲学の一般的傾向」にかんする註解（*Notas sobre os Sonetos e as Tendências Gerais da Filosofia de Antero de Quental*）』、『民主主義（*Democracia*）』、『観念的デカルト主義と現実的デカルト主義（*Cartesianismo Ideal e Cartesianismo Real*）』など。

(104) *Sonetos-Volume I de obras de Antero de Quental*, edição organizada, prefaciada e anotada por António Sérgio, Lisboa, Propriedade e edição de Couto Martins, 1943.

(105) Prefácio, Oliveira Martins, *Os sonetos completos de Antero de Quental*, nova edição, Coimbra, 1924, p. 13

(106) Carta de 7 de Agosto de 1885, a Carolina Michaëlis de Vasconcellos, *Cartas de Antero de Quental*, 2.ª ed., Coimbra, 1921., p. 325

(107) A M. C., *Os sonetos completos de Antero de Quental*, nova edição, Coimbra, 1924, p. 5

(108) A M. C., *Os sonetos completos de Antero de Quental*, nova edição, Coimbra, 1924, p. 15

(109) A propósito dum poeta, *Prosas-Vol. I*, Antero de Quental, Coimbra, 1923, p. 96

(110) *Ibid.*, p. 101

(111) *Ibid.*

(112) A João de Deus, *Prosas-Vol. I*, Antero de Quental, Coimbra, 1923, p. 136

(113) João de Deus（1830-1896）詩人。超浪漫主義が文壇の趨勢であったころ、牧歌的な抒情詩で独自の世界を展開、絶大な人気を博した。作品に『野の花々（*Flores do Campo*）』、『散らばった紙片（*Folhas Soltas*）』など。

(114) Desesperança, *Os sonetos completos de Antero de Quental*, nova edição, Coimbra, 1924, p. 21

(115) A propósito dum poeta, *Prosas-Vol. I*, Antero de Quental, Coimbra, 1923, p. 96
(116) *Ibid.*
(117) A Alberto Telles, *Os sonetos completos de Antero de Quental*, nova edição, Coimbra, 1924, p. 13
(118) As meditações poéticas de Lamartine, *Prosas-Vol. I*, Antero de Quental, Coimbra, 1923, p. 66
(119) Os meus comentários às duas cartas de António Sérgio, Teixeira de Pascoaes, in *A Águia*, vol. V, 2.ª série, n.o 22 (Outubro, 1913), p. 107
(120) ルジターニア（Lusitania）とは、ローマ時代におけるイベリア半島西部の属州の名。ドウロ川以南の現ポルトガル領とスペインのエストレマドゥーラ地方を合わせた地域に相当する。ローマ時代以前には、テージョ川とドウロ川の間の地域を指した。その住人ルジターニア人は紀元前一五四年から、ローマ軍の侵攻に対し首長ヴィリアートの指揮するゲリラ戦を展開、激しく抵抗した。ヴィリアートの勇気と公平無私はローマの歴史家も賞賛した。ローマ時代以降、「ルジターニア」はポルトガルの雅称として用いられている。
(121) Renascença (O espírio da nossa raça), Teixeira de Pascoaes, in *A Águia*, vol. I, 2.ª série, n.º 2 (Fevereiro, 1912)., p. 33
(122) As meditações poéticas de Lamartine, *Prosas-Vol. I*, Antero de Quental, Coimbra, 1923, p. 70
(123) Prefácio, Oliveira Martins, *Os sonetos completos de Antero de Quental*, nova edição, Coimbra, 1924, p. 19
(124) ダンテ『神曲』煉獄篇、第24歌。*La Divina Commedia*, Dante Alighieri, testo critico della Società Dantesca Italiana, Milano, 2011. なお、訳出にあたり、河出世界文学大系3、ダンテ『神曲』、平川祐弘訳、河出書房新社（一九八〇年）を参考とした。
(125) *Os Sonetos de Antero*
(126) ダンテ『神曲』地獄篇、第9歌。*La Divina Commedia*, Dante Alighieri, testo critico della Società Dantesca Italiana, Milano, 2011. なお、訳出にあたり、河出世界文学大系3、ダンテ『神曲』、平川祐弘訳、河出書房新社（一九八〇年）を参考とした。
(127) Beatrice, *Os sonetos completos de Antero de Quental, nova edição*, Coimbra, 1924, p. 22

(128) アンテーロのソネットではほぼ第二期（一八六二―一八六六年）に相当する。
(129) Antero de Quental, *Notas Contemporâneas*, Eça de Queiroz, quinta edição, Porto, 1927, p. 329
(130) *Ibid*., p. 335
(131) Defesa da carta encyclica de Sua Santidade Pio IX, *Prosas-Vol. I*, Antero de Quental, Coimbra, 1923, p. 303, nota (1)
(132) Nota [sobre a missão revolucionária da poesia], *Prosas-Vol. I*, Antero de Quental, Coimbra, 1923. p. 306
(133) António Feliciano de Castilho（1800-1875）新古典主義の影響下に詩人として文壇に。その後、ガレーットやアレシャンドレ・エルクラーノらとともに浪漫主義文学の第一世代に数えられる。しかしその美文調スタイルや伝統主義的傾向は一八六五年、アンテーロの論文「良識と雅趣」における批判の対象に。「コインブラ問題」として新世代との確執を生んだ。作品に『城砦の夜と吟遊詩人のジェラシー（*A Noite do Castelo e Os Ciúmes do Bardo*）』、『詩の探求（*Escavações Poéticas*）』など。
(134) Antero de Quental, *Notas Contemporâneas*, Eça de Queiroz, quinta edição, Porto, 1927, p. 338
(135) Manifesto dos estudantes da Universidade de Coimbra-À opinião ilustrada do país, 1862-1863, *Prosas-Vol. I*, Antero de Quental, Coimbra, 1923, p. 166
(136) Defesa da carta encíclica de sua santidade Pio IX, *Prosas-Vol. I*, Antero de Quental, Coimbra, 1923, pp. 280-284
(137) Bom-senso e bom-gosto-Carta ao Excelentissimo Senhor António Feliciano Castilho, *Prosas-Vol. I*, Antero de Quental, Coimbra, 1923, p. 334
(138) Artigo de Alfredo Bensaúde, in *Correio dos Açores* de 10 de Setembro de 1922.
(139) *Antero de Quental-In Memoriam*, Porto, 1896.
(140) Antero de Quental, Raimundo Capela, in *Gazeta de Nóticias* (Rio de Janeiro), de 30 de Setembro de 1891.
(141) Antero de Quental, *Notas Contemporâneas*, Eça de Queiroz, quinta edição, Porto, 1927, p. 368
(142) Nota [sobre a missão revolucionária da poesia], *Prosas-Vol. I*, Antero de Quental, Coimbra, 1923, p. 306

(143) *O Doutor Storck e a literatura portuguesa*, José Leite de Vasconcelos, Lisboa, 1910, p. 152, nota 3.ª
(144) Amor vivo, *Os sonetos completos de Antero de Quental*, nova edição, Coimbra, 1924, p. 25
(145) Nota [sobre a missão revolucionária da poesia], *Prosas-Vol. I*, Antero de Quental, Coimbra, 1923, p. 311
(146) Idyllio, *Os sonetos completos de Antero de Quental, nova edição*, Coimbra, 1924, p. 31
(147) Nota [sobre a missão revolucionária da poesia], *Prosas-Vol. I*, Antero de Quental, Coimbra, 1923, p. 311
(148) Accordando, *Os sonetos completos de Antero de Quental*, nova edição, Coimbra, 1924, p. 37
(149) Nota [sobre a missão revolucionária da poesia], *Prosas-Vol. I*, Antero de Quental, Coimbra, 1923, p. 311
(150) Despondency, *Os sonetos completos de Antero de Quental*, nove edição, Coimbra, 1924, p. 46
(151) Uma amiga, *Os sonetos completos de Antero de Quental*, nova edição, Coimbra, 1924, p. 49
(152) *A saudade portuguesa*, Carolina Michaëlis de Vasconcellos, 2.ª edição revista e acrescentada, Renascença Portuguesa, 1922, p. 57
(153) *Dicionário etimológico da língua portuguesa*, José Pedro Machado, 8.a edição, Livros Horizonte, LDA., 2003.
(154) Introdução [aos *Cantos na Solidão* de Manuel Ferreira da Portella], *Prosas-Vol. I*, Antero de Quental, Coimbra, 1923, p. 318
(155) Visita, *Os sonetos completos de Antero de Quental*, nova edição, Coimbra, 1924, p. 26
(156) Ideal, *Os sonetos completos de Antero de Quental*, nova edição, Coimbra, 1924, p. 44
(157) Antero de Quental, *Notas Contemporâneas*, Eça de Queiroz, quinta edição, Porto, 1927, p. 342
(158) Carta a Oliveira Martins, comunicada em Abril de 1935 ao Instituto Português de Arqueologia, História e Etnografia pelo dr. J. M. da Silva Marques.
(159) 第一章に記したように、「コインブラ問題」の後、大学を修えたアンテーロは、社会に関する問題意識からパリで写植工として働いた。
(160) A um poeta, *Os sonetos completos de Antero de Quental*, nova edição, Coimbra, 1924, p. 70

(161) Justitia mater, *Os sonetos completos de Antero de Quental*, nova edição, Coimbra, 1924., p. 68

(162) estrangeirado ポルトガル語で本来「外国風の」、「外国崇拝の」、「外国かぶれの」を表わす形容詞 estrangeirado (da) が名詞化したもの。すでに十七世紀からポルトガルの知識人の間には自国がヨーロッパ先進諸国、特にイギリス、オランダ、フランスからの社会的・文化的遅れが深刻化しているという意識が芽生えていた。十八世紀にそれは危機感へと変じ、ヨーロッパ先進の学問や思想に共鳴しこれを自国へ導入しようと提言した、外国宮廷に伺候する大使や異端審問所の迫害を逃れ外国に居住する学者などの開化論者を「エストランジェイラード」と呼んだ。かれらは主に理性、経験、功利主義に基づく啓蒙主義を唱えた。

(163) O《Francesismo》, Eça de Queirós, *Os Conferencistas do Casino*, Fronteira do Caos Editores Ldt., Porto, 2005, p. 112.

(164) *Ibid*., p. 119

(165) *Ibid*., p. 120

(166) O futuro da música, *Prosas-Vol. II*, Antero de Quental, Coimbra, 1926., p. 43. nota (1)

(167) Carta de 1876, a António de Azevedo Castelo Branco, *Carta a António de Azevedo Castelo Branco*, Antero de Quental, Lisboa, 1942.

(168) Programa das conferências democráticas, *Prosas-Vol. II*, Antero de Quental, Coimbra, 1926., pp. 90-91

(169) Causas da decadência dos povos peninsulares nos últimos três séculos, *Prosas-Vol. II*, Antero de Quental, Coimbra, 1926, p. 94

(170) A literatura nova (o realismo como nova expressão de arte), Eça de Queirós, in *As conferências de Casino*, Carlos Reis, Alfa 39.

(171) *Ibid*.

(172) Causas da decadência dos povos peninsulares nos últimos três séculos, *Prosas-Vol. II*, Antero de Quental, Coimbra, 1926, p. 93

（173）*Ibid.*

（174）*Ibid.*, pp. 95-96

（175）*Ibid.*, p. 96

（176）*Ibid.*, pp. 96-97

（177）Igreja Lusitana

（178）カトリックでは普通、ミサにおける会衆への葡萄酒（キリストの血）の拝領（「御血《おんち》拝領」という）はなされていない。

（179）Raimundus Lullus（1232c-1316）スペインの思想家。マリョルカ島パルマの廷臣の子として生まれる。浮薄な宮廷生活の後に回心、修道生活に。宣教活動と異教徒論駁のための著作を自らに課した。ユダヤ教師資相承の口伝カバラ、イスラムの医学、占星術、アウグスティヌス的新プラトン主義などの影響を受けたその思想は、伝統的なスコラ学の知を超える包括性と普遍性とを備える。クザーヌス、ジョルダーノ・ブルーノ、ライプニッツなどに多大な影響を及ぼした。ラテン語、アラビア語、カタルーニャ語による著作は三〇〇巻に上る。主著は『大いなる術（*Ars Magna*）』。

（180）João XXI（1215-1277）第一八七代ローマ教皇（在位 1276-1277）。ペドロ・イスパーノ（Pedro Hispano）の名で知られる。医師、哲学者、数学者としても名を馳せた。ダンテは『神曲』天国篇第12歌で、ベアトリーチェに導かれ太陽天に昇ったダンテが、各々十二人の魂からなる二つの「聖らかな輪」と遭遇し、第二の輪のうちの一人であるフランシスコ会士聖ボナヴェントゥーラが聖ドミニコの生涯と業績を物語り、自らを含め第二の輪を構成する十二人の魂を紹介する場面で、「下界でも名を十二巻の書物に輝かせるスペインのピエトロ（ペドロ・イスパーノ）」とその名を挙げ、讃えている。

（181）Causas da decadência dos povos peninsulares nos últimos três séculos, *Prosas-Vol. II*, Antero de Quental, Coimbra, 1926, pp. 97-98

（182）*Ibid.*, p. 98

(183) *Ibid.*
(184) *Ibid.*
(185) *Ibid.*, p. 99
(186) *Ibid.*
(187) Gil Vicente（1465?-1536?）ポルトガルのルネサンス期を代表する劇作家。「ポルトガル演劇の父」と称される。
(188) Francisco de Sá de Miranda（1487-1558）ルネサンス期のポルトガルにおいてカモンイスと並び称される抒情詩人。人文主義者（ユマニスト）。
(189) António Fereira（1528-1569）劇作家。詩人。代表作に悲劇『カストロ（*Castro*）』。
(190) Damião de Góis（1502-1574）ルネサンス期ポルトガルの傑出した人文主義者（ユマニスト）。歴史家。エラスムス、ルターなどとも親交をもった。しかし、その優れた批評精神が災いし異端審問の犠牲となり、悲劇的な最期を遂げた。
(191) Causas da decadência dos povos peninsulares nos últimos três séculos, *Prosas-Vol. II*, Antero de Quental, Coimbra, 1926, p. 100
(192) Ibid.
(193) Ibid., p. 108
(194) Ibid., p. 129
(195) Ibid., p. 130
(196) Beira ポルトガルの中北部、大西洋岸からスペイン国境までの地域を指す。
(197) Alentejo ポルトガル中南部、大西洋岸からスペイン国境にかけての地域を指す。原義は「テージョ川の向こう」の意。
(198) Causas da decadência dos povos peninsulares nos últimos três séculos, *Prosas-Vol. II*, Antero de Quental, Coimbra, 1926, p. 129

(199) Alexandre de Gusmão（1695-1753）外交官。ポルトガルとスペインの南米植民地の境界を策定したマドリッド条約（一七五〇年）締結に尽力。現在のブラジル国土の基礎を築いた。

(200) D. Manoel（1469-1521）第14代ポルトガル国王マヌエル一世（在位1495-1521）。その治世下、インド航路の発見（一四九八年）、ブラジル到達（一五〇〇年）、マラッカ征圧（一五一一年）をはじめとする大航海（海外進出）の成果によるアジア香料交易の独占など、莫大な富を獲得。ポルトガルは最盛期を迎え「いと幸運なる王」と呼ばれた。

(201) Causas da decadência dos povos peninsulares nos últimos três séculos, *Prosas-Vol. II*, Antero de Quental, Coimbra, 1926, p. 131

(202) *Ibid.*, pp. 124-125

(203) *Ibid.*, p. 109

(204) *Ibid.*, pp. 109-110

(205) イエズス会は一五四〇年、ポルトガルに入った。国王ジョアゥン三世の手厚い保護を受け、国王の聴罪司祭、貴族の礼拝堂の司祭になるなど、上層階級に影響力を及ぼしていった。一五五五年以降，初等教育から高等教育に至るまで、国内の公教育を人文主義者《ユマニスト》に代わって独占的に支配。一五五九年にはエーヴォラに大学を創設した。入国時には三人にすぎなかった会員も、一六〇〇年には約六百人を数えるまでに躍進した。

(206) ポルトガル人とスペイン人を指す。

(207) cristão-novo キリスト教に改宗したユダヤ教徒。一四九二年、スペインのカトリック両王（アラゴン王フェルナンド二世とカスティーリャ女王イザベル一世）はユダヤ人を追放、多くのユダヤ人がポルトガルに移住した。一四九六年、マヌエル一世のスペイン王女フアナとの婚姻にともない、ポルトガルはスペインにならってユダヤ人追放を決定。しかしユダヤ人が医師、学者、金融業者などの専門職に従事、また仕立屋、鍛冶屋、靴屋などの職人層を形成するなど、ポルトガル国内の経済活動・文化・市民生活に不可欠な存在であったため一四九七年、ユダヤ人のキリスト教への強制改宗を断行し国内にとどめた。

(208) Causas da decadência dos povos peninsulares nos últimos três séculos, *Prosas-Vol. II*, Antero de Quental,

Coimbra, 1926, pp. 120-121

(209) 註205を参照。

(210) Marquês de Pombal（1699-1782）リスボンの小貴族に生まれた。一七三八年から一七四九年までロンドン、ウィーンに大使として赴任。一七五〇年に国王ジョゼー一世に登用されると、一七五五年のリスボン大震災では迅速な復興処理を果たし国王の全幅の信頼を得、以後二十余年にわたり国政全般を担当した。イエズス会の追放と廃止、異端審問所の国家統制下への再編のほか、新旧キリスト教徒間の差別の撤廃、ブラジルでの白人と原住民の平等化、国内の奴隷解放など、世俗化と社会の平準化を図った。経済政策ではブルジョアジーを保護育成し、各種植民地交易の独占会社を創設、植民地交易の収益増大を図った。また「アルト・ドウロ葡萄会社」を設立、ヨーロッパ初のワイン生産地指定銘柄制を実施した。さらに工業化政策を推進、織物工業をはじめ製鉄、陶磁器、精糖、皮革、服飾、製紙などの製造業を興すとともに、外国人技術者の招聘や中小マニュファクチュアの優遇なども行なった。

(211) オリヴェイラ・サラザール（António de Oliveira Salazar, 1889-1970）はコインブラ大学経済学教授であった。同大学で「カトリック学生アカデミー・センター」を指導、一九二一年にはカトリックの代議員として立候補し一九二五年には初当選も果たしている。一九二六年のクーデターで発足した軍事政権において一九二八年、財政支出全面にわたる拒否権の掌握を条件に蔵相に就任。長らく危機的であった国家財政を僅か一年で建て直し、一躍ポルトガルの救世主として脚光を浴びた。単一政党的な「国民同盟」を組織し一九三二年、軍部は四千人の署名をもって忠誠を誓い、サラザールは首相に就任。翌一九三三年、新憲法を公布、権威主義的コルポラティズムの「新国家」体制を樹立した。この体制は、労働人口の半数以上を農民が占めるポルトガル社会における農村の寡頭支配階層である不在地主、植民地貿易に携わる金融・商業資本のほか、とりわけ中小地主・中小工業家・商人や自由専門職・中間官僚からなる「中間的社会集団」を支柱とした。したがって市場経済の自由な発展が必然的にもたらすこの集団の解体を国家権力によって最小限にとどめる方策として、コルポラティズムは機能した。これに労働者と資本家の階級協調を謳う社会カトリシズムを結びつけたサラザールは、階級対立・階級闘争に基づく共産主義に対抗、また強力な行政権行使のために反自由主義に立った。一九三六年、首相・蔵相・外相・国防相を兼任、二つのファシスト的団体である「ポルトガル軍団」と「ポルトガル青年団」を組織。一九四〇年、ローマ教皇庁と協約を結び、共和制下で失墜した教会の権威回復を行なった。こうして軍部、地主、資本家、銀行、教会を基盤とする独裁体制を確立。政党政治の否定、労働組合の禁止、新聞の事前検閲による言論の自由の制限、秘密警察などをとおして体制の安定長期化が図られた。

(212) Causas da decadência dos povos peninsulares nos últimos três séculos, *Prosas-Vol. II*, Antero de Quental, Coimbra, 1926, p. 138

(213) *Ibid.*

(214) *Ibid.*, pp. 138-139

(215) *Ibid.*, p. 140（ゴシック体は筆者による強調）

(216) *Ibid.*, p. 138

(217) Nota [sobre a missão revolucionária da poesia], *Prosas-Vol. I*, Antero de Quental, Coimbra, 1923., p. 307

(218) Causas da decadência dos povos peninsulares nos últimos três séculos, *Prosas-Vol. II*, Antero de Quental, Coimbra, 1926, p. 139

(219) Ao povo português. A《Renascença portuguesa》Teixeira de Pascoaes, in *A Vida Portuguesa*, n.º 22 (Porto, 10 de Fevereiro de 1914), p. 11

(220) Renascença, Teixeira de Pascoaes, in *A Águia*, vol. I, 2.ª série, n.º 1 (Janeiro de 1912), p. 1

(221) *Ibid.*

(222) Os meus comentários às duas cartas de António Sérgio, Teixeira de Pascoaes, in *A Águia*, vol. V, 2.ª série, n.º 22 (Outubro de 1913), *A Saudade e O Saudosismo*, Assírio & Alvim, 1988, p. 107

(223) Causas da decadência dos povos peninsulares nos últimos três séculos, *Prosas-Vol. II*, Antero de Quental, Coimbra, 1926, p. 138

(224) *Notes towards the definition of culture*, T. S. Eliot, Faber & Faber, LTD., 1949.

(225) O espírito lusitano ou o saudosismo, *A saudade e o saudosismo*, Teixeira de Pascoaes, Assírio & Alvim, 1988, p. 44
(226) *Arte de Ser Português*, Teixeira de Pascoaes, nova edição, Edições Roger Delraux, 1978, pp. 28-29
(227) ポルトガルを指す。
(228) Esbocetos biográficos, *Prosas-Vol. I*, Antero de Quental, Coimbra, 1923, pp. 45-46
(229) Causas da decadência dos povos peninsulares nos últimos três séculos, *Prosas-Vol. II*, Antero de Quental, Coimbra, 1926, p. 96
(230) *Ibid.*, p. 97
(231) *Arte de Ser Português*, Teixeira de Pascoaes, nova edição, Edições Roger Delraux, 1978, pp. 103-104
(232) O espírito lusitano ou o saudosismo, *A saudade e o saudosismo*, Teixeira de Pascoaes, Assírio & Alvim, 1988, p. 53
(233) 原註（*Ibid.*, p. 54, nota 9.）に、「異端審問とイエズス会」とある。
(234) O espírito lusitano ou o saudosismo, *A saudade e o saudosismo*, Teixeira de Pascoaes, Assírio & Alvim, 1988, p. 54. なお（　）は筆者による付記。
(235) Carta de Dezembro do ano de 1876, a Oliveira Martins, *Cartas inéditas de Antero de Quental a Oliveira Martins*, (69), Coimbra, 1931.
(236) Resposta aos jornais católicos, *Prosas-Vol. II*, Antero de Quental, Coimbra, 1926, p. 167
(237) Ao povo português-A《Renascença Lusitana》, Teixeira de Pascoaes, in *A Vida Portuguesa*, n.º 22, 10 de Fevereiro de 1914, p. 10
(238) Causas da decadência dos povos peninsulares nos últimos três séculos, *Prosas-Vol. II*, Antero de Quental, Coimbra, 1926, p. 120
(239) Portugal perante a revolução de Espanha, *Prosas-Vol. II*, Antero de Quental, Coimbra, 1926, p. 54
(240) *Cartas de Antero de Quental*, (224), 2.ª ed., Coimbra, 1931.
(241) Uma edição crítica de Sá de Miranda-《Poesias de Francisco de Sá de Miranda》, Antero de Quental, *Prosas-Vol.*

III, Coimbra, 1931, p. 54
(242) *Arte de Ser Português*, Teixeira de Pascoaes, nova edição, Edições Roger Delraux, 1978, p. 60
(243) Portugal perante a revolução de Espanha, *Prosas-Vol. II*, Antero de Quental, Coimbra, 1926, pp. 67-68
(244) O espírito lusitano ou o saudosismo, *A saudade e o saudosismo*, Teixeira de Pascoaes, Assírio & Alvim, 1988, p. 53
(245) *Ibid.*
(246) 一九一〇年一〇月三日夜、リスボンで共和主義者による反乱が勃発。しかし計画していた王宮、参謀本部、警察を占拠できず中心市街でバリケードを築き政府軍と対峙した。四日午前、反乱に加わった三隻の軍艦が王宮を砲撃。五日朝、事態の深刻化を憂慮したドイツ大使が自国民の保護のため停戦を求めようと反乱軍に出向いた際、これを政府軍の降伏と誤認した市民が一斉に市街に溢れ「共和国万歳」を唱和、反乱軍は共和制樹立を宣言した。国王はイギリスに亡命した。
(247) Nun’Álvares（1360-1431）ポルトガルの貴族・軍人。ポルトガル併合を目論むカスティーリャの攻勢にさらされた一三八三年から八五年の危機に際し、カスティーリャ軍の侵攻を阻み、ポルトガルの独立を守った。
(248) Ao povo português-A《Renascença Lusitana》, Teixeira de Pascoaes, in *A Vida Portuguesa*, n.º 22, 10 de Fevereiro de 1914, p. 10
(249) Portugal perante a revolução de Espanha, *Prosas-Vol. II*, Antero de Quental, Coimbra, 1926, p. 59
(250) O que é a Internacional, *Prosas-Vol. II*, Antero de Quental, Coimbra, 1926, p. 192
(251) O espírito lusitano ou o saudosismo, *A saudade e o saudosismo*, Teixeira de Pascoaes, Assírio & Alvim, 1988, p. 52
(252) *Ibid.*, p. 44
(253) Renascença（O espírito da nossa raça）, Teixeira de Pascoaes, in *A Águia*, vol. I, 2.ª série, n.º 2, Fevereiro de 1912, p. 34
(254) A《Filosofia da Naturesa》dos naturalistas, *Prosas-Vol. III*, Antero de Quental, Coimbra, 1931, p. 24
(255) *Ibid.*, p. 38

(256) Uma edição crítica de Sá de Miranda-《Poesias de Francisco de Sá de Miranda》, Antero de Quental, *Prosas-Vol. III*, Coimbra, 1931, p. 61

(257) Appendice, Nota, Provas tiradas das principaes obras do Sr. A. F. de Castilbo, A Dignidade das letras e as literaturas oficiais, *Prosas-Vol. I*, Antero de Quental, Coimbra, 1923, p. 373

(258) *Ibid.*, p. 372

(259) *Ibid.*, p. 383

(260) *Pensées*, fr. 32, Blaise Pascal, texte de l'édition Brunschvicg, introduction et notes par Ch. Marc des Granges, Garnier, Paris, 1951, p. 80

(261) Ainda o saudosismo e a《Renascença》, Teixeira de Pascoaes, in *A Águia*, vol. II, 2.ª série, n.º 12, Dezembro de 1912, p. 186

(262) Renascença（O espírito da nossa raça）, Teixeira de Pascoaes, in *A Águia*, vol. I, 2.ª série, n.º 2, Fevereiro de 1912, p. 33

(263) Uma edição crítica de Sá de Miranda-《Poesias de Francisco de Sá de Miranda》, Antero de Quental, *Prosas-Vol. III*, Coimbra, 1931, p. 60

(264) *Ibid.*, pp. 60-61

(265) *Ibid.*, p. 60

(266) *Ibid.*, p. 61

(267) *Ibid.*

(268) Casas nobres inglesas, *Prosas-Vol. II*, Antero de Quental, Coimbra, 1926, p. 374

(269) *Arte de Ser Português*, Teixeira de Pascoaes, nova edição, Edições Roger Delraux, 1978, pp. 130-131

(270) Augusto Hilário（1864-1896）傑出した（コインブラ）ファドの歌い手として名声を博した。ボヘミアン的な生活も広く知られ、コインブラ大学医学部にて学んだが、第三学年よりの進級は適わなかった。

(271) O Desterrado 彫刻家ソアレス・ドス・レイス Soares dos Reis（1847-1889）の代表作。ポルトガルの魂を、ポルトガル人の国民感情を表わした作品として知られる。

(272) Frei Agostinho da Cruz（1540-1619）カプチン会修道士。抒情詩人として知られる。ソネットや哀歌《エレジー》などを手がけた。

(273) Da saudade, Teixeira de Pascoaes, *A Saudade e O Saudosismo*, Assírio & Alvim, 1988, p. 243

(274) A propósito dum poeta, *Prosas-Vol. I*, Antero de Quental, Coimbra, 1923, pp. 96-97

(275) *Ibid.*, p. 97

(276) *Ibid.*, p. 100

(277) *Cartas de Antero de Quental*, 2. ed., Coimbra, 1921, p. 186 および Luís Teixeira, *A vida de Antero de Quental*, Lisboa, 1942, p. 77

(278) Carta a Oliveira Martins de 1887, in *Cartas inéditas de Antero de Quental a Oliveira Martins*, Coimbra, 1921, p. 142

(279) Carta de 25 de Novembro de 1890, a Alberto Osório de Castro, *Cartas de Antero de Quental*, 2.ª ed., Coimbra, 1921, p. 15

(280) Correspondências, *Prosas-Vol. I*, Antero de Quental, Coimbra, 1923, p. 232

(281) Carta a António de Azevedo de 1867, *Cartas a António de Azevedo Castelo Branco*, Antero de Quental, Lisboa, 1942, p. 56

(282) Nota [sobre a missão revolucionária da poesia], *Prosas-Vol. I*, Antero de Quental, Coimbra, 1923, p. 306

(283) Introdução [aos Cantos na Solidão de Manuel Ferreira da Portela], *Prosas-Vol. I*, Antero de Quental, Coimbra, 1923, p. 320

(284) O sentimento da imortalidade, *Prosas-Vol. II*, Antero de Quental, Coimbra, 1926, p. 2.

(285) *Ibid.*, p. 7

(286) *Ibid.*

(287) *Ibid.*, pp. 7-8

(288) *Ibid.*, p. 8
(289) *Ibid.*
(290) Considerações sobre a filosofia da história literária portuguesa, *Prosas-Vol. II*, Antero de Quental, Coimbra, 1926, p. 229
(291) Tendências novas da poesia contemporânea, *Prosas-Vol. II*, Antero de Quental, Coimbra, 1926, p. 195
(292) *Ibid.*, p.196
(293) No turbilhão (A Jayme Batalba Reis), *Os sonetos completos de Antero de Quental*, nova edição, Coimbra, 1924, p. 92
(294) Divina comedia (Ao Dr. José Falcão), *Os sonetos completos de Antero de Quental*, nova edição, Coimbra, 1924, p. 83
(295) Carta de 17de Outubro de 1875, a António de Azevedo, *Cartas a António de Azevedo Castelo Branco*, Antero de Quental, Lisboa, 1942, p. 86
(296) O convertido (a Gonçalves Crespo), *Os sonetos completos de Antero de Quental*, nova edição, Coimbra, 1924, p. 86
(297) Em viagem, *Os sonetos completos de Antero de Quental*, nova edição, Coimbra, 1924, p. 90
(298) Mors liberatrix, *Os sonetos completos de Antero de Quental*, nova edição, Coimbra, 1924, p. 78
(299) Mors-amor, *Os sonetos completos de Antero de Quental*, nova edição, Coimbra, 1924, p. 80
(300) Noctturno, *Os sonetos completos de Antero de Quental*, nova edição, Coimbra, 1924, p. 32
(301) Nox (A Fernando Leal), *Os sonetos completos de Antero de Quental*, nova edição, Coimbra, 1924, p. 89
(302) Espiritualismo, II, *Os sonetos completos de Antero de Quental*, nova edição, Coimbra, 1924, p. 85
(303) *Antero de Quental-In Memoriam*, 466, Porto, 1896.
(304) Antero de Quental, *Notas contemporâneas*, Eça de Queiroz, quinta edição, Porto, 1927, pp. 349-350
(305) Carta a Oliveira Martins (sem data), Subsídios vol. II, p. 17
(306) Carta de 6 de Janeiro de 1876, a Oliveira Martins, Subsídios vol. II, p. 57
(307) Tormento do ideal, *Os sonetos completos de Antero de Quenta*l, nova edição, Coimbra, 1924, p. 7

(308) A J. Felix dos Santos, *Os sonetos completos de Antero de Quental*, nova edição, Coimbra, 1924, p. 14
(309) A Germano Meireles, *Os sonetos completos de Antero de Quental*, nova edição, Coimbra, 1924, p. 17
(310) A uma mulher, *Os sonetos completos de Antero de Quental*, nova edição, Coimbra, 1924, p. 50
(311) Ad amicos, *Os sonetos completos de Antero de Quental*, nova edição, Coimbra, 1924, p. 19
(312) O palacio da ventura, *Os sonetos completos de Antero de Quental*, nova edição, Coimbra, 1924, p. 42
(313) Consulta (a Alberto Sampaio), *Os sonetos completos de Antero de Quental*, nova edição, Coimbra, 1924, p. 96
(314) Carta a Germano Meireles (sem data, porém, pela observação de José Bruno Carreiro, é de 1877), *Cartas de Antero de Quental*, 2.ª ed., Coimbra, 1921, pp. 142-143
(315) Carta de 12 de Novembro de 1886, a Fernando Leal, *Cartas de Antero de Quental*, 2.ª ed., Coimbra, 1921, p. 111
(316) *Os Poetas Lusíadas*, Teixeira de Pascoaes, Assírio & Alvim, 1987, p. 180
(317) A poesia na actualidade (a propósito da《Lira Intima》do Sr. Joaquim de Araujo, *Prosas-Vol. II*, Antero de Quental, Coimbra, 1926, p. 310
(318) Carta a João Machado de Faria e Maia, Cartas de Antero de Quental, (195), 2.ª ed., Coimbra, 1921.
(319) A poesia na actualidade (a propósito da《Lira Intima》do Sr. Joaquim de Araujo, *Prosas-Vol. II*, Antero de Quental, Coimbra, 1926, p. 321
(320) *Ibid.*, pp. 312-313
(321) *Ibid.*, pp. 313-314
(322) *Ibid.*, p. 314
(323) *Ibid.*, p. 315
(324) *Ibid.*, p. 316
(325) Ibid., p. 317
(326) *Ibid.*

(327) *Ibid.*
(328) *Ibid.*, pp. 317-318
(329) *Ibid.*, p. 318
(330) *Ibid.*
(331) *Ibid.*, p. 320
(332) Nota [sobre a missão revolucionária da poesia], *Prosas-Vol. I*, Antero de Quental, Coimbra, 1923, p. 306
(333) A poesia na actualidade (a propósito da《Lira Intima》do Sr. Joaquim de Araujo, *Prosas-Vol. II*, Antero de Quental, Coimbra, 1926, p. 321
(334) *A lira romântica*, António Molarinho, Subsídios vol. I, p. 435
(335) Subsídios vol. I, p. 477
(336) *Ibid.*, pp. 477-478
(337) *Ibid.*, p. 128
(338) *Ibid.*, pp. 126-127
(339) *Ibid.*, p. 17
(340) Artigo de Ramalho Ortigão, in *As Farpas*, 3.º ano, Outubro de 1874, vol. XXIII.
(341) Subsídios vol. I, p. 478
(342) Carta de 7 de Agosto de 1886, a Carolina Michaëlis de Vasconcelos, *Cartas de Antero de Quental*, 2.ª ed., Coimbra, 1921, p. 326
(343) O sentimento da imortalidade, *Prosas-Vol. II*, Antero de Quental, Coimbra, 1926, p. 14
(344) Carta a Oliveira Martins de Antero de Quental, comunicada em Abril de 1935 ao Instituto Português de Arqueologia, História e Etnografia pelo Dr. J. M. da Silva Marques, Subsídios vol. II, p. 172, nota (12)
(345) Carta de 25 de Outubro de 1886, a Crolina Michaëlis de Vasconcelos, *Cartas de Antero de Quental*, 2.ª ed.,

Coimbra, 1921, pp. 329-330

(346) Consulta (a Alberto Sampaio), *Os sonetos completos de Antero de Quental*, nova edição, Coimbra, 1924, p. 96

(347) Nirvana (A Guerra Junqueiro), *Os sonetos completos de Antero de Quental*, nova edição, Coimbra, 1924, p. 95

(348) Prefácio, Oliveira Martins, *Os sonetos completos de Antero de Quental*, nova edição, Coimbra, 1924, p. 22

(349) *Ibid.*

(350) Lucta, *Os sonetos completos de Antero de Quental*, nova edição, Coimbra, 1924, p. 114

(351) Contemplação (A Francisco Machado de Faria e Maia), *Os sonetos completos de Antero de Quental*, nova edição, Coimbra, 1924, p. 109

(352) Logos (Ao Snr. D. Nicolas Salmeron), *Os sonetos completos de Antero de Quental*, nova edição, Coimbra, 1924, p. 115

(353) Subsídios vol. II, p. 129

(354) Carta de 14 de Maio de 1887, a Wilherm Storck, Cartas II (1881-1891), Antero de Quental, Editorial Comunicação, Lisboa, 1999, p. 839

(355) Carta de 25 de Outubro de 1886, a Carolina Michaëlis de Vasconcellos, *Cartas de Antero de Quental*, 2.ª ed., Coimbra, 1921, p. 330

(356) Tendências gerais da filosofia na segunda metade do século XIX, *Prosas-Vol. III*, Antero de Quental, Coimbra, 1931, p. 111

(357) Oceano nox (A A. de Azevedo Castelo Branco), *Os sonetos completos de Antero de Quental*, nova edição, Coimbra, 1924, p. 117

(358) Evolução (A Santos Valente), *Os sonetos completos de Antero de Quental*, nova edição, Coimbra, 1924, p. 102

(359) ダンテ『神曲』煉獄篇、第1歌。 *La Divina Commedia*, Dante Alighieri, testo critico della Società Dantesca Italiana, Milano, 2011. なお、訳出にあたり、河出世界文学大系3、ダンテ『神曲』、平川祐弘訳、河出書房新社（一九八〇年）を参考とした。

(360) Tendências gerais da filosofia na segunda metade do século XIX, *Prosas-Vol. III*, Antero de Quental, Coimbra, 1931, p. 128

(361) *Ibid.*, p. 127

(362) *Ibid.*, p. 128

(363) Redempção (À Exma Snr.^{a} D. Celeste C. B. R.), I, *Os sonetos completos de Antero de Quental*, nova edição, Coimbra, 1924, p. 111

(364) *Ibid.*, II, p. 112

(365) Tendências gerais da filosofia na segunda metade do século XIX, *Prosas-Vol. III*, Antero de Quental, Coimbra, 1931, p. 128

(366) *Ibid.*, p. 129

(367) *Ibid.*, p. 130

(368) *Ibid.*, p. 131

(369) Voz interior (A João de Deus), *Os sonetos completos de Antero de Quental*, nova edição, Coimbra, 1924, p. 113

(370) Tendências gerais da filosofia na segunda metade do século XIX, *Prosas-Vol. III*, Antero de Quental, Coimbra, 1931, pp. 131-132

(371) Carta de 14 de Maio de 1887, a Wilhelm Storck, *Cartas II (1881-1891)*, Antero de Quental, Editorial Comunicação, Lisboa, 1999, p. 838

(372) Com os mortos, *Os sonetos completos de Antero de Quental*, nova edição, Coimbra, 1924, p. 116

(373) Carta de 14 de Novembro de 1886, a Jaime de Magalhães Lima, Subsídios vol. II, pp. 181-182

(374) *Pensées*, fr. 121, Blaise Pascal, texte de l'edition Brunschvicg, introduction et notes par Ch. Marc des Gganges, Paris, 1951, p. 107

(375) Comunhão (Ao Snr. João Lobo de Moura), *Os sonetos completos de Antero de Quental*, nova edição, Coimbra, 1924,

p. 118

(376) Antero Quental, *Notas Contemporâneas*, Eça de Queiroz, quinta edição, Porto, 1927, p. 362

(377) *Ibid.*

(378) ダンテ『神曲』地獄篇、第15歌。*La Divina Commedia*, Dante Alighieri, testo critico della Società Dantesca Italiana, Milano, 2011. なお訳出にあっては、河出世界文学大系3、ダンテ『神曲』、平川祐弘訳、河出書房新社（一九八〇年）を参考とした。

(379) Expiação, *Prosas-Vol. III*, Antero de Quental, Coimbra, 1931, p. 144

(380) Discurso lido na sessão de 7 de Março da Liga Patriótica do Norte, *Prosas-Vol. III*, Antero de Quental, Coimbra, 1931, p. 147

(381) Ultimatum de 11 de Janeiro, *Prosas-Vol. III*, Antero de Quental, Coimbra, 1931, p. 163

(382) Carta de 8 de Fevereiro de 1890, de Antero de Quental a Jaime de Magalhães Lima, Subsídios vol. II, p. 236

(383) *Arte de Ser Português*, Teixeira de Pascoaes, nova edição, Edições Roger Delraux, 1978, p. 40

(384) Artigo de Luís de Magalhães, in *Antero de Quental-In Memoriam*, Porto, 1896, p. 133

(385) *Ibid.*

(386) Expiação, *Prosas-Vol. III*, Antero de Quental, Coimbra, 1931, p. 145

(387) O socialismo e a moral, *Prosas-Vol. III*, Antero de Quental, Coimbra, 1931, p. 141

(388) Antero Quental, *Notas Contemporâneas*, Eça de Queiroz, quinta edição, Porto, 1927, p. 364

(389) Artigo de Cirilo Machado, *Nova Alvorada*, 1 de Novembro de 1891, Subsídios vol. II, p. 243

(390) Carta de 14 de Maio de 1887, a Wilhelm Storck, *Cartas II (1881-1891)*, Antero de Quental, Editorial Comunicação, Lisboa, 1999, p. 838 および Antero de Quental, *Notas Contemporâneas*, Eça de Queiroz, quinta edição, Porto, 1927, p. 354

(391) Novalis, *Werke, Tagebücher und Briefe Friedrich von Hardenbergs*, Hrsg. von Hans-Joachim und Richard Samuel,

Darmastade（Wissenschaftliche Buchagesellschaft), vol. II, 1999.

(392) *Le mythe de Sisyphe, Albert Camus*, Editions Gallimard, Paris.

(393)『涅槃経』（大般涅槃経巻下、大乗涅槃経巻十四）の一節。「諸行は無常にして、是れ生滅の法なり、生滅滅し已って、寂滅を楽となす」と読む。

(394) Solemnia verba, *Os sonetos completos de Antero de Quental*, nova edição, Coimbra, 1924, p. 119

(395) Tendências gerais da filosofia na segunda metade do século XIX, *Prosas-Vol. III*, Antero de Quental, Coimbra, 1931, p. 62

(396) *Ibid.*, p .63

(397) Elogio da morte, I, *Os sonetos completos de Antero de Quental*, nova edição, Coimbra, 1924, p. 103

(398) *Ibid.*, II, p. 104

(399) *Ibid.*, IV, p. 106

(400) *Ibid.*, V, p. 107

(401) Amblosius, Tractatus de bouno mortis, Cap. 3, 9; 4, 15: Corpus Scriptorum Ecclesiasticorum Latinorum 32, 710. 716-717; Liturgia Horarum, editio typica, Vol. IV, Romae, 1987.

(402) Carta de 30 de Maio de 1887, a Oliveira Martins, *Cartas inéditas de Antero de Quental a Oliveira Martins*, Coimbra, 1931, p. 139

(403) Os meus comentários às duas cartas de António Sérgio, Teixeira de Pascoaes, in *A Águia*, vol. V, 2.ª série, n.º 22 (Outubro 1913), p. 104

(404) Carta de 16 de Fevereiro de 1888, a Tomaso Cannizzaro, *Cartas de Antero de Quental*, 2.ª ed., Coimbra, 1921, pp. 309-310

(405) Com os mortos, *Os sonetos completos de Antero de Quental*, nova edição, Coimbra, 1924, p. 116（ゴシック体は筆者による強調）

（406）*Arte de Ser Português*, Teixeira de Pascoaes, nova edição, Edições Roger Delraux, 1978, p. 25

（407）Leonardo Coimbra（1883-1936）哲学者。「ルナセンサ・ポルトゥゲーザ」運動に参加。テイシェイラ・デ・パスコアイスの影響下、サウドジズモの系譜に連なるが、合理精神も重んじ、これを形而上学と融合した独自の思想クリアシオニズモ（criacionismo）を展開した。第一次共和制では教育大臣を務め、ポルト大学文学部などを創設した。著書に『クリアシオニズモの思想（*O Pensamento Criacionista*）』、『愛について、また死について（*Do Amor e da Morte*）』、『アンリ・ベルクソンの哲学（*A Filosofia de Henri Bergson*）』など。

（408）Agostinho da Silva（1906-1994）古典文献学者。思想家。レオナルド・コインブラ創設のポルト大学文学部にて古典文献学を修了（博士）、「ルナセンサ・ポルトゥゲーザ」運動に連なる最期の世代とされる。博士号取得後、ソルボンヌやコレージュ・ド・フランスなどでの研究を経て帰国。高等学校《リセウ》の教授職に就くもサラザール独裁による「新国家」体制への忠誠を拒み免職、一九四四年にブラジルへ渡りさまざまな大学を転々とし教授した。「ルナセンサ・ポルトゥゲーザ」運動の流れを汲み、そのエッセンスをモダニズムへと昇華させた詩人フェルナンド・ペッソアが霊感を受けた、十六世紀のユダヤ系預言者バンダーラ（Gonçalo Annes Bandarra）と十七世紀のイエズス会士アントーニオ・ヴィエイラ神父（Padre António Vieira）が唱えた、旧約聖書ダニエル書二章に由来する世界規模でのポルトガル語圏共同体「第五の帝国（O Quinto Império）」という平和と友愛とを基礎とするメシアニズムに連なる思想を展開。ブラジルで大きな反響を呼んだ。帰国（一九六九年）後は、ポルトガルの思想界でカリスマ的な存在感を放った。著書に『省察（*Reflexão*）』、『フェルナンド・ペッソアという人（*Um Fernando Pessoa*）』、『歴史と未来の管弦楽団（オーケストラ）のためのポルトガルの幻想曲《ファンタジー》（*Fantasia Portuguesa para Orquestra de História e de Futuro*）』など。

参考文献一覧

Antero de Quental, *Os sonetos completos de Antero de Quental, nova edição*, Coimbra, 1924.
Antero de Quental, *Prosas vol. I (1859-1865)*, Coimbra, 1923.
Antero de Quental, *Prosas vol. II (1866-1881)*, Coimbra, 1926.
Antero de Quental, *Prosas vol. III (1884-1890)*, Coimbra, 1931.
Cartas de Antero de Quental, 2.ª ed., Coimbra, 1921.
Cartas inéditas de Antero de Quental a Oliveira Martins, Coimbra, 1931.
Antero de Quental, *Cartas II (1881-1891)*, Editorial Comunicação, Lisboa, 1999.
Eça de Queiroz, *Notas Contemporaneas*, quinta edição, Porto, 1927.
Carolina Michaëlis de Vasconcellos, *A Saudade Portuguesa*, 2.ª edição revista e acrescentada, Renascença Portuguesa, 1922.
Teixeira de Pascoaes, *Arte de Ser Português*, Edições Roger Delraux, 1978.
Teixeira de Pascoaes, *Os Poetas Lusíadas*, Assírio & Alvim, 1987.
Teixeira de Pascoaes, *A Saudade e O Saudosismo*, Assírio & Alvim, 1988.
Duarte Nunes de Leão, *Ortografia e Origem da Língua Portuguesa*, Imprensa Nacional-Casa da Moeda, 1983.
Dom Duarte, *Leal Conselheiro*, Imprensa Nacional-Casa da Moeda, 1998.
Almeida Garrett, *Obras de J. B. de Almeida Garrett*, tomo I., Typographia de José Baptista Morando, 1839.
António Sérgio, *Ensaios*, vol. IV, Lisboa, 1934.
Revista Portuguesa de Filosofia, XXIX, Braga, 1973.
Teófiro Braga, *História do Romantismo em Portugal*, Lisboa, 1880.
Teófilo Braga, *Soluções positivas da política portuguesa-Do advento evolutivo das ideias democráticas*, Lisboa, 1879.

Gomes de Monteiro, *Vencidos da Vida*, Lisboa, 1944.

José Bruno Carreiro, *Antero de Quental-subsídios para a sua biografia*, vol. I & II, Braga, 1981.

Ana Maria Almeida Martins, *Antero de Quental Fotobiografia*, Imprensa Nacional-Casa da Moeda, 1985.

A. H. de Oliveira Marques, *História de Portugal*, Palas Editores, 1972.

Grande Enciclopédia Portuguesa e Brasileira, Editorial Enciclopédia, LDA., Lisboa, 1945.

Álvaro Manuel Machado (organização e direcção), *Dicionário de Literatura Portuguesa*, Editorial Presença, Lisboa, 1996.

José Pedro Machado, *Dicionário etimológico da língua portuguesa*, 8.ª edição, Livros Horizonte, 2003.

Antero de Quental, Augusto Soromenho, Eça de Queiroz, Adolfo Coelho, *Os Conferencistas do Casino*, Fronteira do Caos, Porto, 2005.

Dante Alighieri, *La Divina Commedia*, testo critico della Società Dantesca Italiana, Milano, 2011.

T. S. Eliot, *Notes towards the definition of culture*, Faber & Faber, LTD., 1949.

Blaise Pascal, *Pensées*, texte de l' édition Brunschvicg, introduction et notes par Ch. Marc des Granges, Garnier, Paris, 1951.

Novalis, *Werke, Tagebücher und Briefe Friedrich von Hardenbergs*, Hrsg. von Hans-Joachim und Richard Samuel, Darmastade (Wissenschaftliche Buchagesellschaft), vol. II, 1999.

Ⅲ．NIPPON——日本人とキリスト教に関する神学的カルチュラル・スタディーズ
（神学的文化防衛論　その序説）

諏訪　勝郎

凡　例

論文名や引用のほか、筆者による強調語は「　」で括る。

書籍名や「　」による引用文における会話文ならびに強調語は『　』で括る。

省略部分は〔……〕で示す。

傍点は、筆者による強調を表わす。

傍線は、筆者による強調を表わす。

ゴシック体は、筆者による強調語を表わす。

「　」による引用文中の／は改行を表わす。

引用文の翻訳は、筆者による。但し、聖書および第二バチカン公会議公文書は除く。

しかしながら議論上、聖書の訳文が信仰・教義・解釈等を強く反映しているためこれの介在しないヘブライ語・ギリシャ語原文により近い引用を必要とした場合にかぎり、拙訳を用いた。

聖書は日本聖書協会『聖書　旧約聖書続編つき』新共同訳（二〇〇一年）を用いた。

なお拙訳では、ギリシャ語旧約聖書は *Septuaginta*, vol. I, Leges et historiae, editio nova, Württembergische Bibelanstalt Stuttgart, 1971 を、ヘブライ語旧約聖書は *Biblia Hebraica Stuttgartensia*, Deutsche Bibelstiftung, Stuttgart, 1977 を、新約聖書は Ed. Kurt Aland, Matthew Black, Bruce M. Metzger, Allen Wikgren, *The Greek New Testament*, American Bible Society, British and Foreign Bible Society, National Bible Society of Scotland, Netherlands Bible Society, Württemberg Bible Society, 1966 を底本とした。

はしがき

これなる稿は、副題《サブ・タイトル》に「日本人とキリスト教」とあるように、大見得を切って大上段に振りかぶったうえに大風呂敷をひろげ、まことに大きくもあり広くもあり深くもあるテーマについて、考え論じたものである。したがってその論述は、なるべくして煩瑣にして錯雑、一見とりとめもないように映ろうが、やはりそれはテーマの大きさなり広さなり深さなりの表われなのである。旋律の簡明さや和声の調和といった響きに、あるいは遠近法の秩序や光彩の諧和といった統一に、乏しいのもやむをえまい。

しかしながら、この稿をポリフォニーのように耳を傾けるなら、もしくはコラージュのように眺めるなら、その錯雑やとりとめのなさに首尾一貫した通奏低音もしくはモチーフを、聞くなり見るなりするはずだ。多声的かつ複眼的に何事か一つのことを、複合的に語っていると知るはずだ。またそのように書いたつもりでもある。なぜなら、ここで扱うような大きく広く深いテーマについては、そのようにしか考えられなかったし、そのように発見したところを、そのように書き表わすほかなかったからである。むしろそのようにまず発見するということを余儀なくされたと言ってよい。

しかし、ここに言う「発見」という言葉には注意が必要だ。「発見」と言う場合、われわれは普通、読みという分析から結論という発見の歩みを、すなわち「考える」というプロセスを想像しがちである。たとえば将棋や囲碁なら、読みという分析から着手という発見に到ると考える。これを考える事と疑わない。ところが、実際はそうではない。最初に発見し、次いで発見するにはどうしたらよいかが問われている。一見矛盾するように思われるが、このような心のはたらきこそが自然な歩みであり、考えるというプロセスである。

「かんがふ」は「かむかふ」の音便であるという。(1)「か」は発語であるから、考えるという言葉は、そもそも「むかふ」、むかえるという言葉である。物と対《むか》う、物に向かう、物を迎《むか》うという意味合いだ。「むかふ」の「む」は身、「かふ」は交う。したがって考えるとは、単なる知的なはたらきでない、基本的には、事件に身を以って交わることだ。物を外から知るのではない。物を身に感じて生きる。その経験をはっきり意識するということだ。

この稿は、このような考えるという原義に則して、まさしくそのようにして書かれた。

***

さらに、大きく広く深いがゆえに、個々に書き表わされるものも大きく広く深くならざるを得ない。当然、リスキーな論述や表現も増える。

たとえば、この稿でペルソナを扱って示されるものに対して、いやここに示されたペルソナ観は大雑把にすぎるうえ古いもので現代のペルソナ観はこれにとどまらない、というような批判も当然聞かれよう。しかしながら筆者の意図は、西洋やキリスト教における一定の基本的・伝統的理解とそれに派生する思想を提示し、これと日本に見られるものとを対比させようとしたに過ぎない。

あるいは、もののあはれを扱って、「現代日本人は」と書くなら、いやもはや現代の日本人はそうではない、との意見も出るだろう。

はたしてそうか。

もののあはれを挙げたはずみに言っておく。

考えてもみよ。現代、たとえば書店に「源氏物語」は数多並ぶ。校訂本、注釈本、現代語訳など、多種多様。それらは、さまざまな研究者の手になり、さまざまな版元から出る。現代語ともなればその著者は、研究者はおろか流行作家にまで及ぶ。「もはや現代の日本人は」との言い草が成立するなら、これほどの活況を呈するを説明し得まい。現代語訳もせいぜい谷崎源氏で打ち止めのはずだ。ところがそれ以降も、手を変え品を変え、「誰某《だれそれ》源氏」は枚挙に暇がない。それどころか、いまや漫画に少女歌劇に新作歌舞伎と百花繚乱ではないか。[2] 古人《いにしえびと》が心うたれたように、現代人も心うたれるなにものかが、いまなお保たれている、拡充さえされている。もはやそうではない、というような言説は一見もっともで的を射ているようだが、じつは浅薄であって説得力に乏しい。現実に経験されることは、考えられるものを越えて、「いまもなお」こそを証している。これを、このように生きているものを、伝統と言い、あるいはアイデンティティーと呼ぶのである。

⁂

このような意味において、この稿で志向され論述されるのは、たしかなイメージとしての、「かむかふ」という意味において出合い想像されたところの、哲学と信仰と文学と生活意識の総体としての「日本」である。自然なもの、生来のものにして謂わば創造的に発見された「ＮＩＰＰＯＮ」である。またそれは、自覚的に発掘し体得すべき何ものかである。

日本人の置かれた自然なり歴史なりに、虚心坦懐、身を置くなら、何か怖ろしいものが見えてくるはずだ。非合理なもの、非道徳なもの、逆らわずば生きてはいかれぬ心というものの裸のすがたが見えてくるはずである。それはたしかにあり、現代のわれわれに、たとえ非合理と映ろうとも、そこで考えよ、考えられなくとも感じよ、と今も昔もいつだって要請されている何ものかなのである。

序章

一　日本二十六聖人の道

日本二十六聖人の道を歩いた。京都から長崎まで、全長約九百粁《キロメートル》。一カ月を要した。(3)途中、岡山から川辺（倉敷）へと向かっていたときのことだ。足守川を渡る。旧道は鄙びた農村地域を抜けていく。いったん国道二七〇号線に出、ふたたび旧道に戻ると、目前に備中国分寺の五重塔が現われた。(4)

五重塔は木立に際立ち、その仏閣は長閑《のどか》な田園風景のなか、自然の一部でもあるかのように馴染んでいる。信仰の有無にかかわらず、日本人の心に響く、あるいは心に沁み入る景観だ。まことに美しい。

ふと考えた。――

キリスト教会が日本において、このような景観をもつのはいつの日のことか。

長崎？　とんでもない。多くの日本人にとって、あれは異国情緒をそそるに過ぎない。日本人の誰彼なく、理屈抜きで、伝わる「こころ」はそこにない。

たしかに日本人もヨーロッパに行けば教会を愛で、感ずることはある。だがその建築美なり、祭壇画やステンドグラスなどの美術工芸品の美しさなりに感心してのことだ。日本の寺を詣で、その建築美云々以前に、思わず手を合わせるというようなことはまずない。

仏教の公伝は五三八年に遡る。キリスト教の伝来は一五四九年。歴史的時間の差は否めない。しかし、それだけであろうか。

微笑みを湛え、アンドロジノスな体軀を薄衣でまとった立像、坐像、横臥像。あるいは苦行を否定、牛乳粥を飲み、美しい林の中、無花果の樹のもとで大悟。あるいはその最期、弟子たちは集い、沙羅双樹は散華、象も泣いた蛇も泣いたという。

このような釈迦牟尼のすがたに対して、イエスのそれはよほど違う。苦悶に顔を歪め、十字架に痩軀を捩《よじ》らせた礫刑像。あるいは荒野で悪魔と問答、空腹を癒さぬ実のない無花果《いちじく》の樹を呪詛。あるいはその最期、弟子たちは離散、罵詈雑言の中、強盗二人と共に礫に。全地は暗転鳴動したという。

美しい自然の中で生まれた宗教と、沙漠に生まれた宗教との相違と言うのは短絡で月並みかもしれない。だが宗教的体験とでも呼ぶようなものの性質に、根本的な差違はあるようだ。少なくとも仏教のそれはキリスト教のそれに比して、多分に審美的・直観的・情緒的である。日本人の心にかなうのも是非ないことと思われる。一方、多分にキリスト教のそれは倫理的、論理的、知的である。いかに日本での宣教（福音を宣べ伝えること）が容易でないことか。

思えば、日本は、キリスト教にとって歴史上、最も相性の悪い宣教地であった。これは現在《いま》もかわらない。数値はこれを正直に物語る。日本の人口約一億二千六〇〇万人(5)に対して、キリスト教系信者は約一九一万四千人。そのうちカトリック者は約四四万一千人。(6)僅か〇・三五パーセントにとどまる。かつて、たとえば禁教令発令時（一六一四年）、日本の総人口一千五〇〇万人前後（推計）に対して、三十七万人前後の信者を数えたとされる。人口の二パーセントを占めていた。

備中国分寺の、まるでひとつの自然そのもののような一体感ある佇まいを想い、あのやさしい、いかにも日本らしい田園の明媚を瞼に浮かべるとき、これといまだ調和を見ないキリスト教の風景はさびしい。いまなお異国情緒にとどまらざるをえず、このやさしい穏やかな日本の国土に、結局、凄惨な光景をしかとどめえなかった宿命というものを思わざるをえない。日本二十六聖人の道を歩きながら、じっさい至る所で目にしたものは、聖人にゆかりの風光でも文物でもなく、むしろ神代《かみつよ》以来のまほろばのやまとごころであった。

二　平坦な戦場で

宿命とは何か。——

日本のカトリック作家、遠藤周作は書いた。

「布教には敗北ということはありません。あなたや私が死んだあと、亦、新しい一人の司祭が澳門《マカオ》からジャンクに乗り、この国のどこかにそっと上陸するでしょう」

「きっと彼は捕われることであろうな」通辞は横から急いで口を入れた。「捕われるたびにまた日本人の血が流れる。お前らの身勝手な夢のために、死ぬのは日本人たちだと何度申せばわかるのだ。もうわしらをそっとしてくれてもよい時期だ」

「二十年間、私は布教してきた」フェレイラは感情のない声で同じ言葉を繰りかえしつづけた。

「知ったことはただこの国にはお前や私たちの宗教は所詮、根をおろさぬということだけだ」

「根をおろさぬのではありませぬ」司祭は首をふって大声で叫んだ。

「根が切りとられたのです」

だがフェレイラは司祭の大声に顔さえあげず眼を伏せたきり、意志も感情もない人形のように、

「この国は沼地だ。やがてお前にもわかるだろうな。この国は考えていたより、もっと恐ろしい沼地だった。どんな苗もその沼地に植えられれば、根が腐りはじめる。葉が黄ばみ枯れていく。我々はこの沼地に基督教という苗を植えてしまった(7)」

宣教師が波濤を越えて来朝、当時たくさんの血が流れ、少なくない殉教者を出した。これをきれいさっぱり忘れて四百六十余年。遠藤が日本を「沼地」と呼んで半世紀が過ぎた。

何もかわらない。たしかに日本は発展し、豊かになった。とはいえ、多くの日本人に幸福感は乏しい。いや、幸福とも不幸とも感じていやしない。人生こんなもの。かと言って、キリスト教にかぎらず、大半の日本人はいわゆる宗教に救いを期待しない。あぶない。いかがわしい。何も起こらないし、何もかわらないのを知っているからである。

あらかじめ失われた子どもたち。すでに何もかも持ち、何もかも持つことを諦めねばならぬ子どもたち。のっぺりとした書き割りのような戦場。何らかのドラマを生きることなど決してない。ただ短い永遠の中に佇み続ける(8)。

このような時代の日本を『リバーズ・エッジ』（一九九四年）で描いた岡崎京子(9)は、ウィリアム・ギブソン(10)の詩を引用して、「平坦な戦場」と形容した。

この街は
悪疫のときにあって
われわれの短い永遠を知っていた

われわれの短い永遠

われわれの愛

われわれの愛は知っていた
街巷《がいこう》レヴェルの
のっぺりした壁を

われわれの愛は知っていた
沈黙の周波数を

われわれの愛は知っていた
平坦な戦場を

われわれは現地のオペレーターになった

格子を
解読しようとした

新たな配列へと
相転移するため

深い断層を偵察するため

流れを作図するため

落ち葉を見よ
いかに涸れた噴水を
めぐることか

平坦な戦場で
いかにわれわれは生き延びるか[11]

現代、この平坦な戦場で、絶望も希望もなく、それでも何をかをもとめ生きる人びとはいる。この平坦な戦場で生き延びるために。

答は無いの？
誰かの所為にしたい
ちゃんと教育して叱ってくれ

新宿は豪雨
誰か此処へ来て
青く燃えてゆく東京の日(12)

――と椎名林檎(13)は歌った。東京事変の頃だ(14)。あばずれのギター少女をまだ醸していた頃だ。

ここに期待以下、絶望未満の、甘ったれた現代日本人の心がある。けれど微笑ましく、やさしくてかなしい現代日本人の心が。だから『リバーズ・エッジ』の破局的惨事の後の穏やかなラスト・シーンで、主人公ハルナとソウル・メイトである同性愛者の山田君はこころ通わせ、「今は苦しい、ただ胸が苦しい(15)」にもかかわらず、

『リバーズ・エッジ』231頁より　Ⓒ岡崎京子／宝島社

UFO呼んでみようよ。
もう一回
やってみようよ[16]

――の期待以下、絶望未満の一夜を送る。

ＵＦＯは結局、現われない。東の空は白み、朝がやって来る。海の匂い。汽笛の音。やさしくもこのかなしい結末。静かな朝。

しかし、おそらくこれを読む日本人の多くは、心の浄化をはたすだろう。悲哀と空虚が深ければ深いほど、深まれば深まるほど、日本人は心なごみ憩うだろう。この心の深さに応じて、さまざまに思案をめぐらす余地はある。問題は多岐に分かれ、意外に遠い所まで引っ張ってゆくように思われる。

三　エキュメニズムと諸宗教間対話

カトリック教会の「今日化」（アジョルナメント aggiornamento）を基本理念として開催された第二バチカン公会議（一九六二―六五年）は、さまざまに教会内の改革と刷新を導いた。なかでも、エキュメニズム（キリスト教会の一致促進運動）に関する、またキリスト教以外の諸宗教に関する表明は、他の諸教派ならびに他宗教を異端視し排斥する従来の教会の態度を大きく改めるものとして評価される。

しかしながら、カトリック教会がエキュメニズムや諸宗教間対話を口にするとき、そこにある微妙な居心地の悪さを覚えるのもまた事実である。

⁂

現代のエキュメニズムは、一九一〇年にエディンバラで行なわれたプロテスタント諸教派による世界宣教会議を嚆矢とする。これを契機として、二五年、ストックホルムにおいて社会倫理に関する第一回「生活と実践」世界会議、二七年にローザンヌで信仰と職制に関する第一回「信仰と職制」世界会議が開催された。さらに三七年、オックスフォードで第二回「生活と実践」世界会議とエディンバラでは第二回「信仰と職制」世界会議があった。

この「生活と実践」と「信仰と職制」の両運動が合流。世界教会協議会（World Council of Churches 以下、ＷＣＣと略す）が創設され、四八年、アムステルダムで第一回総会が開かれた。

その後、宣教に関する国際宣教協議会（International Missionary Council）の運動が六一年、ニューデリーでの第三回ＷＣＣ総会において合流。東欧圏の正教会もこれに参加、以降重要な地位を占める。そして現在に至るまで、ＷＣＣは主にプロテスタント諸教派、聖公会、正教会からなるエキュメニカルな団体として地球規模で活動する。

⁂

このような動向を傍目に、当時カトリック教会はますます時代から、世界から、社会から取り残されていく焦燥を覚えていたにちがいない。孤立化の危機を肌身に感じていたにちがいない。それゆえの、遅ればせながらの、「今日化」。第二バチカン公会議におけるエキュメニズムと諸宗教間対話の採択であった。

したがって、その姿勢・態度も屈折したものとならざるをえない。その表現も複雑とならざるをえない。

⁂

たとえば、エキュメニズムにせよ、諸宗教間対話にせよ、「対話」という姿勢を問題とするとき、カトリック教会はその公的な立場において明確な序列化を行なう。

まず、立場の異なるキリスト教諸教派との交わりを優先。次に、一神教の立場どうしとしてのユダヤ教とイスラム教との対話に重点が置かれる。そのうえで諸宗教との対話が扱われる。またその後、とくに神を信じることのない無神論や信仰をもたない立場との交流が始まる。このような歴史的にイエスに近い集団か否かという序列が登場せざるをえず、同心円を描く対話の順序を整理。序列化がなされる。この姿勢を現在もカトリック教会は堅持する。(17)

＊＊＊

これはその表現においても明らかである。

第二バチカン公会議のさまざまな公文書は、なるほどその内容はよく吟味され、その言葉遣いも慎重である。それでも隠しようのない本音、こころの深所はところどころに露見している。

「教会に関する教義憲章」[18]（一九六四年）は言う。――

聖なる教会会議は、まずカトリック信者に心を寄せる。〔……〕カトリック教会が神によってイエス・キリストを通して必要不可欠なものとして設立されたことを知りながら、なおもその教会に入ること、あるいは教会の中にとどまることを拒否する人々は救われないであろう。[19]

また、キリスト教以外の諸宗教の信仰者について述べるとき、

教会は、彼らのもとに見いだされるよいもの、真実なものはすべて、福音への準備であり、ついにはいのちを得るようにと、すべての人を照らすかたから与えられたものと考えている。[20]

――と言い切る。

あるいは、「エキュメニズムに関する教令」（一九六四年）は、「主キリストが設立した教会は単一・唯一のもので

ある」[21]と前置きし、歴史を通して教会がさまざまに分裂したことに触れて、「それぞれ考えが異なり、異なった道を歩いている。それはあたかもキリスト自身が分裂しているかのようである。このような分裂は真に明らかにキリストの意志に反し、また世にとってはつまずきであり、すべての造られたものに福音を述べ伝えるというもっとも聖なる大義にとっては妨げとなっている」[22]と歎傷しつつ言う。――

これらの分かたれた諸教会と諸共同体が欠如を被っていると信じるが、それらは決して救いの神秘における意義と重要性を欠くものではない。事実キリストの霊は、これらの教会と共同体を救いの手段として使うことを拒否しないのであって、これらの手段の力はカトリック教会にゆだねられた恵みと真理の充満そのものに由来する。

しかしながら、われわれから分かれている兄弟は、個人としても、あるいは共同体や教会としても、イエス・キリストが一つのからだと新しいいのちに向けて新たに生み、ともに生かしたすべての人に授けようと望んだ一致、また聖書と教会の尊い聖伝が宣言しているあの一致を享受していない。救いの全般的な道具であるキリストの普遍的教会を通してのみ、救いの手段がすべて満たされることになるからである。われわれは、主がペトロを頭《かしら》とする唯一の使徒団に、新約のすべての富をゆだねたと信じる。[23]

カトリック以外のキリスト教諸教派には欠如がみとめられ、これを満たすのはカトリック教会にゆだねられた恵みと真理の充満そのものと述べるとともに、新約のすべての富はペトロを頭とする唯一の使徒団たる普遍的教会、すなわちカトリック教会にこそあると疑わない。

また、エキュメニカルな活動の実践条件と指導原則を提示した後、カトリック信者に対して、

エキュメニカル活動は、完全に誠実にカトリック的なもの以外にはありえない[24]

——と告げる。

あるいは、「キリスト教以外の諸宗教に対する教会の態度についての宣言」（一九六五年）では、たとえばヒンズー教や仏教や他の諸宗教に言及し、「カトリック教会は、これらの宗教の中にある真実にして神聖なものを何も拒絶することはない。その行動様式や生活様式も、その戒律や教理も、心からの敬意をもって考慮する[25]」としながらも、その直後、

人々はキリストにおいて完全な宗教生活を見いだすのであり、神はキリストにおいて万物を自分と和解させた[26]

——と宣べる。

そして、第二バチカン公会議の成果の集成ともいうべき「現代世界における教会に関する司牧憲章[27]」（一九六五年）は、現代世界の人間状況を憂いつつイエス・キリストの名を挙げ、

人々が救われるために必要な名は、天下にこの名のほかに与えられていない[28]

また、

全人類の鍵、中心、目的が、主であり師であるキリストに見いだされる(29)

さらに、

あらゆる変化のもとに変わらないものが多くあり、それらの究極的根拠は、昨日も今日も、また永遠に変わることのない同じかたキリストのうちにある(30)

——と言い放つ。

⁂

ここに見られるのは、扉を開きはしたものの相手をそのままでは受け容れることのない、みずからは歩み寄る気のない、話しはしたいが聞きたいとは思わない、説得はしたいが納得する気はないという狭量と傲慢とである。「一致」という標語のもと、異なる他者に「同調」と「同化」が要求されている。みずからを中心に異なる他者を包括し融合する、覇権意欲の表現にとどまる。異なる他者の差異への権利も対等者としての承認もきわめて乏しい。

こうした傲慢が看破され、絶対的優越性を宣言しようとしているのではないかと世に危惧され、批判にさらされたのが教皇庁教理省の宣言「ドミヌス・イエズス」(二〇〇〇年)であったが、決してそれが杞憂でないことを、二〇〇七年六月二十九日付教理省文書が裏付ける。教会憲章第八条「これがキリストの唯一の教会である。われわれは信条の中で、この教会を、唯一の、聖なる、普遍の、使徒的と宣言する。〔……〕この教会は、この世に設立され組織された社会としては、カトリック教会のうちに存在し[31]（subsistit in）、ペトロの後継者および彼と交わりのある司教たちによって治められる[32]」に言及。それは以下の通りである。

質問二　キリストの教会がカトリック教会のうちに存在する（subsistit in）との断言の意味は何か？

回答　キリストは唯一の教会を「この地上に設立した」。また、「目に見える霊的共同体」としてそれを組織した。（キリストの唯一の教会は）その初めから幾世紀もの間、常に存在し、（これからも）永久に存在するだろう。そこにおいてのみ、キリストみずからが制定したすべての要素が見い出される。「これがキリストの唯一の教会である。

われわれは信条の中で、この教会を、唯一の、聖なる、普遍の、使徒的と宣言する。〔……〕この教会は、この世に設立され組織された社会としては、カトリック教会のうちに存在し（subsistit in）、ペトロの後継者および彼と交わりのある司教たちによって治められる」（教会憲章八）。

教会憲章第八条における「存在すること」とは、この永続すること、歴史的な継続、そしてカトリック教会にキリストによって制定されたすべての要素の永久不変を意味する。ゆえに地上において、（カトリック教会にこそ）キリストの教会が具体的に見い出されるのである。

質問三　なぜ「subsistit in」（〜のうちに存在する）という表現が、単純な言葉である「est」（〜である）の代りに採用されたのか？

回答　この表現の使用は、カトリック教会でもってキリストの教会の十全たるアイデンティティー（自己自身であること）を示しており、教会における教義を変更するものではない[33]。

第二バチカン公会議以前、カトリック教会は、みずからがみずからで、みずからをこそ、みずからのみをキリストの教会であると自任した。しかし同公会議以後、教会憲章第八条によって、カトリックの自己理解の変更があったと認識された。たとえば、教会憲章は次のように解説されている。

教会とは何か。それは目に見えると同時に霊的な実体である。教会は「目に見える組織」、「社会」（Societas）、「集団」（Coetus）だが、霊的共同体であり、この二つの実体が融合している。これこそ秘跡、しるしであり、道具であるといえる。これがキリストの教会であって、これは信仰宣言の中で唯一の、聖なる、普遍の、使徒的と公言するように、万民のものである（「普遍」の意味）と同時に一つしかない。〔……〕このキリストの教会はどこにあるのか。本公会議におけるもっとも注意深い検討の結果、それは「カトリック教会である」（est）とはいわず、「カトリック教会のうちに存在している」（subsistit in）と表現された。キリストの教会は、ローマ・カトリック教会と単純に同一されず、その教会の中に本質的に現存しているという。このようにキリスト教にとって本来的なものが、ローマ・カトリック教会以外にもある可能性を認めた。(34)

つまるところ、解釈なのである。解釈を可能とする表現を選び用いたということ。ある人はこのように読んだ、希望的観測をもって幻想した。教会は本来的なものを他者に認めたとはいえ、あくまでその可能性を認めたのであって、確実にみずからにあることを露ほども疑わない。「subsistit in」か「est」か。字面はたしかに謙譲しているのだが、その心の深所は従来通り変らぬことは、公会議公文書にも教理省文書にも透けて見える。これは先にも示した通りである。(35)

⁂

あるいは、諸宗教間対話なら、一九九四年、教会の独善と傲慢とが引き起こした事件は忘れられてはなるまい。教皇ヨハネ・パウロ二世『希望の扉を開く』が出版された時のこと。神学者V・メッソーリとの質疑応答からなるその書は、現代世界におけるカトリックの意義を語るのであるが、仏教に関する言及が災いした。

〔仏教の救済論〕は、この〔宗教〕システムの中心的な、いやむしろ、唯一の要素です。それにもかかわらず、仏教の伝統も、それに由来する修行方法も、ほとんど〔消極的救済論（ネガティブ・ソテリオロジー）〕のみを奉じています。〔……〕仏教は相当高い度合いにおいて〔「無神論的」体系（＝エイシイスティック・システム）〕です。仏教によると、人間は神に由来する善をとおして悪から解放されるのではなく、悪である世界から離脱することによってのみ悪から解放されるのです。そのような離脱の完全性は神との一致にではなく、涅槃に、つまり世界に対する完全な無関心な状態に存します。[36]

――と仏教批判を展開。そして、仏教の無用を語る。

人が神と出会うのは世界の中でであり、それゆえ、神の内面の神秘の中に自己を再発見するために、人はあれほどの徹底的離脱を行なう必要はないのです。〔……〕こういうわけで、〔極東の宗教的諸伝統に由来する事柄のある種の提示に対して〕、例えば黙想や修行の技術や方法などが示されるとき、それらを熱狂的に〔歓迎する〕キリスト教徒に〔注意を促す〕のは的はずれなこととはいえません。[37]

この一連の述懐は、スリランカで仏教徒の激しい反発を招いた。スリランカの仏教教団は、教皇の公式謝罪を要求。予定されていた教皇のスリランカ訪問に反対、諸宗教代表者による集会への不参加を表明した。(38)

＊＊＊

結局、カトリック教会の対話観は、イエス・キリストによる救いを中心とし、カトリック教会共同体の団結、キリスト教諸教派との一致の促進、一神教どうしの協力、諸宗教との対話の推進、無神論者や無信仰者との協力という一連の序列で物事を説明してゆく同心円状の図式において固定化され、結局はカトリック教会の立場にあらゆる人びとが向かっていかなければならないという方向性が暗に示されている。(39) これをよく包括主義などと言うが、所詮、キリスト教中華思想を一歩も出ない。カトリック中心主義との譏りは免れまい。

＊＊＊

かつて、日本人としての固有性と人類としての普遍性とを共に重要視しつつ、日本人の心に適った修道生活を模索したドミニコ会司祭、押田成人は、カトリック教会のあり方について、疑問を呈した。

宗教的悟りや照らしへの道が、自分の生きている文化伝承とは別様の文化伝承に具現したすがたでやってきたとき、その宗教伝承のふくむ生命的真理のゆえに、それが托身している、文化伝承をも引き受けるべきなのでしょうか。もしそうならば、それは最初から、自分が自分でなくなることを、文化の次元において要求され

ることになりましょう(40)

宗教である以上、そこには信じるものがある。ゆるがせにできない、また揺るぎようのないものが中心にある。これをさまざまに表現したものが、信仰箇条であり教義《ドグマ》であるが、これらを前提とする以上、自己保存の本能も働いて、先に見た同心円構造からは逃れられない。

これは何もカトリック教会にかぎったことでもないが、さまざまな立場からなる現代世界においてこれを主張することは通用しない。承認されない。とくに日本のように、伝統的にキリスト教とは異なる文化にあって、その伝統においても単純に神道と仏教とを分離しない、神仏の習合に頓着せず、その習慣を奇異ともしない、とくに信仰を意識しない現代日本人であっても意識下に本地垂迹《ほんじすいじゃく》あるいは反本地垂迹の説が生きる独特にして複雑微妙な世界観に生活する社会にあっては(41)、カトリック教会の姿勢は少なからぬ反感を買う。押しつけがましく独善的で、やはり傲慢に映るのである。友を得るためには、友を自分の方に引き寄せればいいというような道は、じつに友を失う捷径にすぎないという生活経験に基づく知恵が忘れられているのである。

第一章　神話として読む

一　聖書と科学

日本人とキリスト教との、心の逕庭について、思い浮かぶままに素描した。これについて、さまざまに考察を進めるその前に、まず唯一と思しき相互に重ね見ることの可能を期待しうるところについて、あらかじめ触れておく。

たとえば、科学――サイエンス、あるいは狭義で言うところの近現代自然科学（以下、本稿で「科学」と言う場合、これを指す）——とは、自然というものに直接向かい、これを対象として世界の成り立ちやそこにはたらく法則について知見を得る営みである。ところで、キリスト教の伝統的教説もまた、世界の成り立ちなどについての主張を含む。それは神のことばによる啓示である正典としての聖書に基づく。その解釈を通して提示される。ここに、両者に相反する点が明らかである場合、これをいかに扱うべきかが問題となる。双方の知の一般的関係についてさまざまな立場が生じる。

長らくキリスト教会は、従来の教義を尊重。これと調和しない科学の知見を否定する立場にあった。これに抗して、進歩的とされる人びとは、科学の知見に基づき教会の教説を否定。キリスト教の非真理性を訴えた。こうした二項対立関係が、おおよそいまなお続く聖書と科学、あるいは信仰と理性、教会と社会の歴史である。

しかしながら現代、こうした二者択一を乗り越えようとする、近代のコンコルディズム[42]（符号主義ないし調和主義）とも異なる、立場がある。科学の成果としての知識の領域と、啓示としての聖書の教えの領域とは次元が異なる。聖書は信仰と生活に関する真理を示すもの、科学が探求する領域で何らかの真理を示すものではないとする立場である。科学が世界の成り立ちや法則を明らかにし、いかなることを主張するにせよ、神はその背後に存在、それらを創造したという信仰を突き崩すものではない。むしろその科学的知見は創造主である神の知恵と力を証するもの、信仰者はこれを知る契機に恵まれると考えるのである。

二　聖書の現代的意義

和田幹男の「聖書の天地創造と現代の自然科学[43]」も概ねこの立場に拠る。

「聖書は人間の全面的救いを扱い、自然科学は人間の一面がかかわる物質界のしくみを扱うものだ[44]」と表明。「自然科学が神秘のヴェールを取り去り、この宇宙と地球の成り立ちを説明し、生命誕生の条件を明らかにしても、創造主であり、生命の起源である神への信仰はいっこうに消えそうにない。むしろ神への畏敬の念はいっそう大切なものとして痛感されつつある[45]」と考える。したがって、聖書の天地創造を秩序構築の物語と捉える。その著者は、当時の「国家組織を奪われ、宗教制度も失い、〔……〕絶望のどん底にあえぐ捕囚期後のユダヤ社会[46]」に向け、「神が混沌と暗闇を秩序ある美しい世界に造りあげられると言いつつ同時に破壊されたモラルの秩序も構築してくださる[47]」と語りかけていると理解する。「聖書の天地創造の現代的意義もそこから汲み取るべき[48]」と主張する。

和田の論稿は、聖書の科学に劣らぬ価値の評価を試みる。従来の教会が科学と十分に深いところで対話的関係を築けず、現代世界に取り残され防戦一方に窮せざるを得なかった状況を克服する試みである。

三　「神」という言語ゲーム

とは言え、聖書の領域と科学のそれとを峻別、ひとしく評価し同等に表現しようとの試みは少なからぬ危険を孕む。

「神」という説明概念では、科学は科学にならない。また科学との共通の基盤をもたないなら、聖書は人間の生の営みに対する意味を喪《うしな》う。

さらに内的ないし実存的な「神」理解、あるいは他の領域の体験や言語に結びつかない信仰は、言語ゲームに陥る。もしくは空想あるいは妄想との区別が困難となる。いわば、ままごとに変わらない。

四　神話として読む

結局、こうした科学とキリスト教の相剋、理性と信仰のジレンマから解き放たれるためには、聖書を読む大胆なパラダイム転換が必要と考える。とくにその天地創造については、これを徹底して積極的に「神話」と規定することを提案したい。

神話として読むべし。

人間はいつの時代、どこの場所でもかならず神話をもつ。これによって世界や人間や文化の起源を説明。神話が提供する範例にしたがって社会を組織、生活してきた。また語られたことばのうちにその十全な客体化を決して見出し得ないというのが、神話の神話たる所以でもある。

これは聖書を神話として貶《おとし》めることを意味しない。むしろ生き生きとした世界認識へと導く。言語の媒介を経ることのない、視覚形象や聴覚音形といった感覚感情による直接的な事象理解の可能性と現実性へと促し、これを高める。「神―世界―人間」にかんする反省以前の、「自然―人間」という直観的経験への回帰を果たす。

なぜなら現代における信仰の無力は、科学との相剋において、聖書が音楽的母胎とでも言うような感覚感情から引き離され、書物としての言語的な意味内容に還元されたからである。あるいは、歴史的な一回限りの出来事とみなされ、もっぱらその事実としての信憑性にのみ関心が向けられたからである。神話が本来の意味を保持、その機能を果たすなら、それは世界の在り方と人間の生き方（つまり、和田の言う「秩序ある美しい世界」と「モラルの秩序」）について、議論の余地なく承認される。真実を啓示する神聖なものとして受容されるはずである。異様で無意味に見えることがらも不可避の必然として理解されるはずである。

五　普遍的無意識

神話はラング（言語体系）の不可欠な構成部分をなす。神話が認識されるのは、パロール（言語行為）による。それはディスクール（言説）に属す。

——とレヴィ＝ストロースは言った[49]。

ところで、ラングは構造的であり、パロールは統計的である。ラングは可逆的時間に属し、パロールは不可逆的時間に属す。言語の相補的二つの側面は、かつてソシュールが示した通りである。

ならば、神話もまた、二つの時間体系の諸特性をもつ一つの時間体系によって定義されるだろう。神話は、常に過去の出来事にかかわる。一方、神話の価値は、ある時点における出来事が恒常的構造を帯びることによる。これは同時に、過去・現在・未来にかかわる構造である。この歴史にして歴史に非ずという二重構造こそ、神話が同時にパロールに属し、かつラングに属するものでありながら、第三の水準において絶対的対象として性格を示すことを説明する。

あるいは、神話としての神話の価値は、その神話が形成され蒐集された人びとの言語や文化についてわれわれが無知であれ、全世界で神話はすべての人びとに神話として知覚されることにある。神話の実体は、文体にも話法にもまた統辞法にもない。そこで語られる物語にある。いわば神話は一個の言語。しかもきわめて高い水準ではたらく言語活動である。そこでは意味が、言語的基礎を滑走、離陸する。……

かくして、聖書の天地創造を神話として理解するとき、その荒唐無稽は論理的変換と映る。迷信じみた空想的思考に、具体的なものを用いた抽象的論理を発見する。自己完結的と思われたその体系に、さまざまな民族、さまざまな神話との世界規模での相互連関の必然をみとめる。人類共通の普遍的無意識（collective unconscious）さえ見、言語ゲームであることから免れる。

聖書の天地創造という神話が太古の時代について本来なにを知らせうるのかということについては、いかに疑わしかろうと、それが神話である限りにおいて、それは強烈な力としてわれわれの生とかかわり、身近な麗しい現象として確かである。神話の光は、それが神話である限りにおいて、神話がいまだ遠い過去と化していないかのごとく、いたるところで、そして後代に至るまで、われわれの現在の隅々にまで射し込む。そして神話こそが、それが神話である限りにおいて、われわれのものの見方と行動を、より高次の像に映し出し根本的に描くのである。

六　神人分離

天地創造に始まる多彩な插話《エピソード》を純粋に神話として受け容れ、読むとき、新たな感興もまたわく。教義や解釈に糊塗されぬめまいを催すような、逆説的ではあるが、人間劇を見る。

楽園喪失、カインとアベル、ロトと娘たちなどの插話は、あるいは道徳的な、あるいはそれにもまして官能的な、何か語ってはならない秘密をあからさまに語っているかのように印象づけられる。とりわけ申命記やサムエル記に描かれた「ことごとく滅ぼし尽くす」凄惨な殺戮と凌辱は、(50)恐怖と官能に誘《いざな》うばかりか、唾棄すべきおぞましさをも喚起。一神教というものに拭いがたい絶対性と排他性であるかと合点する。神という超自然に厳しく律された宗教なる非日常と、穏やかな自然たる自由気儘な俗世という日常との、乗り越えがたい亀裂を生々しく見る。

これを、いささか乱暴ではあるけれども、わが国最古の書である古事記と、洋の東西の差違ならびに約五百年という時代の懸隔はあれ、同じく政治的な、同じく道徳的な、また同じく官能的な神話として、並べ見ずにはいられない。はたして古事記もまた晴朗無邪気な神話として読むことができないからである。

暗鬱と悲痛、猥褻と神聖との混淆は共通だ。叙述された人間のすがたはともに、骨肉相食み、驕慢で自己本位、破戒的で無節操である。結果、いずれもが、当然のことながら、その報いを受けた。民族的原体験としての「神人分離」がそれである。

民族的原体験と言う以上、もちろんルネサンスを語ってはいない。神人分離とは、ルネサンスとは倒置にある。詩なる抒情が人間を代表して神を打破したのではない。むしろ詩は神のうちに、悲哀は神にこそあった。いわば情念なる詩と理性なる政治とが完全無欠に融合するような、古代の祭政一致の至福が破られたとき、詩は神へと分離されたということだ。詩と政治とにまたがる相互の理解が断たれたのである。旧約聖書においては、楽園喪失にはじまるイスラエルの民に繰り返される種々の破局がそれである。新約聖書においては、イエスの磔刑がそれである。古事記では、倭建命《やまとたけるのみこと》の流浪の果てに戦野に死して白鳥と化す昇天がそれである。また軽皇子《かるのみこ》と衣通姫《そとほりひめ》の悲恋、その兄妹相姦による流竄《りゅうざん》と情死がそれである。

ところで、この類比が正しく相似ではないところにそれぞれの辿った民族の来《こ》し方がある。言うなれば、聖書はきわめて精神主義的である。それは十字架上のイエスの痩軀にあらわ。人間の汚穢《おえ》はことごとく精神の助力によって聖化されている。一方、古事記は肉体主義だ。倭建命に見る高貴な野蛮と残虐は、肉体というものからの抑えがたき衝動を語る。(51)また軽皇子と衣通姫の睦《むつ》みには、古人《いにしえびと》の肉体の純粋があふれる。いずれも肉体の、無自覚にして自然な浄化のはたらき。肉体から精神へのいたましい堕落はうかがわれない。つまり聖書においては、精神が肉体の自然と純粋の模倣に努めている。救いにおける「キリストのまねび」は、愛においては肉体のまねびであった。近代以降、西洋的なるものが世界のスタンダードとなるにつれ、ついにはその精神の純粋すら失われた。いまや科学なるものの神話が、まことしやかに人口に膾炙《かいしゃ》する。ところが神話とはいえ、科学である以上、詩をもたない。したがって現代なるものは、こんにち目前とする世界の悲劇の数々が物語るとおり。先に「平坦な戦場」と書いたのを思い出そう。

聖書は「はじめにことばありき(52)」とその成り立ちを言う。古事記は「阿禮《あれ》に勅語して帝皇日継《すめらみことのひつぎ》及び先代舊辭《さきつよのふること》を誦《よ》み習はしめたまひき(53)」と言う。ここに言う「ことば」も「辭《こと》」も、いずれもがあきらかに、詩そのものを示している。現代の、まさしく悲劇と呼びうる最大の痛恨事とは、詩を失ったことに尽きる。(54)

第二章　イマーゴ・デイ、そして本來ノ面目

一　頑丈な手、繊細なやさしい手

いかに神話として重ね見ることが可能であれ、先述したとおり、その類比は正しく相似ではない。キリスト教と日本とは、互いに相容れない何ものかを、互いに蔵している。疑いようもないことだ。ただキリスト教にせよ、仏教にせよ、あるいは神道にせよ、宗教というものが文化のほんの一つの分野になった現代、宗教がすなわち文化であり、生活そのものであった時代を見る遠近法は大変難しい。

これを踏まえてなお、たとえて言うなら、堅く、重く、人間に強く抵抗する石は、頑丈な手を作り出す。これは堅牢な構造を組み立てる。いずれは体系的な思想をさえ築く。軽い従順な木は、繊細なやさしい手を作る。これは儚《はかな》い錦を織る。やがて組織力を欠いた思想を作り出す。

このような、どうにも仕様のない、根本の相違が、ぱっくりと大きな深淵を覗かせているようだ。石とは、キリスト教をはじめとする西洋なるものである。木とは、無論、日本である。

二　すべて支配せよ

神は言われた。「我々にかたどり、我々に似せて、人を造ろう。そして海の魚、空の鳥、家畜、地の獣、地を這うものすべてを支配させよう」。神は御自分にかたどって人を創造された。神にかたどって創造された。男と女に創造された。神はかれらを祝福して言われた。「産めよ、増えよ、地に満ちて地を従わせよ。海の魚、

空の鳥、地の上を這う生き物をすべて支配せよ[55]」

ここに見られる人間観、ひいてはその自然観は、人間における「イマーゴ・デイ」(imago Dei 神の似すがた)と「地の支配」(dominium terrae)の密接な関連を示すものとして理解されてきた。米の中世技術史家リン・ホワイト[56]は、これを人間の自然からの搾取を正当化する根拠として、ユダヤ＝キリスト教的伝統に見出されると批判。人間と自然とを峻別、人間を自然の上位に置き、自然は人間の利用に供されるものとのメンタリティーを生じせしめ、現代の環境危機を招いた根源とみなした[57]。

ホワイトによるエコロジー(生態学)からの批判は、歴史的にキリスト教の伝統が自然環境に配慮するよう形成されてこなかったという事実を示した点において正しい。しかし今日の聖書解釈は、この創造物語において支配的・暴力的であると告発された命令も、神から人間への委託という文脈で理解する。イマーゴ・デイとは、神の支配に奉仕する人間の責任の証《あかし》であり、自然に対する人間の暴力的恣意や搾取を認めるものではないと考える。環境問題と創造教理の神学的検討から、自然に対する人間の地位を「神の信託管理人」と位置づける。神による人間の自然に対する優位を承認しつつ、他の被造物を保護管理、神の創造に協働する責任を語る。自然破壊は、主の創造の業《わざ》への冒瀆として戒められる[58]。

三　エコロジーの神学

こうした思想は、聖書解釈にかぎらない、今日のキリスト教界において、主流になりつつある[59]。エコロジー神学と呼ばれる分野も生まれ、従来のキリスト教神学が、自然を支配し搾取する対象として捉える考え方を抑止できなかったことを反省、人間以外の生命の諸形態に対する連帯性を強調する。生命圏全体の管理者・奉仕者としての人間の役割を確認し、未来の世代に対する現在のそれの責任を課題とする。

じっさいプロテスタント諸教派を中心とする世界規模のエキュメニカルな団体ＷＣＣでは、バンクーバー総会（一九八三年）での呼びかけを受け、「正義・平和・被造物の保全」（JPIC: Justice, Peace and Integrity of Creation）会議を一九九〇年三月、ソウルで開催。これは、自然環境問題が信仰の問題として取り上げられるという画期的な出来事であった。またＷＣＣは、環境と開発のための国連会議（通称「リオ地球サミット」一九九二年）を契機に、地球温暖化（climate change）プログラムを発足させている。カトリックにおいても二〇一五年五月、教皇フランシスコが総合的なエコロジーの考察として回勅『ラウダート・シ』を宣布したのは記憶に新しい。

それはそれで結構なことだ。ただ、解釈にとどまらなければ幸い。自然に対する人間の地位を「神の信託管理人」と位置づけようと「祭司職」と見なそうと、[60]あるいは「人間と自然の間には互恵的責任というかかわりが存在する」[61]と解し一見対等な相互関係を表現しながら、その根本には人と自然とに境界を引く思想《かんがえかた》[62]の隠せない、そこに自然に対する人間優位が垣間見られるのは気のせいではないだろう。いかに巧みに語ろうとも、その心根は、隠しきれぬ尻尾のように、露見している。こうした謙虚さと傲慢さとの微妙にないまぜの表現は、たとえば、

あなたが記憶する人間とは何ものか
またあなたが顧みる人の子とは何ものか
あなたは神よりやや低劣に人をつくった
またあなたは栄光と誉《ほまれ》を人に冠し
あなたの手のわざを人に治めさせ
羊や牛や、そしてすべての野の獣を

空の鳥、また海の魚、海路をわたるものを
あなたはすべてを人の足もとに置いた[63]

——と聖書にも明らかである。

四　柳は緑、花は紅

キリスト教を社会基盤とする欧米人が自然への挑戦・征服を試みる性向をもつのに対し、神道や仏教を文化基盤とする日本人はみずからを自然の一部と考え、これとの共生を志向するとの一般通念について、あるいは欧米人のその性向が、創世記一章二十六節以下[64]を根拠に論じられることについて、一部キリスト者から「一面的で単純な批判」、あるいは「現代世界において日本も環境破壊の主犯格」との論駁を聞く。

これはあまりに感情的な反応である。

忘れてはならない。日本における現代のありさまは、せいぜい一世紀半前からの、近代史の読み飛ばしの結果である。その無理から生じた歪みがほぼ一世紀後、敗戦というかたちでみじめに露呈されたのであるが、それからの半世紀にしたところで、身にそぐわない、やみくもな「欧米のまねび」による蹉跌である。ギリシャ哲学以来の、キリスト教神学をも含む西洋形而上学の、ロゴス中心主義によるおよそ二千五百年にわたる営為の、破綻の結果とはわけがちがう。

日本では古来、山・岩・古木などが神のヨリシロ[65]として重視、あるいは神聖視された。また、自然の変化を美的視点から愛好。『古今和歌集』以下の勅撰和歌集では、花や月を中心的題材とした四季に係る歌が過半数を占めた。仏教においては、真如[66]や法界[67]の説が、この世界をそのまま根源的な真理の現れと見、自然もまた真理の顕現と考えられ、草木成仏説[68]が発展。弘法大師空海は「五大に皆響きあり」と言い、この世界のすべてが法身として説法すると説いた[69]。とくに天台では理論的に展開され、本覺思想[70]において草木成仏説がさらに発展。草木の生住異滅[71]の変化の相《すがた》を悟りの現われ[72]（発心・修行・菩提・涅槃）と見るようになった。こうして謡曲などにしばし見られる「草木《そうもく》国土《こくど》悉皆《しっかい》成仏《じょうぶつ》」との言葉も広く用いられるようになったのである[73]。また『徒然草』に見られる、自然の変化に興趣を覚える美学も、このような背景による。ここに禅の影響も加わって、「柳は緑、花は紅」との言葉も好まれた[74]。

五　本來ノ面目

このように、四季の自然との一体を特色とし、自然の風光と結ばれ、身の周りの変哲のない自然に真理を、あるいは救いや悟りをさえ見出すのが日本の伝統である。和歌に見る、また禅における、一見平凡この上なく、プリミティヴで稚拙にさえ思われることば遣いも、じつに哲学的表現を用いることないのは、語句そのものの解釈に陥る弊害を避けてのこと。自然に対する、そして人間に対する、直截で廉直にして真摯な、心の表われである。あたたかく、深い、こまやかな日本人の思いやりのさまである。明らかに西洋形而上学の、あるいはキリスト教の、人間観や自然観とは大いに異なっている。これを優劣に見るは愚か。自然というものに対峙するときの、心の根本がちがうのである。

春は花夏ほととぎす秋は月
冬雪さえて冷しかりけり[75]

道元はこれを詠んで「本來ノ面目[76]」と題した。

第三章　仮面の告白、あるいはペルソナについて

一　當麻《たえま》

キリスト教と日本との、根本の相違は、こうして見ると、人間について、自然との延長あるいは紐帯《ちゅうたい》といった、万物との関係理解による。自然観と言うより、人間観。つまりは人間理解による。

日本のそれは徹頭徹尾、非論理的、非道徳的である。ありのまま、あるがままというきわめて自然なそれである。しかも審美的でさえあるそれは、重ね見る可能性の識閾《しきいき》をさえ軽々と跳躍、胡蝶の舞ういたましい夢のようだ。

かくありがたき御ン事《こと》なれば、重ねて奇特《きどく》を拝まんと、言ひもあへねば不思議やな、妙音聞《みよおおん》こえ光さし、歌舞乃菩薩の目《ま》のあたり、現はれ給ふ不思議さよ、現はれ給ふ不思議さよ(77)

――世阿彌作「當麻」。

夢を破るような笛の音や大鼓の音。まさしく夢は破られた。

⁂

當麻寺に詣でた念仏僧が、折から法事に訪れたという老尼から、昔、右大臣豊成《とよなり》の息女、中将姫《ちゅうじょうひめ》がこの山に籠り、念仏三昧のうちに、正身の阿彌陀如来の来迎を拝し、蓮の糸で織ったという當麻の曼荼羅の縁起を聞く。老尼は物

語るうち、かつて中将姫を手引きした化尼と変じて消え、中将姫の精魂《せいこん》が現われ、舞う。

⁂

阿彌陀如来の来迎の奇瑞のままに、まさしく「光さして、花降り異《い》香《きよお》薫《くん》じ、音樂乃聲すなり[78]」と、中将姫の白い袖が翻り、金色の冠がきらめく。たしかに「ありがたや。盡虚空界《じんこくうかい》の荘厳《しよおごん》ハ、眼《まなこ》ハ雲路《うんろ》に嚇《かか》やき、轉妙法輪の音《おん》聲《じよお》ハ、聴寳刹《ききほうせつ》の耳に滿てり[79]」。夢幻というも、夢破れてなお現《うつつ》のこと。中将姫の白き小面は、これを証して余りある、仮面の告白。

⁂

仮面を剝げ、素面をさらせ、とばかりに、うつつをぬかしてきた人類は、夢破るような奇特を忘れた。互いに相手の表情を窺い、空気を探って右往左往、信頼に足る面《ツラ》を現代、もはや見ない。仮想と虚構にあふれるも、夢幻は葬られた。まことに面倒な時代。かつて、衣裳をまとうならお面も被ったほうがよいという、慎み深く健全な時代があった。と言うのも、素顔で演じる能を「直面《ひためん》」と言うが、世阿彌は「直面」を語って次のように戒める。

　面色《めんしょく》をば、似すべき道理《だうり》もなきを、つねの顔《かほ》に変へて、顔気色《かほけしき》をつくろふことあり。さらに見られぬものなり[80]。

表情を取り繕いがちな素面など、品位に欠け見苦しい、と。

二　ペルソナ

仮面をラテン語で「ペルソナ」（persona）という。その語源は、ギリシャ語の「プロソーポン」（προσωπον）。目や顔を意味する「オープス」（ωψ）の前に「プロス」（προς）という前置詞がついた。ものの前面という意味になり、顔の意味と化し、転じて仮面となった。さらに、社会における役割の意味を帯びた。人間のからだの前面の顔、その顔に付ける仮面というのが原義。

プロソーポンは、人間のからだの内部に潜む何ものかではない。他者のからだを見る者にとって表われているものを指す。その表面性や知覚への直接表出性がプロソーポンの特質である。

⁂

ラテン語のペルソナは、ギリシャ劇・ローマ劇において役者の被る仮面であった。ボエティウスは、ペルソナという語は「響き渡る」という動詞から作られたと書く。

ペルソナという名は、〔……〕喜劇や悲劇において登場人物を表現する仮面からきていると思われる。「ペルソナ」という語は、（動詞）「ペルソナーレ」（響き渡る）からつくられ、後ろから二番目の音節にアクセントがある。もしもこれが後ろから三番目にアクセントがあるなら、「ソヌス」（音）という語が語源であると明らかに分かるだろう。また、仮面の窪みによって音がより強く響くことは確かであり、この語が「音」に由来することが分かるのである。[81]

すなわち per-sono ――「貫いて響く」、「通して音を立てる」という意味になる。だから、「音声が響いてくること」。

ギリシャの仮面は日本の能面とは異なる。口の部分に大きな穴が空いている。舞台で発声するなら、仮面に共鳴して大音声となり、客席に広がって届く。

⁂

ペルソナの語源が「音声が響いてくること」という説には、疑問を呈する声もある。しかしボエティウスも引用したように、西洋古来からの最も一般的な理解であった。なにより、「音声が響いてくること」という意味合いは重要。仮面とは、こちら側に向けられた顔の表面を意味すると同時に、その仮面をとおして、こちら側に音声が響きわたり、声（あるいは言葉）が届けられることを意味する。

三　ヒュポスタシス

ペルソナにはもうひとつ、ルーツとされる語がある。ギリシャ語の「ヒュポスタシス」（υποστασις）が、複雑な経緯を経て、ラテン語のペルソナへとすがたを変えたという。「下に」（υπο＝ヒュポ）、「立つ」あるいは「置く」（ιστημι＝イステーミ）という原義から生じた語。ラテン語では「実体」（substantia）にあたり、基体を意味する「ヒュポケイメノン」（υποκειμενον）が発展した語でもある。

ヒポクラテスやアリストテレスなどでは「支えること、沈澱、膿、濃いスープ」などの意をもつとされる。「基礎、土台」などのほか、テオフラストスでは「実体的本性」、マルクス・アントニヌスでは「現実存在」などの意をもつ。比較的静的な性格の語である。しかし七十人訳聖書など、ユダヤ教の伝統では、「存在を得ること、生成」といった動的な意味を帯びたという。[82]

＊＊＊

したがって、ヒュポスタシスの意味に通底しているのは、流動的なものが固化するというニュアンスである。その固化にともない、非存在から存在が現われてくるという動的変化のイメージがある。[83] 流れているものがあり、それが固化することによって何ものかが立ち現われてくる。これは近現代にまで継承されるイメージだ。レヴィナスは言う。「実存者（existant）がそれを通して自らの実存すること（exister）と結びつける出来事を、イポスターズ（hypostase）とわたしは呼ぶ[84]」。

＊＊＊

流れ、固化するものとしてのヒュポスタシスを学説の中心に据えたのは、プロティノスである。プロティノスは、第一原理としての一者から、第二原理としてのヌース（知性、叡智）が流出し、ヌースからさらに第三原理としての宇宙霊魂が流出するという三段階にわたる流出論を展開。これら三つをヒュポスタシスと呼んだ。

三つのヒュポスタシスは、上から下への流出によって成立している。その流出は動的過程。一者から流動的なものが流出、固化して何ものかを生み、さらに流動するという一連の動き。つまりヒュポスタシスとは、尽きることない流動の、一者からの流出のうちの束の間の留まりとしての純粋存在である。ここには、流動性と個体性の二面がある。(85)

四　父と子と聖霊

この三つのヒュポスタシスという概念を、父と子と聖霊を表わす述語として、キリスト教が導入した。

聖書には、子であるイエスの言葉として、「τὸ **πνεῦμα** τὸ ἅγιον ὃ πέμψει ὁ **πατὴρ** ἐν τῷ **ὀνόματί μου**, ἐκεῖνος ὑμᾶς διδάξει **πάντα** καὶ ὑπομνήσει ὑμᾶς **πάντα** ἃ εἶπον ὑμῖν [**ἐγώ**]. ＝父がわたしの名において遣わすであろう聖霊が、あなたがたにすべてのことを教え、またわたしがあなたがたに話したすべてのことを、あなたがたに思い起こさせるだろう」(86)とある。父と子（ここでは、子たる「わたしの名／わたし」）と聖霊、これら三つは、文脈上並置され等価値、同一のものと見られる。

しかし、その論理構造は不明確であった。いかに論理整合し、理解するか。その後、重大な課題となる。

⁂

東方教会では、これら三つの関係を、プロティノスの流出論に重ねた。父から子が生じ、その子をとおして聖霊が発出すると捉えた。これらを三つのヒュポスタシス（位格）とした。それぞれがプロティノスの、一者、ヌース、宇宙霊魂に対応する。ただし、これら三つのヒュポスタシスの発出は、直線的ではあれ、下降ではないため、プロティノスのそれとは異なっている。

カッパドキアの教父たちは、これらヒュポスタシスの「生ける動き」をこそ神の本質と考えた。生む父と生まれる子を結びつける聖霊を重要視。聖霊とは気息、生命の原理。ネオプラトニズムでは、可視の宇宙全体を生み、包み、支配し、支え、生命を与える原理として、鮮明なすがたを現わしてきた宇宙霊魂と通ずる。このような「生ける動き」あるいは「生命を与える宇宙の息吹き」が聖霊にはあると見た。

五　西方教会

西方教会では、プロティノスの流出論によるヒュポスタシス理解はない。ヒュポスタシスにはペルソナというラテン語があてられた。

アウグスティヌスによれば、本質あるいは実体として一であるものが、同時に、三つのペルソナである。(87) 父は、生み出すもの。子は、生み出されるもの。父と子のあいだに発出する愛が、聖霊と呼ばれる。三つでありながら、同時に、唯一であるもの。このようにアウグスティヌスは、三つのペルソナを、実体としてではなく、関係として捉える。

⁂

またトマス・アクィナスは、ペルソナを、自存するものとしての関係と見た。

なぜなら、あるいはペルソナは、理性的本性において自存するもの、理性的実体、全自然における最も完全なもの。あるいは、父と子と聖霊という三つのペルソナにおいて神は一つであるがゆえに、関係を表示する名前でもある。

したがってペルソナには、自存と関係との退《の》っ引《ぴ》きならない自家撞着がある。しかし、その緊張関係こそがペルソナの本質とトマスは考えた。(88)

六　ペルソナ概念の変質

やがて西ヨーロッパにおいて、ペルソナ概念は少しずつ変質を来《きた》す。時代はトマスよりさかのぼるが、ボエティウスはペルソナを単一で個別的な実体と考え、「理性的な本性をもつ個的な実体」（naturae rationabilis individua substantia）と定義。(89)「どの本性がペルソナをもつに適し、どの本性がペルソナという名から切り離されるにふさわしいか」との議論さえ展開する。(90)——

生命のない物体的なものにおいても、ペルソナの語られることがないのは明らかである（というのも、石のペルソナがあるとは誰も言わない）。感覚をもたない生物においてもまた、ペルソナの語られることはない（というのも、木にもペルソナは存在しないのだから）。また知性や理性を欠くもののペルソナも存在しない（というのは、馬や牛やその他の動物のように、口をきかず、理性をもたず、ただ感覚によってのみ生を送るものにはペルソナはないのだから）。しかし、人間や、神や、天使については、ペルソナがあるとわれわれは言うのである。(91)

ここに、神である三位一体のペルソナとは異なる文脈において、人間にペルソナがあるか否かを議論するに可能な次元が導入された。じっさいボエティウスの定義により、アウグスティヌスが賢明にも避けた実体がふたたび導入され、東方教会の動性は見失われた。

たとえば、その後のボナヴェントゥーラによる「ペルソナとは、被造物のうちで尊厳という独自性によって他のものから区別された理性的本性を有するものの主体を意味する」[92]との定義にも、それは明らかである。

七　パーソン

いささか大雑把ではあれ、また舌足らずではあれ、西洋におけるペルソナ概念の変遷を見た。基礎的にして伝統的なそれを把握したにすぎないかもしれないが、これらペルソナ概念の果てに、近代のジョン・ロックのパーソン概念がある。ロックは言う。

パーソンとは、思考する知性的な存在者である。理性と反省能力をもち、異なる時と場所とで同一の考える存在者としてみずからを捉えることの可能な者である。これらは、思考から切り離すことのできない、また思考の本質と思われる、意識によってのみなされる[93]。

人間の理性と意識と自己同一性とによってパーソン、すなわちペルソナ、あるいは人格を捉える図式は、ロックによって確立された。ここに、神のペルソナも、三位一体も、流動する聖霊も、仮面から響き渡る声もない。人間の身体の内面に措定された精神の能力のみが透徹している。

こうした思考のきわまった現代の人間観は、自己意識と理性とをもつパーソンと、それらをもたない非パーソンとに人間を区分する。生命倫理学で提唱されるパーソン論がそれである。

あるものをパーソン足らしめるものは何か。それは、そのあるものが持続的な諸利益の主体であるということ。〔……〕もしこの考えが正しいなら、あるものがパーソンであるために満たさねばならぬ多くの必要条件がある。その必要条件として、現在あるいは過去のどこかの時点で、時間の感覚をもち、心的状態を経験しつづける主体という概念をもち、脈絡をもった思考を行なう能力をもつことが含まれる。(94)

＊＊＊

あるいはパーソンを、Ｐ・シンガーは『実践倫理学』において、

みずからを、過去と将来をもち、他者と明瞭に区別される存在と自覚可能な、理性的で自己意識をもつ存在者(95)

――と定義する。

こうした論理において、パーソンに該当しないと目される存在――たとえば、受精卵、胎児、重度の障害者、植物状態の人、脳死の人など――は、人間と呼ぶに価《あたい》しない、この世に十全な生存権をもたないとの発想も容易となる。じっさい、シンガーによれば、新生児すらパーソンではない。最も近い親族がその生を望まない場合、殺処理は容認される。なるほど、「実践倫理学」(Practical Ethics) との表題はふるっていよう。(96)

八　ペルソナとクオリア

私と賢一郎がそれぞれに洋二郎にあれこれ言葉をかけると、洋二郎は脳死状態に入っているのに、いままで

と同じように身体で答えてくれる。それは、まったく不思議な経験だった。おそらく喜びや悲しみを共有してきた家族でなければわからない感覚だろう。科学的に脳死の人はもはや感覚も意識もない死者なのだと説明されても、精神的な命を共有し合ってきた家族にとっては、脳死に陥った愛する者の肉体は、そんな単純なものではないのだということを、私は強烈に感じたのだった。(97)

こうしたケースを、パーソン論は説明し得ない。この著者が会話しているのは、非パーソンにちがいない、脳死状態に陥った家族であるが、そこに会話が成立している以上、きわめて経験的な――すなわち、まさしく実践的（practical）な――存在者ではないのか。これを単なる心情的幻想として切り捨てるのではなく、実在する何ものかと捉え、これを森岡正博はペルソナと呼ぶ。(98)関係性に基づく生命観。関係の歴史性から立ち現われる何ものかである。

＊＊＊

母が死んだ數日後の或る日、妙な經驗をした。〔……〕佛に上げる蠟燭を切らしたのに氣附き、買ひに出かけた。私の家は、扇ヶ谷の奥にあつて、家の前の道に添うて小川が流れてゐた。もう夕暮であつた。門を出ると、行手に螢が一匹飛んでゐるのを見た。この邊りには、毎年螢をよく見掛けるのだが、その年の初めて見る螢だつた。今まで見た事もない様な大ぶりのもので、見事に光つてゐた。おつかさんは、今は螢になつてゐる、と私はふと思つた。螢の飛ぶ後を歩きながら、私は、もうその考へから逃れる事が出來なかつた。(99)

これを迷信や幻覚として嗤《わら》うのは容易《たやす》い。だが、この主観的体験にまさる客観的体験を、科学は明かすことはできない。点滅する先端をもち、二つの開閉する硬質の覆いの付属した、いま夕暮れに飛翔する何ものかを証しはする。おっかさんだ、と思った人の心に映った切実なる何ものかを語りえない。この感受する者にとって動かしがたいリアリティーとして立ち現われてくる何ものか。これを茂木健一郎はクオリアと呼ぶ[100]。

＊＊＊

このような、森岡のペルソナであれ茂木のクオリアであれ、感受する者にとって切実な何ものかは、たとえたった一人にしか開かれていないリアリティーであったとしても、当人にとってはかけがえのない、疑いようもないたしかな経験である。これを何人も、科学的・合理的経験でない、むしろ道徳的経験[101]であるがゆえに、否定することはできない。

こうした関係の歴史性から立ち現われる切実なる何ものかを、ペルソナと呼ぼうとクオリアと呼ぼうと、これを感受する人にとってそれは、きっと人格であるにはちがいない。無論、キリスト教や西洋のペルソナ概念とは相容れない。理性や自己意識をもたない存在者、脳死の人、死者として現われる者、螢をはじめとする草木国土など、これらはキリスト教や西洋で思索されたペルソナとはまったく異質である。

九　人格の座

とはいえ、たしかに、夢は破られたのではなかったか。

只今夢中に現はれたるハ、中将姫《ちゅうじょうひめ》乃精魂《せいこん》なり。我娑婆に在りし時、称讃浄土経《しょうさんじょうどきょう》、朝々時々《ちょうちょうじじ》に怠らず、信心《しんじん》

誠《まこと》なりし故に、微妙《みみょう》安樂乃結界乃衆《しゅ》となり、本覚《ほんがく》真如の圓月に坐せり。然れども、此《ココ》を去る事遠からずして、
法身《ほっしん》却来乃法味《ほうみ》をなせり(102)

左手に経巻を捧げ持った中将姫が常座に。まさしく夢は破られ、現《うつつ》が忽然と、立ち現われたのではなかったか。

⁂

あるいは、「卒塔婆小町」——

高野山から都へ上る僧が、津の国阿倍野の松原で、卒塔婆に座す老いた乞食女を見咎め、問答するも、女に言い負かされ感服する。女は老いた小野小町であると身を明かすうち、かつて小町が袖にした深草の四位の少将の霊が憑き、錯乱状態に。少将が百夜通いの怨念を語り終えると、狂乱を脱した小町は、静かに仏道を念じ、悟りに入ることを期する。

高野山の僧であるワキが、「人戀しいとハ。偖《さて》おことには何かなる者の憑《ツキ》添ひてあるぞ(103)」と言《こと》問う。

いまや百歳《ももとせ》の姥《うば》となりし小野小町を演ずるシテは、「小町に心をかけし人ハ多き中にも。殊に思ひ深草の四位の少将の(104)」と先唱。これに「恨みの数の回《めぐ》りきて、車の榻《しぢ》に通はん。日ハ何時《ナンドキ》ぞ夕暮。月こそ友よ通路の、關守ハありとも止《トマ》るまじや出《イデ》立たん(105)」と地謡の続く中、シテは後見座で烏帽子、長絹《ちょうけん》をつけ、深草の少将の霊へと変化《へんげ》する。

⁂

面《おもて》とは、いわばからだから肢体や頭を除去し、顔面のみを残したもの。ところが面は、舞台で、再び肢体を獲得する。からだを回復する。

人を表現するには、肖像画等に見られるとおり、切り詰めた顔面のみで事足りるが、切り詰められたその顔面たる面は、自由にからだを回復する力をもつ。ここに面は、人という存在にとって核心の意義をもつ。たんにからだの一部というのでない、からだをみずからに従える主体的な何ものかの座である。まさしく人格の座にほかならない。

こうした構図を明らかにしたのは和辻哲郎だが、[106] 日本の古典芸能である能は、もちろんペルソナだのクオリアだの知るはずもない。にもかかわらず、これを見事に表わしている。

＊＊＊

とくに夢幻能と呼ばれるそれは秀逸だ。

ある場所を通りかかった生者の前に、そこにゆかりの死者が現われる。死者は生への思い、この世の未練、過去への悔恨などを生者に語る。そして、死者は舞い、退場する。夢幻能とは、「當麻」でも「卒塔婆小町」でも見られるように、死者が到来し、生者と交わり、去ってゆく物語。

柳田や小林の体験はすでに見たとおりである。夢は破られたのである。生者と死者とが交わるところに、人格の座、ペルソナが立ち現われる！

十　假面の告白

かつて『假面の告白』を書いて、三島由紀夫はこれを「遺書」と呼び、試みたのは「生の回復術である」と告げた。また、「肉にまで喰ひ入った假面、肉づきの假面だけが告白することができる」と断じた。[107]

さらに、

> この告白を書くことによつて私の死が完成する・その瞬間に生が恢復しだした。少くともこれを書き出してから、私にはメランコリーの發作が絶えてゐる。[108]

――と明かした。

ここに綴られた以上の、意味深長が隠れてはいまいか。

三位一体を論じて、位格たるペルソナは神秘の最たるもの、荘厳かもしれない。プロソーポンとかヒュポスタシスとか小難しく哲学するもよいだろう。実体であれ関係であれ、構やしない、パーソンってクールに生きてみるさ。――しかしこれらに、死の完成と生の恢復との一瞬間を見据えて動じない面構《つらがま》えがどこにあろうか。それどころか、いずれも痩せ細ったからだは被えまい、貧弱で見窄《みすぼ》らしいからだがあらわではないのか。

無用な諸観念が跳梁していなければ幸い。からだは正直。観念は不実。からだの動くままに、観念の動きを正すがよかろう。からだの動きは観念のそれより遙かに微妙で深遠。不実な観念を模倣したがる顔の表情など信用すまい。これを面で隠して自由自在なからだを回復せよ。世阿彌の「直面《ひためん》」を語って戒めたところを、今度は長く引用しよう、いま一度、思い返すがよいのである。

> これまた、大事なり。およそ、もとより俗の身なれば、やすかりぬべきことなれども、不思議に能の位上《くらゐあが》らねば、直面《ひためん》はみられぬものなり。〔……〕面色《めんしょく》をば、似すべき道理《だうり》もなきを、つねの顔《かほ》に変へて、顔気色《かほけしき》をつ

くろふことあり。さらに見られぬものなり。〔……〕顔気色をば、いかにもいかにもおのれなりにつくろはで持つべし。[109]

教義で計り知れないものが確実にある。体験的な、ドラマチックな理解の重要を知るところから、三位一体にせよペルソナ概念にせよ始めなければ、もっともすぎれば嘘になる。

げにもこの法甚だしければ、信ずる事も難《カタ》かるべしとや。ただ頼め、頼めや頼め。〔……〕乱るなよ、乱るなよ、十聲も一聲ぞ。ありがたや[110]

中将姫の、あるいは小町の、舞台を縦横に舞うあでやかなすがたに学ぶところは多い。きわめて尋常なる人間自然のありようが、人間の切実なる経験に関する、また人間の生死に関する思想が、どれほど単純な、純粋なかたちをとっていることか。

第四章　信仰における人称代名詞の問題について

一　制限付きの「わたしたち」

現代日本を「平坦な戦場」と喩《たと》えた。科学とキリスト教の懸隔と学足らざる神学を語って、日本とキリスト教との親近を神話に見た。しかしその親近も束の間、自然をめぐって相容れない日本とキリスト教の心の深所に触れ、キリスト教で思索されたペルソナ観とはまったく異質な、夢現《ゆめうつつ》に舞う生死の純粋なる思想を、日本のそれを明らかにした。

では、なぜ、このような厳格ならざる、いわば不合理の、体験として道徳的ではあれ、非倫理的にしてきわめて主観的なヴィジョンの広がりを日本はもつか。——

わたしたちは生まれながらのユダヤ人であって、異邦人のような罪人《つみびと》ではありません。(111)

このようなものの考え方を選民思想という。「わたしたち」という一人称複数形の、一民族あるいは一信仰集団のみが、神の特別な恩恵や保護にあずかり、罪を免れ、救われるとの自意識。この「わたしたち」という一人称複数形には、無際限の「わたしたち」という広がりはない。むしろ偏狭な、制限付きの「わたしたち」。排他的差別意識も色濃い。

ユダヤ人の抱く選民意識は、紀元前六百年代、王国期後半（バビロン捕囚前）までには確立していた。それは、当時編纂されつつあった申命記の記述に明らかである。

あなたは、あなたの神、主の聖なる民である。あなたの神、主は地の面《おもて》にいるすべての民の中からあなたを選び、御自分の宝の民とされた。(112)

これは、太祖以来の選びの認識とともに鮮明に。(113)契約の思想と結び(114)、バビロン捕囚の苦難を経て深まり(115)、確立されたと思われる。

ユダヤ人の選民思想は、度重《たび》なる苦難と危機を通して「残りの者」という思想に継承される。(116)やがてそれはイエスの信仰共同体において、かつて選ばれたユダヤ人が不信仰ゆえに退けられ、相応しい信仰の民があらためて選ばれるという思想に転換[117]。キリスト者共同体こそが神に選ばれし民であるとの意識を生んだ。

したがって冒頭の言葉には、次のような但し書きが続く。

けれども、人は律法の実行ではなく、ただイエス・キリストへの信仰によって義とされる[118]

だからたとえパウロが「もはや、ユダヤ人もギリシア人もなく、奴隷も自由な身分の者もなく、男も女もありません[119]」と語ろうとも、これを平等思想などと錯誤してはならない。「あなたがたは皆、信仰により、キリスト・イエスに結ばれて、神の子なのです[120]」との前提を忘れてはならない。愛も恵みも救いもこれを踏まえてのこと。パウロの言う「わたしたち」とは、あくまで同一信仰を前提とした、制限付きの「わたしたち」。広がりを欠いた一人称複数形である「わたしたち」である。

二　欧米諸言語における人称代名詞

このようなキリスト教に顕著な選民思想、またこれに由来の優越意識を[121]、一神教ゆえとするのは月並みだが、一理ある。唯一絶対の全能なる超越的存在による、一対一の選びであるから。また、これと連動して等価に罪科を負うと思われるのは、古代以来キリスト教文化圏にある欧米諸国の言語、その文法やこれに付随するメンタリティーである。

唯一絶対の全能なる超越的存在と対面せざるをえない以上、欧米諸言語における人称代名詞に見るその関係は、一人称単数形「わたし」と二人称単数形「あなた」とのそれ、もしくは一人称単数形が属する集団（共同体）の二人称複数形「あなたがた」と連なる一人称複数形「わたしたち」とのそれである。この関係性に必ず洩れる個人もしくは集団が三人称。その単数形「かれ・かの女・それ」もしくは複数形「かれら・かの女ら・それら」である。その境界は厳格無比。一人称と二人称との親近にくらべ、それらと三人称との逕庭《けいてい》は甚だしい。

いま主語（subject）をS、目的語（object）をO、動詞（verb）をVとして、たとえば西洋古典言語や現代欧米諸言語における文法に共通の統語上の特徴は、SVOという基本形である。主語は、いの一番に示される。もしくは動詞の活用形によって必ず明示される。語順の比較的自由なラテン語やこれに派生するポルトガル語などにあっても、動詞は主語（人称代名詞）の規制にあり、その時制における人称ごとの活用は個々に厳密であるため、たとえ主語が明示されなくとも、その同定は容易《たやす》く、明らかである。主語の見当たらない文はない。これはひとえに各人称間の厳格無比な区別による。

三　日本語における人称代名詞（一）――主語がない

一方、日本は、とくにその精神風土は、古来から汎神論的、むしろ汎心論的土壌にある。あらゆるものに魂（アニマ）を見る。これを本居宣長は、カミ（迦微）と指摘。山、川、樹木などの自然もカミ、家屋、竈《かまど》、什器などの人工物もカミ、死者の魂もまたカミである。

さて凡て迦微《カミ》とは、古御典等《イニシヘノミフミドモ》に見えたる天地の諸《モロモロ》の神たちを始めて、其《ソ》を祀れる社に坐ス御靈《ミタマ》をも申し、又人はさらにも云ハず、鳥獸《トリケモノ》木草のたぐひ海山など、其餘何《ソノホカナニ》にまれ、尋常《ヨノツネ》ならずすぐれたる徳《コト》のありて、可《カ》畏《シコ》き物を迦微とは云なり、（すぐれたるとは、尊《タット》きこと善《ヨ》きこと、功《イサヲ》しきことなどの、優《スグ》れたるのみを云に非ず、惡《アシ》きもの奇《アヤ》しきものなども、よにすぐれて可畏《カシコ》きをば、神と云なり〔……〕）(122)

カミの世界と人の住まう世界とに別はない。決定的な断絶はない。それは同一であるか、もしくは前者は後者の延長。したがって、このような世界観は、唯一究極の現実を日常的な現世とし、これを超える第二の現実をみとめない。彼岸は、此岸に影響するかぎりにおいて、いわば此岸の遠い延長としてみとめられる。日常的世界に超越する権威はなく、これと関連して善悪の定義されることもない。超越的価値は不在である。日本語は、このような人と世界との関係性に育まれた。

どのような言語であれ、文の骨組みは、動作、出来事、状態、性質などを表わす述語を中心とする。日本語では、述語と関係する要素である動作主、行為の相手、場所、時、道具などとの関係性（格）は、名詞に接続する助詞によって表わされ、これらが次々に現われた後、これらをまとめる形で述語が現出する。要素相互の順は、述語が最後に来るという以外、自由。また、これらの要素は、了解されていれば省略されても文の成立には関係がない。したがって必須の要素は、文法的には述語のみである。

欧米諸言語では、動作主たる名詞が先ず選ばれ文頭に立ち、次に述語が来、両者が固く結びつき（つまり主語の人称と動詞の形が一致し）、これに他の要素が続く（ＳＶＯという基本形）。さまざまな関係性にある名詞句の中からとくに選ばれて文頭に立ち、述語動詞の形態を支配するものが主語と呼ばれる。

ところが日本語では、述語は常に文末に置かれ、さまざまな関係性にある名詞はすべてそれに先行し、動作主たる名詞が動詞と特別な形態的一致の関係をもつことはない。日本語に欧米諸言語で言う主語に相当するものはないとされる所以である。

四　日本語における人称代名詞（二）――人称代名詞がない

欧米諸言語では、動詞の活用は主語との結びつきが基本であるが、日本語はそうでない。たとえば、水を「飲む」のが「わたし」であれ「わたしたち」であれ、一頭のろばであれ数頭のろばであれ、「飲む」は「飲む」だ。日本語で「飲む」が「飲んだ、飲もう、飲めば、飲め」などと形を変えるのは、まったく異なる原理に拠《よ》る。どのような意味（断定、命令など）で言い切りになるか、どのように次に続くかということが問われている。主語の人称というようなことは全くのところ無縁である。

したがって、日本語に人称代名詞はないと言ってよい。それらしく見える単語も、いわば一般名詞に過ぎず、日本語文法そのものが人称代名詞の否定を営んでいる。すべてが場（位置ないし空間）の関係性。日本語が膠着語と呼ばれるのも、次々とものごとの関係性を貼り付けてゆく文の成り立ちによる。欧米諸言語に見られるような、――たとえばラテン語でコギト（cogito）と表現すれば「わたしは考える」の意だが、ここにおける「わたし」の属性は「考える」こと――のような、属性はない。一切の偏向をもたない。

場合によっては、主語述語の論理の枠外にあって、誰が誰に対して発しているか分からない。欧米諸言語みたく判断を表わさない、詠嘆をこそ表わすから、見境《みさかい》もない。人称意識もないかわり、「わたし」は際限のない広がりとつながりに埋没、そこに漠然と「わたしたち」がある。たとえば信仰において、選民思想につながるような、人称間の排他性に乏しい。

五　國境の長いトンネルを抜けると雪國であつた

國境の長いトンネルを抜けると雪國であつた。(123)

日本の近現代小説のうち、最も知られた書き出しの一つであるこの文にもまた主語はない。これをエドワード・G・サイデンステッカー[124]は、

The train came out of the long tunnel into the snow country.[125]

――と英訳した。簡潔きわまる、英文として、名訳であるが、はたして原文を精確に伝えているか。原文に主語はない。これを汽車と限定しない。なるほどトンネルを抜けたのは汽車であるが、これに乗車している島村であり、葉子であり、その他の乗客もまたそうである。「雪國であつた」と知った、あるいは感嘆したのも、汽車ではない。いや、――これもカミとみなすなら、汽車も含め、島村をはじめとする乗客である。主語は、汽車も島村も葉子も無名の乗客らも含めた（あるいは読者さえも含めた）、無際限の「わたしたち」である。

これに何ら違和感を覚えることなく、素直に作品世界へと没入できるのが日本人の幸福である。欧米諸言語のように、厳格な人称の別に規制されない。かならずや他者を、少なくとも第三者たる三人称を生じずにはおかないということもない。その必要すら覚えない。これを幸福と言わずして何と言おう。主語などあっては迷惑だとさえ思えてくる。日本語の、すべてが継ぎ目なく入りまじる静かな奇蹟の瞬間がここにある。

われわれは日本人である以上、あらゆる営みを、日本語を用いて生きる。日本語の一語一語がもつ伝統的ニュアンスというものは否定しがたく、もっぱらそのニュアンスによりかかって生きている。信仰においても同断。たとえ受洗していようとも（それが幼児洗礼であれ成人洗礼であれ）、キリスト者である前に、われわれが日本人であることは否定のしようもない。

六　美しい日本の「わたしたち」

一九六八年十二月十二日、ノーベル文学賞を受賞した川端康成は、ストックホルムで「美しい日本の私――その序説」と題した受賞記念講演を行なった。道元の「本來ノ面目」と題する四季の歌から始め、明恵上人、良寛、一休禅師、永福門院らの和歌を辿りつつ、西洋人の聴衆の理解を顧慮することなく、日本人の心の最も純粋微妙なものを語った。

そして、

私の作品を虚無と言ふ評家がありますが、西洋流のニヒリズムといふ言葉はあてはまりません。心の根本がちがふと思つてゐます。[126]

――と締め括った。

この講演を江藤淳[127]は、「スウェーデン学士院は、あるいは川端氏が、東と西のあいだに論理の橋を構築することを期待していたのかもしれない。しかし彼らの見たものは、おそらく黒々としたみぞであり、そのかなたに咲きはじめた一輪の花、むしろつぼみであった。そしてそのつぼみには白く輝く小さな露が寄りそうていた」と評したのであるが、[128]すこぶる卓見であるかと思われる。

日本人である「わたしたち」とキリスト教との間にも、また受洗したキリスト者である日本人という「わたしたち」との間にも、「黒々としたみぞ」が横たわっている。日本人である「わたしたち」とは、人称などお構いなしの無節操な、際限のない広がりとつながりの一人称複数形である。キリスト者である「わたしたち」とは、文法の規制下にあって排他的とならざるを得ない、人称の別をわきまえた制限付きの一人称複数形。それは取りも直さず

「あなたがた」なる二人称複数形である。日本人である「わたしたち」は、無節操ゆえに、「黒々としたみぞ」の向こうに顧慮しない。有用なもののみ分別、日本語の営みに溶融され得ないものは捨象される。そして、おそらく彼岸では、キリスト者である「わたしたち」にして「あなたがた」が、黒々としたみぞのかなたに、白く輝く露にぬれた一輪の花のような、日本人である「わたしたち」を、その幸福を、なす術もなくただ遠望している。「黒々としたみぞ」の埋まることはなく、此岸と彼岸との邂逅は望み得ない。これが、日本キリスト教史四百六十年余の、いわば言語心理学（文法の形而上学）に映じた偽らざる心象風景である。しかも、「黒々としたみぞ」とは比喩ではない。おそらく今後も決して乗り越えられることのない現実なのである。

第五章　日本の悲しみ

一　神の心に適った悲しみと世の悲しみ

来《こ》し方《かた》を顧みた。行く末を想った。
いまや、日本人は、自らのますます孤独な道を最善の努力で歩むほか道はないのではあるまいかとさえ予感する。

⁂

　神の御心に適った悲しみは、取り消されることのない救いに通じる悔い改めを生じさせ、世の悲しみは死をもたらします。[129]

パウロは、人の悲しみを、神の心に適うそれと世のそれとに大別した。神の心に適うそれは、熱意、弁明、不快、恐れ、あこがれ、熱心、懲罰をもたらし(130)、悔い改めを喚起、人を救いに導くという。一方、世のそれは、人に死をもたらすとする。

⁂

「救いに(131)」と言う以上、それは「生に《いのち》」ということ。「善に」との意を含む。一方、「死を(132)」と言うなら、それは生を否む、おのずから「悪を」の意だ。

このようにパウロは、「悲しみ」というものを、人の自然な、直截・純粋な心情にもかかわらず、あろうことか善と悪とに大別したのである。「悔い改め(133)」の覚醒、つまり回心による、「救いに」至ること、要するに神へと立ち帰る悲しみを「神の心に適った悲しみ」と呼んで善とし、死をもたらす悲しみを「世の悲しみ」と呼んで悪とみなしたと言ってよい。人の自然な心を、無慈悲にも信仰道徳で以って裁断した。

⁂

たとえばイエスを裏切ったユダの心情を、「世の悲しみ」と捉えて自死の原因と見るのが、教会の、あるいは神学の習いである(134)。しかし、このような解釈は図式的にすぎる。自然を、人の世を睥睨《へいげい》するかに、なによりあわれみを欠き人間を侮蔑している(135)。

おそらく霊「神―人」を尊ぶあまり、人の情《こころ》「自然―人」あるいは「万物―人」を蔑んでいる。キリスト教が二千年かけて、自然を避け、霊と情とをさまざまな意味で区別しようとやみくもに歩んできた、そのひとりよがりの空しい歩みが、いまや人の魂をこんなにまで寂しくしたことを思い返すがよい。

二　千羽鶴

先の大戦が終わったとき、川端康成は言ったという。

私はこれからもう、日本の悲しみ、日本の美しさしか歌ふまい。(136)

じっさい、戦後の川端を代表するのは、『千羽鶴』(一九四九―五一年)、『山の音』(四九―五四年)、『古都』(六一―六二年)といった「日本の悲しみ」を主題とした作品が中心である。そのうち、これのとくに顕著であるのが『千羽鶴』である。

***

三谷菊治は、亡父の馴染みのちか子が図った、見合いの設けられた鎌倉の茶会で、その相手である千羽鶴の風呂敷を携えた令嬢ゆき子を見、美しいと感じた。ところがその席で、亡父の愛人であった太田夫人とその娘文子と偶然居合わせた菊治は、茶会の帰路、夫人と一夜を共にする。

その後の逢瀬を文子に止められ、菊治とゆき子の縁談を知った太田夫人は、みずから命を絶つ。夫人宅の弔問を機に、次第に菊治と文子は親昵するように。

やがて、ゆき子も文子も片づいたとのちか子の虚言が、菊治と文子の急接近を促す。二人は結ばれ、菊治にとって文子は比較のない絶対に。決定の運命となる。

その翌朝、文子は失踪する。

＊＊＊

亡父の愛人と関係する菊治、亡き愛人の息子と関係する太田夫人。太田夫人亡き後、その娘文子と関係する菊治、亡き母の愛人の息子にして、亡き母と関係した菊治と関係する文子。

えもいえず匂うかな志野茶碗の感触と夢幻に、重ね合わされた玲瓏の女人像を刻む太田夫人。処女《おとめ》の純潔と運命の純潔そのままの文子。地獄絵図をも描きかねない人間の真相とその自然にあって、唯美的にまた間接的に、千羽鶴の風呂敷がやさしく包んでいるかである。

ここには、キリスト教に毒されたかな、西洋に言うところの、頽廃《デカダンス》も虚無《ニヒリズム》もない。あるのは、ひたすらの自然、生《いのち》の官能的な讃仰、もしくは、官能の本体たる生への永遠に論理的帰結を辿らない不断の接触、あるいは、運命に対する純潔、いやむしろ、運命に対する美しい礼節である。

＊＊＊

亡き太田夫人を弔問したとき、菊治は思う。

夫人は罪に追ひつめられ、のがれるすべがなくて死んだのであらうか。愛に追ひつめられ、おさへるすべがなくて死んだのであらうか。夫人を死なせたのは愛か罪か[137]

また、

夫人の骨の前で目をとぢた今、夫人の肢體は頭に浮かんで來ないのに、匂ひに醉ふやうな夫人の觸感が、菊治を溫くつつんで來るのだつた。奇怪なことだが、菊治には不自然なことでもないのは、夫人のせゐでもあつた。觸感がよみがへつて來ると言つても、彫刻的な感じではなく、音樂的な感じであつた。[138]

文子は言う。

母が死んだために、誰かを憎まなければならないんでしたら、私自身を憎むことになるのでせうけれど、はたの者が責任を感じたり、後悔したりしては、母の死が暗いものになりますし、不純なものになりますわ。後に殘つたものの反省や後悔は、死んだ人の重荷になりさうに思ひますの。〔……〕死んだ人はゆるしてさへいただければ、それだけでいいと思ひますの。母もゆるしてもらひたくて、死んだのかもしれませんわ[139]

そして、菊治はこう考える。

死んだ人のせゐで思ひ煩ふのは、死んだ人をののしるのと似て、あさはかなまちがひが多いのであらうか。

死んだ人は生きてゐる者に道徳を強ひはしない。(140)

ここで語られる罪も、後悔も、反省も、パウロの言う「神の心に適った悲しみ」からは懸け離れている。ましてや、その「ゆるし」に至っては、キリスト教のそれとの逕庭《けいてい》は甚だしい。というよりむしろ、これを峻拒している。

＊＊＊

あるいは、すでにゆき子も文子も片づいたと聞いたが、その実、文子は結婚していなかったと判明し、菊治が文子と再会を果たしたとき。

文子は言う。

私が今、結婚出來ますでせうか。三谷さんは、私にそんなことが出來ると、お思ひになりますの？　母も私も苦しみましたし、悲しみましたし、それが消えないのに……(141)

さらに文子は、これに文子同様「僕が今、結婚出來ると思ふんですか」と応える菊治とみずからを比較して、言う。――

「はい。身分もちがひますわ。でも、身分と言つていけなければ、身の上の暗さつて言ふのでせうか。」

「つまり、罪の深さ……？　それは僕でせう。」

「いいえ。」

文子は強くかぶりを振つた。涙が目のそとに出た。しかし、それは一しづくで、左の目尻から思ひがけなく離れて、耳の近くを流れ落ちた。

「罪でしたら、母が負つて、死んだんですもの。でも、罪とは思ひませんの。ただ、母のかなしみだつたと思ひますの。」

菊治はうつ向いた。

「罪でしたら、消える時がないかもしれませんけれど、かなしみは過ぎ去りますわ。」

「しかし、文子さんが身の上の暗さなどと言ふと、お母さんの死を暗くすることでせう。」

「やはり、かなしみの深さと言った方が、よかつたんですわ。」

「かなしみの深さは……。」

愛の深さと同じだろうと、菊治は言はうとしてやめた。[142]

このように会話し、菊治の父と文子の母の茶碗を前にして、菊治と文子は向かい合う。——

二つの茶碗は、菊治の父と文子の母との心のやうに、ここにならんでゐる。

三四百年昔の茶碗の姿は健康で、病的な妄想を誘ひはしない。しかし、生命が張りつめてゐて、官能的でさへある。

自分の父と文子の母とを、二つの茶碗に見ると、菊治は美しい魂の姿をならべたやうに思へる。

しかも、茶碗の姿は現實なので茶碗をなかにして向ひ合つてゐる、自分と文子の現實も無垢のやうに思へる。[143]

そして、二人は結ばれる。

ここに底流するのは、一貫して、悲しみにほかならない。「神の心に適った悲しみ」などという排他的な、人を小馬鹿にしたような代物ではない。もちろんキリスト教は、これを痴愚とみなし、パウロの蔑んだ「世の悲しみ」であると鼻であしらうだろうが、忌まわしいかぎりだ、たしかに心の根本がちがう。

ここに窺われるのは、パウロの分析し評価した悲しみなどものともしない、知的で道徳的なそれに身を背けたかな、官能的で神聖な哀感とでも形容すべき悲しみである。西洋からの輸入による人間的諸価値の概念を徹頭徹尾信じない、受けつけることのない心情《こころ》の清冽なひとすじの流れである。

そもそもわが国では、「愛」と書いて「かなし」と読んだ。それは、哀と愛の語義を含んだ。人間に関してはしみじみ情愛を感じて胸が詰まる感じであり、自然に対してはしみじみと心を打たれる感じである。

漢字「愛」は、「旡」と「心」とから成る。「旡」は後ろを顧みて立つ人の形。これに「心」を加え、後顧の意を示す。後ろ髪を引かれるかな、顧みて憂えるさまである。もどかしく不安定な心情である。悲しみとは愛なのであり、愛とは悲しみなのである。[144]

再度引用するも決して蛇足ではあるまい。

「やはり、かなしみの深さと言った方が、よかったんですわ。」

「かなしみの深さは……。」

愛の深さと同じだろうと、菊治は言はうとしてやめた。[145]

ここで、かつて本居宣長の語ったところを思い出すのは正しいと思われる。

情《ココロ》は、我ながらわが心にもまかせぬことありて、おのづからしのびがたきふし有て、感ずることあるもの也(146)

三　もののあはれをしる事

本居宣長が『源氏物語』の肝を、「物のあはれをなむ、むねとはたてたることをしるべき也(147)」と書いて、「もののあはれをしる事」としたのはよく知られる。

「あはれ」とは元来、

見るものきく物ふるゝ事に、心の感じて出る、歎息《ナゲキ》の聲(148)

――と宣長は言う。「今の俗言《ヨノコトバ》にも、あゝといひ、はれといふ是也」とし、「殊に此あはれといふ言は、歎く聲にて、あゝとはれとの重なりたるなればさら也(149)」と定義。「源氏」を儒教や仏教の教えと照らして語る従来の傾向を、「懲悪の教と心得るときは、もののあはれの深さも、さむることあれば、いたく作りぬしの本意をうしなふこと多きぞかし(150)」と戒め、文学の自立を宣言し画期的であった。

しかし宣長は、これを文芸理念にとどめない。

なほいはゞ、儒佛の教とは、おもむきかはりてこそあれ、物のあはれをしるといふことを、おしひろめなば、身ををさめ、家をも國をも治むべき道にも、わたりぬべき也(151)

つまり、日本人の人生観なり、宗教観なり、国家観なり、その心情にかぎらず、日本そのものが「もののあはれをしる事」に依ってなることを説いている。

⁂

川端康成が戦後、「私はこれからもう、日本の悲しみ、日本の美しさしか歌ふまい」と語ったことはすでに述べた。『千羽鶴』がその顕著な例であることはすでに証しもし、またその悲しみが「もののあはれをしる事」と理解されようことも、――本居宣長の説くところもすでに見た――おのずと知れると思う。

じっさい川端は戦時中、『源氏物語』をのみ読んでいたことを明かしている。「源氏」が戦前、「不敬の文学」とみなされ、また戦時中には、戦意昂揚を妨げるとして、「時局に相応しくない書」とされたにもかかわらずである。

戦争中に私は東京への往復の電車と燈火管制の寢床とで昔の「湖月抄本源氏物語」を讀んだ。暗い燈や搖れる車で小さい活字を讀むのは目に悪いから思ひついた。またいささか時勢に反抗する皮肉もまじつてゐた。横須賀線も次第に戰時色が強まつて來るなかで、王朝の戀物語を古い木版本で讀んでゐるのはをかしいが、私の時代錯誤に氣づく乘客はないやうだつた。〔……〕

かうして私が長物語のほぼ半ば二十二三帖まで讀みすすんだところで、日本は降伏した。「源氏」の妙な讀み方をしたことは、しかし私に深い印象を殘した。電車のなかでときどき「源氏」に恍惚と陶醉してゐる自分に氣がついて私は驚いたものである。もう戰災者や疎開者が荷物を持ち込むやうになつてをり、空襲に怯えながら焦げ臭い燒跡を不規則に動いてゐる、そんな電車と自分との不調和だけでも驚くに慣ひしたが、千年前の文學と自分の調和により多く驚いたのだつた。〔……〕

しかし私はもつと直接に「源氏」と私との同じ心の流れにただよひ、そこに一切を忘れたのであつた。私は日本を思ひ、自らを覺つた。(152)

日本を思い、みずからを覚ったことが重要である。千年前の文学と自分との調和に驚き、同じ心を自覚したこと、これはすなわちみずからのうちに日本を、また日本人を知ったということだ。日本の、また日本人の本体を「もののあはれをしる事」と知ったというにほかならない。川端は「源氏」を評して、日本を評して、日本人を評して、またみずからを顧みて言うのである。

「源氏物語」のあはれも、その悲しみやあはれそのもののなかで、日本風な慰めと救ひとにやはらげられてゐるのであつて、その悲しみやあはれの正體と西洋風に裸で向ひ合ふやうには出來てゐない。私は西洋風な悲痛も苦惱も經驗したことがない。西洋風な虛無も廢頽も日本で見たことがない。(153)

これは日本のこころと西洋のそれとの、ひいてはキリスト教との隔絶と悖反《はいはん》の明言にして証言である。

⁂

われわれ日本人には、これまで見てきたとおり、「神の心に適った悲しみ」もなければ、「世の悲しみ」もまたない。ただ人間の自然たる「もののあはれをしる事」という心情《こころ》のあるばかりである。これにやさしくつつまれた悲しみがあるばかりである。もっとも反自然な「神」（あるいは「精神」）なるものを立てずばすまないキリスト教（あるいは西洋）の入る余地はない。大陸より伝播した儒教も仏教も古来、これを征することはおろか、制することさえかなわなかったのを、推して知るべしである。

心なき身にもあはれは知られけり
　鴫《しぎ》立つ澤の秋の夕ぐれ
　　　　　　　　――西行(154)

西行は、仏の道が本来もののあわれを知らぬものとなってこそと知っていた。「セメテ思ヒヲ和歌ニハラサン事、イト哀ナル事ニアラスヤ」と本居宣長は、仏者の歌心をあわれみ、理解を示している。(155) 西行のような覚悟の者でさえ生涯、「もののあはれをしる事」をからまぬかれなかった。

櫻はたゝいつ迄も物のあはれの花をめ（愛）でむこそはほい（本意）ならめ(156)

桜とは、言うまでもない、日本のこころである。

第六章　二つ二つの場

桜は、古くから日本人の目を楽しませ、こころを喜ばせ、魂を鼓舞、また慰めてきた。

一　桜

爾《ここ》に「誰《た》が女《むすめ》ぞ」と問ひたまへば、答へて白《まを》さく、「大山津見神《おほやまつみのかみ》の女、名は神阿多都比売《かむあたつひめ》、亦《また》の名を木花之《このはなの》佐久夜毘売《さくやびめ》と謂《い》ふ」とまをしき。[157]

「さくや」が「さくら」へと音声的に転化したと本居宣長は解した。[158]その真偽は措くとしても、神代から桜は日本人にとって特別な花であったと思われる。

あるいは「履中紀」に、

三年の冬十一月の丙寅《へいいん》の朔にして辛未《しんび》に、天皇《すめらみこと》、両枝船《ふたまたぶね》を磐余市磯池《いはれのいちしのいけ》に泛《うか》べ、皇妃《みめ》と各《おのもおのも》分《わかれ》乗りて遊宴《あそ》びたまふ。膳臣《かしはでのおみ》餘磯《あれし》、酒《おほみき》を献《たてまつ》る。時に櫻の花、御盞《おほみさかづき》に落つ。天皇、異《あや》しびたまひて、則ち物部長眞膽連《もののべのながまいのむらじ》を召して、詔《のたま》して曰はく、「是の花や、非時《ときじく》にして來《きた》る。其れ何處《いづく》の花ぞ。汝《いまし》、自ら求《と》むべし」是《ここ》に、長眞膽連、獨り花を尋《と》めて、掖上室山《わきがみのむろのやま》に獲て獻る。天皇、其の希有《めづら》しきことを歡びたまひ、即ち宮の名としたまふ。故《かれ》、磐余稚櫻宮《いはれのわかさくらのみや》と謂すは、其れ此の縁《えに》なり。是の日に、長眞膽連の本姓《もとつかばね》を改めて、稚櫻部造《わかさくらべのみやつこ》と曰ひ、又《また》膳臣余磯を號《なづ》けて、稚櫻部臣《わかさくらべのおみ》と曰ふ[159]

――とある。履中天皇が都す磐余稚桜宮《いはれのわかさくらのみや》、ならびに御名代《みなしろ》「稚桜部」の所以である。この頃には、桜の花を愛で遊ぶ習慣がすでにあった。はやこれを雅《みやび》と捉える風があった。また宮家と桜との、旧く深い結びつきをここに見る。

あるいは、允恭《いんぎよう》[160]天皇が新築の家を祝う宴で御みずから琴を弾かれ、皇后忍坂大中姫《おしさかのおほなかつひめ》がこれに合わせて舞を披露されたときのこと。当時は祝宴での舞の直後、舞人が上座に「娘子奉る《をみなたてまつ》」と口上する習いであったが、これがない。不審に思われた天皇が皇后に問うと、あらためて皇后は舞い、奏上された。奏ぜられたのは皇后の妹、容姿は比肩する者なく、その艶《うるは》しさは衣服を徹《す》け晃《かがや》くばかりの、世に衣通郎姫《そとほしのいらつめ》と呼ばれた弟姫《おとひめ》[161]。天皇は一目で恋した。そして、――

八年の春二月《きさらぎ》に、藤原に幸し、密《ひそか》に衣通郎姫の消息《あるかたち》を察《み》たまふ。是夕《こよひ》、衣通郎姫、天皇《すめらみこと》を恋《しの》ひたてまつりて独居《ひとりはべ》り。其《そ》の天皇の臨《いでま》せることを知らずして、歌《うたよみ》して曰《いは》く、

我《わ》が背子《せこ》が　來《く》べき夕《よひ》なり　ささがねの　蜘蛛の行《おこな》ひ　今夕著《しる》しも

天皇、是の歌を聆《きこ》しめして、則ち感情《めでたまふみこころま》有して、歌《みうたよみ》して曰《のたま》はく、

ささらがた　錦の紐を　解き放《さ》けて　數《あまた》は寝ずに　唯一夜《ただひとよ》のみ

明旦《くるつあした》に、天皇、井《ゐ》の傍《ほとり》の櫻の華《はな》を見《みそこなは》して、歌《みうたよみ》して曰《のたま》はく、

花ぐはし　櫻の愛《め》で　こと愛《め》でば　早くは愛でず　我《わ》が愛づる子ら

皇后、聞《きこ》しめして、且《また》大きに恨みたまふ。[162]

朝日に煌めく桜花は、弟姫の妖艶と重なり、天皇の憧憬を映し、皇后の悲哀すら湛えて、あはれにも麗しい。恋慕も淫らも怨嗟も、すべてが桜木の立ちすがたのごとく、絢爛たる三角関係にあって、古人《いにしえびと》の生きた命のままなめまいを覚る。古人の悪びれぬこころの大きさも重さも、すべては桜に仮託され、その花の美しさはすでに特別である。

あるいは、わが国最古の漢詩集『懐風藻』では、近江守《おうみのかみ》采女《うねめ》朝臣《あそん》比良夫《ひらふ》が、「五言。春日宴に侍す。詔に応ず。一首[163]」として、

道を論ずれば唐と儕《ひと》しく
徳を語れば虞《ぐ》と隣《なら》ぶ
周の尸《かばね》を埋む愛に冠《くわん》し
殷《いん》の網を解く仁に駕《が》す
淑景蒼天《しゅくけいさうてん》麗《うる》はしく
嘉氣碧空《かきへきくう》に陳《つら》なる
葉は緑なり園柳《ゑんりう》の月
花は紅なり山櫻《さんあう》の春
雲間皇澤《うんかんくわうたく》を頌《しょう》し
日下芳塵《じつかはうぢん》に沐す
宜《よろ》しく南山の壽《じゆ》を献《けん》じて
千秋北辰《せんしうほくしん》を衛《まも》るべし[164]

――と詠む。

これを『文選《もんぜん》』(165)にある五言詩、沈休文の「早《つと》に定山を発す」に見る「野棠《やとう》は開いて未だ落ちず、山櫻は発《ひら》いて然《も》えんとす」(166)を下敷きに換骨奪胎を図ったものとし、日本の律令知識階級による外来文化の稚拙な模倣として、たんなる流行や時世粧として嘲笑するは安易である。むしろ或る外来の観念を借りねば表現しえぬものの堆積を、日本人が自覚しはじめたという意味と重要を慮らねばなるまい。

なぜなら、日本人は漢詩表現を、外来既成の形式表現として用いたにすぎない。それは返り点を用いた日本的な読み下しという読み方の発明に明らかである。読み下し自体が、一種の翻訳だ。原典の韻律は破壊されている。翻訳文体のリズムは、日本語の文体として、日本語の中に融解されている。

また、長屋王《ながやのおほきみ》は、「五言。初春作寳樓《さほうろう》において置酒す。一首」(167)として、詠んだ。

景《かげ》は麗《うるは》し金谷《きんこく》の室《むろ》
年は開く積草《せきさう》の春
松烟《しょうえん》雙《なら》びて翠《みどり》を吐き
櫻柳分きて新しきを含《ふふ》む
嶺は高し闇雲《あんうん》の路
魚は驚く亂藻《らんさう》の濱
激泉に舞袖《ぶしう》を移せば
流聲 松 筠《しょうゐん》に韵《ひび》く(168)

金谷とは、晋の石崇の別荘の所在地。積草は、長安の離宮のある池の名。長屋王は、自らの佐保の邸を作（佐）寶樓と支那風に名付け、嘱目の事物をすべて支那の豪奢の幻影をとおして眺めている。

嗤わば嗤え。ただ模倣であろうと、月並みであろうと、稚拙であろうと、かれら古《いにしえ》の日本人は、このような知的作業と心の工夫の果てに、自らの詩情をものにした。国風を確立した。

『萬葉集』に桜を歌うは四十四首。百十八首にのぼる梅に比べ少ない。その後の勅撰三大漢詩集（『凌雲集』『文華秀麗集』『經國集』）においても、梅の優勢は変わらない。『古今和歌集』になって初めて、数量的に桜が梅を凌ぐ。ここに『懐風藻』以来、漢意《からごころ》の克服と、やまとごころの萌芽と自覚と充溢の、文化意志のきわまりを見るのである。

古今和歌集の、巻一・巻二の春歌上・下、百三十四首に見る、雪の下に春を待つ心から花散るころの惜春の詩情。ここに最も頻出する「花」とは、もちろん桜であるにちがいないが、すなわちあの花でもこの花でもない、きわめてインパーソナルな、そのイメージは約束事として厳密に固定されたものである。犯すべからざる一定の表象がある。「花」はまさに「花」以外の何ものでもない。

霞たち木《こ》の芽も春の雪ふれば
　花なき里に花ぞちりける
　　――紀貫之[169]

ふる雪の清浄は、舞い散る桜花の潔癖に重なる。日本人であれば、何人も抗いがたい、普遍妥当なこころの景色が描かれた。これがきわめてパーソナルな戀哥へと充たされるのも、日本人のこころに固有の、いたって稀有なことだ。

山ざくら霞のまよりほのかにも
　みてし人こそこひしかりけれ
　　　　――紀貫之⒄

恋そのものの直叙はなきにひとしい。顧みて他を言うこの高度な羞恥こそが、みやびの核心である。やまとごころである。

となれば、時代は下って近世、やまとごころの発見者である本居宣長が、

しき嶋のやまとこゝろを人とはゝ
　朝日にゝほふ山さくら花⒄

――と詠んだのも、むべなるかな、いずれは詠まれねばならなかったと思われる。

あるいは、そのむかし、明恵上人は、かつて住まうた紀州の苅磨島《かるま》へ、かの地に住む人にではない、島そのものに、桜の頃となったが貴方の大桜が思い出されて恋慕の情止みがたい、と書き送ったという。

又、其に候ひし大桜こそ思い出されて、恋しう候へ。消息など遣りて、何事か有る候など申したき時も候へ

ども、物いはぬ桜の許へ文やる物狂ひ有りなんどいはれぬべき事にて候へば、非分の世間の振舞ひに同ずる程に、思ひながらつゝみて候也。然れども所詮は物狂はしく思はん人は、友達になせそかし。〔……〕傍《かたはら》の友の心を守らずは、衆生を摂護する心なきに似たり。〔……〕取り敢へず候。併ら後信を期し候。恐惶敬白。(172)

物言わぬ桜に文やる物狂いと世人は言うだろうから、どうせ物の道理をわきまえぬ世間と我慢していた。けれども、物狂おしく思わぬ人は友とする甲斐もない。衆生を摂護する身の上、傍らの友の心を守らぬとは心ないことだ。ならば後信を期し、謹んで文を奉ずる、というのである。苅磨島の大桜、いかなる花であったか。仏道を「心なき身」とわきまえるはずの僧侶にして、狂おしいまでの恋情を見るとは。「もののあはれをしる事」とのやまとごころの「物狂ひ」がいかに抗いがたいか。

さらに、この明恵を訪ね和歌について語らったと伝わる西行が、

ねがはくは花のしたにて春しなん
　そのきさらぎの望月のころ(173)

——と願ったのはよく知られる。

西行はこうも詠んだ。

ほとけには櫻の花をたてまつれ
　わが後の世を人とぶらはば(174)

生死のいずれにあっても、日本人の心は桜に向かう。日本人の心に桜は映える。そのはなやぎは無比、特別な意味をもつ。とくにその死に臨んで、あるいは桜花の下に、あるいは桜花に彩られ、あるいは桜花のように潔く、散りぎわ美しく、と考えたのも、封建思想だの軍国主義だのと安易に片づけられるものではない。やまとごころのおのずからの憧憬である。日本人に特有の審美的死生観のあらわれなのである。

二　永遠の命

わたしにとって、生きることはキリストであり、死ぬことは利益なのです[175]。

ここにパウロの死生観がうかがえる。そしてこれを前後の文脈で、とくに「一方では、この世を去って、キリストと共にいたいと熱望しており、この方がはるかに望ましい。だが他方では、肉にとどまる方が、あなたがたのためにもっと必要です[176]」に力点を置いて読むなら、終末に関する言説の変更を余儀なくされたパウロの、苦渋の表現を見るだろう。

なぜならパウロはこれまで、「わたしたちは皆、眠りにつくわけではありません。わたしたちは皆、今とは異なる状態に変えられます。〔……〕ラッパが鳴ると、死者は復活して朽ちない者とされ、わたしたちは変えられます。この朽ちるべきものが朽ちないものを着、この死ぬべきものが死なないものを必ず着ることになります」などと明言[177]、己が生きているうちに終末がおとずれ、生きながらにして永遠の存在に変えられると説いてきたからである。

ところが、イエスの死から二十年余、この世の終わりもイエスの再臨も、どうも雲行きが怪しくなった。なによりパウロ自身、拘禁の身。死罪も免れない、明日をも知れぬわが身である。いまや「永遠の命」への救済の可能性はきわめて乏しい。

こうなると、生命を惜しむのが人情というものだ。一方では、「この世を去って、キリストと共にいたいと熱望し[178]」ながらも、他方、「肉にとどまる方が、あなたがたのためにもっと必要[179]」とお為ごかしな発言をし、生き存《なが》らえんがための言い訳に忙しい。

あなたがたの信仰を深めて喜びをもたらすように、いつもあなたがた一同と共にいることになるでしょう。そうなれば、わたしが再びあなたがたのもとに姿を見せるとき、キリスト・イエスに結ばれているというあなたがたの誇りは、わたしゆえに増し加わることになります[180]。

――「死ぬことは利益なのです[181]」と啖呵を切っておきながらである。

パウロほどの剛の者でも、未練がましい。死を目前にして躊躇せざるをえない。死は恐怖なのだ。

⁂

なるほど「永遠の命」とは言ったものである。肉体的な死を過ぎ越して、神において（あるいは、キリストにおいて）永遠に生きるという。ここで、死は生命の挫折を意味しない。「死は勝利にのみ込まれた」[182]、「最後の敵として、死が滅ぼされ[183]」たからである。パウロが、「死ぬことは利益なのです」と一定の評価を与えながら、これをみずから選ぶことなく、なおも生命に執着を示すのは、それが恐怖である以上に、罪の結果であり、「最後の敵」であるからであろう。敵ならば、伐たねばならない、かならずや倒さずばすまない。

「アダムによってすべての人が死ぬ[184]」。「一人の人によって罪が世に入り、罪によって死が入り込んだ[185]」。――禁断の木の実を食したため、楽園を追われ塵に返る（すなわち、死す）者となったという神学的人間観は、罪と死とを直結、ことさら死を暗いものとした[186]（詩二三・四「死の陰の谷」、ヨブ三・五「死の闇」など）。死とは、自然の最たるものであるが、最たるものであるがゆえに、創造神話による自然と人間とを区分する自然観とも相俟って[187]、本来自然に従属するはずの人間による自然の統治という意識の転倒のもと、死もまた人間に親しい「友」とはされなかった。むしろ忌むべきもの、恐るべきものとし、死を敵視。これを克服、あるいはこれに勝利する信仰を生じさせた。だから、もはや「死」とは言わない。「永遠の命」へと至る、これを賜る、これをもつと主張した[188]。

⁂

しかし「永遠の命」とは、修辞にすぎない、自家撞着以外のなにものでもないことくらい、かれら古人《いにしえびと》も知っていたはずだ。それでもこれにすがらずにおけない、希望せずばすまない、死の自然の受容を阻むイスラエルの民の心理があった。これはつまり、もはやかれらが純潔でなかったことを証する。かれらの自意識は、罪に穢《けが》れているとの後ろめたさにまみれていたからである。バビロン捕囚後のかれらは、そこまでみずからを追い詰めずばすまなかったし、みずからを不幸視していた。自然と真正直に、真正面に向き合えなかった。ところが死とは、重ねて言う、自然の最たるものである。「永遠の命」とは、このように自己欺瞞の産物という側面をもつ。劣等感と慣用されるそれでない、真正のコムプレックスの、衛生学なのである。

三 もののふ

ところで、このような結局のところ生き存《なが》らえる思想、生存をこそよしとする傾きとは真っ向から対立する思想を育んだのが、われわれ日本人である。これを可能としたのが、歴史上「もののふ（武士）」と呼ばれる特異な職能集団であるが、かれらは世界にもまれなる、美しい人間のかたちを示した。

武士道と云ふは、死ぬ事と見付けたり。二つ二つの場にて、早く死ぬはうに片付くばかりなり。別に仔細なし。胸すわつて進むなり。(189)

なんと潔いことか。爽快なことか。

救いとか、希望とか、はたまた「新しい命に生きる」(190)あるいは「永遠の命」とか、思わせぶりの、融通の効く生命の保全策、すなわち生き存らえんがための修辞も言い訳も自家撞着もない。

人間の生の本能は、生きるか死ぬかという場合、生に執着することは至極自然にして当然である。ただ人間が美しく生き、美しく死のうとするとき、生に執着することはその美をつねに裏切る。パウロだけでない。イスラエルの民にかぎらない。人は誰もが、死を目前にして、怯《ひる》む。怖じ気づく。誰もが無意識に、生き延びるのが前提だ。信仰の有無にかかわらない。死は閑却されている。誰もが、明るい未来（希望）、前向きの目標（救い）、つまり生の存続に絶えず目を向けずばいいたたまれない。(191)

ところが、われらがもののふとは、いわば死の職業である。死こそがもののふの行動原理であり、もののふが死をおそれ死を避けたとき、もはやもののふではなくなる。

毎朝毎夕、改めては死に改めては死に、常住死身になりて居る時は、武道に自由を得、一生越度なく、家職を仕果すべきなり。(192)

もののふの自由とは、これほどまでに倫理的である。その上、美しい。死を心にあてて万一のときは死ぬ方に片付くばかりだとの自由にあるなら、人は行動を過つことはない。もし人が行動を過つとすれば、死ぬべきときに死なないことだ。

たしかにパウロも「わたしは日々死んでいます(193)」と言う。だがこれは、宣教にかかる日々の労苦を比喩するに過ぎない。(194)「キリストと共に生きる(195)」との希望に支えられてのこと。また、たしかにパウロは殉教した。烈しい死を迎えた。だがその死は、信仰ではあれ、「永遠の命」という修辞に、「死ななければ命を得ない(196)」との自家撞着に支えられてのこと。「何とかして死者の中からの復活に達したい(197)」との熱望にかられてのことだ。人間の自由意思の極地に、死への自由意思を置くもののふの心構えとは、その心の根本は大きに異なる。したがって日本においては、たとえば切腹という積極的な自殺も、キリスト教のそれのように罪でも病《やまい》でも敗北でもない。むしろ名誉を守るための、自由意思の極限のあらわれである。

＊＊＊

したがって「死ぬ事と見付けたり」と選び取られた死は、生の空白を埋めることではない。自らの積極果敢な行為としての死。生の充実をより確実とするもの。人間行為における、至上の絶対。生命の純潔と美を約束する、極北の輝き。いわば倫理の極北にある。「よりよく生きる」（エウ・ゼーン）の最果て。

⁂

噫、また不意に接近している
淡い死の匂いで
この瞬間がなお一層
鮮明に映えている
刻み込んでいる
あの世へ持っていくさ
至上の人生
至上の絶景[198]

かつて、雨にそぼ濡れ、新宿伊勢丹前の交差点で恍惚――いやむしろなにがしかの精魂が憑衣したかに呆然自失、「答は無いの？　誰かの所為にしたい、ちゃんと教育して叱ってくれ、〔……〕誰か此処へ来て[199]」と泣き言を並べていた、現代日本の、あのあばずれのギター少女でさえ、十余年を経て成熟した。いまや、死を目前にして、怯《ひる》むこともない。「あの世へ持っていくさ」とその覚悟を高らかに歌うのである。このとき、かの女の背後に日の丸が上《のぼ》りはためくのも、演出というは愚か。(200) これに重ねて、桜花のふぶき舞い散るさまをまざまざと眼《まなこ》にしないだろうか。まるでもののふが「死ぬ事と見付けたり」と悟道するとき。はだけたおのれの下腹に刀を突き立てた刹那、桜ふぶき舞い散るなかで、日輪が赫奕と上るをかれの眸に知るかのように。幻想でも妄想でもない。正しい狂気、情念というものはある。

＊＊＊

生きるか死ぬか、二つ二つの場にて、「早く死ぬ方に片付くばかり」と透徹するも、「永遠の命」を乞い祈るも、是非はない。生きざまである。

ところで、どのような場合でも、自己放棄は最低限度の徳を、美を保障する。ならば畢竟、いずれを選ぶにせよ、これを選ぶ者の倫理観なり審美観なりが人生最期に問われ、あらわにされるということだ。死と直面したそのとき、われわれは本当の覚悟を、至上の勝利を、真正の自由を選び取らねばなるまい。真実に生きるを示さずばなるまい。二つ二つの場。――

心して決めよ！

終章

一　ふたたび、日本二十六聖人の道

現代日本を「平坦な戦場」と喩《たと》えた（序章）。科学とキリスト教の懸隔と学足らざる神学を語って、日本とキリ

スト教との親近を神話に見た（第一章）。しかしその親近も束の間、自然をめぐって相容れない日本とキリスト教の心の深所に触れ（第二章）、キリスト教で思索されたペルソナ観とはまったく異質な、夢現《ゆめうつつ》に舞う生死の純粋なる思想を、日本のそれを明らかにした（第三章）。

また、信仰における人称代名詞の問題について考察し、文法の厳格無比の規制下にあって排他的傾向を帯びざるを得ない西洋（キリスト教）圏諸言語と、人称意識もなく主語述語の論理の枠外にあって排他性に免れた、すべてが継ぎ目なく入りまじる静かな奇蹟の瞬間をもつ日本語の特性を照査。日本人キリスト者における日本人である「わたしたち」とキリスト者である「わたしたち」との間に横たわる「黒々としたみぞ」を見た（第四章）。そして、人の自然な、直截・純粋な心情である「悲しみ」を宗教倫理で裁断するキリスト教に対し、自然と生《いのち》の官能的な讃仰、もしくは、官能の本体たる生への永遠に論理的帰結を辿らない不断の接触として、西洋からの輸入による人間的諸価値の概念を徹頭徹尾信じない、心情《こころ》の清冽なひとすじの流れたる日本の悲しみをたずね、これを「もののあはれを知る事」と覚った（第五章）。

さらに、自然の最たるものである死について、忌むべきもの、恐るべきものとして敵視、これを克服あるいは勝利する希望の「永遠の命」という信仰を生んだユダヤ＝キリスト教の伝統に対し、生き存《なが》らえる思想、生存をこそよしとする傾きとは真っ向から対立する思想を育んだ日本の、人間の自由意思の極地に死への自由意思を置くもののふの心構えを示して、やまとごころの至上の勝利を、真正の自由を、真実に生きることの意味を問うたのであった（第六章）。

もはやいま、このやさしい穏やかな日本の国土に、結局キリスト教が凄惨な光景をしかとどめえなかった宿命の根本的原因は明らかにしたと信ずる。「日本二十六聖人の道を歩きながら、じっさい至る所で目にしたものは、聖人にゆかりの風光でも文物でもなく、むしろ萬葉以来のまほろばのやまとごころであった[201]」と先に書いた所以の、要因は証された。

重ねて言う。日本人は、自らのますます孤独な道を最善の努力で歩むほかない道しかあるまい。

＊＊＊

日本二十六聖人の道の中盤。岡山・広島の県境碑をまたぎ、広島県に足を踏み入れてからのこと。山沿いの旧道は山麓の集落から集落へと伸びる。その都度、集落を懐とする小山と出喰わすのだが、必ずと言ってよいほど、その麓には鳥居を見た。集落を鎮守する神社《みやしろ》であろう。大きなもの、小さなもの、その規模はさまざまであるが、いずれもが楚々と静かであった。我知らず敬虔な心持ちに駆られ、出合う度、歩みを止めないまでも、合掌し過ぎた。西行の伊勢神宮を訪れて詠んだという一首が思い出され、自然と合点がいったのである。

何事のおはしますをば知らねども
　かたじけなさに涙こぼるる(202)

あるいは、日本二十六聖人の道も終盤。佐賀県に入っていた。その日は生憎の雨天。雹《ひょう》か霰《あられ》か、氷雨の中を歩いていた。徳須恵を経由、駒場峠へ。途中、真行寺というこぢんまりとした寺院にて休息した。御堂から読経の声が。里山の静けさとも相俟って、心地良かった。意味などもちろん分からない。その響きや調子が、どこかありがたく、こころうたれたのである。

これらを信心というのではあるまいか。

クリスマスを遊楽し、大晦日に寺で除夜の鐘をつき、元日には神社に初詣する日本人の節操のなさを嗤《わら》う人は多い。しかし、日本人に信仰心はないなどと軽々しく言ってはならない。潜在的に尊いもの、「可畏《カシコ》き物(203)」を知っている。だから、「いただきます」とか「ありがとう」とか、日々の何気ないことばや仕種に、信仰の井底はいまも涸れない。

このような感慨を抱けるかぎりにおいて、めでたいと知らねばなるまい。これを一層かたじけないと噛みしめねばなるまい。たとえば、宣長のように、精神の集中と緊張を要した生活は、現代に望むべくもない。まして西行の遍歴した時代とはわけがちがう。

われわれの生きる現代日本とは、

今日みた
ＴＶではオゾン層はこの十七年間で
五％から一〇％減少していると言っていた
すでに人間が大気中に放出してしまった
フロンの量は一五〇〇万トンに達し
この一〇％にあたる一五〇万トンが
成層圏にしみ出し
オゾン層を破壊しているらしい

だけどそれがどうした？
実感がわかない
現実感がない

こうして山田君と歩いていることも
実感がわかない
現実感がない(204)

あるいは、――

スーパー・マーケットに並ぶ
スライスされパック詰めされた肉達

あれらは本当に生きていて
あのＴＶで見たことのある
牛や豚やニワトリの形をしてたんだろうか？

本当は学校の近くにある
あの煙たなびく工場の中で

つくられたものなんじゃないだろうか?

その方がいい
その方がほっとする[205]

かつて遠藤周作の形容した「沼地」たる日本は、たとえ底なしであったにしろ、沼地であるかぎり、それでも湿ってはいたのだ。いまやまったく乾ききった「平坦な戦場」。――

それでもわれわれには辿るべき道が残されている。さかのぼる道も進む道も拓かれている。

＊＊＊

桜を辿ってわれわれ日本人が一つところのイメージへと至るは先に見た。詩情を辿ることが、われわれ日本人の場合、われわれの古人《いにしえびと》へと至るこころの遡及と知ったはずである。

たしかにそれは、自らのますます孤独な道ではある。だが、決して排他的なそれでないことはすでに折り込み済みだ。

あるいは本居宣長しろ、あるいは西行にしろ、かれらはミザントロオプでも厭世家でもなければ、拗《す》ね者でも天《あま》の邪鬼《じゃく》でもない。かれらは筋金入りの孤独を生きた。かれらは一様に孤独な精神であり、孤立した存在であった。世間に対して衒《てら》ったのではない。独断により孤独に陥ったのでもない。日常のみずからに対して孤独な魂であったにすぎない。ありのままの命であった。

では、このありのままの命という道とはなにか、というのである。

二　文化意志の胎動としての『懐風藻』

古事記や萬葉集に、まほろばのやまとごころを見るのはよく言われる。たしかに古人《いにしえびと》の淳《あつ》く素直なこころが、包み隠さずあらわである。

しかるに、舶来の修辞をまねび装いつつも、退《の》っ引《ぴ》きならないやまとごころの濫觴《らんしょう》をひそめ、じつに古人のこころとからだの稔りを伝えて生々しいのが『懐風藻』に束ねられた詩文である。

現代、これを味到する人は多くないようだ。だが、いちど直《じか》にそのこころと触れるなら、雑多な舶来の文物に馴致しきってだらしのない現代日本人の瞑矇をひらくにちがいない。

⁂

遠く淡海よりここに平都におよぶまで、およそ一百二十篇、勒《ろく》して一巻と成す。作者六十四人、具《つぶ》さに姓名を題し、幷せて爵里《しゃくり》を顕はして、篇首《へんしゅ》に冠《かうぶ》らしむ。[206]

——とその序に見る。

「具さに姓名を題し、幷せて爵里を顕はして、篇首に冠らしむ」と言うのであるが、単に事細かにその姓名、官位、出身地を一篇の冒頭に置いたというのではない。六人目からは「これより以降の諸人、いまだ伝記をえず」と断るものの、とくに初めの五人については、詩文の前に作者略伝を綴る。

これが効いている。作者紹介の添文と読み流すには余りに見事な、均整にしてリズミカルな名文である。続く詩文にかくされた古人の、滾《たぎ》り迸《ほとばし》るかなこころとからだの充溢を伝える。まるで作者が目前にて吟詠するかに、その潑剌とした声音まで聞くかに、等身大の生身をすら彷彿とさせる。

たとえば劈頭、二首あげられるのは大友皇子である。

曰く——

皇太子は淡海《あふみ》帝の長子なり。魁岸奇偉《くわいがんきゐ》、風範弘深《ふうはんこうしん》、眼中精耀《せいえう》、顧盼煒燁《こべんゐえふ》。唐の使、劉徳高《りうとくかう》見て異なりとして曰く、「この皇子、風骨《ふうこつ》世間の人に似ず、実《まこと》にこの國の分にあらず」と。

〔……〕

年甫《はじ》めて弱冠《じやくくわん》、太政大臣を拝す。百揆《ひやくき》を総《す》べて以《もつ》てこれを試む。皇子博学多通、文武の材幹あり。始《はじ》めて萬機に親しむ。群下畏れて粛然《しゆくぜん》たらざることなし。年二十三にして立ちて皇太子となる。広く学士沙宅紹明《さたくせうめい》、塔本春初《たふほんしゆんしよ》、吉太尚《きつたいしやう》、許率母《きよそつも》、木素貴子《もくそきし》等を延《ひ》きて、以《もつ》て賓客《ひんかく》となす。太子天性明悟《めいご》、雅《もと》より博古《はくこ》を愛す。筆を下せば章と成り、言を出せば論となる。時に議する者その洪学《こうがく》を歎ず。いまだ幾《いく》ばくならずして文藻《ぶんさう》日に新たなり。壬申《じんしん》の年の乱に会ひて天命遂げず。時に年二十五。[207]

これだけでも凜々しく聡明なる皇子の御顔《かん》ばせが窺われる。しかるに、「五言。宴に侍す。一絶[208]」として、

皇明《くわうめい》日月と光《て》り
帝徳天地に載《み》つ

三才ならびに泰昌《たいしやう》
万国臣義を表《あらは》す(209)

——と詠まれた詩文が続くに至り、皇子の魁傑は灼《あらた》かである。わずか二十語の漢字は堂々たるもの。父帝の宴に侍し、その徳をたたえ祝福するも、歯の浮くような言葉は微塵もない。わが国に伝わる最も古い漢詩がこれである。また、「五言。懐いを述ぶ。一絶(210)」として、

道徳天訓を承《う》け
塩梅真宰《えんばいしんさい》に寄す
羞《は》づらくは監撫《かんぶ》の術なきことを
安《いづく》んぞ能《よ》く四海に臨まん(211)

——と胸襟を開かれる。

「羞づらくは監撫の術なきことを／安んぞ能く四海に臨まん」とは、「恥ずかしくも己は太政大臣の器にあらず。いかに天下に臨むべきか」との大意である。自らの権勢と才智に驕ることのない、奥ゆかしく真率な御人柄が偲ばれよう。壬申の乱に敗れ、日本書紀に立太子・即位も記されない行く末が胸を衝く。おいたわしさも一方《ひとかた》ならない(212)。

⁂

あるいは、萬葉歌人として高名な大津皇子。

皇子は淨御原《きよみはら》の帝の長子なり。状貌魁梧《じやうばうくわいご》、器宇峻遠《きうしゆんゑん》、幼年にして学を好み、博覧にしてよく文を属《しよく》す。壮なるにおよびて武を愛し、多力《たりよく》にしてよく剣を撃つ。性すこぶる放蕩《はうたう》にして、法度《はふど》に拘《かかは》らず、節を降して士を礼す。これによりて人多く附託《ふたく》す。時に新羅の僧行心《ぎやうしん》といふものあり、天文卜筮《ぼくぜい》を解す。皇子に詔《つ》げて曰く、「太子の骨法《こつぱふ》これ　人臣の相にあらず、これをもつて久しく下位に在るは恐らくは身を全うせざらん」と。よりて逆謀《ぎやくぼう》を進む。この詿誤《くわいご》に迷ひて遂《つひ》に不軌を図《はか》る。嗚呼《ああ》惜しいかな。かの良才を蘊《つつ》みて忠孝を以《もつ》て身を保たず、この奸豎《かんじゆ》に近づきて、卒《つひ》に戮辱《りくじよく》を以《もつ》てみづから終る。古人交遊を慎むの意、よりておもんみれば深きかな。時に年二十四。(213)

――と書かれる。豪放磊落《らいらく》な御人柄と文武に秀で幼少より才気煥発、眉目秀麗にして強健敏捷なる御姿も鮮烈に思い描かれるだけに、その痛惜も一入《ひとしお》といたく胸にしむ。父帝天武天皇崩御の直後、皇子は謀反の廉《かど》で捕縛せられ、朱鳥《あかみとり》元年十月三日訳語田舎《おさだのいえ》で死を賜る。(214)「持統紀」に、

冬十月の戊辰《ぼしん》の朔にして己巳《きし》に、皇子大津《みこおほつ》の謀反《みかどかたぶ》けむこと発覚《あらは》れぬ。皇子大津を逮捕《から》め、幷《あは》せて皇子大津が為に詿誤《あざむ》かえたる直広肆《ぢきくわうし》八口朝臣音橿《やくちのあそみおとかし》・小山下《せうせんげ》壱伎連博徳《いきのむらじはかとこ》と、大舎人《おほとねり》中臣朝臣臣麻呂《おみまろ》・巨勢《こせの》朝臣多益須《たやす》・新羅《しらきの》沙門行心と帳内《とねり》礪杵道作《ときのみちつくり》等《ら》、三十余人を捕《から》む。

庚午《かうご》に、皇子大津を訳語田《をさた》の舎《いへ》に賜死《みまからし》む。時に年二十四なり。妃皇女山邊《みめひめみこやまのべ》、被髪《かみをみだ》し徒跣《すあし》にして、奔赴《はしりゆ》きて殉《ともにみまか》る。見る者皆《ひと》歔欷《すすりな》く(215)

――とある。
死に臨んで皇子はしたためた。

金烏《きんう》西舎《せいしや》に臨《て》らひ
鼓聲《こせい》短命を催《うなが》す
泉路《せんろ》賓主なし
此の夕家《ゆふべ》を離《さか》りて向かふ(216)

「泉路賓主なし」とは、黄泉《よみ》への途は主客なく己が一人、との御覚悟の透徹である。暮れの西日照る中、晩鐘を御耳に端座される御後ろ姿は、高潔にして荘厳であったろう。
皇子は次のようにも詠った。

百傳《ももつた》ふ磐余《いはれ》の池に鳴く鴨を
今日《けふ》のみ見てや雲隠《がく》りなむ(217)

磐余の池に鳴く鴨を見るのも今日を限りに、わたしは死ぬのであるか、というのである。詞書《ことばが》きには「大津王子被レ死之時、磐余池般《ツツミ》流レ悌《ナミダ》御作歌」とある。「今日のみ見てや」と歎息し、「流レ悌」される御姿を想い、せつなく胸詰まる。妃山邊皇女《やまのべのひめみこ》が皇子の後を追われるに及んで、「見る者皆歔欷《すすりな》」いたというのも誇張ではあるまい。前半の具体描写を受け、結句の「雲隠りなむ」が利く。主観句「今日のみ見てや」に無限の悲響が籠る。
晩鐘は毎夕、御耳にされたか。池の鴨は毎冬、御目になされたか。死に臨んで静かにすべてをこれに託された御語気は、驚嘆に価しよう。とくに、歌に籠る情は、詩においては荘厳にかくされ、堪《こら》えられている。ドメスティックな和歌と、宮中男性の教養としてパブリックな漢詩との違いと言えばそれまでだが、死の完全な孤絶を歌うダンディズムを以てしてもかくしきれない、和歌にうかがう心やさしい訣別の情は、詩魂の震えと蔵している。ここに、やまとごころの疼《うず》きを、胎動を見る。もののあはれをしる事の、ひとすじの清冽な流れを知る。やまとごころは、詩歌に流るるままに、神代以来これを承く上代の天神御子《あまつかみのみこ》の由緒にさかのぼるはまぎれもない。

天《あめ》長く地《つち》久しくして神代《かみよ》の風長閑《かぜのどか》に傳はり。皇《すめらぎ》の畏《かしこ》き御代《みよ》の道《みち》廣く。國を恵み民《たみ》を撫でて。四方《よも》に治《おさ》まる八《や》洲《しま》の波志づかに照らす日《ひ》の本《もと》の。影ゆたかなる時とかや(218)

なるほどわれわれ日本人の心はかように流れ来たるか。天皇制なるものが歴史上、堂々たる征服者として生き延びたというわけではない。いかに成功した統治的天皇も、倭建命《やまとたけるのみこと》以来の原イメージ、あるいは軽皇子《かるのみこ》と衣通姫《そとほりひめ》の心中譚、すなわち日本独特の挫折と流謫の抒情を促す文化的源泉の保持者として、これまで成立して来たと言ってよい。

倭《やまと》は國のまほろばたたなづく青垣山隠《あをかきやまごも》れる倭しうるはし(219)

倭建命にさかのぼる神がかりと形容しうる滾《たぎ》り迸《ほとばし》る抒情は、外国の構文をまとってさえ大友皇子にも大津皇子にも隠しようもない心を湛える。心理というより、筋肉の動きと見る生き生きとかの貴き人びとの鼓動をさえ聞くかに肉身の量感を身近に覚える。われわれの血も心も、これに連なるとまざまざと知るのである。日本人である「わたしたち」は、人称代名詞として、それは無際限の「わたしたち」であるが、時間軸というものがあるとして、それは神代へ、天神御子の系譜へとつながっている。神代などというのは荒唐無稽であり、皇統などというのは捏造であると言ったところで無駄である。ならば聖書も、天地創造にしろ神の民というも荒唐無稽であり、アブラハムの子ダビデの子というも捏造であろう。

「われわれはどこから来たのか、われわれは何者か、われわれはどこへ行くのか」（D'où venons-nous? Que sommes-nous? Où allons-nous?）とは、ゴーギャンの有名な画題でもあるが[220]、問うまでもない。ありのままの命という道を、その来《こ》し方《かた》行《ゆ》く末を眺め、これをみずからのますます孤独な道、と最善の努力で歩むほかないではないか。

さらに大友皇子にせよ大津皇子にせよ、思えばいずれもが謀叛人である。朝敵である。にもかかわらず『懐風藻』は、その争乱いまだ記憶に生々しい中、かの貴き人びとの詩文のみならず御人柄をまで讃えて偲んでやまない。その心をこそ美しいと思う。もののあはれをしる事にほかなるまい。やまとごころの面目躍如。本來の面目をわきまえた、すべてが継ぎ目のない静かな奇蹟の瞬間にきらめく日本のやさしい心は、すべての生きとし生けるもののかなしみをそこに掬《きく》して、世の法も掟も、宗教も哲学も超えて、いつくしみ深い。言うなれば、ゆるしにあふれている。

このエッセンスを遠藤周作は、日本人がこの世界で最もキリスト教信仰に向かぬ民族である理由として、一人の宣教師の絶望的独白と重ねた。

　日本人は本質的に、人間を超えた絶対的なもの、自然を超えた存在、我々が超自然と呼んでいるものにたいする感覚がないからです。三十年の布教生活で……私はやっとそれに気づきました。この世のはかなさを彼らに教えることは容易しかった。もともと彼らにはその感覚があったからです。だが、怖ろしいことに日本人たちはこの世のはかなさを楽しみ享受する能力もあわせ持っているのです。その能力があまりに深いゆえに彼らはそこに留まることのほうを楽しみ、その感情から多くの詩を作っております。だが日本人はそこから決して飛躍しようとはしない。飛躍して更に絶対的なものを求めようとも思わない。彼らは人間と神とを区分けする明確な境界が嫌いなのです。彼らにとって、もし、人間以上のものがあったとしても、それは人間がいつかはなれるようなものです。たとえば彼らの仏とは人間が迷いを棄てた時になれる存在です。我々にとって人間とはまったく別のあの自然さえも、人間を包みこむ全体なのです。[221]

より端的に、『千羽鶴』でも文子が言っていたではないか。

「罪でしたら、消える時がないかもしれませんけれど、かなしみは過ぎ去りますわ。[222]」

すべてが、もののあはれをしる事において、融解し稀釈し霧消してゆく。ありのままの命として、ゆるされていく。なにもかもが、かなしく愛おしく美しく。……

三　ふたたび、平坦な戦場で

河口にほど近く、広くゆっくりよどみ、臭い河の流れる街。河原のある地上げされた場所には、セイタカアワダチソウが生い茂っている。その河のそばにある学校に通う若草ハルナ。ハルナは、いじめられっ子の山田君を、いじめから助けたことから、同性愛者であるとの告白を聞き、かれの「秘密の宝物」を見せてもらうことに。それは学校近くの地上げされたまま放置された草ぼうぼうの場所に横たわった人の死体だった。

河原に莫大な財産が眠っているとのデマに扇動された級友たちが、河原の掘削を企てる。河原の死体を守るため、山田君と、同じくその死体を「秘密の宝物」として共有する後輩でモデルの吉川こずえと共に、ハルナは死体を埋める羽目に。

作業を小休止したとき、その「秘密の宝物」である死体について、こずえが問う。――


「ねぇ若草さん」

「何？」

「若草さんは初めてアレを見た時どう思った？」

どう思ったって…

「…よくわかんない」

こわかったけど…

でもそういうのだけじゃない
あの実感のなさ…うまく言えない
「あたしはね〝ザマアミロ〟って思った」

「〝ザマアミロ〟って？」

「そのとおりよ
〝ザマアミロ〟って

世の中みんな
キレイぶって
ステキぶって
楽しぶってるけど
ざけんじゃねえよって
ざけんじゃねえよ
いいかげんにしろ
あたしにも無いけど
あんたらにも
逃げ道ないぞ
ザマアミロって[223]」

こずえの表現は独特であるが、死を目前に怯むことないのはたしかだ。一方、山田君の「秘密の宝物」である死体を初めて見たときの、ハルナのモノローグは、

本物の死体をみるのは
はじめてだった

でも何か実感がわかない

『リバーズ・エッジ』64 頁より　Ⓒ岡崎京子／宝島社

「……」

「こわい」とか「恐しい」とか
「きもち悪い」とかの感情を
一応、感じた

でも、やっぱ実感がわかない

もしかしてもうあたしは
すでに死んでて
でもそれを知らずに
生きてんのかなぁと思った[224]

ハルナの鈍感を、われわれは嗤えない。われわれだって、おそらく大差ない。同じ穴の狢《むじな》である。でもかれらは、生々しい死体と対峙し得るだけ、立派だ。少なくとも、「永遠の命」(225)とか「新しい命に生きる」(226)とか、――修辞に逃げない。生き存《なが》らえんがための自家撞着に陥って得々と安心しない。「ザマアミロ」って罵るだけ、潔癖だ。剛毅である。やまとごころの、正しく継承者であることは疑いようもない。かれらは、じっさい、とくにいじめられっ子の山田君は、死体を目前として、死を見つめて、自らの生命《いのち》を鼓舞している。

「何か」
この死体をみると
ほっとするんだ」

〔……〕

「自分が生きてるのか
死んでるのかいつも
わからないでいるけど
この死体を
みると
勇気が出るんだ(227)」

『リバース・エッジ』60-61頁より　Ⓒ岡崎京子／宝島社

もののあはれをしる事にほかならないが、ここで、やまとごころの「メメント・モリ」とするのも間違いではないだろう。

⁂

死は避けられないものであることを、常に意識し生きることを要請する「メメント・モリ」（Memento Mori ＝死を想え）は、古くから一つの人生哲学としてあった。キリスト教では、「塵にすぎないお前は塵に返る」(228)、「わたしの命は風にすぎない」(229)、「何事をなすにも、お前の人生の終わりを心を留めよ」(230)などのフレーズや黙想とに附親。中世においては、現世否定的な価値観や世界観である「コンテンプトゥス・ムンヂ」（Contemptus mundi ＝世の軽蔑）に分かちがたく結んだ。

もちろん本来は、「永遠の命」に入る準備としての回心の呼びかけである。つまるところ、地獄へ行かないための、天国へ入るための。畢竟《ひっきょう》、いずれ卑屈で消極的な生き方の術策と化す。現世をいかに生きるべきかという、人生の、ひいては生命《いのち》の、価値の倫理規範化を促すものとして、いかにも処世術と堕す。まさにいまこの時を生きる生命《いのち》そのもののダイナミズムを奪うものとして、罪深い側面をもつに至る。

宗教も音楽も人の喜びのために生まれたのに、何故こんなに汚くなっているのか、あたしには全然分からなかった(231)

現代のギター少女のこの慨嘆は、小娘の戯言《ざれごと》と片づけられない、意味深長である。なにより、それは正しい。

正常に考えるなら、生きるということを当たり前と徹する人は、思索に耽るばかりでない、行動家である。行動家というのは、みな懐疑家だ。精神はいつも未知な事物に衝突、既知の言葉を警戒している。行為には、常に理論より豊富ななにものかが含まれている。現実性にかんする畏敬の念が先ずある。したがって、強く疑うことも可能となる。現実畏敬の念のない者に決して現実性など与えられていない。この稿の冒頭に、本居宣長の言う「かむかふ」をひいてすでに断った通りである。

キリスト教信仰が真理を確信しているがために現実を見失っているという意味において、日本人がキリスト教徒たり得ない理由がここにある。現代の平坦な戦場を生きるわれわれにとって、いかにも胡散臭い、糧《かて》になりえない所以が。

破局的惨事の後、その一事件でもあるのだが、焼死した、カモフラージュの交際相手であった田島カンナについて、「生きている時の田島さんより、死んでしまった田島さんの方が好きだ」と語る山田君に、ハルナは訊く。「…山田君は黒こげになってないと人を好きになれない?」

そんなこと
ないよ
…
ぼくは生きている
若草さんのことが
好きだよ(232)

『リバース・エッジ』230頁より　Ⓒ岡崎京子／宝島社

山田君は、惨事が因《もと》で転校するハルナへの告白を通して、生と死の充溢の均衡とに立つ。

本当だよ
若草さんが
いなくなって
本当にさみしい(233)

生きているか死んでいるのか分からなかった山田君の、生《いのち》の恢復。鼓動が聞こえる。
はたして生の実感のないハルナもまた、

涙がぽたぽたと
河に落ちていった

うつむいて
山田君に顔を見られないよう
声を殺して
山田君に泣き声を聞かれないよう

こねこが死んだ時
大声を出して
吐くように泣いた

あの時は超悲しかったけど
きもちが良かった

今は苦しい
ただ胸が苦しい(234)

――まさに悲しみの中、生《いのち》をこの手にして、生きることの苦しみ、悲しみ、美しさ、醜さ、愛おしさ、すなわちもののあはれを知る。

だから二人は、穏やかなラスト・シーン、

『リバーズ・エッジ』231頁より　Ⓒ岡崎京子／宝島社

ＵＦＯ呼んでみようよ
もう一回
やってみようよ[235]

――の期待以下、絶望未満の一夜を過ごす。

ＵＦＯは結局、現われない。東の空は白み、朝がやって来る。海の匂い。汽笛の音。やさしくもこのかなしい結末。静かな朝。

あるがままの命。

もののあはれをしる事。……

けれど、かれらは、知っている。信じている。

たぶんイエスがふたたび降《くだ》ってはこないとしても、おそらく神の国がおとずれることはないにしても、——そんなことは、かれらがこれっぽっちも考えないとしても、——

ＵＦＯは、きっと来る。かならず来る。

なぜなら、イスラエルの民がみずからの主をアブラハム、ヤコブ、イサクの神と知るように、キリスト者が磔刑に付されたイエスを神の子と信ずるように、日本人が古人《いにしえびと》の詩歌にひとすじの清冽なるやまとごころを見るように、白鳥と化して天へと翔《かけ》た倭建命《やまとたけるのみこと》がいまも神代とわれわれとを繋ぐと疑わぬように、ＵＦＯとはかれらにとって、詩にほかならないからである。

四　松風

すでに現代の痛恨事が、詩を失ったことであると書いた。

詩も歌も、情をととのえる行為だ。言葉はその行為のしるしだ。言葉は生活の産物であり、頭脳の反省による産物ではない。定義として生まれたものでもなければ、符牒として生まれたものでもない。教養として生まれたものでもなければ、イデオロギーとして生まれたものでもない。

姿ハ似セガタク意ハ似セ易シ(236)

これは逆説などというものではない。ごくあたりまえのことだ。誰が悲しみを先ず理解して泣くだろう。なによりもまず行為としての言葉が現われた！

人間は万人流に理解する。

しかも、人間は自己流にしか信じない。

お前らの身勝手な夢のために、死ぬのは日本人たちだと何度申せばわかるのだ。もうわしらをそっとしてくれてもよい時期だ(237)

遠藤周作の書く日本の小役人の言葉は、キリスト教批判でも、西洋の地理的拡大に便乗した宣教批判でも、西洋なるものとキリスト教なるものとによる帝国主義批判でもない。われわれ日本人は、ふつうの日本人であることでたくさんだ、という意味だ。

併《あわ》せて、押田成人の言葉をあらためて思い返すのも悪くあるまい。

宗教的悟りや照らしへの道が、自分の生きている文化伝承とは別様の文化伝承に具現したすがたでやってきたとき、その宗教伝承のふくむ生命的真理のゆえに、それが托身している、文化伝承をも引き受けるべきなのでしょうか。もしそうならば、それは最初から、自分が自分でなくなることを、文化の次元において要求されることになりましょう(238)

現代の教会が嘯《ささや》く「一致」も「合同」も「対話」も、エキュメニズムも諸宗教間対話も、底が知れている。所詮、同化と追従をもとめる、お大尽な包括主義と見透かされているのは先にも触れた。包括主義とはまだ聞こえはよいが、つまるところ、カトリック中心主義を一歩も出まい。いまも教会に優勢な、教会の一致をいう従来のラテン語communitas に由来する共同体・共同性の概念はあらためられなければならない。

近代、それは社会的なものとなった。同時に、社会の概念に対比して歴史化され、近代社会の成立によって解体される集団のあり方として考えられるようになった。いまや共同体なるものは、自由な個人の集合体とみなされた近現代社会のうちに「失われたもの」として構想される。

教会をはじめ、近現代批判の立場は、何らかのかたちで共同体的な価値の回復を訴える。これが失われた共同性への郷愁としてはたらいた結果、二十世紀において、労働・生産のシステムとして人間の共同性を掲げた共産主義、個人を超えた集合的価値への帰属を強調したファシズムという二つの全体主義を生んだのは知られる通りである。そして教会の統治形態は現代にあってなお、むしろこれらに近い。同じ穴の狢《むじな》であると思われる。

二十一世紀を迎えた現代、共同体的なあり方でない、共に存在することが現実的な集団と同一視されるのでない、共に生きるという「共生」の相こそが互いに異なる他者という存在の、共に存在することの基本条件としてもとめられている。「共に」ということがただちに個を超えた集合的実体を構成しない、融合でも合一でも同化でも一致でもない、むしろ互いに異なる他者との対立・緊張を受け入れつつ、むしろ互いが決して同じではありえないという決定的な差異の共有において生きることが目指されなければならない。ここに豊かな関係性の創出が可能となってはじめて「共に生きる」ことの実現が図られるはずだ。

エキュメニズムも諸宗教間対話も、一方が他方を、あるいは他方が一方を、ではない。双方が双方ともに、双方が双方のまま、そして各々が個々に、詩を恢復する営みでなくしてなんであろう。

***

俗に、「熊野《ゆや》松風に米の飯」と言う。

能において、「熊野」「松風」が、米の飯のように、誰からも好まれる名曲であることを言い表わしている。米の飯と同じく、何度観ても飽きることない、噛めば噛むほどに味わい深いとの評価だ。

秋の夕暮れ。西国を行脚する僧が、摂津の国須磨の浦にさしかかる。かつて在原行平中納言の寵愛を受けた松風・村雨姉妹の旧蹟である松を見い出し、回向《えこう》。日没後、僧は間近の塩焼き小屋に一宿をもとめる。小屋の主は汐《しお》汲《くみ》の海女《あま》二人であった。僧が行平の歌を吟詠すると、かの女らは涙を流し、松風・村雨姉妹の幽霊であるとその身を明かして、ありし日の行平との恋を、いまなお晴れぬ執心を物語る。

——というのが、「松風」[239]である。

僧のうたった行平の歌とは、古今和歌集に載る。

わくらばにとふ人あらば須磨の浦に
　藻塩《もしほ》たれつつわぶとこたへよ[240]

詞書きに「田村の御時に、事にあたりて津の国の須磨といふ所にこもり侍りけるに、宮のうちに侍りける人に遣はしける[241]」とある。文徳天皇の御代、事はいまもって不明である、都を追われ一時須磨に蟄《こも》らねばならなかった行平が、宮仕えの者に託した歌。

「藻塩垂る」は、焼いて塩を取る海藻に、潮水をしませること。「涙でぬれる」意をふくませる。「わぶ」とは、「侘ぶ」。語感に、物事に行きづまり意気沮喪、あれこれと思いわずらい、意のままにならぬを歎くさまを伴う。寂寥感も優美な調べにあはれが立つ。

歌に誘《いざな》われ、

あら戀しやさるにても。又いつの世の音づれを(242)

――と姉妹は憂い歎く。

歌に重ねて、

あはれ古《いにし》へを。思ひ出《い》づれば懐かしや。行平の中納言三年《みとせ》ハここに須磨の浦。都へ上り給ひしが。此程の形見とて。御立烏帽子狩衣《おんたてえぼしかりぎぬ》を。遺し置き給へども。これを見る度に。いや増しの思ひぐさ葉末に結ぶ露の間《ま》も。忘られればこそあぢきなや。形見こそ今ハ仇なれこれなくハ。忘るる隙《ひま》もありなんと。詠みしもことわりやなほ思こそハ深けれ(243)

――と地謡は姉妹の心情をうたい継ぐ。

松風は、これを承ける。

宵々《よひよひ》に。脱ぎて我が寝《ぬ》る狩衣、(244)

地謡が続く。

かけてぞ頼む同じ世に。住むかひあらばこそ忘れ形見《がたみ》もよしなしと。捨てても置かれず取れば面影に立ちま

さり。起臥《おきふし》わかで枕より。あとより戀の責めくれバ。せんかた涙に伏沈《フシ》むことぞ悲しき[245]

形見の品々を抱いた松風は、頽《くずお》れるようにして涙に暮れる。

やがて、形見の立烏帽子と狩衣とを身につけた松風は物狂い、ついに松の木に行平を幻視、抱きしめる。男装の松風に行平の霊が憑衣した、恋慕の舞い「中ノ舞」に。

たち別れ・稲葉の山の峯に生《お》ふる。松とし聞かバ。今歸り來《こ》んそれハ稲葉の遠山松《とほやままつ》、これハ懐かし君ここに。須磨の浦曲《わ》の松の行平《ゆきひら》。立ちかへり來《こ》バ、われも木陰に。いざ立寄りて。磯馴松《そなれまつ》の。なつかしや[246]

やはり行平の、『古今和歌集』に載る一首が[247]、松風の心をすさぶ。「いな」は「往《い》ぬ」の未然形と「いなば（稲羽）の山」の「いな」を、併せて行平が国司として赴任した「因幡」（現鳥取県）の国名とその地にある「稲羽」の地名を、また「まつ」は「松」と「待つ」を。二つの掛詞は技巧の贅。下の句に見る、出立と帰還の、悲しみと喜びの、対照が映える。待つ身が辛いか、待たせる身が辛いか。もののあはれをしる事とは。……

続く急調子、激情は最高潮に達する「破ノ舞」。

松に吹きくる風も狂《きやう》じて。須磨の高波はげしき夜すがら。妄執《まうしふ》の夢に見《み》みゆるなり[248]

過去と現在、夢幻と現実とが交錯。死者が彼岸から此岸へと渡り、在りし日を振り返る。真実《まこと》が語られ、思いは凝縮し、あるがまま、結晶化する。しかもこの夢現《ゆめうつつ》の揺るぎなさ。ささやかなる詩の恢復。――

我が跡弔《と》ひてたび給へ。暇《いとま》申して。歸る波の音《おと》の。須磨の浦かけて吹くや後《うしろ》の山嵐《やまおろし》。關路《せきぢ》の鳥も聲々に夢も跡なく夜《よ》も明けて村雨と聞きしも今朝《けさ》見れバ松風ばかりや残るらん松風ばかりやのこるらん(249)

波の音、山おろし、鳥の啼音、――朝がやって来る。村雨かと聞いたのも松吹く風の音。残るは松風の音のみ。雨や風のように、風景そのものとして立ち現われた女たちは、雨や風のように、再び風景となじみ、溶け、消えゆく。茫漠と広がる海に風音だけが残る。やさしくもこのかなしい結末。

海の匂い。松風の音。静かな朝。

ありのままの命。

もののあはれをしる事。……

ハルナも山田君もそうだった。

われわれ日本人は、このような信仰をしか生きてこなかったし、いまもこのような信仰をしか持ちえない。幾歳月もの、われわれの喜びなり悲しみなりのすがた。平坦な戦場で、われわれはこれからもきっとこのような信仰をしか生きることはない。日本であれＮＩＰＰＯＮであれ、われわれはパンとぶどう酒で生きてきたわけではない。米の飯で生きてきたのは否定のしようのない、まぎれもないことなのである。

註

（1）本居宣長「玉勝間」八の巻・一〇に「かむかへといふ言、かんがへとも、かうがへともいふは、後の音便にて、もとは、むを牟《ム》と、たしかにいひ、下のかをも、清《スミ》ていひし詞なるべし、其故は、此言の意、かはいかならむ、いまだ思ひえざれども、むかへは、かれとこれとを、比校《アヒムカ》へて思ひめぐらす意なるべきを、音便に、むをんともうともいひなすから、その音便に引《ヒカ》る、例にて、かをも濁る也」とある。日本思想体系四〇『本居宣長』岩波書店、一九七八年、二四五頁。

（2）国文学の徒でもない筆者が知るだけでも、研究者による校訂本も兼ねた注釈付きなら、日本古典文学大系（岩波書店）五巻、新編日本古典文学全集（小学館）六巻、新潮日本古典集成（新潮社）八巻、岩波文庫全九巻などが挙げられる。現代語訳であれば、与謝野晶子を嚆矢とし、生涯に三度の訳を試みた谷崎潤一郎によるものが有名である。また国文学者の今泉忠義による『源氏物語全現代語訳』（講談社学術文庫）全二十巻のほか、国文学者で歌人の窪田空穂、小説家の円地文子、瀬戸内寂聴、角田光代らも手掛けている。近年では古典エッセイスト大塚ひかりによる『大塚ひかり全訳源氏物語』（二〇〇八―一〇年）や作家の林望による『謹訳源氏物語』（二〇一〇―一三年）が話題を集めた。翻案作品なら、田辺聖子『新源氏物語』、橋本治『窯変源氏物語』、瀬戸内寂聴『女人源氏物語』、林真理子『六条御息所源氏がたり』など。また二〇〇八年には、九人の現代作家（江國香織、角田光代、町田康、金原ひとみ、島田雅彦、桐野夏生、小池昌代、日和聡子、松浦理英子）による『ナイン・ストーリーズ・オブ・ゲンジ』があった。漫画なら、大和和紀『あさきゆめみし』が最も知られる。漫画に限らないあらゆる源氏ものの中で最高の発行部数一八〇〇万部を誇る。その他、赤塚不二夫、牧美也子、江川達也、美桜せりな、稲葉みのりなど、人気漫画家による作品は多い。宝塚歌劇団では、黎明期から今日まで、源氏は看板プログラムの一つである。なかでも一九五二年に初演の『源氏物語』（白井鐵造構成・演出、小野晴通脚本）は、春日野八千代の当たり役として名高い。

また『新源氏物語』（柴田侑宏作・演出）は榛名由梨、大地真央、剣幸など、歴代のトップが光源氏を演じて人気を博した。歌舞伎では一九五〇年代以降、新作として川口松太郎、北条秀司、船橋聖一、円地文子などが脚本を手掛けたものが知られる。二〇一五年には市川海老蔵主演の『源氏物語』が全国で七万三千人を動員。その続編『通し狂言源氏物語』（出演・市川海老蔵、観世喜正、茂山逸平、彌勒忠史ほか）が二〇一八年七月、歌舞伎座百三十年を記念し上演され、オペラや能とのコラボレーションによる演出で話題となった。

（3）筆者は、二〇一六年二月十八日から三月二十六日まで、日本二十六聖人の道を一人歩いた。その記録は、『鹿児島カトリック教区報』二〇一六年九月号から二〇一八年三月号にかけて、「僕の長崎への道―日本二十六聖人の道を歩いて」と題し計十七回にわたって連載された。本稿における日本二十六聖人の道に関する記述は、その連載記事と私的備忘録（未公表）に基づく。

（4）備中国分寺は七四一年、創建。聖武天皇の詔《みことのり》により日本各地に建立された国分寺の一つ。廃寺の時期もあったが、再興。南北朝時代に焼失した七重塔に替えて弘化年間（一八四四―四七年）、五重塔を再建した。

（5）正確には、日本総人口一億二千六四九万人（二〇一八年五月二十一日発表）。総務省統計局「人口推計」平成三十年五月報（http://www.stat.go.jp/data/jinsui/pdf/201805.pdf）。

（6）文化庁編『宗教年鑑　平成二十九年版』第二部宗教統計（http://www.bunka.go.jp/tokei_hakusho_shuppan）。なお、全国社寺教会等宗教団体の信者総数は、一億八千二六六万六千四〇四人となっている。また同年鑑は、平成二十六年から冊子の市販は行なわず、文化庁ホームページPDFファイルにて公開。

（7）遠藤周作「沈黙」Ⅶ章、『遠藤周作文学全集　第二巻　長篇小説Ⅱ』新潮社、一九九九年、二九四―二九五頁。

（8）岡崎京子「ノート　あとがきにかえて」『リバーズ・エッジ』宝島社、一九九九年、二三四頁参照。

（9）岡崎京子（一九六三―）漫画家。跡見学園女子大学短期大学部在学中の一九八三年、同人誌への投稿作品が評価され、一雑誌デビュー。以後、新しいタイプの女性漫画家として内田春菊、桜沢エリカ、原律子らとともに人気を博し、一九八〇年代から九〇年代にかけて、サブカル誌、漫画誌、ファッション誌などで活躍した。その作品は映画、小説、音楽、現代思想書などからの引用も多く、批評家や評論誌が注目。その漫画表現の考察が、椹木野衣『平坦な戦場でぼくらが生き延びること　岡崎京子論』筑摩書房（二〇〇〇年）、文藝別冊『総特集岡崎京子』河出書房新社（〇二年）、杉本章吾『岡崎京子論　少女マンガ・都市・メディア』新曜社（一二年）などで試みられている。一九九六年、自宅付近でひき逃げに遭遇。重傷を負い、後遺症により休筆、現在も療養を余儀なくされている。二〇一五年、世田谷文学館（東京）で初の大規模個展「岡崎京子展　戦場のガールズ・ライフ」が開催。一六年には伊丹市立美術館（兵庫）、三菱地所アルティアム（福岡）にも巡回した。作品に『pink』『くちびるから散弾銃』（以上、一九八九年）、『東京ガールズブラボー』（九三年）、『リバーズ・エッジ』（九四年）、『ヘルタースケルター』（二〇〇三年、初出連載は一九九五－九六年）など。

（10）William Gibson（一九四八—）米のＳＦ作家。一九八二年、初めてサイバースペース（電脳空間）の概念を提示した短編『クローム襲撃』で脚光を浴びる。一九八四年、長編『ニューロマンサー』を発表。サイバーパンクＳＦという新しいジャンルの開拓者となった。一九九五年、短編『記憶屋ジョニィ』（八六年）が『ＪＭ』として映画化（ロバート・ロンゴ監督、キアヌ・リーブス、北野武など出演）、自ら脚本も手がけた。その他の作品に、『カウント・ゼロ』（一九八六年）、『ヴァーチャル・ライト』（九三年）、『パターン・レコグニション』（二〇〇三年）など。

（11）William Gibson, THE BELOVED (Voice for THREE HEAD), *Robert Longo* (*Art RANDOM*) 京都書院、一九九一年。原文は以下の通り。「THIS CITY / IN PLAGUE TIME / KNEW OUR BRIEF ETERNITY/ OUR BRIEF ETERNITY / OUR LOVE / OUR LOVE KNEW / THE BLANK WALLS AT STREET/ LEVEL / OUR LOVE KNEW / THE FREQUENCY OF SILENCE / OUR LOVE KNEW / THE FLAT FIELD / WE BECAME FIELD OPERATORS / WE SOUGHT TO DECODE THE / LATTICES / TO PHASE-SHIFT TO NEW / ALIGNMENTS / TO PATROL THE DEEP FAULTS / TO MAP THE FLOW / LOOK AT THE LEAVES / HOW THEY CIRCLE / IN THE DRY FOUNTAIN / HOW WE SURVIVE / IN THE FLAT FIELD」。なお、訳出にあたり、同書ならびに岡崎京子『リバーズ・エッジ』（宝島社、一九九四年）二〇六—二〇七頁の黒丸尚訳を参考にした。

（12）東京事変「群青日和」東芝ＥＭＩ、二〇〇四年。

（13）椎名林檎（一九七八年—）日本のシンガーソングライター。一九九五年、第九回ティーンズ・ミュージック・フェスティバル全国大会で奨励賞を受賞。高校中退後、バイトをしながら音楽活動に入る。九六年、ミュージック・クエスト・ジャパン・ファイナルに椎名林檎として出場、「ここでキスして」を歌い優秀賞を獲得。九八年、「幸福論」でデビューした。セカンド・シングル「歌舞伎町の女王」は、当時音楽シーンを席惓した「渋谷系」ならぬ「新宿系」を名乗り話題に。九九年、ファースト・アルバム『無罪モラトリアム』がミリオン・ヒットを記録。四枚目のシングル「本能」が、看護婦に扮したプロモーション・ビデオも話題となり、全国区の人気を得る。二〇〇〇年、セカンド・アルバム『勝訴ストリップ』が二三〇万枚を超える大ヒットとなり、日本ゴールドディスク大賞ロック・アルバム・オブ・ザ・イヤーならびに第四十二回日本レコード大賞ベストアルバム賞を受賞した。〇三年、バンド「東京事変」を結成。〇九年、芸術選奨文部科学大臣新人賞。一四年、NHK二〇一四年度サッカー中継テーマソング「NIPPON」を発表。一七年、TBS系火曜ドラマ『カルテット』の主題歌「おとなの掟」を作詞・作曲。同曲は、一七年度に最も売れた配信シングルとなった。

(14) 東京事変とは、日本のバンド。二〇〇三年、椎名林檎（ヴォーカル、ギター）、晝田綴色（ドラムス）、亀田誠治（ベース）、H是都M（キーボード）、晝海幹音（ギター）が結成した。〇四年、シングル「群青日和」を発表。〇五年、H是都Mと晝海幹音が脱退、新たに伊澤一葉（キーボード）、浮雲（ギター）を迎える。〇六年、セカンドアルバム『大人（アダルト）』がオリコンチャート第一位を獲得。〇九年、江崎グリコ「ウォータリング・キスミントガム」のCMソングに起用されたシングル「能動的三分間」がオリコンチャート一位に。一一年、アルバム『大発見』がオリコンチャート一位。一二年二月二十九日、日本武道館公演を最後に解散した。なお二〇二〇年一月一日、「再生」と謳い、解散時のメンバーでの活動再開を発表した。

(15) 岡崎京子『リバーズ・エッジ』宝島社、一九九四年、二三〇頁。

(16) *Ibid.* 二三二頁。

(17) これについては、阿部仲麻呂「諸宗教対話について――諸宗教の神学の理念、諸宗教対話の実践」（『日本カトリック神学院紀要』第八号、日本カトリック神学院、二〇一七年、三四七―三四八頁）を参照せよ。

(18) 以下、教会憲章と略す。

(19)「教会に関する教義憲章」一四、第二バチカン公会議文書公式訳改訂特別委員会監訳『第二バチカン公会議公文書改訂公式訳』カトリック中央協議会、二〇一三年、一四四頁。

(20) *Ibid.* 一六、一四六頁。

(21)「エキュメニズムに関する教令」一、第二バチカン公会議文書公式訳改訂特別委員会監訳『第二バチカン公会議公文書改訂公式訳』カトリック中央協議会、二〇一三年、二四八頁。

(22) *Ibid.*

(23) *Ibid.* 三、二五二―二五三頁。

(24) *Ibid.* 二四、二七一頁。

(25)「キリスト教以外の諸宗教に対する教会の態度についての宣言」二、第二バチカン公会議文書公式訳改訂特別委員会監訳『第二バチカン公会議公文書改訂公式訳』カトリック中央協議会、二〇一三年、三八六頁。

(26) *Ibid.*

(27) 略して「現代世界憲章」と呼ばれる。

(28)「現代世界における教会に関する司牧憲章」一〇、第二バチカン公会議文書公式訳改訂特別委員会監訳『第二バチカン公会議公文書改訂公式訳』カトリック中央協議会、二〇一三年、六〇九頁。

(29) Ibid.

(30) Ibid.

(31)（　）は筆者による追記

(32)「教会に関する教義憲章」八、第二バチカン公会議文書公式訳改訂特別委員会監訳『第二バチカン公会議公文書改訂公式訳』カトリック中央協議会、二〇一三年、一三五頁。

(33) Congregation for The Doctrine of Faith, *Responses to some questions regarding certain aspects of the doctrine on the church*, June 29, 2007.（二〇〇七年六月二十九日付教理省文書「教会の教義に関する質問への回答」バチカン・ホームページ（www.vaticana.va.）

(34) 和田幹男「『教会憲章』解説」、第二バチカン公会議文書公式訳改訂特別委員会監訳『第二バチカン公会議公文書改訂公式訳』カトリック中央協議会、二〇一三年、七二四頁。

(35) この二〇〇七年六月二十九日付教理省文書「教会の教義に関する質問への回答」について、教皇の宣布した文書ではないとして、教会の公式見解とは言えないとの意見も聞くが、護教的詭弁の域を出まい。まぎれもない、公的一機関の、公的一組織の、ましてや一国家の公的部署が公にした文書である。しかるべき行政上の内規に沿って手続きが踏まれ決裁のなされたはずである。事実、この文書は、当時の教理省長官ウィリアム・レヴァダ枢機卿と同省秘書官アンジェロ・アマート大司教の名のもとに公示された。国政で言うなら、大臣と事務次官の名による文書。首相の名によるものでないからといって、国家機関の公的性格を帯びないわけがない。社会はこのようなものをこそ公式と呼ぶのである。

(36) 教皇ヨハネ・パウロ二世『希望の扉を開く』三浦朱門・曾野綾子訳、石川康輔日本語版監修、同朋出版社、一九九六年、一〇一—一〇二頁。

(37) *Ibid.* 一〇五—一〇六頁。

(38) 一九九五年一月二十二日付朝日新聞「太鼓の歓迎とボイコット」および同年十二月五日付同紙夕刊「仏教は消極的救済論——ローマ法王の発言に批判や疑問」参照。

(39) 阿部仲麻呂「諸宗教対話について——諸宗教の神学の理念、諸宗教対話の実践」（『日本カトリック神学院紀要』第八号、日本カトリック神学院、二〇一七年、三四八頁）を参照せよ。

(40) 押田成人「宗教受納即苦悩」『孕みと音』思草庵、一九七六年、五九頁。

(41) 「習合」とは、それぞれちがった教理を折衷・調和すること。日本では、古来の神信仰が新たに伝来した仏教と接触し、思想・儀礼・習俗などが融合、「神仏習合」が生じたとされる。奈良時代、神を仏教による救いの対象と捉え、救済実現のため、神前納経や神宮寺の建立がなされた。また、神が仏法を守護するという護法善神説も生まれた。平安時代、仏・菩薩が仮の姿をとってこの世に出現したものが神であるとする本地垂迹説が唱えられる。同説は、仏・菩薩が権《かり》に現われたものという意味で神を「権現」と呼んだり、「八幡大菩薩」のように神に菩薩号を奉ずる段階を経て、平安後期には個々の神に本地（本来の仏・菩薩としてのあり方）を比定。やがてほとんどの神について具体的な本地仏が定められた。鎌倉時代、神道において仏教からの自立の動きが起こる。仏本神迹・仏主神従の本地垂迹説を不満とし、神道を優位に置いた神本仏迹・神主仏従の反本地垂迹説が主張された。また、仏教の論理で神祇信仰を解釈する、たとえば天台の教義による山王神道や密教の教説による両部神道も興った。神仏習合は明治元年（一八六八年）の神仏分離令まで、日本における神仏関係論の中心思潮であり続けたが、習合が進展する平安後期以降も、伊勢神宮や宮廷祭祀の場では、神仏を隔離する伝統が残った。

(42) Concordisme 符号主義（調和主義）、あるいは調和説ともいう。聖書の記述を自然科学の明らかにするところに合わせ説明を試みる立場。フランスの動物学者、比較解剖学者キュヴィエ（Georges Léopold Chrétien Frédéric Dagobert Cuvier, 1769-1832）によって始められたとされる。

(43) 英知大学キリスト教文化研究所『紀要』第三巻第一号（一九八八年）に所収。

(44) 和田幹男「聖書の天地創造と現代の自然科学」Ⅲ章、一三頁。

(45) *Ibid.* 序、二頁。

(46) *Ibid.* Ⅲ(二)、一八頁。

(47) *Ibid.* 一九頁。

(48) *Ibid.*

(49) Claude Lévi-Strauss, *The structural study of myth*, in: Myth, A symposium, Journal of American Folklore, vol. 78, no. 270, oct.-déc. 1955.

(50) 申命記は、モーセに率いられエジプトを逃れたイスラエルの民が、約束の地を目前とするところに始まる。カデシュ・バルネアを発ちゼレド川の渡渉まで、三十八年さまよった後、アルノン川を渡るよう神は命じる。「見よ、わたしはあなたにシホンとその国を与える。それを取るために占領を開始せよ」（申二・三一）。これに応えたイスラエルは、「我々はシホンとその子らを含む全軍を撃ち破った。我々は町を一つ残らず占領し、町全体、男も女も子供も滅ぼし尽くして一人も残さず、家畜だけを略奪した」（二・三三―三五）。

続く道中、イスラエルはバシャンの王オグと対峙。神はイスラエルに命じる。「ヘシュボンに住むアモリ人の王シホンにしたように、彼にも行いなさい」（三・二）。イスラエルはこれに応える。「我々はオグを撃ち殺し、ついに一人も残さなかった。〔……〕我々はヘシュボンの王シホンにしたように、彼らを滅ぼし尽くし、町全体、男も女も子供も滅ぼし尽くしたが、家畜と町から分捕った物はすべて自分たちの略奪品とした」（三・三―七）。

さらに、きわめつけは、神である主を愛せよと命じ、主を畏れ、主にのみ仕え、戒めと定めと掟を守るよう告げた（六・四―一八）後の命令である。「あなたの神、主が、あなたを導き入れ、多くの民、すなわちあなたにまさる数と力を持つ七つの民、ヘト人、ギルガシ人、アモリ人、カナン人、ペリジ人、ヒビ人、エブス人をあなたの前から追い払い、あなたの意のままにあしらわせ、あなたが彼らを撃つときは、必ず彼らを滅ぼし尽くさなければならない。彼らと協定を結んではならず、彼らを憐れんではならない」（七・一―二）。

あるいはサムエル記上では、イスラエルの王サウルがアマレク人を討ったとき、「アマレクの王アガグを生け捕りにし、その民をことごとく剣にかけて滅ぼした。しかしサウルと兵士は、アガグ、およびと羊の牛の最上のもの、初子ではない肥えた動物、小羊、その他何でも上等なものは惜しんで滅ぼし尽くさず、つまらない、値打ちのないものだけを滅ぼし尽くした」（サム上一五・八―九）。これに対して預言者サムエルは、「主が喜ばれるのは焼き尽くす献げ物やいけにえであろうか。むしろ、主の御声に聞き従うことではないか」（一五・二二）と叱責、王位の剝奪を宣告する。戦の直前、「行け。アマレクを討ち、アマレクに属するものは一切、滅ぼし尽くせ。男も女も、子供も乳飲み子も、牛も羊も、らくだもろばも打ち殺せ。容赦してはならない」（一五・三）とサムエルは神の命令をサウルに告げていたからである。

このような事例は旧約聖書中、レビ記、民数記、ヨシュア記などにも見ることができる。

（51）たとえば、景行天皇と、その御子である大碓命《おほうすのみこと》と小碓命《をうすのみこと》（後の倭建命）兄弟について、『古事記』中巻に次のような記事がある。「是《ここ》に天皇、三野国造《みののくにのみやつこ》の祖《おや》大根王《おほねのみこ》の女《むすめ》、名は兄比売《えひめ》・弟比売《おとひめ》の二《ふたり》の嬢子《をとめ》、其の容姿《かたち》麗美《うるは》しと聞《きこ》し看《め》し定めて、其の御子《みこ》大碓命を遣はして喚《め》し上げたまひき。故《かれ》、其の遣はさえし大碓命召し上げずて、即ち己自《おのれみつか》ら其の二《ふたり》の嬢女《をとめ》を婚《よば》ひて、更に他《あた》し女人《をみな》を求めて、詐《いつは》りて其の嬢女と名《なづ》けて貢上《たてまつ》りき。是に天皇、其の他し女なることを知らして、恒《つね》に長眼《ながめ》を経しめ、亦婚はずして、惚《なや》ませたまひき。〔……〕天皇、小碓命に詔《の》りたまはく、『何とかも汝《いまし》の兄《いろせ》は朝夕《あさゆふ》の大御食《おほみけ》に参出来《まいでこ》ざる。専《もは》ら汝ねぎ教へ覚《さと》せ』とのりたまひき。如此《かく》詔りたまひて以後《のち》、五日《いつか》に至りて、猶《なほ》参出ざりき。爾《ここ》に天皇、小碓命に問ひ賜はく、『何とかも汝の兄は久しく参出ざる。若し未だ誨《をし》へず有りや』ととひたまひき。答へて白《まを》さく、『既にねぎつ』とまをしき。又詔りたまはく、『如何《いかに》かねぎつる』とのりたまひき。答へて白さく、『朝曙《あさけ》に廁《かはや》に入りし時、待ち捕へてつかみ批《ひし》ぎて、其の枝を引き闕《か》きて、薦《こも》に裹《つつ》みて投げ棄《う》つ』とまをしき。是に天皇、其の御子の建《たけ》く荒き情《こころ》を惶《かしこ》みて詔りたまはく、『西の方《かた》に熊曾建《たける》二人有り。是れ伏《まつろ》はず礼无《いやな》き人等《ども》なり。故、其の人等を取れ』とのりたまひて遣はしき」。

(52) ヨハ一・一。

(53) 『古事記』巻上、序幷。原文は以下の通り。「即勅二語阿禮一、令レ誦二習帝皇日継及先代舊辭一」。

(54) ここでの議論は、三島由紀夫「精神の不純」（昭和二十二年三月二十七日・第一新聞）、「日本文學小史」（昭和四十四年八月および同四十五年六月・群像）などに触発される。

(55) 創一・二六—二八。

(56) Lynn White, Jr.（一九〇七—一九八七）ハーヴァード大学大学院で中世史を修める。一九三八年以降、プリンストン大学、スタンフォード大学で教鞭をとり、五八年からはカリフォルニア大学ロサンゼルス校歴史学教授、中世ルネサンス研究所所長。技術の発達を中世の社会変動および修道院を中心とする教会活動と関連させた研究を行なった。世界教会協議会（ＷＣＣ）主催「人間開発のための科学と技術」会議（ブカレスト、七四年）に発題者の一人として参加している。著書に『中世技術と社会変動』（六二年）、『現代における環境危機の歴史的根源』（六七年）、『中世の宗教と技術』（七八年）など。

(57) Lynn White, Jr., *The Historical Roots of Our Ecological Crisis*, SCIENCE, 10 March 1967., vol. 155, no. 3767, pp. 1203-1207 参照。

(58) Jürgen Moltmann, *God in Creation*, 1985., Bernhard W. Anderson, *From Creation to New Creation*, 1994 など。

(59) 和田幹男「旧約聖書における人間観——神に『かたどり』『似せて』の意味」（岸英司編『宗教の人間学』世界思想社、

一九九四年、四七─六三頁）参照。

(60) 教皇フランシスコ回勅『ラウダート・シ』三・Ⅲ・一一六。
教皇フランシスコ回勅『ラウダート・シ』に「キリスト教思想は人間を、他の被造物を超える格別の尊厳を有するものとして理解」（三・Ⅲ・一一九）とある。

(61) *Ibid.* 二・Ⅱ・六七。

(62) 詩八・五─九。この詩句について、新共同訳の訳文は、信仰の介在し教義におもねってか、甚だまどろっこしい。したがってここでは、詩句の意味するところを端的に汲み取れるよう、拙訳を用いた。

(63) 本章の二、冒頭の引用文を参照のこと。

(64) 「依代」と書く。神霊のよりつくもの。神霊の出現を示す媒体となるもの。人間が依代となった場合、神霊が童子についたときは「尸童《よりまし》」と言い、死霊がついたときは「尸者《ものまさ》」と呼ぶ。なお「尸童」は「依坐」とも書く。

(65) 「あるがままの道理」の意。

(66) 「法」はそれ自体の性質を保持する存在者の意、「界」は境界の意で他と区別されるあり方を意味する。天台宗では、地獄界から仏界までの十種の世界を「十法界」という。華厳宗では、真理そのものの現われとしての現実の世界を指す。真言宗では、全世界・全宇宙のことをいい、その本体は地・水・火・風・空・識の六つの根本要素（六大）としている。

(67) 草や樹木のような心を有しない非情のものも、有情（衆生）と同様に仏性をもっており、仏となるという考え方。「無情成仏」、「非情成仏」とも言う。

(68) 空海『声字實相義』に「五大皆有響。十界具言語。六塵悉文字。法身是実相」とある。「五大に皆響きあり。十界に言語を具す。六塵悉く文字なり。法身は是れ実相なり」と読み下す。「地・水・火・風・空の五大からなる森羅万象には皆、真理を語る響きがある。地獄・餓鬼・修羅・人・天・声聞・縁覚・菩薩・佛の十界のすべてに真理を語る言語がある。色・声・香・味・触・法の六塵、すなわちわれわれの感覚によって把握される認識の対象は悉く真理を語る文字である。究極の佛たる大日如来とは、この世界の、あるがままのすがたにほかならない」との意。

(69)

（70）「本覺」とは、本来の覺性ということ。一切の衆生に本来的に具有されている悟り（覺）の智慧を意味する。
（71）諸法が生じ、存続し、変化し、消滅するという四つの変遷のすがた。
（72）「発心」とは、「発意」あるいは「発菩提心」ともいう。サンスクリット語原典では「正しい目覚めに対して心をおこす」との意を専らとするが、日本語独自の用法として、「出家し仏道に入ること」を意味する。「修行」とは、真実の自己を実現するため、自らの行ないを正し修めること。「菩提」とは、悟りの智慧。これを得た者を仏と呼ぶ。「涅槃」とは、煩悩の火が吹き消された状態の安らぎ、悟りの境地を言う。すべての束縛から解脱すること。仏教における修行上の究極目標。
（73）たとえば、世阿彌作とされる『杜若』では終幕、地謡が「袖白妙の、卯の花の雪の、夜もしらしらと、明くる東雲の、浅紫の、杜若の、花も悟りの、心開けて、すはや今こそ、草木国土、すはや今こそ、草木国土、悉皆成仏の、御法を得てこそ、失せにけれ」と唄う。あるいは金春禅竹作と考えられる『定家』において終盤、「一味の御法の雨の滴り、皆潤ひて草木国土、悉皆成仏の機を得ぬれば、定家葛もかかる涙も、ほろほろと解けひろごれば、よろよろと足弱車の、火宅を出でたるありがたさよ」との地謡がある。
（74）禅宗で悟りの心境を示す語句。悟りは日常生活そのものにあるとする立場を端的に言い表わしている。南宋初期（十三世紀）の禅僧、道川の『金剛経川老註』に「目前に法無し、さもあらばあれ、柳は緑、華は紅」とある。
（75）道元『永平傘松道詠集』五丁。
（76）衆生が本来もっている心性。本性。
（77）『當麻』檜書店、一九八四年。
（78）*Ibid.*
（79）*Ibid.*
（80）世阿彌『風姿華傳』宝山寺本、四九丁。
（81）Boethius, *Contra Eutychen et Nestorium*, The Theological Tractates with an English Translation by H. F. Stewart and E. K. Rand and S. J. Tester (Loeb Classical Library 74), Cambridge/ London, 1973, pp. 72-129. なお訳出にあ

たり、ボエティウス「エウテュケスとネストリウス駁論」三、上智大学中世思想研究所編訳／監修『中世思想原典集成5　後期ラテン教父』（平凡社、一九九三年）二〇六―二〇七頁を参考にした。

(82) Liddell & Scott, Greek-English Lexicon with revised supplement, Oxford, 1996, p. 1895.

(83) 坂口ふみ『〈個〉の誕生　キリスト教教理をつくった人びと』岩波書店、一九九六年、一一六頁。

(84) E. Lévinas, *Le temps et l'autre*, Paris, 1948.

(85) Paul Henry & Hans-Rudolf Schwyzer, Plotini Opera. (Editio minor in 3 vols.), Oxford: Claredon Press, 1964-1982 ならびに田中美知太郎、水地宗明、田之頭安彦訳「三つの原理的なものについて」（エネアスV・一）、「第一者の後のものたちの生成と序列について」（エネアスV・二）『プロティノス全集　第三巻　エネアデス』中央公論社、一九八七年、三五七―四〇〇頁参照。

(86) ヨハ一四・二六。ギリシャ語原文との対比のため、端的に表示したく、拙訳を用いた。なお新共同訳では、「父がわたしの名によってお遣わしになる聖霊が、あなたがたにすべてのことを教え、わたしが話したことごとくを思い起こさせてくださる」。

(87) Sancti Aurelii Augustini, *De Trinitate*, libri XI (Libri XII-XV), cura et studio W. J. Mountain, auxiliante Fr. Glorie (Corpus Christianorum. Series Latina 50A), Turnholti, 1968, I-2-4.

(88) S. Thomae Aquinatis, *Summa Theologiae*, pars prima, q. 29, aa. 1-4 参照。

(89) Boethius, *Contra Eutychen et Nestorium*, III.

(90) ボエティウス「エウテュケスとネストリウス駁論」に「どのような定義がペルソナに与えられるだろうか。もしもすべての本性がペルソナを持つとするなら、本性とペルソナの区別はどこにあるであろうかということが解き難い問題となる。もしもペルソナは本性と等しくないと考えられ、本性の外延のうちにペルソナが置かれるなら、どの本性までペルソナは属し、どの本性がペルソナを持つに適し、どの本性がペルソナという名から切り離されるにふさわしいかを言うことは困難になる」とある（Boethius, *Contra Eutychen et Nestorium*, II）。

(91) Boethius, *Contra Eutychen et Nestorium*, II. なお訳出にあたり、ボエティウス「エウテュケスとネストリウス駁論」

上智大学中世思想研究所編訳／監修『中世思想原典集成5　後期ラテン教父』（平凡社、一九九三年）二〇五頁を参考にした。

(92) Bonaventura, *Commentaria in quatuor Libros Sententiarum*, Tom. I., Quaracchi 1882-87.

(93) John Locke, *An Essay Concerning Human Understanding*, 1689., 27: 9.

(94) Michael Tooley, *Abortion and Infanticide*, 1983., pp. 419-420. マイケル・トゥーリー（一九四一―）は、米の哲学者。コロラド大学教授。人工妊娠中絶や嬰児殺し等の生命倫理上の問題をからめ、持続的主体としての自己概念の所有と、そのような主体としての自己自覚を軸とする現代的な人格論（パーソン論）を展開する。ここに引用した「妊娠中絶と新生児殺し」では、人工妊娠中絶も新生児の殺害も道徳的に許容されるという見解を表明。クローン技術についても、器官バンクとしてのクローン、人格としてのクローンのいずれも道徳的に許されるとの立場を取っている。

(95) Peter Singer, *Practical Ethics*, 2nd ed., Cambridge, 1993, pp. 110-111.

(96) Peter Singer（一九四六―）豪出身の哲学者。現在、米プリンストン大学教授。ザ・ニューヨーカー誌で「最も影響力のある現代の哲学者」と呼ばれ、二〇〇五年にはタイム誌で「世界の最も影響力のある一〇〇人」の一人に選出される。平等の原理を利益に対する平等な配慮と考え、これを人間のみならず動物にも広げるべきとし、人間の利益のために動物の利益を犠牲とするような態度を「種差別」と呼んで非難する『動物の解放』（一九七五）で一躍その名を高める。パーソン論におけるシンガーは、自身の要請に基づく安楽死は許されるとの立場を取る。自発的でさえあれば、延命を望まぬ消極的安楽死と致死薬投与による積極的安楽死の倫理的差違を認めない。人格（パーソン）を有する存在は、死の援助を受けることを含め、自己決定権をもち、義務として生きることを強要されないと説く。あるいは、胎児は一瞬一瞬の苦楽と経験の受容体であり、成人は持続的に自己を意識する存在とし、意識能力をもった存在を「人格」（パーソン）と呼んで胚や胎児までも含む人間という生物種とは区別。したがって、親が望まないなら、たとえば障害をもつ新生児の死の選択を正当化できる場合があると論じる。

(97) 柳田邦男『犠牲　わが息子・脳死の一一日』文藝春秋、一九九五年、一二一九頁。

(98)森岡正博「パーソンとペルソナ　パーソン論再考」『大阪府立大学紀要5』二〇一〇年。
(99)小林秀雄「感想」『小林秀雄全集別巻I』新潮社、二〇〇二年、一一—一二頁。
(100)茂木健一郎『脳と仮想』新潮文庫、二〇〇八年、三七—四二頁。
(101)小林秀雄講演第二巻『信ずることと考えること』新潮CD、新潮社、二〇〇四年。
(102)『當麻』檜書店、一九八四年。
(103)『卒塔婆小町』梅若流謡本刊行會、一九三九年。
(104)*Ibid.*
(105)*Ibid.*
(106)和辻哲郎「面とペルソナ」『和辻哲郎随筆集』岩波文庫、一九九五年、二一—二九頁。
(107)三島由紀夫「『假面の告白』ノート」初版本完全復刻版『假面の告白』付録「書き下ろし長編小説月報No.5」河出書房新社、一九九六年。
(108)三島由紀夫「作者の言葉」初版本完全復刻版『假面の告白』付録、河出書房新社、一九九六年。
(109)世阿彌『風姿華傳』宝山寺本、四八—五〇丁。現代語訳は以下の通り。「直面もまた大変難しい。直面は、役者が持って生まれた生身で、ありのまま演じるのだから、やさしい筈であるにもかかわらず、不思議に能の実力が上がらないと、見られたものではない。〔……〕直面では顔の表情を複雑に表現してはならぬ原則であるが、普段の顔いろに変えて表情を繕う者が多い。品位に欠け見苦しい。〔……〕顔の表情はできるだけ自分本来の顔のまま、とくに取り繕うことなく保つべきである」（筆者訳）。なお訳出にあたり、世阿弥『花伝書（風姿花伝）』川瀬一馬校注、講談社文庫（一九七二年）を参考にした。
(110)『當麻』檜書店、一九八四年。
(111)ガラ二・一五。
(112)申七・六。
(113)創一二・一—二「主はアブラムに言われた。〔……〕わたしはあなたを大いなる国民にし、あなたを祝福し、あなたの名を高める」。
(114) 申五・二「我々の神、主は、ホレブで我々と契約を結ばれた」。
(115) アモ三・二「地上の全部族の中からわたしが選んだのはお前たちだけだ」。
(116) たとえば、申命記に「あなたに先立つ遠い昔、神が地上に人間を創造された最初の時代にさかのぼり、また天の果てから果てまで尋ねてみるがよい。これほど大いなることがかつて起こったであろうか。あるいは、そのようなことを聞いたことがあろうか。火の中から語られる神の声を聞いて、なお生きている、あなたと同じような民があったであろうか。あるいは、あなたたちの神、主がエジプトにおいてあなたの目の前でなさったように、さまざまな試みとしるしと奇跡を行い、戦いと力ある御手と伸ばした御腕と、大いなる恐るべき行為をもって、一つの国民をあえて他の国民の中から選び出し、御自分のものとされた神があったであろうか」(四・三二―三四)とある。またエズラ記に「わたしたちの神、主の憐れみにより、わたしたちの幾人かが捕囚を免れて生き残り、あなたの聖なる所によりどころを得るようにされました」(九・八)とある。
(117) マタ二一・四三「神の国はあなたたちから取り上げられ、それにふさわしい実を結ぶ民族に与えられる」。
(118) ガラ二・一六。
(119) *Ibid*., 三・二八。
(120) *Ibid*., 三・二六。
(121)「現代世界における教会に関する司牧憲章」一〇「人々が救われるために必要な名は、天下にこの名のほかに与えられていない」。ここに言う「この名」とは、イエス・キリストである(本稿序章、三を参照のこと)。
(122) 本居宣長「古事記傳三之巻」神代一之巻、『本居宣長全集　第九巻　古事記傳一』筑摩書房、一九六八年、一二五頁。
(123) 川端康成「雪國」現代日本文学大系五二『川端康成集』筑摩書房、一九六八年、三頁。
(124) Edward G. Saidensticker(一九二一―二〇〇七)米の日本文学研究者、翻訳家。海軍日本語学校で学んだ後、第二次世界大戦に従軍。国務省外交局に入局、連合軍最高司令長官付外交部局の一員として来日した。一九六二年からスタンフォード大学、一九六六年からミシガン大学、一九七七年からコロンビア大学教授として日本文学を講じる。

谷崎潤一郎、川端康成、三島由紀夫らの英訳を手がけ、『源氏物語』の英語完訳も行なった。ノーベル文学賞を受賞した川端康成は、「ノーベル賞の半分は、サイデンステッカー教授のもの」とその訳業に感謝を表わしている。

（125）Yasunari Kawabata, *Snow Country*, trad. Edward G. Saidensticker, Tuttle Publishing, 1957.

（126）川端康成『美しい日本の私──その序説』講談社現代新書、一九六九年、三六頁。

（127）江藤淳（一九三二─一九九九）文芸評論家。一九五六年、評論『夏目漱石』を発表、新進批評家として脚光を浴びる。一九六六年、遠山一行、高階秀爾、古山高麗雄と『季刊藝術』を創刊。一九六九年末から毎日新聞文芸時評を担当した。一九七〇年、『漱石とその時代』（第一部、第二部）で菊池寛賞、野間文芸賞を受賞。その他、作品に『奴隷の思想を排す』（一九五八年）、『小林秀雄』（一九六一年）、『成熟と喪失』（一九六七年）、『海は甦える』（一九七六─八三年）などがある。

（128）江藤淳「『美しい日本の私』について」一九六八年十二月十八日付朝日新聞。

（129）Ⅱコリ七・一〇。

（130）*Ibid*., 七・一一。ギリシャ語原文からの拙訳による。新共同訳は「熱心、弁明、憤り、恐れ、あこがれ、熱意、懲しめ」としている。

（131）*Ibid*., 七・一〇。

（132）*Ibid*.

（133）*Ibid*.

（134）フランシスコ会聖書研究所訳注『聖書──原文校訂による口語訳・パウロ書簡第二巻』の「コリント人への手紙」脚注【7】（6）に、「『神のみ心にそった悲しみ』とは、犯した罪に対する悲しみである。この悲しみは神のあわれみに対する信頼を失わず、したがって、悔い改め、罪のゆるし、また、究極的には神との一致による喜びに至るものである。一方、『この世の悲しみ』とは、物質的な損失に対する悲しみ、あるいは、罪に対する悲しみでもあるが、それは神のあわれみに信頼することなく、したがって、深まる一方で、ユダの場合のように絶望と死にさえ至るものである（マタイ二七・三─五参照）」とある。

（135）東日本大震災およびそれにともなう東京電力福島第一原子力発電所事故（二〇一一年三月）の関連自死と認められる被災者の自殺者数は、震災・事故発生後五年を経てなお、年間二桁を記録している（二〇一六年厚労省統計）。たとえば、パウロの論法によるなら、これら自死に至った人びとの悲しみと絶望と死は、「世の悲しみ」の括りにおいて処理されうる。先に「無慈悲にも」と形容し、ここで「人間を侮蔑している」とあえて述べた所以である。

（136）三島由紀夫『永遠の旅人――川端康成氏の人と作品』。このほか、川端康成は「島木健作追悼」（一九四五年）で、「私の生涯は『出發まで』もなく、さうしてすでに終わつたと、今は感ぜられてならない。古の山河にひとり還つてゆくだけである。私はもう死んだ者として、あはれな日本の美しさのほかのことは、これから一行も書かうとは思わない」と書く。また横光利一の葬儀（四七年）に臨んで、「横光君、僕は日本の山河を魂として君の後を生きてゆく」と弔辞した。あるいは、随筆『哀愁』（四七年）では、「敗戦後の私は日本古來の悲しみのなかに歸つてゆくばかりである」と記している。さらに、『川端康成全集第一巻』（四八年）の「あとがき」では、「私は敗戦を峠としてそこから足は現実を離れ天空に遊行するほかはなかったやうである。元来が現実と深く触れぬらしい私は現実と離れやすいのかもしれぬ。世を捨てて山里に隠れる思ひに過ぎないであらう。／しかし現世的な生涯がほとんど去ったとし、世相的な興味がほとんど薄れたとしたところから、私にも自覚と願望とは固まつたやうである。日本風な作家であるといふ自覚、日本の美の伝統を継がうといふ願望、私には新なことではないが、そのほかになにもなくなるまでには、国破れた山河も見なければならなかつたのであらうか」と語っている。

（137）川端康成『千羽鶴』新潮文庫、一九五五年、七八頁。

（138）*Ibid.*

（139）*Ibid.*, 八三―八四頁。

（140）*Ibid.*, 八四頁。

（141）『千羽鶴』一四五―一四六頁。

（142）*Ibid.*, 一四七頁。

（143）*Ibid.*, 一五九頁

(144)『旺文社古語辞典』守随憲治・今泉忠義監修、旺文社編、一九六八年、二九二頁ならびに白川静『字通〔普及版〕』平凡社、二〇一四年、六頁参照。
(145)『千羽鶴』一四七頁。
(146)『源氏物語玉の小櫛』一の巻、『本居宣長全集 第四巻』筑摩書房、昭和四十四(一九六九)年、一九八頁。
(147) *Ibid*., 二〇〇頁。
(148) *Ibid*., 二の巻、二〇一頁。
(149) *Ibid*.
(150) *Ibid*., 二二四―二二五頁。
(151) *Ibid*., 二二五頁。
(152) 川端康成「哀愁」『川端康成全集　第二十七巻』新潮社、一九八二年、三九二頁。
(153) *Ibid*., 三九三頁。
(154)『新古今和歌集』四、秋上。
(155) 本居宣長『あしわけをぶね』、『本居宣長全集　第二巻』筑摩書房、昭和四十三(一九六八)年、二九頁。
(156) 本居宣長『紫文要領』巻下、『本居宣長全集　第四巻』筑摩書房、昭和四十四(一九六九)年、一一二頁。なお(　)書きは筆者による挿入。
(157)『古事記』巻上。原文は以下の通り。「爾問㆓誰女㆒、答白之、大山津見神之女、名神阿多都比売〔此神名以㆑音〕、亦名謂㆓木花之佐久夜毘売㆒〔此五字以㆑音〕」。
(158) 本居宣長『古事記傳』十六之巻に「佐久夜は、開光映《サキハヤ》の伎波《キハ》を切《ツヅ》めて加《カ》なるを、通はして久《ク》と云なり、(若子《ワカゴ》を、和《ワ》久碁《クゴ》と云類なり、)さて光映《ハエ》を波夜《ハヤ》と云は、上なる下照比賣の歌に、阿那陀麻波夜《アナダマハヤ》とある、波夜の如し、(此事は、傳十三の七十葉に委し、)かくて萬ヅの木花《コノハナ》の中に、櫻ぞ勝《スグ》れて美《メデタ》き故に、殊に開光映《サキハヤ》てふ名を負て、佐久良《サクラ》とは云り、夜《ヤ》と良《ラ》とは、横通音《ヨコニカヨフコエ》なり、(小兒《チゴ》のいまだ舌のえよくもめぐらぬほどの言には、良理流禮呂を、夜伊由延余と云て、櫻をも、佐久夜《サクヤ》と云、これおのづから通ふ音なればなり〔……〕)」とある(『本居宣長全集　第十巻』筑摩書

房、昭和四十三（一九六八）年、二一七頁）。

(159) 「履中紀」は『日本書紀』巻第十二にあたる。原文は以下の通り。「三年冬十一月丙寅朔辛未、天皇泛二兩枝船于磐余市磯池一、與二皇妃一各分乘而遊宴。膳臣餘磯獻レ酒。時櫻花落二于御盞一。天皇異之、則召二物部長眞膽連一、詔之曰、是花也、非時而來。其何處之花矣。汝自可レ求。於是長眞膽連獨尋レ花、獲二于掖上室山一而獻之。天皇歡二其希有一、卽爲二宮名一。故謂二磐余稚櫻宮一、其此之緣也。是日改二長眞膽連之本姓一曰二稚櫻部造一、又號二膳臣餘磯一曰二稚櫻部臣一」。

(160) 允恭天皇七年の冬十二月《しはす》の壬戌《みずのえいぬ》の朔《ついたちのひ》。「允恭紀」（『日本書紀』巻第十三）参照。

(161) 『古事記』では、允恭天皇が忍坂之大中津比売命《おさかのおほなかつひめのみこと》を娶り生まれた九人の御子のうちに、木梨之軽王《きなしのかるのみこ》（軽皇子）と軽《かるの》大郎女《おほいらつめ》の兄妹の名を挙げ、軽大郎女を「亦の名は衣通郎女《そとほしのいらつめ》」とする。允恭天皇と弟姫との恋愛記事はない。『日本書紀』でも軽皇子と衣通姫（軽大郎女）の近親相姦と心中は記録される。しかし軽大郎女を「亦艶妙《かほよ》し」と称えるものの「衣通郎女」とは呼ばない。

(162) 「允恭紀」（『日本書紀』巻第十三）。原文は以下の通り。「八年春二月、幸二于藤原一、密察二衣通郎姫之消息一。是夕衣通郎姫戀二天皇一而獨居。其不レ知二天皇之臨一、而歌曰、和餓勢故餓　勾倍枳豫臂奈利　佐瑳餓泥能　區茂能於虛奈比　虛豫比辭流辭毛　天皇聆二是歌一、則有二感情一、而歌之曰、佐瑳羅餓多　邇之枳能臂毛弘　等枳舍氣帝　阿麻哆絆泥受邇　多儾比等用能未　明旦天皇見二井傍櫻華一、而歌之曰、波那具波辭　佐區羅能梅涅　許等梅涅麼　波椰區波梅涅濡　和我梅豆留古羅　皇后聞之、且大恨也」。

(163) 『懐風藻』四二。原文は以下の通り。「五言　春日侍レ宴　応詔　一首」。

(164) *Ibid.* 原文は以下の通り。「論レ道与レ唐儕／語レ徳共レ虞隣／冠二周埋レ尸愛一／駕二殷解レ網仁一／淑景蒼天麗／嘉氣碧空陳／葉緑園柳月／花紅山櫻春／雲間頌二皇澤一／日下沐二芳塵一／宜献二南山壽一／千秋衛二北辰一」。

(165) 『文選』　中国南北朝時代（四三九―五八九年）の詩文集。三〇巻。梁の昭明太子らの撰。漢代から当代までの代表的な詩文を分類・編集した書。

(166) 原文は以下の通り。「野棠開未落／山櫻発欲レ然」。

(167) 『懐風藻』六九。原文は以下の通り。「五言　初春於㆓作寶樓㆒置酒　一首」。
(168) *Ibid.* 原文は以下の通り。「景麗金谷室／年開積草春／松烟雙吐㆑翠／櫻柳分含㆑新／嶺高闇雲路／魚驚亂藻濱／激泉移㆓舞袖㆒／流聲韵㆓松筠㆒」。
(169) 『古今和歌集』巻一、春歌上、九。
(170) *Ibid.* 巻十一、戀哥一、四七九。
(171) 「本居宣長六十一歳自画自賛像」賛より。全文は以下の通り。「これは宣長六十一寛政の二とせといふ年の秋八月に手つからうつしたるおのかゝたなり／しき嶋のやまとこゝろを人とはゝ朝日にゝほふ山さくら花」。
(172) 喜海「梅尾明恵上人伝記」巻上、久保田淳・山口明穂校注『明恵上人集』岩波文庫、二〇一七年、一二五―一二六頁。
(173) 西行『山家集』上、春、七七。
(174) *Ibid.* 七八。
(175) フィリ一・二一。
(176) *Ibid.* 二三―二四。
(177) 一コリ一五・五一―五三。なお、このほか、パウロは終末について、「主が来られる日まで生き残るわたしたちが、眠りについた人たちより先になることは、決してありません。〔……〕キリストに結ばれて死んだ人たちが、まず最初に復活し、それから、わたしたち生き残っている者が、空中で主と出会うために、彼らと一緒に雲に包まれて引き上げられます」（一テサ四・一五―一七）、あるいは、「あなたがたが眠りから覚めるべき時が既に来ています。今や、わたしたちが信仰に入ったころよりも、救いは近づいているからです」（ロマ一三・一一）と述べている。
(178) フィリ一・二三。
(179) *Ibid.* 二四。
(180) *Ibid.* 二五―二六。
(181) *Ibid.* 二一。
(182) 一コリ一五・五四。

(183) *Ibid.* 二六。

(184) *Ibid.* 二二。

(185) ロマ五・一二。

(186) ヘブライ語 salmāwet は、そもそも「(深い)闇」を意味した(詩二三・四、四四・二〇、一〇七・一〇、ヨブ三・五など)。闇がしばしば死の世界と結びつけられたため(詩八八・一二―一三「墓の中であなたの慈しみが、滅びの中であなたのまことが語られるだろうか。闇の中であなたの奇蹟が、忘却の地であなたの義が知らされるだろうか」、ヨブ一八・一七―一八「彼の思い出は地上から失われ、その名はもう地の面にはない。彼は光から暗黒へと追いやられ、この世から追放される」)、民間語源的に sēl「陰」と māwet「死」との二つに分割され、理解された。これにより七十人訳聖書において、「(深い)闇」は「死の陰」(詩二三・四、四四・二〇、一〇七・一〇など)とギリシャ語で表現され、イザヤ預言のギリシャ語訳も生まれた(七十人訳イザ九・二「闇の中を歩む民よ。おまえたちは大いなる光を見る。死の陰の地に住む民よ。おまえたちの上に光が輝く」なお、ヘブライ語ではイザ九・一)。これをマタイ福音書は引用し(マタ四・一六「闇に住む民は大いなる光を見た。死の陰の地に住む者たちに光がのぼった」)、ルカ福音書もザカリアの讃美の中で一部引用している(ルカ一・七九「暗闇と死の陰に座す者たちを照らす。われわれの歩みを平和の道へと真っ直ぐに向けるため」)。こうして「闇＝死」は七十人訳聖書ならびに新約聖書において概念化され、人間の絶望状況が強調された(聖書訳文は、信仰的粧いを拭い、言辞を端的に示すため、拙訳を用いた)。

(187) 創一・二八「海の魚、空の鳥、地の上を這う生き物をすべて支配せよ」。

(188) たとえば、ロマ六・二二―二三「あなたがたは、いまや罪から解放され、神の奴隷となり、聖化へと至るあなたがたの実を、終には永遠の命へと至る実をもつ。罪の代価は死である。神の賜物は、わたしたちの主キリスト・イエスにおける永遠の命である」。あるいは、ヨハ三・一五―一六「彼において信じる者は皆、永遠の命をもつためである。神はそれほどまでに世を愛したがゆえに、一人子を与えた。彼を信じる者が皆、滅びることなく、永遠の命をもつためである」(なお、いずれの訳も言辞を端的に示すべく、拙訳を用いている)。

(189)『葉隠』聞書一・二。
(190)ロマ六・四。
(191)たとえば、「後ろのものを忘れ、前のものに全身を向けつつ」（フィリ三・一三）。
(192)『葉隠』聞書一・二。
(193)一コリ一五・三一。
(194)*Ibid.* 三〇「わたしたちはいつも危険を冒している」。
(195)ロマ六・八。
(196)一コリ一五・三六。
(197)フィリ三・一一。
(198)椎名林檎「ＮＩＰＰＯＮ」ユニバーサルミュージック、二〇一四年。
(199)東京事変「群青日和」（東芝ＥＭＩ、二〇〇四年）は、「突き刺す十二月と伊勢丹の息が合わさる衝突地点、少しあなたを思い出す体感温度」と歌い、「答は無いの？」との囁きから、「誰か此処へ来て」とクライマックスへ突入する。
(200)椎名林檎の二〇一五年のコンサート・ツアー『椎名林檎と彼奴等がゆく　百鬼夜行２０１５』では、この「ＮＩＰＰＯＮ」が演奏されたとき、エレキ・ギターの三つ巴による間奏のところで椎名とバンドの背後に、日本国旗が青空に上りはためく大画像が映し出された（ＤＶＤ『椎名林檎と彼奴等がゆく　百鬼夜行２０１５』ユニバーサルミュージック、二〇一七年）。
(201)本稿、序章、一、四頁。
(202)『西行法師家集』四六〇〇。
(203)本居宣長『古事記傳』三之巻、本稿第四章の三を参照のこと。
(204)岡崎京子『リバーズ・エッジ』宝島社、一九九四年、一三頁。
(205)*Ibid.* 一四九頁。

(206) 『懐風藻』序、原文は以下の通り。「遠自二淡海一　云暨二平都一／凡一百二十篇　勒成二一巻一／作者六十四人　具題二姓名一　幷顕二爵里一　冠二于篇首一」。

(207) 『懐風藻』一。原文は以下の通り。「皇太子者。淡海帝之長子也。魁岸奇偉。風範弘深。眼中精耀。顧盼煒燁。唐使劉徳高見而異曰。此皇子風骨不似世間人。実非此國之分。〔……〕年甫弱冠。拝太政大臣。揔百揆以試之。皇子博学多通。有文武材幹。始親萬機。群下畏服。莫不粛然。年廿三。立為皇太子。広延学士。沙宅紹明。塔本春初。吉太尚。許率母。木素貴子等。以為賓客。太子天性明悟。雅愛博古。下筆成章。出言為論。時議者歎其洪学。未幾文藻日新。会壬申年之乱。天命不遂。時廿五」。

(208) *Ibid.* 原文は以下の通り。「五言　侍レ宴　一絶」。

(209) *Ibid.* 原文は以下の通り。「皇明光二日月一／帝徳戴二天地一／三才並泰昌／万国表二臣義一」。

(210) *Ibid.* 原文は以下の通り。「五言　述レ懐　一絶」。

(211) *Ibid.* 原文は以下の通り。「道徳承二天訓一／塩梅寄二真宰一／羞無二監撫術一／安能臨二四海一」。

(212) 大友皇子（六四八―六七二）は、天智天皇の皇子。母は伊賀采女宅子《いがのうねめやかこ》。天智帝ははじめ同母弟の大海人皇子を信頼、後継者として皇太弟と称した。しかし、大友皇子が成長すると次第に皇子を重んじ、六七一年（天智天皇の十年）、太政大臣に任じ政権の中枢に。大海人皇子は大津宮を去って吉野に蟄った。同年、帝が崩御。翌六七二年、大海人皇子が挙兵、壬申の乱に。大友皇子は敗れ、自決。大海人皇子は翌六七三年、飛鳥京に入り、天武天皇として即位した。『日本書紀』は大友皇子の即位をみとめない。『扶桑略記』『水鏡』などは即位を記す。『大日本史』はこれらの記述をみとめ、大友天皇と本紀をたて、明治には弘文天皇と追号。第三十九代の天皇となった。陵墓は大津市御陵町にある。

(213) 「懐風藻」三。原文は以下の通り。「皇子者。浄御原帝之長子也。状貌魁梧。器宇峻遠。幼年好学。博覧而能属文。及壮愛武。多力而能撃剣。性頗放蕩。不拘法度。降節礼士。由是人多附託。時有新羅僧行心。解天文卜筮。詔皇子曰。太子骨法不是人臣之相。以此久下位。恐不全身。因進逆謀。迷此詿誤。遂図不軌。嗚呼惜哉。蘊彼良才。不以忠孝保身。近此奸豎。卒以戮辱自終。古人慎交遊之意。固以深哉。時年廿四」。

(214) 朱鳥元年は西暦六八六年。

(215) 「持統紀」は『日本書紀』第三十巻にあたる。原文は「冬十月戊辰己巳、皇子大津謀反発覚。逮二捕皇子大津一、幷捕下為二皇子大津一所二詿誤一直広肆八口朝臣音橿・小山下壱伎連博徳、与二大舎人中臣朝臣臣麻呂・巨勢朝臣多益須・新羅沙門行心一及帳内礪杵道作等、三十餘人上。庚午賜二死皇子大津於訳語田舎一、時年二十四。妃皇女山邊被レ髪徒跣奔赴殉焉。見者皆歔欷」。大津皇子（六六三―六八六）は天武天皇の第三皇子。母は皇后鸕野皇女《うののひめみこ》（持統天皇）の姉、天智天皇の皇女大田皇女。早くに死別した。名は百済の役に際し筑紫の娜大津《なのおおつ》に生まれたことによる。皇子は幼少時を父帝の寵愛に過ごし、壬申の乱では近江を脱し父帝の軍に参加。乱後、常に皇太子草壁皇子に次ぐ地位にあって六八三年に国政に参画、六八五年には浄大弐位に。しかし天武天皇崩御の後、六八六年、謀反の嫌疑により一党三十余人と共に捕縛せられ、死を賜った。妃の山邊皇女も殉死。この謀反事件は、新羅の僧行心の教唆により企図、天智天皇の第二皇子河島皇子の密告によって発覚したという。文武にすぐれた大津皇子をおそれた鸕野皇女と草壁皇子母子が策謀したともいわれる。皇子の屍が葛城の二上山に移され葬られたとき、実姉大伯皇女《おほくのひめみこ》は詠んだ。「宇都曾見乃《うつそみの》　人爾有吾哉《ひとにあるわれや》　従二明日一者《あすよりは》　二上山乎《ふたかみやまを》　弟世登吾將レ見《いろせとわがみむ》」「磯之於爾《いそのうへに》　生流馬醉木乎《おふるあしびを》　手折目杼《たをらめど》　令レ見《みす》　倍吉君之《べききみが》　在常不レ言爾《ありといはなくに》」。これら二首も含め、皇子を想って皇女の詠んだ萬葉六首は、いずれもが清楚にして哀傷も深い至純の名歌である。

(216) 『懐風藻』三、原文は以下の通り。「金烏臨二西舎一／鼓聲催二短命一／泉路無二賓主一／此夕離レ家向」。

(217) 『萬葉集』巻三、四一六。

(218) 「難波《なにわ》」梅若流謡本刊行會、一九三七年。

(219) 「古事記」中巻、三一。原文は、「夜麻登波　久爾能麻本呂婆　多々那豆久　阿袁加岐　夜麻碁母礼流　夜麻登志宇流波斯」。

(220) 仏の画家ポール・ゴーギャンは、一八九五年に再度タヒチへ渡航、二度とヨーロッパの土を踏むことはなかったが、その滞在中の一八九七年から九八年にかけて、「われわれはどこから来たのか、われわれは何者か、われわれはどこへ行くのか」を描いた。縦一メートル三九・一センチ×横三メートル七四・六センチの大作。画面中央で果実を摘む人物像は創世記の楽園追放を想わせ、その背後にはポリネシアの月の神ヒナの偶像が立つ。ゴーギャンの精神世界を最も表わす作品とされる。ゴーギャンみずからが「これまでに描いたすべてのものより優れているだけでなく、今後これより優れているものも、これと同等のものも、決して描くことはできまいと信じる」（ダニエル・ド・モンフレエへの手紙）と書くほどの自信作でもあった。なお、ゴーギャンは、（未遂に終るも）自殺を決意してこの作品に臨んだ（同じ手紙に「私は十二月に死ぬつもりだった。だから、死ぬ前に、ずっと念頭にあった大作を描こうと思った」とある）。現在、米ボストン美術館蔵。

(221) 遠藤周作「侍」第六章『遠藤周作文学全集　第三巻　長篇小説Ⅲ』新潮社、一九九九年、三四四頁。

(222) 川端康成『千羽鶴』新潮文庫、一九五五年、一四七頁。

(223) 岡崎京子『リバーズ・エッジ』宝島社、一九九四年、一〇八―一〇九頁。

(224) *Ibid.* 六二―六四頁。

(225) ロマ六・二二など。

(226) *Ibid.* 四。

(227) 岡崎京子『リバーズ・エッジ』宝島社、一九九四年、六〇―六一頁。

(228) 創三・一九。

(229) ヨブ七・七。

(230) シラ七・三六。

(231) 椎名林檎『RINGO FILE 1998-2008』ロッキング・オン、二〇〇九年、九六頁。

(232) 岡崎京子『リバーズ・エッジ』宝島社、一九九四年、二二九頁。

(233) *Ibid.*

(234) *Ibid.* 二三〇頁。

(235) *Ibid.* 二三一頁。

(236) 本居宣長「国歌八論斥非再評の評」『本居宣長全集　第二巻』筑摩書房、一九六八年、五一二―五一三頁。

(237) 遠藤周作「沈黙」『遠藤周作文学全集　第二巻　長編小説Ⅱ』新潮社、一九九九年、二九四頁。
(238) 押田成人「宗教受納即苦悩」『孕みと音』思草庵、一九七六年、五九頁。
(239)『五音』に「松風　亡父曲」とある。「亡父」とは、観阿彌のこと。『申樂談義』には「松風村雨　世子作」とある。「世子」とは世阿彌をさす。また『三道』に「松風村雨、昔汐汲なり」とある。さらに『申樂談義』には「喜阿がかり」とあり、喜阿とは田楽新座の龜阿彌のことである。よって、元来田楽の曲であった「汐汲」をもとに、観阿彌、世阿彌父子の手を経て改作され「松風」となったと思われる。古くは「松風村雨」とも言った。
(240)『古今和歌集』巻第十八、雜歌下、九六二。
(241) *Ibid.*
(242)「松風」梅若謡本刊行會、一九五六年。
(243) *Ibid.*
(244) *Ibid.*
(245) *Ibid.*
(246) *Ibid.*
(247)『古今和歌集』巻第八、離別歌、三六五。題しらず「たち別れいなばの山の峰におふるまつとし聞かばいま帰り來ん」在原行平朝臣。この和歌は「百人一首」にも撰載されている（一六）。
(248)「松風」梅若謡本刊行會、一九五六年。
(249) *Ibid.*

参考文献一覧

本居宣長「玉勝間」日本思想体系四〇『本居宣長』岩波書店、一九七八年。

諏訪勝郎「僕の長崎への道――日本二十六聖人の道を歩いて」『鹿児島カトリック教区報』二〇一六年九月号―二〇一八年三月号。

総務省統計局「人口推計」平成三十年五月報（http://www.stat.go.jp/data/jinsui/pdf/201805.pdf）。

文化庁編『宗教年鑑　平成二十九年版』（http://www.bunka.go.jp/tokei_hakusho_shuppan）。

遠藤周作「沈黙」『遠藤周作文学全集　第二巻　長篇小説Ⅱ』新潮社、一九九九年。

William Gibson, THE BELOVED（Voice for THREE HEAD）, *Robert Longo*（*Art RANDOM*）京都書院、一九九一年。

岡崎京子『リバーズ・エッジ』宝島社、一九九四年。

東京事変「群青日和」東芝ＥＭＩ、二〇〇四年。

阿部仲麻呂「諸宗教対話について――諸宗教の神学の理念、諸宗教対話の実践」『日本カトリック神学院紀要』第八号、日本カトリック神学院、二〇一七年。

「教会に関する教義憲章」第二バチカン公会議文書公式訳改訂特別委員会監訳『第二バチカン公会議公文書改訂公式訳』カトリック中央協議会、二〇一三年。

「エキュメニズムに関する教令」第二バチカン公会議文書公式訳改訂特別委員会監訳『第二バチカン公会議公文書改訂公式訳』カトリック中央協議会、二〇一三年。

「キリスト教以外の諸宗教に対する教会の態度についての宣言」第二バチカン公会議文書公式訳改訂特別委員会監訳『第二バチカン公会議公文書改訂公式訳』カトリック中央協議会、二〇一三年。

「現代世界における教会に関する司牧憲章」第二バチカン公会議文書公式訳改訂特別委員会監訳『第二バチカン公会議公文書改訂公式訳』カトリック中央協議会、二〇一三年。

Congregation for The Doctrine of Faith, *Responses to some questions regarding certain aspects of the doctrine on the church*, June 29, 2007.（二〇〇七年六月二十九日付教理省文書「教会の教義に関する質問への回答」）バチカン・ホームページ（www.vaticana.va）。

和田幹男「『教会憲章』解説」第二バチカン公会議文書公式訳改訂特別委員会監訳『第二バチカン公会議公文書改訂公式訳』カトリック中央協議会、二〇一三年。

教皇ヨハネ・パウロ二世『希望の扉を開く』三浦朱門・曾野綾子訳、石川康輔日本語版監修、同朋出版社、一九九六年。

一九九五年一月二十二日付朝日新聞「太鼓の歓迎とボイコット」。

一九九五年十二月五日付朝日新聞夕刊「仏教は消極的救済論―ローマ法王の発言に批判や疑問」。

押田成人「宗教受納即苦悩」『孕みと音』思草庵、一九七六年。

和田幹男「聖書の天地創造と現代の自然科学」、英知大学キリスト教文化研究所『紀要』第三巻第一号、一九八八年。

Claude Lévi-Strauss, The structural study of myth, *in:* Myth, A symposium, *Journal of American Folklore*, vol. 78, no. 270, oct.-déc. 1955.

Septuaginta, vol. I Leges et historiae, editio nova, Württembergische Bibelanstalt Stuttgart, 1971.

Biblia Hebraica Stuttgartensia, Deutsche Bibelstiftung, Stuttgart, 1977.

Ed. Kurt Aland, Matthew Black, Bruce M. Metzger, Allen Wikgren, *The Greek New Testament*, American Bible Society, British and Foreign Bible Society, National Bible Society of Scotland, Netherlands Bible Society, Württemberg Bible Society, 1966.

国宝真福寺本複製『古事記』上巻、古典保存会、一九二四年、国立国会図書館蔵。

Lynn White, Jr., *The Historical Roots of Our Ecological Crisis*, SCIENCE, 10 March 1967., vol. 155, no. 3767.

Jürgen Moltmann, God in Creation: A New Theology of Creation and the Spirit of God, Harper San Francisco, 1985.

Bernhard W. Anderson, *From Creation to New Creation*: Old Testament Perspective（1994）, Wipt & Stock Publishers, 2005.

和田幹男「旧約聖書における人間観――神に『かたどり』『似せて』の意味」、岸英司編『宗教の人間学』世界思想社、一九九四年。

教皇フランシスコ回勅『ラウダート・シ――ともに暮らす家を大切に』瀬本正之、吉川まみ訳、カトリック中央協議会、二〇一六年。

空海「声字實相義」『弘法大師空海全集　第二巻』筑摩書房、一九八三年。

道元『永平傘松道詠集』面山瑞方編、延享三（一七四六）年。

『當麻』檜書店、一九八四年。

世阿彌『風姿華傳』宝山寺本、奈良女子大学学術情報センター、奈良地域関連資料画像データベース、生駒・寶山寺貴重資料電子画像集（mahoroba.lib.nara-wu.ac.jp）。

Boethius, *Contra Eutychen et Nestorium*, The Theological Tractates with an English Translation by H. F. Stewart and E. K. Rand and S. J. Tester（Loeb Classical Library 74), Cambridge/ London, 1973.

ボエティウス「エウテュケスとネストリウス駁論」上智大学中世思想研究所編訳／監修『中世思想原典集成5　後期ラテン教父』平凡社、一九九三年。

Liddell & Scott, Greek-English Lexicon with revised supplement, Oxford, 1996.

坂口ふみ『〈個〉の誕生　キリスト教教理をつくった人びと』岩波書店、一九九六年。
E. Lévinas, *Le temps et l'autre*, Paris, 1948.
Paul Henry & Hans-Rudolf Schwyzer, *Plotini Opera*.（Editio minor in 3 vols.), Oxford: Claredon Press, 1964-1982.
田中美知太郎、水地宗明、田之頭安彦訳『プロティノス全集　第三巻』中央公論社、一九八七年。
Sancti Aurelii Augustini, *De Trinitate*, libri XI（Libri XII-XV), cura et studio W. J. Mountain, auxiliante Fr. Glorie（Corpus Christianorum. Series Latina 50A), Turnholti, 1968.
S. Thomae Aquinatis, *Summa Theologiae*, pars prima, q. 29, aa. 1-4.
Bonaventura, *Commentaria in quatuor Libros Sententiarum*, Tom. I., Quaracchi 1882-87.
John Locke, *An Essay Concerning Human Understanding*（1689), Wordsworth Editions, 2014.

Michael Tooley, *Abortion and Infanticide*, Clarendon Press, 1983.

Peter Singer, *Practical Ethics*, 2nd ed., Cambridge, 1993.

柳田邦男『犠牲　わが息子・脳死の一一日』文藝春秋、一九九五年。

森岡正博「パーソンとペルソナ　パーソン論再考」『大阪府立大学紀要5』二〇一〇年。

小林秀雄「感想」『小林秀雄全集別巻Ⅰ』新潮社、二〇〇二年。

茂木健一郎『脳と仮想』新潮文庫、二〇〇八年。

小林秀雄講演第二巻『信ずることと考えること』新潮CD、新潮社、二〇〇四年。

『卒塔婆小町』梅若流謡本刊行會、一九三九年。

和辻哲郎「面とペルソナ」『和辻哲郎随筆集』岩波文庫、一九九五年。

三島由紀夫「『假面の告白』ノート」初版本完全復刻版『假面の告白』付録「書き下ろし長編小説月報№5」河出書房新社、一九九六年。

三島由紀夫「作者の言葉」初版本完全復刻版『假面の告白』付録、河出書房新社、一九九六年。

世阿弥『花伝書（風姿花伝）』川瀬一馬校注、講談社文庫、一九七二年。

本居宣長「古事記傳三之巻」『本居宣長全集　第九巻』筑摩書房、一九六八年。

川端康成「雪國」現代日本文学大系五二『川端康成集』筑摩書房、一九六八年。

Yasunari Kawabata, *Snow Country*, trad. Edward G. Saidensticker, Tuttle Publishing, 1957.

川端康成『美しい日本の私──その序説』講談社現代新書、一九六九年。

江藤淳「『美しい日本の私』について」一九六八年十二月十八日付朝日新聞。

フランシスコ会聖書研究所訳注『聖書─原文校訂による口語訳・パウロ書簡第二巻』フランシスコ会聖書研究所、一九七七年。

三島由紀夫「永遠の旅人──川端康成氏の人と作品」『三島由紀夫評論全集　第一巻』新潮社、一九八九年。

川端康成『川端康成全集　第一巻』新潮社、一九四八年。

川端康成『千羽鶴』新潮文庫、一九五五年。

『旺文社古語辞典』守随憲治・今泉忠義監修、旺文社編、一九六八年。

白川静『字通［普及版］』平凡社、二〇一四年。

本居宣長『源氏物語玉の小櫛』秋山虔監修、島内景二・小林正明・鈴木健一編『批評集成・源氏物語』第二巻（近世後期編）ゆまに書房、一九九九年。

川端康成「哀愁」『川端康成全集第二十七巻・随筆⑵末期の眼・月下の門』新潮社、一九八二年。

日本古典文学全集第二十六巻『新古今和歌集』小学館、一九七四年。

本居宣長「あしわけをぶね」『本居宣長全集　第二巻』筑摩書房、一九六八年。

本居宣長「紫文要領」新潮日本古典集成『本居宣長集』日野龍夫校注、新潮社、一九八三年。

本居宣長「古事記傳一六之巻」『本居宣長全集　第十巻』筑摩書房、一九六八年。

舎人親王編『日本書紀』慶長一五（一六一〇）年、国立国会図書館蔵。

江口孝夫全訳注『懐風藻』講談社学術文庫、二〇〇〇年。

辰巳正明『懐風藻全注釈』笠間書院、二〇一二年。

蕭統撰『文選』第二十七巻、京都要法寺、慶長一二（一六〇七）年、市立米沢図書館蔵。

日本古典文学全集第七巻『古今和歌集』小沢正夫校注・訳、小学館、一九七五年。

国指定重要文化財「本居宣長六十一歳自画自賛像」寛政二（一七九〇）年、本居宣長記念館蔵。

喜海「梅尾明恵上人伝記」巻上、久保田淳・山口明穂校注『明恵上人集』岩波文庫、二〇一七年。

西行「山家集」日本古典文學大系二九『山家集・金槐和歌集』風巻景次郎、小島吉雄校注、岩波書店、一九六一年。

山本常朝「葉隠」日本思想体系二六『三河物語　葉隠』齋木一馬、岡山泰四、相良亨校注、岩波書店、一九七四年。

椎名林檎『ＮＩＰＰＯＮ』ユニバーサルミュージック、二〇一四年。

椎名林檎　ＤＶＤ『椎名林檎と彼奴等がゆく　百鬼夜行２０１５』ユニバーサルミュージック、二〇一七年。

「西行法師家集」佐佐木信綱、川田順、伊籐嘉夫、久曾神昇編『西行全集』文明社、一九四一年。

『萬葉集』巻二、慶長元和年間、国立国会図書館蔵。

『難波』梅若流謡本刊行會、一九三七年。

国宝真福寺本複製『古事記』中巻、古典保存会、一九二五年、国立国会図書館蔵。

Paul Gauguin, *Oviri, Écrits d'un sauvage*, choisis et présentés par Daniel Guérin, Editions Gallimard, Paris, 1974.

ポール・ゴーギャン「ダニエル・ド・モンフレエへの手紙」（一八九八年二月）ダニエル・ゲラン編『ゴーギャン　オヴィリ　一野蛮人の記録』岡谷公二訳、みすず書房、一九八〇年。

遠藤周作「侍」『遠藤周作文学全集　第三巻　長編小説Ⅲ』新潮社、一九九九年。

椎名林檎『RINGO FILE 1998-2008』ロッキング・オン、二〇〇九年。

本居宣長「国歌八論斥非再評の評」『本居宣長全集　第二巻』筑摩書房、一九六八年。

『松風』梅若謡本刊行會、一九五六年。

Ⅳ．ハイデッガーの嘆き――何故、西洋の思想・言語は息苦しいか

髙橋　勝幸

Ⅰ．はじめに

M・ハイデッガー（一八八九―一九七六）の著作を講読する時、議論百出し夫々の解釈も異なるため非常に難解となる。はじめに本稿の概略を見てから、我国では何故か軽視されている「ハイデッガーとカトリック教会・イエズス会との関係」を捉えることによって角度を変えた視点に立っていることを示したい。そのハイデッガーの嘆きの原因を、西洋では失われている「中動態」の文法の掘り返しによって、東西思想対立の遠因を解明することでその意味を見て行きたい。続いて『野の道での会話』から、ハイデッガーは哲学的・論理学的な「学」としての内容から離れて、「存在＝神」を問う時には「会話」の方法を用いていることを取り上げる。

ハイデッガーの意味不明の神秘的・秘教的な言葉は、多くの研究者を戸惑わせるものでもあるが、ハイデッガーの思索の道の原点は静かな森の小径（杣道）で微かにこころの鏡に閃いた（聞こえた）存在の姿であった。しかし、

ハイデッガーのキリスト教的思索を基本としながらも、ハイデッガーの「嘆き」のままに留まるならば、従来から言われていた東西思想対立の論理を超えることはできない。本稿では、西洋思想・言語から消滅した「中動態」の文法を取り上げながら、そこからさらに進めて今日的な論理の問題点と「対話の道」「邂逅の道」が開かれることが二十一世紀の課題であることを探って行きたい。

Ⅱ．中動態への道

ハイデッガーの嘆きの原因はどこにあったか。その大きなヒントとなるのが現代西洋の言語・思惟方法から消えている「中動態」の文法にあるのではないか。それが東西思想・宗教間対話の道につながるのではないかと見て、本稿ではこの「中動態」の掘り起こしから始めてハイデッガーの求めていた思索の根底に迫りたい。

①新しい形而上学の構築

島薗進によると、「西洋の形而上学は崩壊した。今日においては、東西思想の対立を超えた〈新しい形而上学〉の構築を探求しなければならなくなってきている」[1]とされる。

ハイデッガーも『同一性と差異性』において次のように述べている。

「困難なことは言葉にある。我々の西洋の言葉は、常に様々な仕方で形而上学的思考の言葉である。西洋の言葉の本質がそれ自らにおいてただ形而上学であり、それ故に徹底的に存在‐神‐論によって特徴づけられているかどうか、或いはまたこの言葉が言表の他の可能性を、云いかえれば即ち言表する無言表の可能性を許容するかどうかは、未定のままにおかなければならない」[2]。

西洋の言語が形而上学的であるとして、思うことが表現できずハイデッガーに息苦しさを与えていた理由は、その言葉が「ある態」を失っていたからで、「中動態」を思わせる特殊表現はこの息苦しい言語の中に「存在」を持ち込もうとしたからではないか。ハイデッガーがヘラクレイトスやパルメニデスといったソクラテス以前の古代ギリシアの哲学者を評価するのも、彼らの哲学そのものよりも彼らの中で「息」をしていた言語が残っていたからではないか。ソクラテス以来の古代ギリシアの言語は、主語的な「能動態・受動態」に支配された尋問する言語となっているが、それ以前のヘラクレイトス、パルメニデスには「中動態的」なものを宿すような言語が古典ギリシア語には残っていたからではないか。

ハイデッガーは、現代までも続く西洋のアリストテレス的な形式論理学に基づく形而上学では「存在」そのものを語れず息苦しさを感じていたからではないか、様々な制約ゆえに自らが感じ取った神秘的なものを、秘教的な言語でしか語れない不満があったのではないかと考えられる。西田幾多郎も絶筆となった未完の「私の論理について」[3]の中で欧米的な「主語・述語」の論理では、内的な「場所の論理」、「即非」或いは「絶対矛盾的自己同一」等は理解されないことを嘆いているもので、悩むところはハイデッガーも同じではと思える。東西思想の対立する中で、両者は「中動態」に近い意味のことを述べてはいるがまだ具体的な言葉には踏み込んでいなかった[4]。ただ確実に東西思想の対立を超えた深奥にあるものを捉えようとした意味では両者の目指したものは同じではなかったか。

②中動態の世界に辿り着く

この原因不明の東西思想対立の狭間で、その要因を模索する中で國分功一郎の『中動態の世界』（医学書院、二〇一七年）に辿り着いた。「目から鱗のようなものが落ちて、目が見えるようになった」（使徒9章18節）。即ち、欧米の主語・述語、能動態・受動態の論理・言語・思惟方法では「もの・ロゴス」的な目に見える・耳で聞こえる・感覚的な物理科学の世界でしか現実世界を捉えられないことになる。「学」としてのものなら客観的・合理的・論理的ではっきり表現することができない「こころ」の通わない「他人事と〈法文で解釈するような事務的な〉冷たい」印象が残る。この「もの・ロゴス的世界観」に対して、東洋的（日本的）な内的な「こと・レンマ」的な「こころ」の世界は、人間の生活の中に根付いた日常の流れの中にあり、自然に息のできるものであろう。西洋的な見方では、東洋的思考は曖昧模糊なものとされるが、内なるものは生きているもので人間味があると言える。[5]

形も声もないところの止まることなく流れているものは、非常に不安定で論理化が難しいが、意識・言葉以前の無分別知の「こころ」には通じてくるものがある。つまり、論理（言語）として「意識」に表れてしまうと西洋的な「もの（ロゴス）的思考」の二項対立の科学的な見方になり、本質（本来の自己）は対象論理となって見えなくなる。西田が「形なきものの形を見　声なきものの声を聴く[6]」とした世界は、西洋（古代ギリシア哲学以来）のヘレニズムのアリストテレスの論理学とは解釈が真逆になり、西洋的なロゴス的思考の二項対立の見方では本質（本来の自己）は対象論理となって見えなくなってくる。

ハイデッガーは、西洋の言語・思惟方法では己が感じ取っている「存在」を語ることができず、苦しさを感じていたようである（後で述べる「野の道」も同じ意味となってくる）。この「存在」については、マイスター・エックハルトもそうであるが、他に一六世紀スペインの神秘家十字架の聖ヨハネが『霊魂の暗夜』の中で閃いてくる「神秘体験」（「神の意志」）を「詩作」として表現するより他に方法がなかったことと同じであろう。[7]「ハイデッガーの嘆き」は、西洋の言語・思惟方法の行き詰まりを意味している。

所謂、東洋的思惟は、鈴木大拙の「即非の論理」の世界であり、西田幾多郎の「絶対矛盾的自己同一」の世界である。これには、一大転換によってヘレニズム的なアリストテレスの論理、三段論法では説明し切れない、インドの古典論理学・陳那の（龍樹の中論的な）論理学で説明が可能となるものであろう。ハイデッガーの思索の中心はキリスト教、特にカトリックの「霊操」に起因することは論を俟たない。ハイデッガーは父が教会堂守であったことから幼少時より教会の中で育ち、神学部まではイエズス会の指導の下にあった。「ハイデッガーの嘆き」は、現代西欧の主語・述語、主観・客観（能動態・受動態）の言語、思惟方法では「存在そのもの」が語れず息苦しさを感じたことにある。

Ⅲ．中動態と『存在と時間』について

前項から述べて来ていることであるが、「中動態」の欠如がハイデッガーの嘆きに繋がっていることをさらに詳しく取り上げたい。

①ハイデガーの感じる息苦しさ

ハイデッガー著『存在と時間』の冒頭には一九二七年の初版以来「上巻」の文字があった。ハイデッガーは一九五三年の第七版からこれを削除している。この本の後半を書き、次いで完成させることを目的としていたが、断念せざるを得なくなっている。ハイデッガーは、弁明として後半を書き加えるには前半もすべて書き直さなければならなくなってしまうことや、「存在への問い」そのものまで諦めたわけではないこと、それに関しては新著『形而上学入門』（一九五三年刊）を参照してもらったほうがよいということなどを挙げている。こうして未完成のまま残された『存在と時間』は、現存在についての緊密な分析と解釈をなし遂げてはいるが、既述のように、その全体的

な計画に関する宣言には反して「存在一般の意味」を解明するまでには至らなかったようである。しかし、その野心的な企図は後の著作において異なる方法によりながら執拗に追求されることになっている。それはまたハイデッガー哲学の難解さを増す要因にもなっている。

明治維新以来西洋の物理科学的思考に慣らされた学者は西田哲学等東洋の思想に馴染ず、現実に証明されたもののしか認めなくなっている。欧米では西田哲学などは曖昧な論理として「限界がある」とされてきた。ギリシア哲学・アリストテレス論理学、「形而上学」がこの二千年余りヨーロッパの思想・言語を支配してきたがための弊害であろう(8)。

この合理的な西洋の論理学に当てはまらない「〈こと的世界〉レンマ」の論理学は排除されてきたために、ハイデッガーは見えない「存在」を語る方策を見出し得なかったのではないか。神秘の世界を「虚無的」とされると「存在」は語れなくなる。ハイデッガーが現代を「神なき時代」とするように、「存在」を見失った人間の姿を言っていると言える。ハイデッガーの感じる息苦しさは、「存在」を語れない西洋の言語・思惟方法にあったのではないか(9)。

②「中動態」から見ると

國分功一郎が『中動態の世界』で示すところによると、人間の生き方で論理的にはっきり分別したような判断はほとんどないとされる(10)。この欧米言語・思想の行き詰まりは二〇世紀に入って顕著になってきている。ハイデッガーは、西洋の論理的な表現方法では内的なもの（こころ）が表現できず息苦しさを感じていたようである。この欧米言語・思惟方法で以て東洋思想を理解するには、古代ギリシアの哲学以来失われてきた「中動態」の文法を再生させることが必要不可欠となってくる。それはまた「東西の架け橋・対話」の促進となり「邂逅の道」が開かれてくることを意味している。つまり、主語・述語の現代ヨーロッパの言語・思惟方法に依る限り、客観的な見方は外側からの冷たいもので、心の内の問題等説明できないものが生じてくる。特に宗教の世界（神秘・聖霊の働き）は表現（証明）できない。このこと（西洋の主語・述語の論理の行き詰まり）で、欧米には東洋思想（まだ思索の鉱脈が残る）に期待して理解しようと勤める研究者が増えてきていることも事実であろう。「対話的原理」については此処では扱わない[11]。

最終的には、東西思想対立を超えて「邂逅のかなめ」となるのは、「中動態」の文法の掘り起こしにあると言える。そこには、徹底した自己否定、「絶対無」の世界、「パラダイムの転換」、現代的な「コペルニクス的転回」が求められていること、その「行（祈り＝瞑想）」的転換は、従来の一方的に（西洋中心に）偏った思考とは角度を変えた転換が求められているのであり、新たな「無心のダイナミズム[12]」、その「霊性」はすべての人に開かれたものであり、東西の対立を超えた深奥に二十一世紀に開かれた「邂逅の道」の真実の有り方（本来の面目）は見えない「無」の世界にあると言える[13]。

即ち、ハイデッガーの宗教観は何処から来たか？の問題が出てくる。シュライアーマッハーの「解釈学」「宗教論」などがハイデッガーに影響を与えているとされるが、特に「対話」に基礎を置く神学思想は「教会の外に救いはない」とする旧来のカトリック教会の態度に批判的となるであろう。西洋では失われていた「中動態」の文法から見れば、東洋・仏教の言わんとすることが見えてくる。ハイデッガーは「神の諭し」を東西思想の対立を超えたもっと深いところから捉えようとしていたのではないか。それは「霊操」（後述）による「祈り（瞑想）」の修行方法が身に付いているからと推測できる。

ハイデッガーの下でイエズス会司祭となってから「哲学」を修得したカール・ラーナー（一九〇四―八四）が第二バチカン公会議で主導的役割を果たし、「開かれた教会」として一八〇度の方針転換を成し遂げ、対話を推進する「エキュメニズム」や包括的宗教多元性を唱えて「無名のキリスト者」の新概念を打ち出したことにも少なからずハイデッガーの影響があったことが伺える。同じイエズス会の「霊操」を身に付けているなら、その「祈り（瞑想）」から閃いてくる「神の諭し」は同じ「根源的いのち」「大いなる方のいのちの源泉」に行き着くのではなかろうか。しかし、現代日本の学者の大半の研究者の論理構造が物理科学的で明治期に入ってきた西洋の思想・啓蒙主義に感化されているように見える。西田幾多郎の著作の何処にも「キリシタン」の文字がないように、明治期のキリスト教「神学」はプロテスタント中心であった。幼少時をカトリック教会の中で育ち、イエズス会で神学を学んでいたハイデッガーの思想を正しく捉えられるかどうか、甚だ疑問である。

『同一性と差異性』の訳者大江精志郎はハイデッガーを次のように評している。

「ハイデッガーの著述を読む場合にはいつもそうであるが、そこに表されている体験的事態を充分に熟考することなしには理解することは困難である。この著述もまたこのことを強く要求している。この著述に言い表された思想には独特の深さと明るさがあると思う。しかもよく考えれば、それが意外に、東洋的思考の境地に、極めて親しいものがあるように思われる(14)」。

その意味するところは、現代西欧の主語・述語、主観・客観（能動態・受動態）の言語、思惟方法では「存在そのもの」が語れず息苦しさを感じることを述べている。即ち、古典ギリシア語にはあった「中動態の文法」が、古代ギリシアの哲学以来西欧の言語・思惟方法から消えて行ったことに起因する。ソクラテス、プラトン、アリストテレスに始まる古代ギリシアの哲学は、個を中心として来て、自由・責任を追及する息苦しいものとなってきた。そのため、本来、人の生活に根差して「こころのうちで」呼吸していた言語が、論証を求める哲学に化し、冷たい「学」としてのものに変って行った。

要は、西洋の論理は「学」的であり外側から客観的に「他として」見るもので、その人の身になって（一つになって）内側から見るのではなく、血の通わない冷たいものとなってくる。「学」として私情を入れない客観的なものなので、官僚的な、事務的な、法律の文言に従って見る検察（警察）、弁護士、裁判官の姿である。この形では、常に二項対立の対象論理で、物理科学的思考でしかなく、論証できない「こころの世界　神秘の世界」は排除されてしまうことになる。ハイデッガーが東洋（日本）・仏教の思想に近いとされる所以は『野の道』で後述するが、非常に内的で神秘的な面を持っていることにある。

Ⅳ．M・ハイデッガー（Martin Heidegger）について⒂

ハイデッガーの略年譜については高田珠樹による。ハイデッガーは幼少時から教会の中で育っており、その優秀さから、奨学金を受けて神学部まで進んでいるが、哲学に転じても、幼少時から本質的に身に付いたカトリックの「祈り（瞑想）」の根幹は消えるものではない。無意識の内にも自然に現れてくる生活習慣であろう。ハイデッガーが生涯に渡って理解されないままに思考に顔を出している難解なものであろう。そうした「祈り（瞑想）」の中から、直感的に閃き、感じ取るこころに響いてくる「（絶対者の）諭し」は、個々人によって感じ方は異なるものであるが、言葉に表すことのできない（意識・分別以前の）神秘の世界である。こうして得られた「諭し」を、現代の西欧の言語・思惟方法では表現仕切れないもどかしさがあったことが、ハイデッガー研究者を悩ませる神秘的な表現となってくる。ましてや翻訳されたものでは意味不明の言葉となる。ハイデッガーが「祈り（瞑想）」の内に捉えた「存在」は崇高なものであろうが（「野の道」でも述べるが）雑踏を離れて捉えられるもので凡人が理解できるものではないことは衆知のことである。

ハイデッガーが身に付けたであろうと想像できる、イエズス会創立者であるイグナチウス・デ・ロヨラの「霊操」についてはここでは扱えない[16]。この方法は禅宗の「接心」（坐禅の修行法）に日課も含めて類似していることを付け加えたい。ハイデッガーは一九五七年の論考『同一性と差異性』の末尾で「西洋の言語はどれもそれぞれの仕方で形而上学的な言語だ」と嘆いたとされる[17]。ハイデッガーは次のように述べている。

「かくては哲学の神即ち自体原因としての神を放棄しなければならない神－無き思考の方が、神らしい神に多分近接しているであろう。このことはここではただ次のことを意味する。即ちかかる神なき思考の方が、存在－神－論を承認しようとする思考よりも、神に対して一層自由な立場であるということを。この注意によって僅かの光は、退歩を実行する思考がなおその途中である途を射すであろう。退歩とは形而上学から形而上学の本質へ退くことであり、また差異そのものの忘却から、定まりにおいて自らを秘めつつある隠蔽の宿命へ退くことである[18]」。

「演習を遂行する間に、思考的言表が突きあたったままになっている困難さが、実にしばしば我々に示されたのである」。「些細な語《ある》は、いつも我々の言葉のうちに語られ、また存在が明瞭に現れない場合にも、存在について述べられる語であるが、その語は――パルメニデスの「即ち存在はある」からヘーゲルよる思弁的命題における《ある》に至り、更にニーチェによる力への意志の定立の内へ《ある》が解け入るに至るまで、――存在の全宿命を含んでいる[19]」。

西田哲学の純粋経験等にもあるが、結ばれる「合一」＝神秘主義は、はじめは「存在」と別々に置くので「空」

「無」とは違うものと解されるが、「空」は元々から一つ（禅語の父母未生以前の本来の面目のように）で区別（分別）されていない。言葉・意識（分別）が入ってくると二項対立の対象論理となり、「見えない隠れた世界」は捉えられなくなる。科学的には論証できないものとなる。

確かに（神秘主義も空も）「一つ」であることは変りなく同じであるが、その前に「二つであるものが」とすると二項対立の対象論理となってしまう。この点で「空」の解釈が異なってくることで神秘主義と仏教の違いを言われる。「空」は（円相のように）宇宙的に「一つ」である。何処もが中心であって中心ではない。「生も死も超えたところ」にある。

所謂、鈴木大拙の「即非」の世界であり、西田幾多郎の「絶対矛盾的自己同一」の世界である。良寛和尚のように、何があっても「結構、結構」（ありがたいこと）として受け流して行けるものであろう。これは、現代の日本に入ってきた西洋思想で、元はと言うとヘレニズム的なアリストテレスの論理、三段論法では説明し切れないものとなる、インドの古典論理学・陳那（龍樹の中論的な）の論理学で説明が可能となるものであろう。[20]

Ⅴ．ハイデッガーとキリスト教

ハイデッガーのキリスト教、特にカトリック教会・イエズス会と関係するところは、日本の思想界では軽視されているのではないか。

①ハイデッガーとカトリック・イエズス会の関係

ハイデッガーの「カトリック・イエズス会」との関係は、ハイデッガーの思索の根幹となるはずのものである。

本発表のテーマは「ハイデッガーの嘆き」としているが、そのハイデッガーの思索理解の根幹となるものは何なのか、研究歴豊富な諸先生の議論百出する中でドイツ語理解に乏しい素人には全く付いて行けない言葉が飛び交うのが現状のようである。最新のハイデッガーの著作でも肝心の「ハイデッガーの思索の根拠となるカトリック教会・イエズス会との関係」には触れられていない。ハイデッガーは「神学的な出自がなければ、私は決して思惟の道に至ることはなかったでしょう」[21]と言っている。このハイデッガーの言わんとしたことを無視して結論が得られるのかと大きな疑問が残っている。カトリックの「神学」があってはじめてハイデッガーの哲学の基礎があることは明白であるにも拘らず、何故この部分に触れないのかと大きな疑問を感じていた。木村敏は、東洋と西洋の思惟方法の違いを明快に答えていた[22]。この件に疑問を感じてハイデッガー研究の「キリスト教」に関係する著作を探したが、ハイデッガーの「キリスト教、特にカトリック・イエズス会」に関する記述のほとんどが翻訳本にあるのみで「キリスト教」に関しても極僅かであった。

唯一、このハイデッガーの「キリスト教・イエズス会との関係」を記した著作は、大阪大学の高田珠樹著『ハイデガー――存在の歴史』を伝記的に記したものがあった[23]。高田はハイデッガーの思索の歴史を概説的に詳しく紹介するものであった。ハイデッガーの父親がカトリック教会の「寺男」であった関係もあって教会の中で育ち、将来は聖職者になることで奨学金を受け、二十二歳まで「神学」を学んでいたこと、即ち、人間形成期の大半を「カトリック教会」の中にいたことを詳しく述べている[24]。

しかし、この最もハイデッガー思想の根幹に触れる部分が日本の研究者の間では軽視されるのかと大きな疑問が残っている。従って本稿においては、「キリスト教、カトリック・イエズス会との関係」が基点となってくるもので、従来の日本におけるハイデッガー研究とは異なる視点に立っている。ハイデッガーを読むためには、我々は十分にキリスト者でなければならない。つまり、「信仰」という拠り所があって初めて、彼の思想の高度な意義も理解できるのである。

②ハイデッガーの『野の道での会話[25]』

ハイデッガーは、堅苦しい・難解な論文形式のものではなく、「学」とは離れた「会話」調のもので自身の思索をわかりやすく語っている。現代西洋（ドイツ）の言語・思惟方法では説明できない神秘的な体験を「対話」の形で説明している。

ハイデッガーの「野の道」での思索方法は、イエズス会創立者であり『霊操』の著者でもあるイグナチオ・デ・ロヨラの指導する神秘的な内容である[26]。ハイデッガーは二〇歳の時、オーストリアのフェルトキルヒ近傍のティジスのイエズス会修練院に入っている。心臓疾患のゆえに短期間で別の道を勧められているが、イエズス会に入る前には長期に渡る「霊操」の指導があったことは自明のことで、「野の道」の思索は「霊操」の一黙想の方法でもある。この（毎日を過ごす）教会の塔を離れ、外側から見つめ直す「野の道」での散策の中で閃いてくるものは、「霊動弁別[27]」によって「神の意志」かどうかを「選定」できる方法である。

ハイデッガーの思索は、確実にカトリック的な「祈り＝瞑想」の方法を取っていると言えるが、意識・言語に表す前の神秘の世界の表現方法が西洋から「中動態の文法」が消えていたための苦悩が出てくる。そのことが「ハイデガーの嘆き」に繋がってくると言える。

「野の道」を歩いていると、森が語りかける「一つの言葉」が聞こえてくるとハイデガーは言っている。それは街の中では決して聞こえない、森の細い杣道を歩いているときだけ聞こえてくる言葉であるとする。しかも、森が語る言葉は聞く者自身の心が開かれていなければ聞こえない。所謂、「行」を積む必要性もハイデッガーは論じている。

ハイデッガーが「野の道」で聞いた言葉とは、彼が長い間考え続けていた「真理（存在）とは何か」という問いへの解答であった。その声を聞くとき、すべては明るく輝き、晴れやかになるということから、ハイデッガーは明確な回答を森への「野の道」から得ていたと言える(28)。

『野の道での会話』で使われる「アンキバシェー」という言葉は、ヘラクレイトスの使っていたハイデッガーが好む術語の一つとされる。意味は「近くへ歩んでいく」「近さの中に入っていく」というようなものである。ハイデッガーは「塔」の中で、塔の番人と教師が野の道へ向かいながら塔を眺めて「前よりも塔の本質がよく見える」と語っている。

塔の番人は、塔で長く暮らしてきたからこそ、彼は塔について知り尽くしていると自負できるだろうが、実は自分の安らっている居場所の本質は、その居場所から離散して初めて、見えてくるものなのである。従って「塔から野原を眺めるか」、「野原から塔を眺めるか」によって同じもの〈塔〉を内外どちらかから眺めると違った角度から見ることになる、「真理は一つ」でありながら、全く気づかない世界があることをハイデッガーは『野の道』で表現したかったようである。

塔の住人にとっては、むしろ「野原」へ向かうことこそが重要だということを、ハイデッガーは力説する。だが、野原にいる者には、塔からその地平を一度眺めることも、或いは必要ではないのだろうか。アンキバシェーという概念は、近さの中へ入って行くということである。我々は遠いものを見過ぎているがゆえに、あまりにも近くにある本質を喪失している。それがハイデッガーにとっては「sein」であり、そして基礎存在論的にいえば、「sein の忘却」も、現・有の存在範疇の一つである。

ハイデッガーは、同じ「塔」を見るにしても内と外では大きく変るが、「思索が他でもない同一のものに組み込まれている自らの状態を見出せば、たちまちすべてを明るく、見通しの効くものになる(29)」としている。

Ⅵ．邂逅について

ハイデッガーの「嘆き」の意味は、「中動態」の失われた西洋の言語・思惟方法では「存在」が語れないもどかしさにあったと言える。しかし、この東西思想の対立のまま放置したのでは何の意味もない。「対話」「邂逅の道」を示す必要性が残る。

ここでは、「(インドの)陳那の古典論理学の体系」を参考にして、木岡伸夫著『邂逅の論理――〈縁〉の結ぶ世界へ』によって、これまでの西洋のアリストテレスの論理学では答えられなくなっている現実世界を捉え、「ロゴスとレンマ」「アナロギアの論理」「〈縁〉の結ぶ世界」から、新たな「邂逅の道」が見えてきたことを見て行きたい。難解とされる鈴木大拙の「即非の論理」や西田幾多郎の「絶対矛盾的自己同一」などもインド古典論理学の影響が大である。大拙の影響を受けた西田においても同じことが言える。(30)

認識においては、外側(客観的)と内側から見る場合では判断は真逆になる。人は呼吸して生きているものなので、これを止めて「血の通わない言葉(ロゴス)」にすると(アリストテレス論理学に始まる)欧米的な論証を求める客観的・合理的な論理が正しい判断であるとされてきたが、外側からの第三者的な見方では、冷たい印象しか残らない。

①「邂逅」についての先駆的なもの

木岡伸夫の「邂逅の論理」を紹介することがこの項の目的であるが、二項対立の主観的な見方、それぞれの文化、伝統によって、真実が覆われてしまわれないように、今、自分に求められているもの、キリスト教徒なら「神の導き・招き」に忠実に答えることであり、仏教徒ならさらに「仏の道」を極めることである。それはさらなる真理の深みに至り、深みを経験することによってはじめて気づくもの（覚醒するもの）である。神の愛（恩寵）は限りなく注がれていることの自覚がでてくる。その呼びかけに応答できる者にならなければならない。

「邂逅」の語は既に『仏教とキリスト教の邂逅』でも使われていたが、この書の元となったのは一九六七年神奈川県大磯で開かれた「仏教徒とキリスト教徒との対話集会」にある。それぞれの立場からの発言が纏められている。ただ、超越存在に人格を認めるか否かは問題として残るが、「東西の論理的総合」につながる可能性において高く評価できる。半世紀を過ぎても「禅と基督教懇話会」は今日までも続いている。

②木岡伸夫著『邂逅の論理～〈縁〉の結ぶ世界へ』の紹介

同書の帯に「〈邂逅〉の不在こそが世界の危機の根源にある。真に生きられる世界を目指し、新たな哲学の地平を切り開く画期的論究」とある。「邂逅」を論理の問題として捉え、九鬼周造、和辻哲郎をはじめ、西田幾多郎、山内得立らに注目し、東西哲学を〈縁〉によって結ばれた世界へと導く。東西の風土的相違を超えて、双方の〈あいだ〉に〈邂逅の論理〉を打ち立てる。木岡は「西洋には出会いの哲学がない」とする。

「独立な二者が対峙するためには、たがいに対等な他者を認め合うことのできる状況が、成立しなければならない。近代に誕生した地球大の「世界」は、西洋が非西洋地域に進出し、その多くを植民地という形で属領にするなどして、支配下に置くという仕方で拡張された西洋中心の世界である。そういう自己中心的な世界の中では、〈他者〉との関係に向けた反省は生まれようがない」[31]。

既述の「対話的原理」においてもお互いが尊重し、対等の立場にあることが「邂逅の道」の基本であることは見たが、上から目線では「対話」そのものが成り立たない。筆者が大きな壁にぶつかった経緯そのものであった。「形の論理」と「アナロギアの論理」は、論理と論理がぶつかった時に活かせる論理かと言うと、どちらも出会った両者の〈あいだ〉を開くことができる。東洋と西洋では、文化や神様は異なるが、「形の論理」と「アナロギアの論理」は、〈あいだ〉を開く思考パターンとしては似ている。この二つの論理を同類として扱えば、理解し合える。

「形の論理」と「アナロギアの論理」は、出処としては東洋と西洋に分かれるが、これらは「縁の論理」というものにまとめられるのではないか。例えば、キリスト教徒と仏教徒の二人が出会って仲良くなると「ご縁がありましたね」と言える。この言葉を使える人は、相手がどんな神様を信じていようとも差別はしない。「ご縁によって」成り立つ人と人の関係はそれ以前に当事者同士に知られることがなかったその関係が、〈縁〉の成立と同時に確認され、信じられる、といった偶然的かつ必然的な関係であると言える。

「〈邂逅〉の名に値するすべての出会いには、偶然的＝必然的の両義性、つまり「運命」の意味が伴う。それが生じた時点では、その廻り合わせを運命として引き受ける以外にない、という実感が、「ありがたいご縁で」といった日常用いられる言い回しにこめられている。これも人のよく知るところであろう。「ご縁」を信じる人々の「ありがたい」思いは、それを実現することに与った神仏への感謝を含みつつ、それによって引き合わされた他者に対する〈責任〉の意識を生み出さずにはおかない[32]」。

「邂逅の論理」は、実に幅広い視野に立ったものがあり、短い時間では説明し切れない。「対話の原理」と同じで、出会い・邂逅の道は双方が対等の立場にあって、自己の全存在を掛けて「一つになる」ところにある。木岡伸夫は、この基本原理を捉えた数少ない研究者であると言える。他に、門脇佳吉は「霊性」の根底においては東西対立を超えたものがあることをも示唆していた[33]。

「ものとこと」でも見たが、西洋の物理科学的思惟の世界では今日の世界規模の問題に答えられなくなっている。物理科学の発展は測り知れず、宗教についても迷信、淫祠邪教的なものは非科学的と排除されてきたが、更なる宗教の奥深さに科学は答えられなくなっている。今日の西洋の物理学者エルヴィン・シュレーディンガーは「私たちの現在の考え方が、東洋思想からの輸血を必要としている[34]」とある。即ち、ギリシア哲学以来の自然科学は、客観化にその基盤を置いているための弊害を述べている。

Ⅶ．おわりに

ハイデッガーの思索やカール・ラーナーの第二バチカン公会議での活躍も、その根本にはイグナチオの「霊操」の精神が生きていることが見えてくる。第二バチカン公会議までは、イエズス会の宣教活動は疑問視されてきたが、地球規模の危機的状況に直面したときには従来の「絶対普遍」の態度は改められねばならなくなってきた[35]。木岡伸夫の「〈出会い〉の風土学」で示されるように「対話的原理」が必要となってくる。それは、西田の論文「私と汝」から「一つ」になることの意味を見ているが、木岡の「縁の論理」もお互いのアイデンティティを尊重し対等の立場においてのみ「対話」になるとしている[36]。

東西思想の対立を超えた「新しい形而上学」の構築を探求しなければならなくなっている現実を踏まえて、「中動態」を足台としてその道筋を示せたなら幸いである。

これまでの拙論では、十分な説明の機会のないままで否定される場合が多かった。その理由を模索する中で、國分功一郎の『中動態の世界』に辿り着いている。即ち、欧米の主語・述語、能動態・受動態の論理・思惟方法では「もの＝ロゴス」的な目に見える物理科学の世界でしか現実は捉えられない。「学」は客観的ではあるが冷たいものが残るが、東洋的（日本的）な「こと＝レンマ」的な「こころ」内的な世界は、自然に息のできる人間味がある。

自然に流れているものは不安定で論理化が難しい。「一即多」の関係であると何も語らなくとも傍にいるだけで、言葉以前の心が通じてくる。つまり、論理として「意識」に表れてしまうと本質は見えにくくなる。東西思想の対立を超えた「新しい形而上学の構築」は「中動態」に頼らざるを得なくなっている。「ハイデッガーの嘆き」の意味は、オーギュスタン・ベルクの「通態化」のように、東西思想を双方向に尊重しながら、発展して行くものでここから二十一世紀に向けた新たな「邂逅の道」が見えて来たことが言えるのではないか。(37)

註

（1）島薗進、二〇一七年度「第七六回日本宗教学会学術大会」（東京大学本郷キャンパス）においての発言。他にディディエ・フランク著中敬夫訳『ハイデッガーとキリスト教～黙せる対決～』（萌書房、二〇〇七年）の序文で「かなり以前の数世紀においては、歴史の出来事はいわば形而上学によって提供される永遠の舞台の上で起こるものであったが、いまではそれが全くひっくり返ってしまった。永遠的な枠組みは消え去り、形而上学的体系はそれ自身歴史の産物と見做され、変化する状況に伴って生じ、遂には没落して行く」とある。

（2）M・ハイデッガー著、大江精志郎訳『同一性と差異性』選集第Ⅹ巻、理想社、一九六〇年、七六頁。

（3）『西田幾多郎全集第12巻』「續思索と体験」岩波書店、一九七九年第三刷、二六五頁。

（4）ハイデッガーは『存在と時間』の第七節で「中動態」の言葉を使っているが、それは古典ギリシア語辞典に載っている説明からの引用であって西洋の言語・思惟方法から「中動態」が失われ、東西思想対立の元凶となっていることの認識を具体的に深めたものとは言い難い。

（5）山内得立は『ロゴスとレンマ』岩波書店、一九七四年で詳しく述べている。この「ロゴス」を「もの」として、「レンマ」を「こと」として見ると理解し易い。この「ものとこと」について、最初に哲学的考察を行ったのは和辻哲郎の『続日本精神史研究』岩波書店、一九三五年とされる。最近では木村敏の『時間と自己』（中公新書、一九八二年）を参考にして藤田正勝が『現代思想としての西田幾多郎』講談社選書メチエ138、一九九八年の第四章で詳しく述べている。例えば、美しい景色を見て感動し、純粋に美しいと思う「こと」は、無意識のうちは双方向で起こっている。これを意識（分別）し、言葉に表した時には「もの」的な二項対立の対象論理となってしまう。「中動態」の文法があれば「こと」的世界も、神秘の世界も容易に捉えられるが、この「中動態」的思考は西洋の思想・言語から消えて行ったとされる。

（6）『西田幾多郎全集第4巻』六頁。『働くものから見るものへ』序文。禅において「父母未生以前の本来の面目」の公案があるが、言葉・意識に表したのでは頭（理屈）で考えるので皆目わからなくなる。「空」の思想でもあるが、現代思想に慣らされた者には非常に難解なものになる。「中動態」また「レンマ＝こと」的な東洋思想で「無」になって始めて「本来の面目」が見えるとされるが感覚を超えたもので、「空」であり円相・或いは十牛図の第八であろう。拙稿「マンダラとマリア十五玄義図の類似性――ユングの元型論を手がかりに」アジア・キリスト教・多元性ジャーナル13号、京都大学、二〇一五年、一三二頁参照。唯識思想も含めた説明をしている。

（7）拙稿「中動態の文法から見えてくるもの――十字架の聖ヨハネの〈詩作〉から」同右ジャーナル第15号、二〇一七年、八三―九六頁、参照。ヨハネが神秘的な「神の言葉・意志」は表現できないので「詩作」にして『霊魂の暗夜』（十字架の聖ヨハネ著、ペドロ・アルペ・井上郁二共訳、東京ドンボスコ社、一九五四年）はその神秘体験の説明になっている。
（8）前掲、拙稿アジア研ジャーナル第15号、二〇一七年参照。
（9）高田珠樹著『ハイデガー　存在の歴史』（講談社、一九九六年）二五三、四頁参照。
（10）「中動態」については拙稿「中村元著『東洋人の思惟方法』から見えてくるもの」『比較思想研究第43号』九九頁、二〇一七年、及び拙稿「二十一世紀に開かれた邂逅の道―キリシタン時代の適応主義の先駆性」（同右ジャーナル16号、二〇一八年）一一四頁参照。日本語の主語のない表現などから中動態の姿は見えてくる。
（11）藤田正勝著『思想間の対話―東アジアにおける哲学の受用と展開』法政大学出版局、二〇一五年、九頁。「私は汝を認めることによって私であり、汝は私を認めることによって汝である」、西田哲学もこの「私と汝」の論文において大きく展開し、その独創性が確立されたと言われる。この「対話の基本」が宗教間・思想間の対話を進展させるものとなろう。「対話の基本」は相手の良い面だけでなく悪い面も受け入れることである。他に拙稿『宗教哲学論叢』第一輯、花園大学宗教と哲学研究会編、二〇一六年、八一頁。註二九も参照。
（12）西平直著『無心のダイナミズム―「しなやかさ」の系譜』岩波現代全書、二〇一四年、参照。九鬼周造著『〈いき〉の構造』岩波書店、一九三〇年も「さりげない」仕草にある「いき」を強調している。
（13）註5の「ものとこと」で見たが、論理の根本が異なっているもので西洋の「もの的」論理では説明できないものが出てくる。以下「空について」西谷啓治は『宗教とは何か』創文社、一九九一年、一五六―一五七頁「空の立場」、同じ個所で西谷はエックハルトの「神性」にも触れている。言語に表わせないキリスト教の神秘の世界は仏教の「空」に類似している。
（14）既出『同一性と差異性』「訳者あとがき」八二頁。ハイデッガー思想が仏教的と言われる所以でもある。
（15）高田珠樹著『ハイデガー　存在の歴史』講談社、一九九六年、二九五頁、「ハイデガー略年譜」参照。
（16）「霊操」については、拙稿「アジア・キリスト教・多元性研究会」同電子ジャーナル第9号、10号、14号参照。他に「霊操」の修行方法・日課が「禅」の修行方法と類似していることは、既出ジャーナル15号、八七、八八頁及び16号、一〇六、一〇七頁参照。イグナチウス・デ・ロヨラの「霊操」における神秘的内容については、一六世紀スペインのカルメル会修道女アヴィラの聖テレジアとの交流があってのことである。

(17) 國分功一郎著『中動態の世界——意志と責任の考古学』医学書院、二〇一七年、二一四、五頁。

(18) 前掲『同一性と差異性』、七五頁。

(19) 同上、七六、七七頁。

(20) 北川秀則著『インド古典論理学の研究——陳那（Dignaga）の体系』（財）鈴木学術財団、一九六五年。山内得立は既に『ロゴスとレンマ』岩波書店、一九八六年において、西洋をこの二〇〇〇年余ギリシア哲学のアリストテレスの論理学はカントに至るまで支配してきたが、それに対するインド（東洋）の「陳那の論理学」を取り上げている。むしろ、鈴木大拙の「即非」や西田幾多郎の「絶対無の場所」の論理の根源に位置するものであろう。

(21) ジョン・マクウォーリー著、村上喜良訳『ハイデガーとキリスト教』勁草書房、二〇一三年、八頁。「教区教会の風景と響きの内で育った若きハイデガーは熱心なカトリック教徒であり、当然のごとく聖職者になることが運命付けられていたようである。数年間、彼はイエズス会の神学校に通っていた。後にハイデガーは〈神学的な出自がなければ、私は決して思惟の道に至ることはなかったでしょう〉（マルティン・ハイデッガー著・手塚富雄訳『ことばについての対話』理想社、一九七五年、選集21、二一頁）と書くことになるが、そう書かしめる経験をハイデガーは神学校でしていたのである。………後の人生を占有し続けることになる哲学的問題——存在の意味への問いが、ハイデガーの内に呼び覚まされたのである」とある。欧米では、ハイデッガーのキリスト教・カトリックとの関係の研究が盛んでいるが、日本人による著作ではあまり触れられることがない。

(22) 木村敏著『時間と自己』中公新書、一九八二年、八頁。「古来、西洋の科学はものを客観的に見ることを金科玉条としてきた。〈理論〉（theory）の語の語源はギリシア語の〈見ること〉である。西洋では、見ることがそのまま捉えること、理解することを意味する。そしてこれが、単に客観的観察を本領とする自然科学だけでなく、哲学を含めた学一般の基本姿勢なのである」としている。即ち、東洋思想と西洋思想の思惟方法が真逆であることを揚げている。

(23) 前掲、高田珠樹著『ハイデガー——存在の歴史』現代思想の冒険者たち第8巻。ハイデッガーを伝記的に詳しく紹介したもので、日本のハイデッガー研究においては貴重なものであろう。

(24) 前褐書、高田珠樹によると「ビスマルクと文化闘争」「古カトリック派とウルトラモンタン」(二二頁―)の中で、幼少時のハイデッガーは町を二分する文化闘争の渦中にあった。父親は親バチカンのウルトラモンタン派であったが教派和合的な志操で、後のハイデッガーのキリスト教思想にも影響していると推測できる。

(25)『ハイデッガー全集第77巻』麻生建、クラウス・オピリーク訳『野の道での会話』創文社、二〇〇一年。高坂正顕、辻村公一共訳『野の道・ヘーベル―家の友』(ハイデッガー選集8) 理想社、一九六二年。『ことばについての対話』(ハイデッガー選集21) 手塚富雄訳、理想社、一九七五年、参照。

(26)「霊操」については既出註16参照。

(27)「霊動弁別」については、心に閃いたものが「神の意志」かどうかを確かめるための方法である。拙稿前褐ジャーナル第9号、四〇、四四、四九頁参照。イグナチオ・デ・ロヨラ著・門脇佳吉訳解説『霊操』岩波書店、一九九五年、一六五―一八一頁参照。「正しい神の意志であること」を確認する方法が説明されている。

(28) 前掲ハイデッガー『野の道』九頁より。「讀むことと生きることの古き巨匠エックハルトが語るように、語って語らざる世界の言葉のうちにおいて、神は始めて神である。………人間は自らの計画によって世界の秩序をてらそうと試みている。しかし、野の道の呼び声に従って自らを整えない限り、その試みは徒労である。現代人はますます野の道の言葉に耳を閉じようとする。そうした危険が迫りつつある。彼らの耳に心地よく響くのはただ機械の騒音のみであり、機械を彼らの神の声と見なすのである。かくて人間の心は散乱し、道は失われる」。ハイデッガーが野の道で聞くものとは巨大な現代の文明を支配する論理とは一線を画する。即ち、世界大戦、核兵器によって科学技術への不信感が根底にあると言える。この悲惨な大戦を経験した物理学者は西洋の物理科学的思惟の世界では今日の世界規模の問題に答えられなくなっている。物理科学の発展は測り知れず、宗教についても迷信、淫祠邪教的なものは非科学的と排除されてきたが、さらなる宗教の奥深さに科学は答えられなくなっている。現代の西洋の物理学者エルヴィン・シュレーディンガーは「私たちの現在の考え方が、東洋思想からの輸血を必要としている」とある。即ち、ギリシア哲学以来の自然科学は、客観化にその基盤を置いているための弊害を述べている。エルヴィン・

シュレーディンガー著『精神と物質』中村量空訳、工作舎、一九八七年、九〇頁参照。

(29) 前掲『野の道での会話』二三一、二三二頁。そのハイデッガーにこうした〈塔〉を外の「野の道」から見る見方は、その妻エルフリーデが熱心なプロテスタントの家庭に育っていることとエックハルトの神秘主義的な「神性」と合せて近代プロテスタント神学の祖と言われるシュライアーマッハーの「解釈学」などは、ハイデッガー思想に大きな影響を与えているとされる。このことは、ハイデッガーの下で「哲学」を修得したイエズス会司祭カール・ラーナーが第二バチカン公会議でドイツ司教団の神学顧問として参加し活躍した実績が残る。

(30) 陳那は、《因明正理門論》《集量論》の二大主著において、従来の諸派の説を批判して唯識思想に立脚して仏教論理学を組織し、新因明といわれる新論理学説を形成した。鈴木大拙、西田幾多郎の思索にも大きく影響していると言える。

(31) 木岡伸夫著『邂逅の論理 〈縁〉の結ぶ世界』春秋社、二〇一七年、二〇、二一頁。

(32) 前掲、木岡伸夫、二七四―二七五頁。

(33) キリスト教は「外つ国の宗教」ではない。「霊操」によって、キリスト教は人間の本質「根源的いのち」に根差すもので生活の中に生きている宗教であることが見えてくる。門脇佳吉はイグナチオの『霊操』を訳し、その「訳者あとがき」で、東西の祈り・霊性の共通性を述べている。

(34) 前掲、エルヴィン・シュレーディンガー著『精神と物質』九〇頁。西洋の「行き詰まり」については拙稿「A・ヴァリニャーノの適応主義と現代的意義」同ジャーナル14号、二〇一六年、一三九―一四一頁「4、危機にある教会」で既に見ているが、その所論は数知れない程ある。このことはオーギュスタン・ベルクの「風土学」にも通じてくる。

(35) 同じくシュレーディンガーの述べるように、西洋の思想は枯渇し始めている。キリスト教もギリシア哲学から「神学」を打ち立てている以上は同じ運命を辿っている。西洋絶対が揺らぎ、もはや単独の教会では世界の諸問題の解決は困難になってきたことが「開かれた教会」の進むべき道となる。

(36) ジョン・B・カブ著『対話を超えて――キリスト教と仏教の相互変革の展望』延原時行訳、行路社、一九八五年の序文にお互いのアイデンティティーを尊重し、相互に豊潤に展望することを述べる。

（37）和辻哲郎の『風土』は有名であるが、モンスーン、砂漠、牧場に分けた形で夫々の文化的風土の違いを紹介するものであったが、オーギュスタン・ベルクは『風土学はなぜ　何のために』関西大学出版部、二〇一八年を著す。「日本との出会いによって〈脱中心化〉したベルクは、デカルト的二元論を批判するものの、二元論を破棄するものではない。日本の非二元論的思考に心を開きつつ、〈再中心化〉するベルクは、矛盾する二つの立場を行き来する「通態化」の立場を打ち出した」木岡伸夫著『〈出会い〉の風土学～対話へのいざない』幻冬舎、二〇一八年。ユングの「島々論」からエリアーデの「宗教の歴史」については拙稿「マンダラとマリア十五玄義図の類似性──ユングの元型論を手がかりに」既出ジャーナル13号、二〇一五年、一三〇―一三三頁参照。木岡伸夫の「縁の結ぶ世界」にも通じてくる。

参考文献（文中記載のものは省略）

1　愛宮真備著、池本喬・志山博訪訳『禅　悟りへの道』理想社、一九六七年
2　エミール・バンベニスト著『一般言語の諸問題』岸本通夫監訳、みすず書房、一九八三年
3　H・デュモリン著、西村恵信訳『仏教とキリスト教の邂逅』春秋社、一九七五年
4　カール・ラーナー著、小林珍雄訳『現代に生きるキリスト教』エンデルレ書店、一九七二年

V. キリスト教は日本人に親しまれているか？
――西田幾多郎の〈日本文化の問題〉から見て

髙橋　勝幸

和辻哲郎が言い始めたとされる「もの」と「こと」を念頭に見て行くと、東西の思想対立が浮き彫りになってくる。これまで論理的・科学的な欧米思想を是とする「もの」的思考を優位として来た西洋の文化、宗教、道徳、生活習慣が途上国に押し付けられてきた。それはまた、途上国を西洋に追随させ、植民地支配をも是としてきたが、人類を豊かにするはずの科学技術で人類が滅ぼされようとしてきた。この地球規模の問題の行き詰まりは既に多くの著作にあるが、それまで非論理的として一段低いものとしてきた東洋の「こと」的思考に頼らざるを得なくなってきている。すなわち欧米思想を中心として優位・絶対と見る限り、欧米人のキリスト教宣教師は科学的な思考を上位とする目線で東洋的・日本的な西田哲学までも非論理的で一段低いものと見るために「(論理的に) 限界がある」として軽視してきた。このため、キリシタン時代の適応主義にも批判的になってくる。しかし、二十一世紀は単独の宗教では諸問題に答えられなくなってきて、対話・邂逅の道が求められるようになってきた。邂逅の道「対話の基本」は双方が対等で自由な立場において成立するが、一方的な押し付けでは支配者と被支配者の関係でしかなく、対話そのものが成立していなかった。キリシタン時代のその土地の良いものをキリスト教の中に取り入れて行く適応主義は別だが、明治維新以降のキリスト教は西洋中心の科学的な思想に偏って来たがため、「こと的」思想を生きる日本人には馴染まないことを訴えたい。

はじめに

今日の日本の諸学会で「キリシタン史」を扱ったものは極少である。[1] その疑問の探求過程で西田幾多郎の「日本文化の問題」[2]に接することにより、東西思想の対立状況がおぼろげながら見えてきた。松尾芭蕉（一六四四―九四）の「古池や蛙飛び込む水の音」の句を、欧米の論理的思考によって理解できるのであろうか。後述する「中動態」の文法の失われた古代ギリシア哲学に基礎を置く、欧米の論理思考・言語の「もの的＝ロゴス的」な主語・述語、主観・客観の論理的に見る文法では、ものごとを二項対立的に二元論で見るために、この句を訳しても何の意味も出てこない。「こと的＝レンマ的」に、「中動態」がまだ生活の中に生きている日本語・日本文化・日本人から見ると、言葉に「ふくらみ」があるので、違和感なく解釈できる。[3] 西田幾多郎は「短歌について」（旧全集、13巻）、「国語の自在性」（同、12巻）において「俳句という如きものは、とても外国語には訳のできないものではないか」と述べている。このため「中動態」の文法が非論理的として失われ、「中動態」の残る東洋的・日本的な思想とは思惟方法が真逆（正反対）になってくる。

確かに、西欧の科学的な論理思考が、近代の科学技術の発展には大きく寄与してきたことは事実である。しかし、この科学技術が得体の知れない怪物となって、二〇世紀に入ると二度の世界大戦、核兵器の使用等に突き進み、

「自由・平等」を建前とする民主主義が地域間の格差を広げ人々の心を蝕んでいった。[4] 資本主義は利潤追求を旨とするため、グローバル化した多国籍企業は地球規模の環境破壊の問題を引き起こす元凶となり、西洋の近代科学技術の行き詰まりが見えてきたのである。ことここに至って、それまで一段低いとされ、見下されてきた東洋の「こと＝レンマ的」思考に頼らざるを得なくなってきた。[5]

こうして西欧の危機が言われ、「対話」（邂逅）の必要性が叫ばれるようになってきているが、いまだ（欧米の過去の栄光に憧れる）保守派の残滓があり、せめぎあいが続いているのが現状ではなかろうか。これまでの一方的に支配する西欧的思考には、「対話」そのものが存在していなかったのである。[6]

Ⅰ　「もの」と「こと」について

①「もの」と「こと」の意味

「もの」と「こと」について最初に哲学的考察を行ったのは和辻哲郎とされる。[7] 私事で恐縮ながら、筆者は南米の開拓移住地で生きるために、人類未踏の原始林を伐採して畑にしない限り収穫はないような土地で重労働の開拓に携ってきた。私の他にも、戦争・被爆・テロや自然災害・病魔によって、生存すら脅かされる中で生き延びてきた者が多数存在する。これらの人々にとっては、学的・客観的な外側からの見方では「教義」的になり、キリスト教は「こころ」に響いて来ない。以上はさておき、現在のようなキリスト教では、東洋的な「こと＝レンマ」的な思考には馴染まないことを、「もの」と「こと」の区別という観点から明らかにしたい。[8]

②「もの」と「こと」は東西思想の差異を示す

東西思想の差異を示す「もの」と「こと」については、和辻哲郎の議論以後では、筆者は木村敏の『時間と自己』を参考にしたほか、既述の藤田正勝『現代思想としての西田幾多郎』「第四章」を参照して、この主題を考察してきた。これらのテクストによれば、西洋思想を支配してきたのは、客観的・対象的な二項対立の「もの＝ロゴス」的論理である。

これに対して、西洋世界の見方とは異なる東洋的な（内的な）「こと＝レンマ」的見方がある。西洋的な中世ヨーロッパの見方では、ドイツ神秘主義のマイスター・エックハルト（一二六〇年頃―一三二八年頃）が、異端審問のままであることなどは、拙稿「教会の保守化傾向を考える――諸宗教間対話は進んでいるか」（『アジア・キリスト教・多元性研究会』11号、二〇一三年）でも取り上げたが、「もの」的思考である限り、同じ根のうちにあるといえる。(9)山内得立は〈ロゴス〉と〈レンマ〉の関係をその著『ロゴスとレンマ』（岩波書店、一九七四年）で詳しく扱っている。この「ロゴス」を「もの」として、「レンマ」を「こと」として見ると東西思想対立の姿が理解し易い。

次項で「中動態」を取り上げるに際し、その準備の意味においても、「もの」と「こと」の考察が不可欠である。東西思想対立の考察においては、同じものを見ても、（こと的に）内側から見る場合と（もの的に）外側（客観的・学的）から見るのでは、真逆に認識される。「もの的」思考は、西洋的な物理科学的見方であって、客観的・論理的（法的・官僚的）に言葉に表せるものを真理とする。一方、「こと的」思考は、日本的・東洋的な「内的なところ」の見えない世界を指している。この「こと」的世界は、客観的に固定することがないので、極めて不安定である。それが、西洋言語における「中動態」と同じように、曖昧な論理として軽視され、西洋世界から「中動態」的思考が消えて行ったのと同様に、日本の科学的思考の学問世界から消え去った理由である。(10)

たとえば、美しい景色を見て感動し、純粋に美しいと思う「こと」的世界は、無意識のうちには「双方向」で起こっている。これを意識（分別）し、言葉に表した時には「もの」的な二項対立の対象論理となってしまう。すなわち西洋では論証して言葉に表したものが真理とされるが、言葉以前の「双方向」に起こっていた東洋的な「こと」的世界は無視される。

芸術表現においても、上記と同じであろうが、キリスト教神秘主義においても、内的に神と一如となる経験は、西洋的な「もの的」な見方に反するエックハルトが異端審問において未決のままであることも、以上の点を裏づけている。こうした結果は「中動態」の欠如から見えない（修）行的な言葉以前の「神秘」の世界は「信仰の妨げになる」と誤解され、認められないことから来ているのではないか。繰り返しになるが「中動態」の掘り返しの必要性が見えてくる。[11]キリスト教は、ギリシア哲学以来の西洋の「もの的」思想に乗かかり、主語・述語、主観・客観の二項対立の合理的な「対象論理」に教義・神学は頼ってきたがために、その方法が行き詰まっていると、筆者は考えざるを得ない。

以下、整理して見ると、キリスト教の教義は、「こと＝レンマ」的な日本の思想・言語とは思惟方法が真逆である。このことにより、西洋思想に基礎を置く今日のキリスト教では、日本人には馴染まないものになってくる。キリシタン時代の歴史は、この東西思想対立の真只中の苦闘から生まれたイエズス会日本巡察師Ａ・ヴァリニャーノ（一五三九―一六〇六）の指導による「適応主義」布教方針の結果である。[12]このキリシタン史を軽視して「真のキリスト教」は理解できるのか。第二バチカン公会議で、このヴァリニャーノの「適応主義」が追認され、「開かれた教会」となって「二十一世紀は対話の時代」になっているはずであるのに、眼に見えない壁にぶつかったが、それが「中動態」の欠如であった。

③中動態について

私見では、これらの西洋言語・思考の行き詰まりを打破するには、古典ギリシア語にはあった「中動態」の文法を再び掘り起こす必要があるのではないかと考えられる。

木村敏による「中動態」の見方によると、「インド・ヨーロッパ語族の古い言語形態には、まだ現在の西洋諸国語で一般に見られるような、動詞の「能動態（active voice）」と「受動態（passive voice）」の対立は存在しなかった。そこでは、①たとえば「見る」「聞く」なども動詞で言い表される活動の過程が、この過程を生起させている主体から主体の外部にある対象へと向かう方向をとる場合（「私は山を見る」「私は音楽を聞く」）と、②その過程が主体内部の場所で生起し、主体はこの過程の座として言い表される場合（「私には山が見える」「私には音楽が聞こえる」）とが区別されていた。前者は今日の能動態そのものであり、後者は古代ギリシア語やラテン語に遺されたその痕跡から、「中動態（middle voice）」と呼ばれている。そして今日の受動態（「山が私によって見られる」「音楽が私によって聞かれる」）では、中動態と同じようにこの過程の対象を形式上の「主語」に立てながら、主体（私）のほうは過程の場所としてではなく、動作主の資格で対象と同格の存在者として扱われているように、現代の西洋各国語には、中動態はもはやほとんどその痕跡を残していない。……これに対して印欧語族と関係のない日本語では、驚くべきことに、むしろこの中動態に相当する語法が現在でも広く行われている[13]」。

日本語には主語・述語、単数・複数、男性・女性の文法上の区別がないことも、一例としてあげられる。西洋人から見ると、実に曖昧な表現と映るだろう。また、欧米思想から見て、非論理的・曖昧とされた東洋・仏教の思想の中に息付いている述語的論理の理解にも「中動態」は欠かせないものとなって来る。筆者が研究主題としている「宗教間対話」は、東洋、西洋の思想に偏ることなく、両者の対立を超えたものを捉えようとする企てであるが、西洋言語からこの二千年余失われてきた「中動態」の文法を掘り起こすことによって、見えない隠れた神秘的な世界が捉えられ、東洋的・仏教的思考や西田哲学などの理解に役立つのではないかと考えるようになってきた。すなわち「中動態」は「出来事が生起している場所」を示しているのであって、西欧の「もの」的論理では、内なる（こころの世界は）見えて来ない。このことは同時に、欧米的思考に偏重するキリスト教では日本人に馴染まないことを意味している。従来の西洋のアリストテレスの論理学ではなく、古代インドの古典論理学・唯識学派の流れに立つ陳那の論理学が、西田哲学など東洋思想の理解を助けるといえる。

以上、簡略に述べてきた中動態について要点をみると以下のようになる。

主語的論理の二項対立的な対象論理的（二元論）の文法は、個としての人格、自由、意志、責任といった抽象概念の説明に適しており、それは近代西洋の科学技術の発展には貢献してきた。反面、東洋的・仏教的な思考では、目に見えない、真如、法性の問題が主となるため、それらの概念が、論理性に欠けるとして軽視されてきた。新たな視点は、東西の思想対立を超えた「パラダイムの転換」を必要とするものである。「一即多　多即一」あるいは「絶対矛盾的自己同一」の論理は、大乗仏教の流れに属する陳那の論理学に近い性格を持つゆえ、西洋論理学では理解できなかった[14]。

東洋的思惟と西洋的思惟のはざまで噛み合わない論点に直面した筆者は、「中動態」の文法に一縷の可能性を求めるようになった。西田は、キリスト教を「対象論理」として一枚岩的に否定したのではなく「神秘的な」エックハルトには興味を示していた。とくに「私の絶対無の自覚的限定というもの[15]」、「永遠の今の自己限定[16]」では、根底に東西の壁を乗り超えた「邂逅」の可能性を捉えているといえる。元来、主語・述語の二項対立の論理では「神秘体験」は説明できない。これに対して「中動態」の文法を用いていると推測できる一六世紀スペインの神秘家十字架の聖ヨハネの『霊魂の暗夜』中の「詩作」の表現法は「私は神の内にあり神は私の内にある」と、神秘的な主客合一の形をとる。

「中動態」の文法・言語・思惟方法の失われた一六世紀のスペインでは、神秘体験の表現ができず、「詩作」にするしか方法がなかった一例である[17]。この神秘的な「詩作」を理解することにより、失われた「中動態」の文法の掘り返しの必要性が見えてくる。

Ⅱ　西田哲学から対話の道へ

①「私と汝」から見る「一つ（一如）」になること

「対話」とは何か。この単純な一言が理解されていないがために、宗教間、国家間、民族間の争いが絶えない。今日においてもテロの脅威は続いている。差別、格差（人種、身分、経済力、学歴、ジェンダー、障害者等々において も）があるかぎり、虐げられる人々の重荷、苦しみは消えず、格差の広がりはテロの温床ともなっている。自己の全存在を掛けて他者を受け入れ尊重することが「対話」の基本となるが、この「対話の原理」を忘れていなかったか。西田幾多郎もまた、自己の「絶対無」の体験を論文「私と汝」で次のように述べている。

「私と汝とは絶対に他なるものである。私と汝とを包摂する何等の一般者もない。併し私は汝を認めることによって私であり、汝は私を認めることによって汝である、私の底に汝があり、汝の底に私がある、私は私の底を通じて汝へ、汝は汝の底を通じて私へ結合するのである、絶対に他なるが故に内的に結合するのである[18]」。

西田は晩年には「絶対矛盾的自己同一」として、大拙の「即非の論理」を用いて説明するが、十字架の聖ヨハネも「神秘体験」を神との合一とする。彼らの捉え方は、根本では同じであろう。この言葉以前、意識・分別以前の論理化は、西田の言うところの述語的論理であり、「中動態」によって理解し易いものになってくる。「中動態」をより詳しく理解するために、先述した「もの」と「こと」の考察が不可欠であることも明らかである。

「私は汝を認めることによって私であり、汝は私を認めることによって汝である」。西田哲学は、この「私と汝」の論文において思想的に大きく転回し、その独創性が確立されたと言われる。[19] この「対話の基本」が、宗教間・思想間の対話を進展させるものとなろう。「対話の基本」は、相手の良い面だけでなく悪い面も受け入れることにある。

「対話的原理」について、一方的な認識では、他者への配慮が足りず、話し合いのテーブルにも付けない。比較思想において「仏教とキリスト教の対話」が主眼とされながら、その対話すら噛み合っていないのが現実である。本稿では新たに西田の「絶対無の場所」とイグナチオ・デ・ロヨラ（一四九一―一五五六）の『霊操』における「不偏心」[20]との類似性を捉えることによって、西田が接しなかった「祈り（瞑想）のあるキリスト教」を示したいと考える。

すなわち宗教体験における神秘的な瞑想の世界から「神の意志」を読み取る『霊操』の「不偏心」の精神と、西田の晩年の論文『場所的論理と宗教的世界観』で示される「絶対無の場所」「絶対矛盾的自己同一」との類似性を認めることによって、東西思想また仏教とキリスト教の垣根を超えた心奥にある「邂逅の道」を捉えることができる。筆者は、西田幾多郎の「私と汝」から、西田哲学が「世界哲学」としての「統合」の道を示していることを見届けた。「対話的原理」はまさしくここにあるといえる。

藤田正勝は、西田の論文「私と汝」を引用しながら「このように西田は自己と他者との本来的な関わりを、一方で他者に呼びかけるとともに、他方その呼びかけに応えるという相互的な行為の中に見出す」とする。[21] すなわち「対話」は、お互いに「真の自己」を認め合うことによって共通の領域へと歩み寄り、相互の精神に架橋された時に成立するのである。筆者の見るかぎり、この当たり前のことが東西霊性交流やアシジ世界宗教者平和の祈りの集いや比叡山宗教サミットなどはあっても、未だ一般信徒同志の間にはなく遅々として進展していない。藤田の見解によれば、西田哲学はこの東西思想の対立を超えた包摂されたところにあり、独創的であるとされる。これまでの研究成果として、西田哲学を基軸とするなら、東西の思想を包み込み「宗教間対話」の道は開けてくるものと見ている。[22]

②グローバル化された世界

既述のように西欧の危機が叫ばれ、「対話」（邂逅）の必要性が説かれるようになってきたものの、今日のカトリック教会内部では保守派と改革派の軋轢が続いているのが現状である。もはや単独の教会ではグローバル化された世界、地球規模の諸問題に対処し切れないということは自明のこととなっている。かくして第二バチカン公会議は「開かれた教会」として教令「キリスト教以外の諸宗教に関する教会の態度についての宣言（Nostra Aetate）」を打ち出した。ヴァリニャーノらの「適応主義」布教方針が、バチカンの鉄の扉を抉じ開け、「追認」されることになる。四〇〇年前の「キリシタン時代」の方針が、二十一世紀に開かれた諸宗教間対話の道であり、邂逅の道であることが明らかとなった。ヴァリニャーノはその先駆的役割を示して来たといえる。[23]

この動向と歩調を合わせるように筆者の西田哲学に対する関心が深まり、思想的理解が進んでいく。既述したごとく西田哲学の「絶対無の場所」を「かなめ石」とするなら「世界哲学」として東西の思想対立を「統合」するものが「開かれて」くるのではないか——宗教者として、西田哲学をキリスト教の問題にいかに適用するかが、筆者の関心の焦点となった。

愛宮真備ラサールは、一九四三年から津和野の曹洞宗永明寺に参禅して「カトリック禅」を打ち立てていた。キリシタン時代にヴァリニャーノ等の取った「適応主義」なる布教方針が、第二バチカン公会議によって「追認」され、「開かれた教会」としての道を歩み出していたはずであった。しかし過去の栄光に固執する保守派からは、この動きは異端視される。筆者がぶつかったのは、東西の思想対立を象徴するこの大きな壁であった。既述の「中動態」に辿り着くまでは壁の意味が解らないままで彷徨い苦しめられた。

「宗教間対話」の可能性と西田哲学を関連づけようとした拙論は四点ある。[24] 第一論文、第二論文は、西田の場所論を宗教間対話の「かなめ石」とすべく、日本におけるカトリックの拠点、および宗教の多元性を旗幟に掲げる研究会に投稿された。これらに対してキリスト教側からは「明日の教会の姿が見えない」として軽視された。自己の非力を思い知らされたが、これを機として先述のような「中動態」の着想に辿り着いたのである。第三、第四論文は「中動態」に辿り着いて以降に発表したものである。これらについても日本の神学界では保守派の揺り戻し傾向が強いため、西洋思想優位の姿勢は揺るがず、そのあおりによって、拙論は軽小の扱いを受けてきたと自認している。現ローマ教皇フランシスコは「第二バチカン公会議を尊重する」と公言しているにもかかわらず、保守派の官僚の反対が強く改革は遅々として進んでいない。[25]

ここで、東西思想間の対話ないし宗教間対話を阻むものについて再度論じたい。東洋的な「こと＝レンマ」的論理と、西欧の「もの＝ロゴス」的論理には相容れない面がある。明治以降に日本に入ってきたキリスト教は西洋思想の科学的思考、つまり「ロゴス的論理」を優位とし、その土台の上に翻訳され、導入されているために、日本人には馴染まないものになっている。このことはすでに強調したとおりである。しかし、ローマの教会は、既に第二バチカン公会議の Nostra Aetate の教令によって「開かれた教会」を打ち出したはずである。その教会に、いま欠けているものがあるとすればそれは何だろうか。二十一世紀に求められるのは、対等・自由に、お互いのアイデンティティを尊重することから始まる「対話」、すなわち邂逅の道である。

③述語的論理と西田哲学

東西間の「対話」が成立するためには、西洋と東洋の一方だけが、イニシアティヴをとるのであってはならない。東西いずれの主体においても、他者との対話へと開かれた「論理」、および「心構え」が求められる、と言わなくてはならない。そのうち、まず「論理」についてはどうか。西田哲学は西田幾多郎自身の言葉にもあるように、世界を述語的に見る論理である[26]。「述語的論理」は東洋的・日本的な「中動態」がまだ生活の中に生きている「こと＝レンマ的」な論理であり、西洋人の「もの＝ロゴス的」思惟方法とは対照的である。すなわち古代以降のアリストテレス的な主語中心の論理は、目に見え、耳で聞くことのできる世界における、論証できる命題のみが真理である。キリスト教がこのような「論理」の立場に立つかぎり、西田哲学に見られる東洋の「述語的論理」、さらにこれとつながる「中動態」の論理は曖昧として認められない、ということになる。これでは東西思想は対立のままにとどまり「対話」の成立は望むべくもない[27]。

すなわち「対話」は、個としては別々のものが、「一つ」になるという仕方で、「絶対矛盾的自己同一」が成立する。それは個々の存在が独立であると同時に一体でもあるという「一即多　多即一」にほかならない。私と汝が「一つ」になれば、喜怒哀楽のすべてが「とともに」（コンパシオン＝慈悲）にあるといえる。私と汝は、個としては別々の人格であるが、「一つ」になることができる。この「一つ」になる転換は、キリスト教であれば、「祈り＝瞑想」によって（神とともに・キリストとともにある）神秘体験であり、禅ならば、「悟り」によって瞬時に変ることのできるもの（頓悟）であろう[28]。

このように、キリスト教においても仏教においても「対話」成立の契機は、十分に保証されている。その事実を、西田の「絶対矛盾的自己同一」が言い当てていることに、筆者は気づいたのである[29]。西田哲学を今日の世界に活かすことが、キリスト者である筆者の自覚する使命である。西田は「現今の宗教」において「行」の不足を嘆いている[30]。現在の宗教のあり方に、何か物足りなさを感じたものであろう。私見であるが、宗教家の最も大切な「行」が欠けている、ということを言っているのではないかと推察される。「仏に逢うては仏を殺せ、師に逢うては師を殺せ」の言葉にあるように、何かに囚われている限りは、真実の道は見えて来ない[31]。

西田哲学の「絶対無の場所の論理」が、東西統合の道を開く「かなめ石」となって働くためには、宗教の世界において、「行」の心構えが必要不可欠ではないだろうか[32]。

Ⅲ　東西思想の対立

①キリシタン史軽視はどこから出たか

「キリシタン史」が軽視されているのではないかとその問題を探究中に、キリスト教そのものの認識が明治維新以降の欧米思想中心の科学的に実証されたものに偏るため、目に見えない神秘の世界から、（修業的に捉える）「祈りのあるキリスト教」とは程遠いものであることに「はじめに」でも見たが気づかされた。

西欧的な科学主義思考に慣らされた今日の日本の研究者にとって、日本的思惟方法には理解しづらい面があるが、この東西思想の対立が今日の大きな問題であり、この点の理解無くしてキリスト教は日本人に馴染まない、ということを見てきた。

ここで数字を引くなら、日本のキリスト教は、カトリック・プロテスタント合せても人口比〇・八三％（一〇五万人）である。今日の高齢化社会においては、さらに減少傾向にあることは否めない。さらにコロナ禍により、教会そのものが閉鎖状態となり、維持管理のできないところが増している。日本の宗教統計から見て、キリストの教会が何故に行き詰まりの状態になってくるのか、何処に原因があるのかを掘り下げて見て行き、問題解決の糸口を探ることから始めねばならない。

ＮＨＫラジオ第一で「音楽の泉」を長年担当された皆川達夫（一九二七—二〇二〇）は、出版記念の講演で「明治新政府は五線の楽譜がしっかりした西洋音楽を学校教育に取り入れた」としながらも「今日の日本のクラシックファンは一％未満」と嘆いていた[33]。明治維新期に入ってきた新教的な西洋思想を中心とするキリスト教は、「上から目線」を脱することがないまま、同じ道を歩んでいるといえる。この単純明快な事実がありながら、何故に事態改善に取り掛かれないでいるのかを問いたい。

Ｆ・ザビエル（一五〇六—五二）に始まり、三〇年遅れてイエズス会日本巡察師として来日するヴァリニャーノ（一五三九—一六〇六）ら、日本のキリシタン時代には聖書も神の教えも入っていないにもかかわらず、キリスト教国であるヨーロッパのどの民族よりも優れた道徳心を持つ日本人に接して宣教方針が根本から変ることになる[34]。キリシタン時代の「適応主義」布教方針があって、「対話の道」は開けていたと言える。これに対して、明治維新以降に入って来た西欧思想中心のキリスト教は、近代科学の発想に偏っているために東洋的「こと＝レンマ的」思考の日本人には馴染まないものになっている。

②何故日本人にキリスト教が馴染まないか

松尾芭蕉の「古池や蛙飛び込む水の音」の句は既に考察したが、東西思想が対立していることは『風土』で有名な和辻哲郎や晩年の西田と同時代の中村元らも、すでに扱っている。本稿では「ものとこと」の考察から着手し、西田哲学から見た東西思想対立の構図を明らかにしてきた[35]。そこから西田が苦闘の末に「場所」の論理に辿り着いた経緯を踏まえ、田辺元の批判をうけて新たな境地を切り開いて行くことに焦点を当てたい。西欧的な思惟方法で見るかぎり「西田哲学」は理解できないことになる。まさに、この「西田哲学」を理解することが、日本人・日本文化の理解に繋がってくる。

愛宮ラサールがカトリック禅を打ち立て、[36]日本文化の理解に努めたように、キリスト教を日本人に伝える道が見えて来るといえる。この方策に疎いことが、西欧思想に一体化したキリスト教を固定化し、西洋以外の地域への押し付けとなっていることに教会関係者が気づいていないのでは、と危ぶまれる。このままではキリスト教は日本人に馴染まないことになる。[37]

「対話的原理」で既に取り上げているが、西田の論文「私と汝」を見て行くと、『善の研究』再販の序は、この「私と汝」が個としては別々に独立したものが「一つ」になることから「絶対矛盾的自己同一」の論理となる（鈴木大拙は、これを「即非の論理」とする）。この論理は、「種の論理」に対する田辺への答えではないかと思えてくる。まったく矛盾するものが、個としては夫々に矛盾しながら「一つ」になる刹那は「即」であり、この瞬間は時間・空間を超えて隙間のないことを言いたかったのではないかと考えられる。

西田の講演録「日本文化の問題」「学問的方法」「叡智的世界」などを足場にして、西田は東西思想の対立を超えたところにある包摂の道を示していたのではなかろうか。西田の直弟子山内得立は『ロゴスとレンマ』を参考にして、西洋思想から失われた「中動態」の文法に当てはめて見た「もの」と「こと」が理解できれば、難解とされる西田哲学の本領を垣間見ることができるようになる。そう考えることによって、西田哲学から東西思想の対立を超えて「統合」された「世界哲学」の道が示されてくる。その道はまた、カール・ラーナーが「無名のキリスト者」という言い回しによって語るように、東西思想の対立を超えた「無限の絶対者」を捉える「世界哲学」の道にほかならない。[38]

日本の「こと＝レンマ的」な見方は「こころ」（感性）からのもので、「目に見えない、耳で聞こえない」世界は、西洋の言語・思惟方法では捉えることができない。明治維新以降に日本に入ってきたキリスト教は、この「もの的」な物理科学的な西洋思想が中心であるために日本人には馴染まない。これまでの西洋的な見方では、神秘主義を言葉に表現できないので「信仰の妨げになる」としてきたが、日本人の霊性を理解するには神秘主義が必要となってくる。門脇佳吉（一九二六―二〇一七）は「霊性において」で、イグナチオ・デ・ロヨラの「霊操の不偏心」と西田の「絶対無の場所」の類似性を述べている。[39]

「キリシタン時代」、既にこの東西対決を理解したヴァリニャーノらイエズス会宣教師の採った「適応主義」布教方針が時代の先取りをしていて、第二バチカン公会議の「開かれた教会」の精神を生かした内容であった。「キリシタン時代」を外しては、真のキリスト教は理解できない、と門脇はいう。同じイエズス会の「霊操」を身に付けた現教皇フランシスコも、キリシタン時代のヴァリニャーノや、既述の愛宮ラサール等の目指すものと変らないといえる。

キリシタン史研究家のH・チースリク神父や青山玄神父は、これらのことを理解していて、片田舎まで足を運び、日本人に親しまれるものを目指していたと言える。それを同じカトリックの神学者が「特殊」とするのでは、西洋的な「もの＝ロゴス的」な思考の謳う「学的・客観的」が、前面に出てくるもので、明治以降のプロテスタント神学の科学的思考と変りがないことになる。

上智大学「東洋宗教研究所」はその意思を継いで、H・デュモリン神父（一九〇五―九五）、門脇等は、諸宗教との対話シンポジウムを連続して続けてきた。「キリスト教」が日本人の中に受け入れられるためには、まさに「西田哲学」が理解されなければ、日本人に馴染まない、ということをここで訴えたい。「何故、日本人にキリスト教が馴染まないか」の答えが、これで見えてくる。

Ⅳ　おわりに

キリスト教の受容は非常に幅の広い問題であるので、すべてを細かく見ることはできない。参考論文の紹介に留めたところもあり、説明不足については御寛恕いただきたい。聖書に関していうなら、パウロはフィリピの教会への手紙で「慈しみや憐みの心があるなら、同じ思いとなり、同じ愛を抱き、心を合わせ、思いを一つにして私の喜びを満たして下さい」と言っている。上から目線では対話そのものが成立しないことは明白である。

筆者がキリスト教を受け容れたのは、公共施設の一切ない人類未踏の南米パラグアイの開拓移住地に、不定期ながらジープの轟音を轟かせてやってくる老神父の「気迫」からであった。それは、開拓移住地内に暮らす子ども・若者達にとっては過酷な環境の中でも、もの言えず黙々と働くだけのところに来て、自分達の言葉に表すことのできない悩みを汲み取ってくれる〈キリストの〉姿であった。そこには本も教科書もないが、移住者と「ともにあるこころ」があった。直ぐに怒り出す老神父であったが、開拓地の子どもや青年にとっては、どれだけこころ強いものであったか。老神父の言動は、「キリストの姿」そのものであり、魂の琴線を揺さぶるものがあった。「もの」と「こと」で見たように、内なるこころからの「こと的」体験であったといえる。

東西対話の道を開くものとして「邂逅の論理」が不可欠なものであることを、最後に訴えたい。木岡伸夫はこれまでの西洋哲学の論理的伝統に批判の視線を向け、アリストテレス以来の「ロゴス」中心の論理学では現実世界の問題が捉えられないと指摘する。木岡は「ロゴス」に対する「レンマ」の意義づけ、それに関連する「アナロギアの論理」「縁」の再評価から、東西世界の対立を超える新たな「邂逅の道」が開かれる、という展望を示している。[40]この行き方を、筆者としては、「形なきものの形を見　聲なきものの聲を聞く」[41]東洋の思想的伝統に重ね合わせたい。まさに「あいだを開く」ことによる対話の可能性が、ここに拓けてくる。既述のごとく、イグナチオ・デ・ロヨラらの「霊操の不偏心」、西田の「絶対無の場所の開け」、それに「邂逅の論理」を加えることによって、東西を統合する「かなめ石」が形成され、二十一世紀にふさわしい「世界哲学」としての未来の邂逅の道が開けて来る、ということを筆者は確信する。西田哲学を中心に置く「対話・邂逅」が、今後の新しい課題となってくるのである。これが小論の結論である。

註

（1）拙稿「キリシタン史を欠いて真に祈りのあるキリスト教が理解できるのか」『上智大学キリシタン文化研究会報第155号』（二〇二〇年）を参照。西欧思想を優位と見る欧米から日本に来ているキリスト教宣教師は、日本語・日本文化を軽視するだけでなく、キリシタン史研究家の努力も軽視することを述べている。

（2）『西田幾多郎全集第9巻』（岩波書店、一九六六年）日本文化の問題、哲学論文集第四・第五参照。この西田の講演を「国体擁護」的に取る批判もあるが、西田の平和の神髄を見ていないといえる。西田の「日本文化の問題」については、藤田正勝『日本文化を読む――五つのキーワード』（岩波新書赤一六七五、二〇一七年、一七三頁）の「日本文化のまなざし」を参照。西田の「我々はいつまでも唯、西洋文化を吸収し消化するのではなく、何千年来我々を育み来った東洋文化を背景としての新しい世界文化を創造して行かねばならぬ」を取り上げている。西田の講演「日本文化の問題」は、世界文化として開かれてくるべき日本文化の方向性を示すものであった。

（3）「ふくらみ」については、藤田正勝『現代思想としての西田幾多郎』（講談社選書メチエ、一九九八年、一四四頁）

にある「日本語の力」を参照。日本語は「てにをは」（助詞・助動詞）など「ふくらみ」を多く備えた言語。日本人は対象そのものよりも、むしろそれをどう受け留めたのか、つまり自分の印象や感情、評価の方を重視する。

（4）拙稿「職場におけるいじめ――モラルハラスメントについて」『上智人間学紀要』（37号、二〇〇七年）参照。

（5）理論物理学者E・シュレーディンガー著『精神と物質』（中村量空訳、工作舎、一九八七年、九〇頁）。シュレーディンガーは「西洋の思想は枯渇し始めている。東洋思想の輸血が必要」としている。

（6）木岡伸夫著『邂逅の論理――〈縁〉の結ぶ世界へ』（春秋社、二〇一七年、第一章「三〈邂逅〉という主題へ」）では、「欧米思想には対話がない」ことを〈邂逅〉という課題に結びつけている。「邂逅」は、西田哲学の「絶対無の場所」と同じく、世界哲学の「かなめ石」とすべきものとなっている。東西思想の対立を超えて「邂逅の道」を示す論考は極少であるが、木岡は東西の風土的相違を超えて、双方が対等の立場にあって、双方の〈あいだ〉に〈邂逅の論理〉を打ち立てる。「対話の原理」と同じで、出会い・邂逅の道は双方が対等の立場にあって、自己の全存在を掛けて「一つになる」ところにあるとする。他に、此処で紹介するのみであるが、『未来哲学』（未来哲学研究所、二〇二〇年）によると、編者の末木文美士は「未来に向けて人類がなおも希望と理想を持とうとするならば、哲学の再構築は緊急不可欠の課題である」とするが、木岡と同じ「対話・邂逅」の道が開けてきたことと重なってくる。

（7）和辻哲郎『続日本精神史研究』岩波書店、一九三五年。他には廣松渉の『事的世界への前哨』『もの・こと・ことば』（勁草書房）が詳しいとされる。木村敏は『時間と自己』（中公新書、一九八二年）の第一部「こととしての時間」があり、この項を参考として取り上げた。

（8）ジョン・B・カブ著『対話を超えて――キリスト教と仏教の相互変革の展望』（延原時行訳、行路社、一九八二年）参照。

（9）現代になっても、インド人イエズス会士アントニー・デ・メロ神父への「出版停止令」（一九九八年）とドイツ人ベネディクト会士ヴィリギス・イェーガー神父への「活動停止令」（二〇〇二年）を同書で扱っているが、西欧的な科学的な主語・述語の思惟方法である限り、エックハルトに対して取った態度と同じ根の内にあるといえる。

（10）前掲の木村敏『時間と自己』（八頁）でも西欧思想優位の思想に偏重する限り、仏教・東洋・日本の思想は理解できないとしている。特に西田哲学は西洋の論理では理解できないとする。「古来、西洋の科学はものを客観的に見ることを金科玉条としてきた。〈理論〉（theory）の語の語源はギリシア語の〈見ること〉である。西洋では、見ることがそのまま捉えること、理解することを意味する。そしてこれが、単に客観的観察を領とする自然科学だけでなく、哲学を含めた学一般の基本姿勢なのである」。他にはキリスト教に「聖霊」を扱った論評が少ないことも揚げられる。後述する國分功一郎は「中動態」を「する」でも「される」でもない「意志」の問題として取り上げる。

(11)「中動態」について詳しく説明しているのは國分の『中動態の世界──意志と責任の考古学』（医学書院、二〇一七年）である。他には木村敏は精神病理学の臨床経験から「統合失調症」の治療には「中動態」は不可欠であり、合わせて西田哲学の理解にも欠かせないことを説いている（木村敏『関係としての自己』みすず書房、二〇〇五年、二四三頁、また「西田哲学と精神病理学」参照）。拙稿では「中村元著『東洋人の思惟方法』から見えてくるもの」『比較思想研究』（43号、九九頁、二〇一六年）、及び「中動態の文法から見えてくるもの──十字架の聖ヨハネの「詩作」から」『アジア・キリスト教・多元性』（15号、二〇一七年）。この段階では、西田も中村元も「中動態」の語は使っていないが、東西思想の対立している状況は捉えており、この説明しているところに「中動態」と入れると理解しやすい。

(12)「適応主義（Accommodatio）」とは、当該地域に「適応」した布教をすべしとの方針。ヴァリニャーノの日本巡察報告『日本諸事要録（Sumario）』は二〇世紀になって評価されてきた。布教地の諸国民の人種・言語・民族（俗）・文化・社会・道徳・心理・宗教などの特異性を考慮し、人間性という共通の遺産を反映する各文化の健全で有効かつ優れた価値を認め、保存し、高めて利用するようできる限り最大の理解を持って宣布すること。ヴァリニャーノはザビエルの方針を継承して、適応主義を取った。狭間芳樹「日本及び中国におけるイエズス会の布教政策──ヴァリニャーノの「適応主義」をめぐって」（『アジア・キリスト教・多元性』3号、二〇〇五年）。及び拙稿「二十一世紀に開かれた邂逅の道──キリシタン時代の適応主義の先駆性」（同16号、二〇一八年）参照。他に宮沢賢治の『銀河鉄道の夜』に見る宇宙における絶対者の概念は、特定の宗教に偏ることなく見出される「神」の世界である。一休宗純の歌とされる「分け登る　麓の道は多けれど　同じ高嶺の　月をこそみれ」も同じ主旨にあると言える。西

といえる。行も「何事のおはしますをば しらねども かたじけなさに 涙こぼるる」と詠っているが同じ宗教感情のうちにある

（13）木村敏『あいだと生命―臨床哲学論文集』創元社、二〇一四年、第五章「中動態的自己の病理」）参照。管見によれば、現代の諸文献の中で最初に「中動態」に触れているのは、木村敏『関係としての自己』（みすず書房、二〇〇五年）である。脳の働きは國分の説明ではないが、行動（動作）を「〔言葉には出てこない〕〔小脳〕の働き」に例えていた。國分は学生の質問に対して「自転車に乗る」の例で「中動態」の働きを答えていた。確かに身体と自転車が「一つ」になることを指しているが、これは意識して理性で考えるものではなく、無意識に何も考えなくても（身に付いているので）できる動作である。この無意識にできる「小脳」の働きについては重要なことであるが、ここでは扱わない。國分は、二〇一九年五月八日に公益財団法人せたがや文化財団（東京都世田谷区）で行われた講演「哲学対話 para shif パラシフ」（世田谷文化生活情報センター・生活工房主催の哲学ゼミナール）において、「自転車に乗る」の例えで「中動態」を説明していた。「一如」（私と対象の自転車が一つになる）ことの意味が理解できないと西田哲学の「絶対無の場所」も難解なままに残る。次項の「2. 西田哲学から対話の道へ」でも扱うが、國分の「自転車に乗る」という例えは、西田の「絶対矛盾的自己同一」の論理の説明に役立ってくる。すなわち「私と汝（自転車）」は「個」としては別々のものでありながら、「一つ（一如）」である。無意識に起こる出来事を「中動態」として説明できるのではないか。この解釈がわからなければ西田哲学は理解できないのではないか。國分の言葉をさらに深めて見ると「出来事が生起している場所」について、動作主である私が「変らなければならない」、いわゆる「パラダイムの転換」である。動作主の私は「自転車に乗る場所」と「一つ」に「変る」のである（なお、上記哲学ゼミナールの名称「para shif パラシフ」は、「パラダイム・シフト（paradigm shift）」に由来する）。

（14）北川秀則『インド古典論理学の研究―陳那（Dignaga）の体系』（鈴木学術財団、一九六五年）。山内得立は、すでに『ロゴスとレンマ』（岩波書店、一九七四年）において、カントに至るまで二千年余、西洋を支配してきたアリストテレスの論理学に対して、インド（東洋）の「陳那の論理学」を取り上げている。

（15）『西田幾多郎全集第6巻』岩波書店、一九六五年、一五九頁。

(16) 同上、一八一頁。
(17) 十字架の聖ヨハネ『霊魂の暗夜』（ペドロ・アルーペ訳、ドン・ボスコ社、一九五四年）。ヨハネは、己からの「神秘体験」を一七編の「詩作」として、その説明が長文になっている。
(18) 『西田幾多郎哲学論文集1（場所・私と汝）』他六編（岩波文庫、一九八七年、三三三頁）。上田閑照の「私と汝」の説明は『西田幾多郎を読む』（岩波書店、一九九二年、三五〇―三五九頁）に詳しい。個としては別々のものが「一つ（一如）」になる「絶対矛盾的自己同一」の説明ではもっともわかりやすい。
(19) 藤田正勝『思想間の対話―東アジアにおける哲学の受用と展開』法政大学出版局、二〇二〇年、九頁。
(20) 「霊操の不偏心」についてはアジア研ジャーナル（『アジア・キリスト教・多元性』）で折に触れて扱ってきたが、「霊操」の方法について詳しく述べているのは、第14号に所収の「A・ヴァリニャーノの適応主義の現代的意義」である。門脇佳吉訳のイグナチウス・デ・ロヨラ著『霊操』（岩波文庫、一九九五年）は本文よりも注釈の方が多いが、この書は実際に「霊操」に取り組む者の指導書であって、ただ読むだけでは意味が解らない。坐禅と同じで「行」に取り組んで始めて、自身のこころの動きによって説明されていることの意味が納得される。
(21) 藤田正勝、前掲書。他に拙稿『宗教哲学論叢』（第一輯、花園大学宗教と哲学研究会編、二〇一六年、八一頁）参照。
(22) 拙稿「現代の宗教間対話に生きているA・ヴァリニャーノの〈適応主義布教方針〉――〔根源的いのち〕の霊性を求めて」『アジア・キリスト教・多元性』10号、二〇一二年、三七頁以下。
(23) 拙稿「A・ヴァリニャーノの適応主義の現代的意義」『アジア・キリスト教・多元性』14号、二〇一六年、一三九頁。
(24) ①「西田の場所論を基軸とした東西宗教邂逅の道――二十一世紀に相応しい人類共通のたましいの元型」『上智人間学紀要』（43号、二〇一六年）。②「宗教間対話の可能性――西田幾多郎の場所論を要石として」『アジア研ジャーナル』（12号、二〇一四年）。③「中村元著『東洋人の思惟方法』から見えてくるもの」『比較思想研究』（43号、二〇一六年）。④「中動態の文法から見えてくるもの――十字架の聖ヨハネの「詩作」から」『アジア・キリスト教・多元性』（15号、二〇一七年）。
(25) 「教皇フランシスコ・インタビュー」『中央公論』門脇佳吉訳（二〇一三年一二月）。「教会は野戦病院であれ」『中央公論』門脇佳吉訳（二〇一四年一月）。「第二バチカン公会議から五〇年」『月刊 あけぼの』連載特集（女子パウロ会、二〇一二年）。教皇は「第二バチカン公会議について［（これまで）フォロー・アップが十分になされてきませんでした。私はぜひこれを実現したいという謙遜と野心を持っています］」と公会議決議を推進する意向を述べている。それはまた「キリシタン史」をより深めて行く意向でもある。

（26）木村敏は臨床経験から「統合失調症」の治療には「中動態」は不可欠であり、合わせて西田哲学理解には欠かせないと述べている（『関係としての自己』みすず書房、二〇〇五年、一四三頁／「西田哲学と精神病理学」参照）。註4で日本語の「ふくらみ」を述べたが、まさに「中動態」が述語的論理であると言える。また、中村雄二郎は『西田幾多郎Ⅱ』（岩波現代文庫、二〇〇一年、一一三頁）の第三章「3 即非の論理と〈逆対応〉」で取り上げている。

（27）拙稿「教会の保守化傾向を考える――諸宗教間対話は進んでいるか」『アジア・キリスト教・多元性』11号（二〇一三年）。

（28）西田の小篇「美の説明」（『西田幾多郎全集第13巻』、岩波書店、一九六五年、七八頁以下）参照。西田は日本文化の自在性を捉えている。西田は「真の自己」（本分の田地）（『夢中問答』第四章、参照）を捉えていた。西田幾多郎のキリスト教観については、拙稿「キリスト教は対象論理か」（『東西宗教研究』東西宗教交流学会、二〇一五年）を参照。

（29）脳科学については、芦名定道・星川啓慈編『脳科学は宗教を解明できるか？』（春秋社、二〇一二年）および中山正和『禅と脳――大脳生理学と宇宙物理学から「さとり」を科学する』（21世紀図書館、Kindle版、一九八四年）を参照。無意識のうちに蓄えられた知識・運動能力が「さとり」の支えとなっている。

（30）『西田幾多郎全集第13巻』「現今の宗教」（岩波書店、一九六五年、八一―八四頁）。「余は今の宗教家に望む、人を救わんよりは先ず自己を救えよ、己信ぜずして人を信ぜしめんと欲す豈大膽ならずや、耶蘇教宣教師は神学を研究せんよりは、先ず誠心誠意自己が日常の心を反省して果たして能く基督の真意に合うか否やを研究せよ。佛教の僧侶は梵語や哲学を研究せんよりは、深く顧みて称名念佛の為に自己が一身を犠牲にしうるや否や検せよ」（一部参考引用）。

(31)「百尺竿灯進一歩」とされるように、禅においても念仏においても、宗教は徹底的な自己否定なしにはものにならない。この試練なしには禅が見性を語っても、中身がなく意味を成さない。「行」の試練なしには意味が伝わらない。江戸時代の臨済禅復興の祖とされる（沼津市）原の「白隠」と呼ばれた師は非生産的な禅僧が高学者となり、民衆の上に立つことを戒めた。註40の木岡伸夫の「型」と「形」も参照されたい。

(32)「自転車に乗る」は註13でも見たが、この「動作主」（出来事）の説明を、國分は「自転車に乗る」例えで説明していた。これを「私」と「自転車」と二元論で考えたのでは、理屈（頭〔大脳〕・理性）で考えたのでは「乗ることはできない」。主語・述語の言葉にしたのでは「ロゴス的・もの的」思考になるために動作（出来事）と自転車が遊離してしまうので乗ることができないとする。「私」と「自転車」は別々の存在でありながら無意識のうちに「一つ」になる時、するとある「瞬間」に「私」と「自転車」は「一つ」になり、意識することなく、〈自然に〉身体の一部（場所）となって「乗っている」（乗れるようになると何の意識も要らない）。西田の論文「私と汝」も「互いに矛盾しているものが」「一つ」になる。「絶対矛盾的自己同一」（大拙は「即非の論理」）をいう。刹那滅－瞬間はまだ時間の内に残っているが、それらを超えたものを西田哲学は「純粋経験」で、すでに語っていた。

(33)皆川達夫『洋楽渡来考――キリシタン音楽の栄光と挫折』日本基督教団出版局、二〇〇四年。

(34)『聖フランシスコ・ザビエル全書簡』（河野純徳訳、平凡社、一九八五年）「書簡90・96」「日本報告」。日本行きを決意したのはローマのイエズス会総会長イグナチオ・デ・ロヨラ宛「書簡85」「日本人にキリスト教を伝えて置けば……命脈が保たれる」とある。「書簡第71」（一五四九年一月一四日コチン発信ローマのイグナチオ・デ・ロヨラ神父宛「日本行きを決意」）「書簡第90」、一五四九年一一月五日鹿児島発信ゴアのイエズス会員宛「書簡第96」、一五五二年一月二九日コチン発信ヨーロッパのイエズス会員宛「日本報告」。キリシタン時代にもF・カブラル（一五二九―一六〇九）のような、西洋思想を絶対普遍と考え、日本人を信用しないでヴァリニャーノの方針に反対した守旧派の宣教師がいたことは事実であり、筆者が壁と感じる今日の東西思想対立の図式・問題点と変わってはいない。

(35)この段階では、西田も中村元も「中動態」の語を使っていないが、内容的に「中動態」と入れるとわかりやすく、西洋思想（キリスト教も）に中動態が欠如していることを言っている。このことから、「西田哲学をかなめ石」とするなら、東西思想の対立を超えた「統合」の道が開かれ「世界哲学」が打ち立てられ、そこに「絶対無の場所の開け」（花岡永子『絶対無の哲学――西田哲学入門』世界思想社、二〇〇二年）が成立すると考えられる。

(36) 愛宮真備ラサール神父については、H・チースリク神父の口述であるが、「カトリック広島教区世界平和記念聖堂献堂五〇周年ニュース」（二〇〇四年三月号）掲載のクラウス・ルーメル神父の講演録を参照されたい。他には愛宮真備著『禅――悟りへの道』（池本喬・志山博訪訳、理想社、一九六七年）に略歴があり合わせて参照。愛宮は「禅とキリスト教の架け橋」となる。愛宮の後継として諸宗教間対話の鏑矢的な著作として、H・デュモリン著『仏教とキリスト教の邂逅』西村恵信訳、春秋社、一九七五年が詳しい。愛宮の動機は、（a）日本人のこころをより深く悟ること、（b）キリスト教的な霊性・黙想の条件となる集中の準備、（c）見性の理想郷への憧れなど。愛宮ラサールは、昭和三六（一九六一）年、公会議前に広島市郊外の可部町南原狭に禅道場「神冥窟」を建設し、愛宮自らも参禅しただけでなく、信者に接心の指導もするようになっていた。キリスト教禅の指導は今日までも続いている。

(37) 『バチカンの聖と俗――日本大使の一四〇〇日』（かまくら春秋社、二〇一一年）の著者上野景文氏は、「日本の司教で日本で学位を取った者は居るか」と問うていたが、同じことを「日本の神学者」にも当てはまらないか。日本の哲学、思想に無理解の理由がここにあるのではないか。日本人・日本文化を知らずしてキリスト教を日本人に伝えることは不可能である、と筆者は考える。

(38) 拙稿「二十一世紀は宗教間対話の時代――カール・ラーナーの神学から」『アジア・キリスト教・多元性』（18号、二〇二〇年）。すでに見た「自転車に乗る」の例えのように、西田の「絶対矛盾的自己同一」は、「自己」と自転車」を二元論ではなく「一如」として見なければ理解できないが、絶対者に対しても「一つ」となる神秘の世界が中動態である。

(39) キリスト教は「外《と》つ国の宗教」ではない。「霊操」によって、キリスト教は人間の本質「根源的いのち」に根差すもので生活の中に生きている宗教であることが見えてくる。門脇佳吉はイグナチオの『霊操』を訳し、その「訳者あとがき」で、東西の祈り・霊性の共通性を述べ、根底においてはユングの「集合的無意識」のように共通していることを捉えている。

（40）木岡伸夫『〈出会い〉の風土学――対話へのいざない』幻冬舎、二〇一八年、一三六頁。木岡伸夫は「形」と「型」で、形となる「型破り」「型を超えて行くベテランの域」を言っていると思うが、この「型にはまる」ために「型苦しい」ものとなり、新しいものが生まれてこない。諸宗教の「対話」を含めて、今日の諸学会が停滞しているように思えてならない。

（41）『働くものから見るものへ』（西田幾多郎全集第４巻「序文」、岩波書店、一九六二年）。

あとがき

阿部　仲麻呂

本書は、阿部仲麻呂の著作『ながれるおもい』と諏訪勝郎氏や髙橋勝幸氏の代表的な論文数篇をあわせて収録している。阿部の著作は二〇〇六年にオリエンス宗教研究所の『福音宣教』誌上で一年間連載していたものであるので、もう十六年も前の三七歳のときの若書きの作品であるが、ようやく単行本化されることとなった。なお、この『ながれるおもい』は『神さまにつつまれて──キリストをとおしてあったまる』(オリエンス宗教研究所、二〇〇七年初版、二〇二三年三月新装完全版再版予定)の続篇にあたる。二〇二一年は、ちょうど助祭叙階二五周年(一九九六──二〇二一年)にあたるので、そのころから十年間ひそやかにおもいめぐらしてきた個人的な感慨を二〇〇六年の連載を経て、ようやく五四歳にして単行本化できる運びとなって大変嬉しくおもう。御許可をくださったオリエンス宗教研究所の皆様に深く感謝している。

篤実なるキリスト者であり日本文化研究者でもある諏訪勝郎氏や髙橋勝幸氏も、長年にわたって、イエス＝キリストの福音と日本文化との浸透し合う核心部分の意味を問う作業をつづけておられる。彼らの誠実な研究からは貴重な示唆を受けることができ、感銘深い励ましを身に覚えている。過去に日本を飛び立ち、それぞれイタリア・ドイツ（阿部）、ポルトガル（諏訪）とパラグアイ（髙橋）での生活を経て再び日本に降り立って歩み始めた三者三様の人生の歩みからひねり出された福音的文化論は、大仰な言いかたをゆるしていただければ、「地球規模的な総括的視座の神学づくり」の今後の礎石となり得るのかもしれない。特におふたりの活躍に今後も期待しつつ心からの祝福を贈る。ひびきあう日本文化と福音の可能性を今後も言語化してゆけるように。

日本と言う土地でありのままに生きることにおいて、すでにまごころをこめて愛情深く歩む仕儀そのものがイエス＝キリストの福音（＝神が私たちとともに歩んでくださり、私たちを悪や罪の苦しみから解放して至福の悦びに招いてくださる、という佳きたより）と連続する生き方を秘めており、その核心に気づいて意識的に言語化する作業を試みるときに「信仰の説明」が成立する。その先鋭的で根本的な言語化の作業の実りが、今回、この一冊の本として結実している。編集作業や刊行のために尽力してくださった教友社の阿部川直樹社長に心より御礼を申し上げたい。社長からは二〇〇六年以来十五年以上御世話になり数々の著作づくりをともにつづけてきたが、常に誠実で心のこもった対応で支えていただいている。そして何よりも「推薦のことば」を寄せてくださった恩人の酒井俊弘司教様に感謝を表明したい。そして見事な「解説」を書いてくださった友人の阿部善彦先生にも御礼を申し上げる。さらに表紙を描いてくださったデザイナーの坂東ルツ子さんにも感謝の意を表したい。

二〇二一年六月十一日（金）イエスのみこころの祭日に　　福岡カトリック神学院にて

統括的な見解

阿部　仲麻呂

1．はじめに

まずは微視的な（ミクロコスモスとしての）話題を正直に話そう。評者は、いまから三五年前の一九八七年にサレジオ高等学校（現サレジオ学院高等学校）を卒業してから上智大学文学部哲学科に入学しており、当時の修道会の上長であった溝部脩師の指示のもとで本格的な研究者生活を志した。溝部師はドゥンス・スコトゥスやポール・リクールの「意志」論を重視しており、それらの領域の専門的研究をするようにと、何かの行事のかえりがけにふたりで調布市の布多天神の境内をとおりながらサレジオ神学院への帰路をたどっていた際に評者に対して命令に近いかたちで強く勧めてくださった。しかし、評者はマイスター・エックハルト研究を経由して結果的にギリシア教父神学の「感性」論のほうへ向かってしまったので残念ながらいまだに約束を果たし終えてはいない。

その後、評者は修道会の都合で（これまでドイツに会員を派遣して哲学の研究をさせた前例がないので、従来どおりのイタリアに留学して神学を専門分野として修めるほうが帰国後に日本の教会全体の役に立ちやすい、との理由）専門的な研究分野の選択をすることとなり、哲学から神学へ転向することとなった（しかし、いまでも神学を遂行しながらも哲学的手法で考えたり書いたりしている自分が居ることは否定できないので、「神学的な哲学⇅哲学的な神学」を遂行しているのかもしれない）。しかし、留学の際に「基礎神学」を専攻分野に選択することで、哲学と神学の両方を研究する機会を得た（古代から現代に至る哲学的解釈学および聖書解釈学さらには近現代の言語哲学と古代ギリシア教父の神学的思惟の研究を行った）。ちょうど「基礎神学」は哲学と神学の境界線上にまたがる学問分野なので、筆者の元々の専攻分野としての哲学を棄てなくとも済むと同時に修道会の要求する神学の専門家になるための研鑽を積むこともできるようになった。

話題を元に戻す。哲学科時代の筆者は常に「大学内での基礎的な勉強」と「大学外での自由な研究」という二本立ての方向性で學びを深めてきた。つまり、大学内ではラテン語で聖アウグスティヌスと聖トマス・アクィナスの哲学を文献購読という形式で重点的に學ぶとともにギリシア語でプラトンとアリストテレスの哲学を、ドイツ語でカントやシェリングやヘーゲルやハイデガーの実存哲学やガダマーの解釈学を深めた（信仰と理性の基本線を研究した）。そして、大学外では新プラトン主義哲学やマイスター・エックハルトの神学やギリシア諸教父の諸テクストを始めとして、他にも世阿弥の藝道論や弓術の修行論や仏教原典や西田幾多郎・九鬼周造・岩下壮一哲学のテクストを個人的に読み深めるとともに坐禅にも取り組んだ（感性的な霊性論のほうへと踏み込んだ）。つまり「理性」と「感性」と「霊性」を連動させるような総括的な學びを心がけたのではあるが、「意志」を主題として研究することはなかった（結果的には上長の望みには反逆する結果となったのかもしれない）。

ともかく、意図的に古今東西の学問を統合する壮大な有機的視座を身につけようようと努めたのである。その際に、常に心の励ましとなったのが世阿弥や九鬼周造や井筒俊彦や末木文美士先生の諸著作であった（そして実際に、二〇〇五年から今日に至るまで末木先生と直接かかわる機会を得て、京都の国際日本文化研究センターでの八年間の共同研究プロジェクトのメンバーに加えていただいたばかりか、二〇一九年からは未来哲学研究所のメンバーとして協働するように招いていただいた）。こうした筆者の歩みは、理性的な学問研究と感性的な藝術文化論の構築と霊的指導を常に連動させてきた三五年間であった（「意志」論の研究に関しては今後集中して取り組まなければならないだろう）。

それにもまして、評者にとって一番重要なテクストは一九八七年から本格的に研究しはじめた世阿弥の能藝諸論である。ちょうどマイスター・エックハルトと同時代に活躍していた世阿弥が書き残した伝書としての諸テクストは日本独自の哲学であり神学であると評者は強く主張しておきたい。その理論と実践との両面一体化したテクストには①「相手を徹底的に活かそうと努める『やさしさ』」と②「あらゆる弱き者の復活」と③「死者と生者とのつながり（交流）」と④「いやしとしての弔い（ひたすら聞き役に徹するワキの意志的なたたずみ）」が明確に描き込まれている。それらの要点は、まさにヨーロッパにおける哲学や神学の要点にも匹敵するだけの理論・実践の記録として読める。日本という地域においてキリスト教信仰にもとづく哲学や神学が根づくためには、それらの學問内容を世阿弥のテクスト内容に透過させつつ現代のことばをつむがなければならない。世阿弥の思想は日本的な哲学であり神学であるからだ。こうした論点の重要性を評者は二〇〇四年からキリスト教系の諸学会において幾度も繰り返してきたが一顧だにされないままである。そのような事態が生じるのは学者たちの研究不足が原因であるだろう（それぞれの学者が直に世阿弥のテクストを虚心になって熟読し、その思想的意義に気づけば問題は解消する）。

ともかく、右のような学問遍歴を生きたことによって、評者は同様な方向性をたどる研究者たちを見つけるたびに共感をいだくこととなった（評者の心のなかでは、さまざまな研究者たちのすべての情報が区分けされつつ再構成されて独自の「相関図」を形成している）。今回、本書において論考を収録させていただいた諏訪氏は感性論的文化論の要素において、髙橋氏は西田哲学の要素において、酒井司教様は感性論的文化論・霊的指導の要素において、阿部善彦先生はエックハルト研究の要素において、それぞれ筆者の研究領域とも呼応する思想の内実を備えておられる（と評者は考えているのだが、おそらく彼らは阿部の研究遍歴のことは知らないままだろう。諏訪氏は阿部が椎名林檎の楽曲を全部所持していることを知らないだろうし、髙橋氏は阿部が禅や弓道に知悉していることや西田哲学の研究論文を数篇書いていることや諸宗教対話・東西霊性交流にも深く関与していることに気づいていないだろうし、酒井司教様は阿部が和歌の韻律の意義の研究やスペイン霊性の探究者であることについてはおもいもよらないと言えようし、阿部善彦先生は阿部がエックハルト研究にのめり込んで数篇の論文を公表しつづけた時代があったことに気づいていないだろう。という次第で、本書を編むことで評者は自分の心の風景を恩人たちに理解していただきたかったという密かな目論みもあった）。

しかし、今回、本書を編んだ最大の理由は、特に日本の教会共同体に一石を投じるためであった。日本文化と福音とが相互浸透的に影響を及ぼし合ってキリストの救いの意義をより一層鮮明にする日が来ることを心より待ち望みつつ。これまでの日本の教会共同体においては、遺憾ながら、霊性を土台として感性・理性・意志とが統合されたかたちで活かされるような身心學道の歩みにもとづいたキリスト教理解の方向性は主流とはなり得なかった。しかし、ある一定の志向性を備えた思想傾向をもつ哲学・神学上の解釈にこだわる学派というものがこの日本には確かに伏在するのではないか（筆者自身も二〇〇八年から大切な友人たちと物語神学研究会を起動させてきた）。

2.「地球規模的な神学」の構築に向けて

次に巨視的な（マクロコスモスとしての）話題に移ろう。これまでは、西洋における哲学の場合はギリシア哲学を普遍的な思考の枠組みとして基準化する動きがまず最初にあり、その流れに聖書的な発想で物事を眺めるヘブライズムが合流し、さらに次第に地中海世界の第一帝国としての古代ローマ帝国の法的国家運営の仕方が入り込み、キリスト教の国教化が推進されるにおよんでギリシア・ラテン古典学的な教養と法整備が加速して地中海周辺を幅広く取り込む文化領域としての第二帝国つまり神聖ローマ帝国としての「ヨーロッパ世界」が形成された。

そして、キリスト教の場合はヨーロッパ地域の神学の遂行の仕方が標準とされていた。つまり、常にローマを拠点として神学の遂行の仕方が定式化されていたのである。ローマは古代ローマ帝国時代からギリシアの哲学や文学の影響を受けつつも独自の思想を洗練させてきた。しかも七世紀以降に興ったイスラム的な価値観にもとづく哲学・神学・法学・数学・医学もまたヨーロッパ文化に影響を与えていることも否めない。

もちろん、キリスト教的な意味でのローマは聖ペトロおよび聖パウロの殉教の土地としての信仰の精神的拠点としての優位性を担っていたと同時に十二使徒の団結による決議事項を公的に社会に対して表明する使徒のかしらたる聖ペトロの牧者としての首位性に敬意を払うという意味での特異な存在価値を漂わせていた。しかも帝国の首都としての誇りと多様な人材を弱小地域に派遣するという親分肌の仕儀による寛大さが愛徳の拠点としての重要性を歴史に刻んできたことも理由となる。

しかしながら、地中海世界は全地球規模の視野で眺めれば局地的な地方の出来事でしかない。他の地域と同等の一区画としての生活環境が地中海世界なのである。ということは、地中海世界を全地球の標準的な基準とすることはできなくなる。確かに地中海世界は二千年以上にもおよぶ長期間にわたり世界全体の標準的な範型となってきたという事実があるにせよ、西欧中心主義的な歴史観や西欧中心主義的な覇権主義は、もはや時代遅れの価値観となったのである。それゆえに、いまや、神学の領域においても「西欧中心主義的な神学」の在り方を脱して「地球規模的な神学」の在り方を構築してゆくべき時期が訪れていると言えよう。

3.「共時的構造化」と「世界哲学史」そして「未来哲学」へ

ところで、最近になって「世界哲学」という視点があらゆる哲学シンポジウムの際に論じられている（出口治明著『哲学と宗教全史』ダイヤモンド社、二〇一九年。伊藤邦武・山内志朗・中島隆博・納富信留責任編集『世界哲学史』全8巻＋別巻、ちくま書房［ちくま新書］、二〇二〇年）。ヨーロッパ中心主義の学問観から脱し、他の地域の文化や宗教の立場をも入れ込む努力が増えている。つまり多様な視点を同時に理解し、地球全体規模の広大なまとまりで物事を考える姿勢が模索されている。

そのような視座は井筒俊彦の「共時的構造化」の手法を発展させたものである。井筒の場合は、西洋哲学に匹敵するシステムとしての東洋哲学を構築するために「共時的構造化」の手法を編み出したのだが、今日の「世界哲学」の場合は東欧やアフリカや南米や環太平洋地帯などの地域も含まれているのであるから、まさに全地球規模的な世界全体を視野に入れた哲学を構築する一層巨視的な作業となっている。哲学的思考のシステムの洗練という意味で西洋哲学のモデルは緻密な論理で鍛え上げられた思想であるが、東洋諸地域をはじめとして環太平洋諸地域の思想は未だにじゅうぶんなかたちでは構造化されていない。そこで、井筒の実験的な構造構築の手法を援用することで、世界各地の多様な思想断片が意味のある構造体として西洋哲学の内容と比較研究できる次元にまで整理されることができる。それでは、一九九〇年代に提起された井筒の「共時的構造化」とは、以下のように説明されている。長い引用をしておこう。

「一口に『東洋哲学』といってしまえばすこぶる簡単で、すぐにも『西洋哲学』と比較対照できるだけの纏まりをもった一つの統一体であるかのような印象も与えかねないけれど、実際に自分でなにか一歩踏みこんでみると、その茫漠たる広さに、たちまち足がすくんでしまう。それはいわば、捉えどころもなく、取りつきようもない不気味な怪物にでも出逢ったような感じですらあるのだ。／ヘレニズムとヘブライズムという二本の柱を立てれば、大ざっぱながら、一応は、一つの有機的統一体の自己展開として全体を見通すことのできる西洋哲学とは違って、与えられたままの東洋哲学には全体的統一もなければ、有機的構造性もない。部分的、断片的ならいざしらず、全体的に西洋哲学と並置できるような纏まりは、そこにはない。東洋において我々が第一次的に見出す哲学は、具体的には、複雑に錯綜しつつ並存する複数の哲学伝統である。／東洋哲学——その根は深く、歴史は長く、それの地域的拡がりは大きい。様々な民族の様々な思想、あるいは思想可能体、が入り組み入り乱れて、そこにある。西暦紀元前はるかに遡る長い歴史。わずか数世紀の短い歴史。現代にまで生命を保って活動し続けているもの。既に死滅してしまったもの。このような状態にある多くの思想潮流を、『東洋哲学』の名に価する有機的統一体にまで纏め上げ、さらにそれを、世界の現在的状況のなかで、過去志向的でなく未来志向的に、哲学的思惟の創造的原点となり得るような形に展開させるためには、そこに何らかの、西洋哲学の場合には必要のない、人為的、理論的操作を加えることが必要になってくる。／そのような理論的、知的操作の、少なくとも一つの可能な形態として、私は共時的構造化ということを考えてみた。この操作は、ごく簡単に言えば、東洋の主要な哲学的諸伝統を、現在の時点で、一つの理念的平面に移し、空間的に配置しなおすことから始まる。つまり、東洋哲学の諸伝統を、時間軸からはずし、それらを範型論的に組み変えることによって、それらすべてを構造的に包みこむ一つの思想連関空間を、人為的に創り出そうとするのだ。／こうして出来上る思想空間は、当然、多極的重層的構造をもつだろう。そして、この多極的重層的構造体を逆に分析することによって、我々はその内部から、幾つかの基本的思想パターンを取り出してくることができるだろう。それは、東洋人の哲学的思惟を深層的に規制する根源的なパターンであるはずだ。／次に、この方法論的操作の第二段として、こうして取り出された東洋哲学の根源的パターンのシステムを、一度そっくり己の身に引き受けて主体化し、その基盤の上に、自分の東洋哲学的視座とでもいうべきものを打ち立てていくこと」（井筒俊彦『意識と本質――精神的東洋を索めて』岩波書店、一九九一年、四一〇―一頁）。

いま引用した文章からもわかるように、井筒は東洋哲学の構築の独自の方法としての「共時的構造化」の作業において二つの段階を認めている。第一段階としての「東洋哲学の根源的思想パターンの抽出」と第二段階としての

「身体的主体化による東洋哲学的視座の確立」である。両者は二段階の複雑なプロセスを生きるべきことを私たちに要請するが、同時に、ひとつの作業としても連動している。つまり、私たちは自分という存在の深奥において二段階の作業をひとつの有機的な体系として生きる必要がある。第一段階は空間的な並置の作業であり、第二段階は各人の人間性の内部への受容による主体的な生き方（血肉化）の深まりの作業である。第一段階が客観的で無機的な整理の作業であるのに対して、第二段階は主観的で内面的な統合の作業である。これら二段階の作業を連続させて前進することは、なかなかに困難である。なぜならば、第一段階の作業で手一杯となる場合もあるし、第二段階だけの作業を暴走させて學問的な記述の仕方を度外視する危険性も潜んでいるからだ。これまで、「共時的構造化」の特徴を紹介してみた。

しかも、私たちがつかみ得る時空間での生活の意義を闡明することに留まらず、私たちの死後の世界の在り様をも考える視座が末木文美士先生によって二〇一九年から「未来哲学」として志向され始めている（未来哲学研究所が設置され、『未来哲学』誌も刊行されている）。私たちが死んだ後には子孫や後輩たちが活き活きと活躍する世界が到来することになるが、そこにおいても死後の私たちもまた独自の仕方で現世の次世代の方々との交流を存続させてゆくことになるからである。しかも、さかのぼれば、いにしえからつづく人類の数知れない諸先輩たちの死後のたましいもまた私たちを見守り育んでくださったのであり、彼らの後輩としての私たちも先人が志向した未来の歩みをたどっていたのである。このように考えると、先輩→私たち→後輩、という世代をまたいだ人びとの連携の歩みが、過去と現在と未来とを重ね合わせるかたちで独自のいのちの流れを紡いでゆくダイナミズムを生み出していることが明らかとなる。しかし、そのような仕儀は私たちが発見するよりもはるかに以前から理解されていたものである。たとえば、キリスト者の生き方を方向づける古代一世紀後半から二世紀にかけて受け継がれた信条を原型として漸次的に成立した「使徒信条」における「聖徒の交わり」という発想や日本の中世期の室町時代の世阿弥による複式夢幻能における「死者と現世人との交流」などが挙げられる。

「世界哲学」が諸地域の思想研究を全地球規模で視野を広げつつ総括化する仕儀を表明していると理解すれば、「未来哲学」は森羅万象の時間的流れの全体を総括する深さを目指していると観ることができよう。つまり、「世界哲学」と「未来哲学」とは相互相即的に影響を与えつつ補い合い、空間的な全体性と時間的な全体性とを立体的に拡張しつつ俯瞰する巨視的視座（マクロコスモス）を構築する作業となるのであり、同時にそれぞれの要素の微視的視座（ミクロコスモス）をも透徹したまなざしで眺めることにもつながる。言わば「全一的な哲学」を創出することがこれらの研究方向が示す実りなのである。

なお、「世界哲学」のモデルとなる研究書としては、以下の文献を挙げることができる。ジュリアン・バッジーニ『世界の諸思想はどのように遂行されるのか――哲学の地球規模的な歴史』（Julian Baggini, *How the World Thinks; A Global History of Philosophy*, Granta Publications, London, 2018.）。その文献の「第一部　どのようにして世界を知るか」では七章の記述が展開されている（1. Insight［洞察］、2. The ineffable［見えざるもの］、3. Theology or Philosophy?［神学か哲学か］、4. Logic［論理］、5. Secular reason［隠された理性］、6. Pragmatism［実利主義］、7. Tradition［伝統］、8. Conclusion［まとめ］）。「第二部　どのようにして世界が成り立つのか」では七つの内容が扱われている（9. Time［時間］、10. Karma［業］、11. Emptiness［空］、12. Naturalism［自然主義］、13. Unity［一致］、14. Reductionism［還元主義］、15. Conclusion［まとめ］）。「第三部　世界において私たちは何者なのか」では三つの内容が展開されている（16. No-self［自己の無根拠性］、17. The relational self［関係的な自己］、18. The atomised self［孤立化した自己］、19. Conclusion［まとめ］）。「第四部　どのようにして世界は躍動するのか」では六つの内容が展開されている（20. Harmony［調和］、21. Virtue［美徳］、22. Moral exemplars［倫理的な諸規範］、23. Liberation［解放］、24. Transience［無常（＝はかなさ）］、25. Impartiality［平等性］、26. Conclusion［まとめ］）。

「第五部　総括的な考察」では二つの内容が展開している（27．How the world thinks〔世界の諸思想をどのように理解するのか〕、28．A sense of place〔場所の感覚〕）。二〇二二年六月一四日になって、右の文献の邦訳があることが判明した（ジュリアン・バジーニ〔黒輪篤嗣訳〕『哲学の技法──世界の見方を変える思想の歴史』河出書房新社、二〇二〇年）が、各部の見出しは先ほどの評者による訳とはだいぶ異なっている。

4．相手の立場に身を置く──感受性豊かな受容能力、感性的な神学

ところで、本書の冒頭に「推薦文」を寄せてくださった酒井俊弘司教様（俳人〔酒井湧水〕、カトリック大阪大司教区補佐司教）の俳句集『神の手』（文學の森、二〇二一年）を味わって、感銘を受けた。そして、今回、貴重な推薦文を巻頭に賜ることによって大いに心強く励まされた。酒井司教様の俳句から伝わってくることは、「相手の立場に身を置く」ことのかけがえのなさである。言わば、相手のおもいを謙虚に耳を傾けて学びつつ瞬時に理解してその現場においてともに生きようと志す感受性豊かな受容能力の大切さに気づかされる。そのような姿勢にもとづいて信仰の意義を問う研究を行うときに「感性的な神学」が成り立つ。こうして、日本という地域における神学的な営為は「感性的なかかわりの経験」を土台にして展開されることになるのだろう。

「感性的なかかわりの経験」に関して、『神の手』の「望」篇に以下の句がある。「手袋の片方落ちてゐるホーム」（同書、九五頁）。評者も手袋を落とした経験があるが、どこに落としたのかを思い出せずに、そのままとなり、結果的に落ちた手袋も引き取り手なしのまま処分されることになる。大事にしていた手袋でありながらも、片方が見当たらずに探すのを断念して悔しさが残り、落ちた手袋を拾った駅員もまた引き取り手のない手袋を眺めて持ち主の生活におもいを馳せる。別の日に、駅のホームに小さな手袋が落ちているのを目にしたこともある。その小さな手袋の片割れを眺めながら、「子どもが手袋を落とし、親が気づかないまま子どもを急いで電車に乗せて……その

後その親子はどのような日常生活を過ごしているのだろうか」と考えたりもした。落ちている手袋は、相手の生活におもいを馳せるよすがとなり、相手と自分との接点となる。人間同士のおもいの奥深さは小さな手袋を手がかりにして始まりゆく。道具を手がかりにして人間同士のおもいの交錯が増幅して、かかわりの経験が深まる、という情趣が「感性的な経験」である。

他にも「感性的な経験」を理解させるような情趣を掲げておこう。まず『神の手』の「愛」篇に以下の句がある。「ピヨと鳴く自動改札秋の声」（同書、一四八頁）。次に『神の手』の「神の手」篇に以下の句がある。「飼葉桶譲ろばゐて御降誕」（同書、一七八頁）。さらに『神の手』の「信」篇に以下の句がある。「ひとひらの花ほど小さく祈りをり」（同書、二三頁）。酒井司教様は器械・動物・植物という人間以外の存在を手がかりにしつつも、さまざまな人間同士の心のかかわり合いの情趣を描こうとしている。あらゆる存在者が交錯して響き合う世界の状況を日常の地域社会において見つめているのが酒井司教様なのである。

酒井司教様が、なぜ俳句集を世に送り出したのかが『神の手』の「あとがき」に書かれている。以下のとおりである。「俳人はなぜ句集を出すのでしょうか。結社の主宰であれば、それはそのまま俳句界の財産として歴史に残るものでしょうが、私たち『一般』の俳人の場合はそうではなく、わずかの間に忘れ去られる定めに過ぎません。それでもなお句集を世に問うのは、句を残すためでも、ましてや名を残すためでもないでしょう。では、なぜ句集を出すのか。それは、句集を手に取ってくださる方々との間を友としてつなぐためだからです。『わたしはあなたがたをしもべとは呼ばない。しもべは主人が何をしているか知らないからである。わたしはあなたがたを友と呼ぶ。父から聞いたことをすべてあなたがたに知らせたからである』（ヨハネによる福音書十五章十五節）。イエス＝キリストの最後の晩餐での言葉です。十字架に釘付けにされてこの世を去る前夜に、数時間後には自分を見捨てて散り散りに逃げ去ってしまう弟子たちに向かって、師から弟子へではなく、友から友として言われた、深い愛情に溢れた宣言です。句を詠んだからそれを友に知らせる……、簡素で正直な理由こそが貫く大切な理由だと信じて、友であるあなたの元にこの句集をお届けしました」（同書、一九〇―一頁）。つまり、酒井司教様はイエス・キリストにならって相手を「友」として処遇する生き方を真摯に選び取って毎日を過ごしているのである。キリストが弟子たちを「友」として遇したように、今日もあらゆる相手は「友」として遇されなければならない。その関わり合いの極意は、相手の立場に身を置く「よきサマリア人」のたとえによってもイエスによって物語られていたことでもあった。

本書に論考を寄せてくださった諏訪勝郎氏は相手との深い交流を求めてケンタルの漂白の日々と歌の表出の積み重ねを我が身に引き受けるかちでたどっていた。髙橋勝幸氏もまた、相手に物語る際の哲学のことばの血の通ったなまなましいまでの人間味のかけがえのなさを切実なまでに訴えつづけている。相手と私との活きた交流の現場を映す學問を求める姿勢は評者自身の立場でもある。

本書の「解説」を書いてくださった阿部善彦先生（立教大学教授）は、マイスター・エックハルトの哲学および神学の研究者であるが、感受性の豊かさの重要性にも気づいている教育者でもある。阿部先生は子どもたちや学生たちの成長を見守る協働者であり、相手を常に「友」として処遇している。エックハルトもまたラテン語著作を書く際は學問仲間を「友」として想定して取り組んでいるのであり、同時にあらゆる信徒や修道者に対してドイツ語で説教や講話を語り出す際にもまた相手を「友」として親しく関わっている。エックハルトの哲学も神学もあらゆる相手を「友」として認める仕儀を最優先しているのである。

5.「あわい」という関係性そのもの

相手の身を案じつつともに過ごすときに、相手と自分との「あわい」で生きる姿がおのずと生じてくる。つまり他者と自分との孤絶した存在が分立するのではなく、むしろ両者の「あわい」そのものがかけがえのないひとときとして立ち現われてくる。私たちは「あわい」という関係性そのものを、ただひたすら生きるしかないのである。その現場において、ただひたすら身を挺して、そこに居つづけることで、決して逃げることなく、その「あわい」そのものとしてたたずむのである。「あわい」はいのちの背景であるが、いのちといのちとが響き合う躍動の場でもある。しかし「あわい」は「からっぽな状態」である。そのような「余白」の場があるからこそ、あらゆるものが存在することができる。「あわい」はいのちを育み育てるいのちの沃野である。その意味で「あわい」は「豊かさそのもの」である。「からっぽ」であることが最大の豊穣の状態を現わし出している。

諏訪勝郎氏は、「あわい」を実感して余白の現実を味わうだけの鋭敏な感性を備えている。その鋭いまなざしを活かして五臓六腑にしみわたる哲学や神学を新たにつむぎだそうと努めている。髙橋勝幸氏もまたパラグアイと日本の大地の上に広がる大空の空気のたゆたいと連続性とを眺めている。雄大な大空の抜けるような透明感の重層的な重なりを、ひたすら見上げて「あわい」を味わう思索の積み重ねは従来の哲学的営為をあざやかに組み変えるおおらかさとして學びの質を奥深く変容させる。諏訪氏も髙橋氏も共通して「あわい」という関係性そのものを見つめてから文字の世界へと転換させるべく、もがきつづけている。その仕儀は何も実りを生み出さないかのように辛く長い日々を実感させるのかもしれないが、大いに意味がある営為に他ならない。

6．「中動態」とハイデガー哲学・西田哲学・九鬼哲学

「あわい」そのもののとしての空気のたゆたいのすがたは、まさに「中動態」としての在り方でもある。ハイデガー哲学や西田哲学や九鬼哲学は「あわい」の世界を描こうとしていたとも解釈できよう。九鬼周造は若い頃にドイツでハイデガーをはじめとする実存哲学を学んでおり、ハイデガーやサルトルに多額の支援金を渡しつづけるこ

との恩典として彼らから直接に哲学の講釈をしてもらっている。

九鬼は帰国後に西田幾多郎から期待されて京都大学で働くようになった。ハイデガー哲学と西田哲学と九鬼哲学とが「あわい」という視座において連動しつつ近現代の日本の思索の可能性を模索させる事実は今日の私たちにとっても興味深いものである。ギリシア語における「中動態」の古代的な用法は、いのちのたゆたう空気の拡がりを味わう感触を想起させる。「中動態」を真正面から見つめることで、いにしえの生活感覚を取り戻すことが今日重要となっている。こうした試みを積み重ねているのが髙橋勝幸氏なのである。

評者も古代ギリシア教父の神学を研究する日々において「中動態」の重要性には一九九一年から気づいていた。それゆえに、相手と自分との「あわい」に潜む空気感のたゆたいを実感するという「中動態」的な事態に魅了されつつ哲学を身につけようと努めてきたのである。

なお、評者は、いま以下の二冊の文献を繰り返し読み直している。まず、重要な書物として、マルティン・ハイデガー（高田珠樹訳）『存在と時間』作品社、二〇一三年。次に、ハイデガー・フォーラム編『ハイデガー事典』昭和堂、二〇二一年。


これまで、「統括的な見解」を気楽に描いてみた。出張の仕事のあいまに途切れ途切れに書いたので、ところどころ断絶があったり、飛躍があったり、文章に一貫性がないように見えるかもしれない。しかし、描けない物事を無理に描こうとするものだから、理論的な整理がつかないのは致し方ない。そうなると読者の皆様には行間に潜む思索内容の連続性や思念の躍動そのものに注目していただくより他に手立てがない。

本書の「あとがき」は二〇二一年に描かれており、それゆえ助祭叙階二五周年を記念する意図を備えていた。しかし、諸事情で刊行が大幅に遅くなったので、祝いの意味そのものが期限切れとなった。こうして、この「まとめ」を一年後に付け足したので、今度は司祭叙階二五周年という新たな意味が付与されることとなった次第である。

二〇二二年六月二一日（火）聖アロイジオの祝日　司祭叙階二五周年を迎えて　東京カトリック神学院にて

解説

阿部　善彦

わたしが高校一年生の時だった。浦和教区（当時）が戦後五〇周年の節目にフィリピンでの巡礼・スタディツアーを企画した。引率は岡田武夫師（当時、浦和教区司教）と谷大二師（当時、浦和教区司祭）で、体を張って、休みなく若者たちに熱心にかかわってくださった。現地では、中西至師がかかわってくださったので、さまざまな人と直接に話を聞き、交流する貴重な機会が多くあった。今もそのときのことは鮮明に思い出される。本書の解説の依頼をいただく、その少し前、岡田武夫師の遺稿集『「悪」の研究』（フリープレス、二〇二一年）を読んでいた。同書刊行には阿部仲麻呂先生が力を尽くされており、巻末には「試論」と「あとがきに代えて」を記されている。深淵を見きわめようとする岡田師の迫力と、それを受けとめる阿部先生の熱い思いに圧倒された。そういうタイミングであったので、本来であれば本書の解説はとうてい自分の手には負えないと辞退すべきところを、どういうわけかお引き受けしますとお返事していた。

二〇〇七年に上智大学神学部に宮本久雄先生が移られてから、若手を交えての研究会が活発におこなわれ、哲学研究科の院生だったわたしもその円いに受け入れていただいた。そこで阿部先生とも直接お話しできるようになり、合宿もご一緒させていただいた。研究に関しては、当時も今も、わたしはエックハルトとその周辺というきわめて狭い範囲をなんとかやっているという程度であり、阿部先生の『信仰の美學』（春風社、二〇〇五年）に収められているエックハルト論のスケールには遠く及ばないのはもちろんのこと、本書の解説もおぼつかないと自覚している。なので、少々開き直った気持ちで、わたし自身のエックハルト研究の観点から、本書に通底する問題に向かって何らか応答できればと考えている。

本書を通覧された方には明らかであるが、本書ではエックハルトは重要人物のように扱っていただいている。しかし、歴史的には、彼の教えたものに異端嫌疑がかけられ、教皇文書もエックハルトの教説の排斥を命じた。(1) これはたんに教会史にありふれた出来事のひとつというだけでない。この異端嫌疑と排斥は、つまり、西洋思想が、エックハルトを理解することができなかったことを意味しているのである。エックハルトを師と仰いだゾイゼは『真理の書』を書いてエックハルトの中心思想を弁明したが、そのことによって、ゾイゼもまたドミニコ会内部で糾弾され、神学者としてのその後のキャリアを犠牲にすることになった。それ以降、ニコラウス・クザーヌス（一四〇一—一四六〇）やミシェル・アンリ（一九二二—二〇〇二）というわずかな例外者をのぞいて、西洋思想においてエックハルトを理解できるものは現れなかった。(2)

本書のように、キリスト教の本質を西洋思想の限界との関係において見極めようとする探求において、エックハルトが重要視されるのは、エックハルトが、西洋思想の歴史全体において欠損しているものをそのうちに宿しているからであろう。このように見るとき、わたしは押田成人師の次のことばを思い出す。「おそらくヨーロッパ人の顔は中世のときからずい分変わってきているんだと思います」。「わたしはドイツに行ったときに驚いたことがありました。中世の教会をいくつか訪れた時のことです。驚いたことは、そこに描いてある顔がみな東洋的なんですね。そして雰囲気がなんか仏教のお寺に似ているんです。一番びっくりしたのは、わたしが泊まった人の家に、名前を忘れてしまったんだけれども、イタリアの博物館にある、懐胎したマリア様の絵のコピー、写真が貼ってあったんです。そのマリア様の顔は日本人とそっくりでした」。「近世から現代になるにつれて、ますます、人間は何でもわかるのだ、何でもコントロールできるのだというような自己中心のエゴイズムが固まってきた。このエゴイズムが集団的エゴイズムにもなり、自分たちは優れている、科学的、技術的なものをもっているから優れているという錯覚に陥り、植民地化時代に突入していくんですね[3]」。

こうした押田師のことばにあるように、そして、本書の根底的な問題意識にあるように、われわれは、こうしたエゴイズムと一体化した知と力によって人間が人間を卑しめる植民地主義の時代をひきつづき生きているのであって、キリスト教徒たちの歴史もそうである。それゆえに押田師は「今、教会が植民地化的な運動、エゴイズムと一緒に動いていた動きに対して、はっきりと公に謝罪するときがきているのです」とはっきり述べている[4]。ここで「今」と述べられている、その「今」というカイロスの深みを「今」ここでしっかりと受けとめたい。教皇フランシスコはカナダ司牧訪問において各地の寄宿学校で失われたこどもたちのいのちをおもい、同化政策に加担した教会の過ちを認め、赦しを請い、そして、謝罪は終点ではなく出発点であると述べている（バチカンニュース、二〇二二年七月二五日）。われわれが過ちを認め、赦しを請うのは「今」である。われわれはそれを西欧的文化だけの問題として片づけてよいわけがない。東洋に生きるわれわれの「顔」ももはや「中世」のおもかげをすっかり失って久しい。「中世」のおもざしがすっかり失われた世界のなかで、われわれは、「そういう世間的な歩みの傍らに、宗教の、カトリックの教会とかキリスト教の古い伝承という、つまりそれとは全く違う地下流[5]」を探りあてられるだろうか。

「地下流」を探り当てることは本書が立ち向かう困難な課題が目指すところであると思う。しかも、それはただ西洋的なるものから東洋的なるものへの回帰という安易な発想によるものではない。そもそも、「中世」の顔が失われた世界のいったいどこに東洋的なるものを見出せるというのだろうか。緒方正人は『チッソは私であった：水俣病の思想』（河出文庫、二〇二〇年）で次のように述べている。「私はよく言うんですけれども、人間の中で値段が付けられていないのは、おそらく屁と魂しか残っとらんのじゃないかなあと。あとはほとんど値段が付けられてしまっている状態ではないのかなあと思っとるんです。商品化されて値段をつけられて、そして市場に出回って、そういう市場原理が支配しているシステムの渦中にあって、けっして売り渡されてはならない魂、そこの往き場、魂の行方が、人類全体の問題になっていると言うても過言じゃないと思います」（同一七三頁）。

人間の科学的・技術的能力が実現可能とした世界とは、アウシュビッツでなくて何であろうか。[6] また、それは、足尾鉱毒、チッソ、原発の廃液を垂れ流しながら膨大なエネルギーを食らいつくす「システム」という生命なき人工構造体であり、何も感じることのない虚無の宇宙である。われわれは進んでその「システム」に取り込まれ、自らを商品としてまた材料（人材）として差し出している。われわれの「自由」とはその「システム」のなかで、自分の所有物（身体もそこに含まれる）を握りしめ、取引可能な商品また材料として提供し、交換と分配に参加できることであるとみなされている。そこで人間が貶めているものは人間自身であり、危機に直面しているものは、それぞれに唯一かけがえのないものとして与えられている生命であり魂である。こうした世界のなかで、東洋的気配をただよわせる「中世」の面構えをした魂と出会うこと、生命の溢れだす神秘伝承の交わりに通じる「地下流」に行き当たることは可能なのだろうか。けれども、こうした破局的なながめのなかで、本書に繰り広げられる〈三者三様のおもい〉は、本当の希望についてともに語ろうとわれわれを招いている。

そのなかで同時代においてまったく理解されずに排斥され、近代以降は、完全に忘却された思想家であるエックハルトがどうして重要な意味をもつのか。それは西洋思想が、そして、「中世」の顔が失われた近代以降を生きるわれわれが、自分たちにとって不要であると遠ざけ、顧みなくなったものがそこにあるからだろう。そして、それは、唯一かけがえのない生命、「けっして売り渡されてはならない魂」、そして、惜しみなく生命を与える魂の造り主である神である。エックハルトはこれを「魂における神の誕生」として繰り返し説いた。それはいかなるものであるのか。

エックハルトは、同じドミニコ会の神学者トマス・アクィナスから「在りて在る者」(出エジプト三・一四)である神の存在に徹した神学的思惟を受け継いで、それを深めていった。エックハルトの初期ドイツ語著作『教導講話』で、すでに次のように述べられている。「人間は思惟された神に満足したままでいるべきではない。なぜなら思惟が去れば神も去るからだ。むしろ、人は存在する神をもつべきである。存在する神は、人間の思惟といっさいの被造物のはるか高くにある」(同六章)。「存在する神」とは三位一体の神であり、父が子を生み、子が父から生まれるという誕生の生命そのものである神自身の根源的な存在における神である。(7)

父は子に完全に自らを与えつくし、子はそのすべてを受けとり、父以外からは何も受けとらない。父なる神の生命の完全にして純粋な反復である子が、受肉し、仲保者として道となり、神にかたどられて創造されたわれわれをも、同じ誕生の生命の内へと、つまり、同じ「像」であることへと、つまり、「子」としてあることへと招き入れるのである。エックハルトは次のように説く。「神はなぜ人となったのか。わたしが同じ神として生まれるためである。……わたしたちの主が『わたしが聴いた全てをあなたがたに知らせた』〔ヨハ一五・一五〕と述べている言葉は次のように理解しなければならない。子は父から何を聴いたのであろうか。父は生むことしかできず、子は生まれることしかできない。父がもつ全て、父である全て、つまり、神的な存在と神的な本性の深淵を、父はひとり子のうちに完全に生む。子は父からこれを聴き、わたしたちが同じ子になるためにそれを知らせた。子がもつ全て、つまり、存在と本性を、わたしたちが同じひとり子となるために受け取ったのである」(ドイツ語説教二九)。

ここにいわゆる「魂における神の誕生」の教えが示されているが、それは、キリストの受肉による救済に対するこれ以上ない感謝と信仰の表現の伝統、つまり、教父たちの神化思想の伝統に連なるものである。(8)つまり、父子の永遠・完全な誕生における生命に対して、いかなる手立てもない人間のために、子は惜しみなく同じ人間となり、道となって、われわれを「同じ子」としてくださるのである。「子」が受肉による救済によって人間に与えるものは「父」から受けたものの完全な贈与、つまり「子であること」（filiatio）であり、それは父なる神の生命によって生きること以外の何ものでもありえない。

だからこそ、われわれもまた「アッバ」（父よ）と叫ぶ霊に満たされて、キリストがそうであったように、父にすべての信頼をかけ、父以外のものに対して、無一物に徹した受肉の生を生きねばならない。そうした、キリストの自己無化（ケノーシス）にあやかる生の変容こそが、エックハルトが「魂における神の誕生」とともにドイツ語説教や論述で繰り返し説いた「離脱」「放念」「謙遜」「貧しさ」「沈黙」「砂漠」の教えの意味である。そうした生の変容は、人間の禁欲的努力の成果ではなく、受肉による救済を完成させる神によって神的生命に満たされることで成就する、恩寵的な霊的変容としての自己無化、無一物性なのである。

これまでの日本におけるエックハルト受容では「魂における神の誕生」よりも「離脱」「放念」に注目が集まっており、そうした偏りは、エックハルト理解が不十分であることにもとづいている。[9] しかし、そもそも、われわれがそのうちへと招かれている、父が子を生み、子が父から生まれる神的誕生の、その溢れ出る生命の内実とはどのようなものなのだろうか。エックハルトが、聖書および教父たちにもとづいて述べているように、その内実は、生むこと、誕生であることにほかならない。では生む、生まれるとはどういうことだろうか。[10]

生むものは〈自らの生のうちに〉もう一つの生を宿している。生むものは、そのもう一つの生のために生き、もう一つの生がそれ自身で生きるものとなるために、自らのうちにあるすべてを与えつくそうとする。〈自らの生のうちに〉感じ取られる、そのもう一つの生こそ、自分の生にまさって自分の生であり、その〈もう一つの生のうちに〉自らの生の喜びも悲しみも苦しみも、そのすべてが感じ取られる。この胎動する生の一体性を自らの生において生きる、その生の内実を語るためには、「わたし」は「わたし」であり「あなた」は「あなた」であるというような同一律的論理や、人称や能動・受動を区別する文法（中動態を復活させたとしても）、そして、もちろん「われ思うゆえにわれあり」とうそぶく近代的自我の自他の分別など、ほとんど意味をもたない。あなたはわたしであり、わたしはあなたである、という言葉であっても不十分である。こうしたわれわれの概念や言語のみじめさは、「生」「生むこと」「誕生」をあまりにも理解しようとしなかった存在の歴史を示していよう。しかし、神が、生み・生まれる生命にほかならないとするキリスト教は、こうしたこの世的な存在の歴史とはっきりと対峙してきたのではないか。

実際、旧約聖書における神の憐れみ、慈しみを示すヘブライ語に「ラハミーム」があり、これは母の胎、子宮も意味する語である。それは新約聖書のギリシア語では、同じように体内・胎内的言葉である「スプランクニゾマイ」として受けとられ、強盗に襲われた人を見つけたサマリア人（ルカ一〇・三三）、回心した弟を見つけ駆け寄って口づけする父（ルカ一五・二〇）など、子であるイエスが語り、身をもって示した、父なる神の無償の愛とあわれみのために用いられている(11)。

エックハルトが説く「魂における神の誕生」とは、こうした聖書が示す神の胎内的生命において芽吹いているものであり、神の生命のうちに胎動し生まれ出る生として、そして同時に、神の生命が胎動し生み出す生として、その生の一体性において与えられている生によって自らの生を生きるものとして、神から生まれること以外のなにものでもない。そのように父なる神から生まれたものとして、われわれは神の子らであり、神の子らとして同じ兄弟姉妹として、同じいのちをわけあうものとして、ともに感じ、ともに生きることができるのである。イエスの父なる神への切なる呼びかけ、「父よ、あなたがわたしの内におられ、わたしがあなたの内にいるように、すべての人を一つにしてください」（ヨハ一七・二一）、これは、エックハルトによれば、まさにそのようにキリストとともに神の胎内的・受肉的生命において神の子ら、兄弟姉妹となること以外のなにものでもない(12)。

エックハルトの「魂における神の誕生」は忘我・恍惚の超常心理の神秘体験や新プラトン主義の一者や知性に解消される合一ではなく、神の胎内的・受肉的生命において生まれ、生み出す生命をともに生きる相生・共生の生である。そうした生の忘却は、神の子らであることの忘却であり、神の惜しみない贈与にほかならないわれわれの生命の出生・出自・本質の忘却であり、生命である神の忘却であり、かくして、われわれは「生」「生むこと」「誕生」を軽んじてきた存在の歴史にたやすく飲み込まれるであろう。本書の副題〈三者三様のおもい〉に通底するのは、こうした存在の歴史への批判と対決であり、それゆえに、同時にキリスト教の本質、〈福音〉についての真剣な探究となっており、その射程にわれわれ自身の精神性への根本的反省として〈日本文化〉への問いが含まれていると言える。それを受けとめて、わたしのとぼしいエックハルト研究の観点から本書に応答するとすれば、「魂における神の誕生」の生命を理解するうえで、われわれがエックハルトとの関係で見過ごしてきた仏教の霊性伝承から大いに学ぶところがあると伝えたい。

最近わたしは高崎直道師の『仏性とは何か』（法蔵館文庫、二〇一九年）を通じて「仏性」「如来蔵」について学ぶことがあった。「如来蔵」（タターガタ・ガルバ）とは「如来の胎」という意味である。「胎は読んで字のごとしで、お母さんのおなかであります。そこから赤ちゃんの生まれてくる、その容れ物が胎であります。それをインドのことばでガルバというのであります」（同二四頁）。「インドのことばは不思議でありまして、そのガルバということばで中身のほうもいうのです。中身というのは胎児であります」（同三六頁）。「すなわち、衆生が如来蔵であるということは、衆生がその胎中に如来を宿している（如来が胎児）と解するか、あるいは、衆生が如来の胎児であると解するか、そのどちら意味にもとれる」（同一七四―一七五頁）。あまねく宇宙全体に広がる無限の如来の智慧と慈悲は一切衆生をその胎につつみこみ、ひとりひとりに自らを惜しみなく与え、そのうちに宿る。

われわれをつつみ、われわれにつつまれる「如来の智慧の光」「如来の法身」は「ちょうど太陽が生きとし生ける者を育ててくれるように、周く光被して、そのおかげで私どもの内にも如来と同じ智慧が育まれているのです。ですからすべてが如来の慈悲の働きの恩恵です」（同一四六―一四七頁）。この胎内的生命を生きるように、一切衆生は招かれていながら「自覚」していない。しかし「如来蔵、仏性の自覚」に満たされるとき、その人は、「如来の自己実現」つまり、如来の智慧と慈悲の反復に徹して生きる者となる。その際には、如来の智慧のおかげで自分以外のすべての衆生も同じ如来の胎内的生をともに生きていることがわかるので、「我執」を離れ、「慈愛心」において「自他平等の菩薩行」を具現する（同二七四頁）。こうした仏教の「如来蔵」「仏性」の霊性伝承が、日本の鎌倉仏教において、道元また親鸞に受肉し開花したのである（同一七頁）。「魂における神の誕生」と交わる豊かな「地下流」は、われわれの足下にまだまだあるのだろう。本書を受けとめつつ探してゆきたい。

（あべ・よしひこ　立教大学文学部キリスト教学科教授、日本カトリック教育学会会長）

註

（1）エックハルト、また、以下に言及するゾイゼについては、本書「ローマ・カトリック教会における霊的修養および徳を高める書物群について」を参照されたい。

（2）本解説で言及する西洋思想におけるエックハルトの位置づけやミシェル・アンリのエックハルト理解については次の両拙論を参照されたい。『ミシェル・アンリ読本』（法政大学出版局、二〇二二年）の第二部第一章「アンリとドイツ神秘主義」および「エックハルトとアンリ：例外的な思想家とその例外的な理解者」『ミシェル・アンリ研究』（12号、二〇二二年：こちらはJ-STAGEでＰＤＦ公開有）を参照されたい。
（3）以上、「現代文明と受難」『押田成人著作選集　第二巻』宮本久雄・石井智恵美編、日本基督教団出版局、二〇二〇年、二二六頁。
（4）押田、前掲書、二二七頁。
（5）押田、前掲書、二二七頁。
（6）次を参照。宮本久雄『言語と証人』東京大学出版会、二〇二二年。シャルロット・デルボー『誰も戻らない』亀井佑佳訳、月曜社、二〇二二年。E・トラヴェルソ『アウシュビッツと知識人』宇京頼三訳、岩波書店、二〇〇二年。
（7）エックハルト『出エジプト記註解』第16節参照。『エックハルト　ラテン語著作集　第二巻』中山善樹訳、知泉書館、二〇〇四年、二四頁。
（8）本書「ながれるおもい」第三講を参照されたい。あわせて、拙論「キリストの光とかたち：教父たちの『受肉の文法』とエックハルトの『離脱』」、宮本久雄編『光とカタチ』教友社、二〇二〇年、八六―一〇八頁、も参照されたい。
（9）この点については次の拙論で指摘した。「『神秘主義：Mystik』というローレライの幻想：ローゼンベルク『二十世紀の神話』、南原繁、西谷啓治のエックハルト解釈からの検討」『中央大学文学部紀要』（五九）、二〇一七年、一〇五―一三五頁（中央大学リポジトリでＰＤＦ有）。
（10）「そもそも、生む、生まれるとはどういうことか」。この問いは二〇一七年七月八日に行われた早大哲学会での発表（特別講演：「クザーヌスの神化思想」）後に、森岡正博氏からいただいた問いである。ようやく最近何らかの応答ができそうな気がしてきた。
（11）ラハミームおよびスプランクニゾマイ（ほかにも用例あり）については次を参照。『慈しみとまこと』上智大学キリスト教文化研究所編、リトン、二〇一七年、一六―一八頁、七九頁以下。
（12）この点については次を参照。エックハルト『ヨハネ福音書註解』第130節、第383節、第548節、『エックハルト　ラテン語著作集　第三巻』中山善樹訳、知泉書館、二〇〇八年、一三五―一三六、三一四―三一五、四四四頁。またミシェル・アンリ『キリストの言葉』武藤剛史訳、白水社、二〇一二年、特に第八章。

著者略歴

阿部仲麻呂（あべ・なかまろ）
一九六八年、東京都渋谷区出身。一九八二年、受洗。一九九〇年、サレジオ会入会。一九九七年、司祭叙階。神学博士（上智大学）、専攻は基礎神学、教義神学、ギリシア教父神学。東京カトリック神学院教授、福岡カトリック神学院・上智大学・桜美林大学・サレジオ修練院兼任講師。二〇〇四年から日本カトリック神学会理事、二〇一三年から日本宣教学会常任理事、二〇一九年から日本カトリック教育学会常任理事、未来哲学研究所企画委員、二〇二二年から龍谷大学国際社会文化研究所客員研究員。著書は『信仰の美學』（春風社、二〇〇五年）、『使徒信条を詠む』（教友社、二〇一四年、二〇二一年完全版再版）など多数。共訳書は『カトリック教会のカテキズム要約［コンペンディウム］』（カトリック中央協議会、二〇一〇年）など多数。監修はジャック・デュプイ『キリスト教と諸宗教』（教友社、二〇一八年、二〇二一年再版）、岡田武夫『「悪」の研究』（フリープレス、二〇二一年）。全国の諸教区の司祭黙想指導、信徒や修道者の信仰講座、講演にも幅広く携わっている。

諏訪勝郎（すわ・かつろう）
ラ・サール中学・高等学校（鹿児島）で「倫理」を担当。著書に『ポルトガル・ノート―文学・芸術紀行　魂の源流をもとめて―』（彩流社、二〇〇六年）、『サウダーデということ―ポルトガルの魂についての考察―』（同上、二〇〇八年）。そのほか、「ポルトガルのこころ」（長崎新聞「史談・史論」、二〇一一年）、「奄美大島におけるカトリック医療」（『日本カトリック医療施設協会50周年記念誌』所収、二〇一四年）、「奄美大島の信仰―福音を生きる―」（カトリック新聞連載、二〇二一年）など。

髙橋勝幸（たかはし・かつゆき）
一九四五年、愛媛県今治市生。一九五七年、家族と共にパラグアイ国フラム移住地に入植。一九六五年、ピラポ教会にて受洗。一九六六年単身帰国。一九七五年、上智大学文学部卒、二〇一一年、立命舘大学大学院文学研究科修了（修士）。二〇一一年四月～二〇一五年三月、国際日本文化研究センター・末木文美士教授のもとで「共同研究」（研究生）。二〇一五年四月～二〇一九年三月、南山宗教文化研究所非常勤研究員。「比較思想・宗教間対話」専攻。著書に「近畿のキリシタン」、『日本史小百科　キリシタン』（H・チースリク監修・太田淑子編、東京堂出版、一九九九年）所収、「宗教間対話の桎梏を超えて～〈中動態〉によって見えてきたもの」、『映しと移ろい』（花鳥社、二〇一九年）所収。その他、学会誌への寄稿多数。

日本音楽著作権協会(出)許諾申請第2206963-201号

ひびきあう日本文化と福音　三者三様のおもい

発行日………2023 年 3 月 15 日　初版

著　者………阿部仲麻呂＋諏訪勝郎＋髙橋勝幸
発行者………阿部川直樹
発行所………有限会社 教友社
275-0017 千葉県習志野市藤崎 6－15－14
TEL047（403）4818　FAX047（403）4819
URL http://www.kyoyusha.com
印刷所………モリモト印刷株式会社

ISBN978-4-907991-85-2 C3016